中华传世藏书

【图文珍藏版】

墨子

[战国] 墨翟 ⊙ 原著

刘凯 ⊙ 主编

诠解

第五册

线装书局

杀己以存天下，是杀己以利天下。

——《大取》

【鉴赏】

"杀死自己以保存天下，就是杀死自己以利于天下。"这句格言，概括了墨家以"存天下""利天下"为己任，不惜以"杀己"的代价实现其价值理想和价值追求。它和儒家"杀身成仁""舍生取义"的训诫互为补充，构成了中华文化传统中极其崇高的理想主义和牺牲精神。

"一己"与"天下"在价值上何者为重，在两者关系处理上以哪个为先？这是人生面临的必然选择。哲学和伦理学上的群己之辩、人我关系之论就是围绕这种选择展开的。而古往今来的思想家和思想派别对此更是有集中深入的探讨。

为我主义者、个人主义者、利己主义者当然是一己为先，个人为重，他们尊奉的是"人不为己，天诛地灭"的信条。先秦的杨朱学派鼓吹"拔一毛利天下不为也"，就是这种信条的典型。但同时人们也很早意识到，人并非作为单独的个体而存在，人是处在群体关系的结构网络中生活的，唯有人类群体的生存、发展才能有个人自身的生存、发展。而更有一些先进者自觉地意识到个体存在的价值不是为己的，而是为群、为类、为天下的，墨家就是这种观念的代表。他们以兼爱为人生宗旨，主张"兴天下之利，除天下之害"，进而以不惜"杀己"的自我牺牲精神，献身于"利天下"的事业。这和"摩顶放踵而利天下"的宗教虔诚相结合，塑造了众多墨家式的任侠之士，也影响着中华民族历史上仁人志士的精神风貌。

行理生于染当。

——《所染》

【鉴赏】

"染当",是指后天环境对人性实施正确、合理的熏陶和影响。

正如孔子由性、习关系之论,引申出对后天环境教育及学习修行的重视那样,墨子也以"人性如素丝"为据,论述了环境在人格教育培养中的重要作用。

墨子所讲教育中的环境"所染",是指国君、士所受近臣、亲信、朋友的影响和感染。这种影响和感染的好坏往往关系着事业的成败、国家的兴亡和个人的荣辱。为此,墨子引证了诸多历史事例来说明,强调"行理生于染当"(行为合乎理义,因为接受的影响是正确恰当的),要君与士能接受正确的影响、熏陶,规范合理的行为。墨子称古圣舜、禹、汤、武"此四王者所染当,故王天下,立为天子,功名蔽天下"。其"所染当",是因为舜用贤人许由、伯阳,受其习染、熏陶;"禹染于皋陶、伯益;汤染于伊尹、仲虺;武王染于太公、周公",故"举天下之仁义显人,必称此四王者"。(《所染》)墨子又指出:夏桀、商纣、厉王、幽王,"此四王者所染不当,故国残身死,为天下僇(戮)"。

据此,墨子断定:"凡君之所以安者何也,以其行理也,行理生于染当。故善为君者,劳于论人,而佚于治官。"是说君主能王天下,皆在循理行事,而循理则生于"染当",即善于接受仁义之士的影响、熏陶。所以,"善为君者"是把更多的精力用在识别人才、任用人才上,虽不亲临管理,同样可以王天下。反之,如"不知要者,所染不当",则虽伤形费神,愁心劳意,"然国逾危,身逾辱"。

有道者劝以教人。

—— 《尚贤下》

【鉴赏】

劝人行善，推行教化，是一个人有德行的表现，也是"有道者"的标志。

墨学的兴盛，和墨子及墨家学派之勤于教育、乐于诲人有极为密切的关系。墨子曾规定圣人的必备条件，说："必去六辟。默则思，言则诲，动则事。使三者代御，必为圣人。"（《贵义》）"六辟"，一称六偏，即六种失于性、偏于情的邪僻行为，是指喜、怒、乐、悲、爱、恶"六情"。墨子主张去除六种邪僻的行为，沉默时精于思考，出言谈则善于教诲他人，见之于行动则据义行事。如使这三项互补替代、交相为用，则必然可以成为圣人。

在墨子看来，教育诲人的目的十分明确：使人成圣。对此，墨子是真诚地相信，执著地追求。他多次说："有道者劝以教人。""劝"者，劝善也。劝教以趋善、成圣，是墨子对"有道者"的基本要求。

墨子的劝教弘道，十分虔诚，颇和庄子推崇的宋钘相似。《庄子·天下》篇评述宋钘"周行天下，上说下教，虽天下不取，强聒而不舍者也"。其勉力而行，矢志追求的弘道精神，和孔子"知其不可为而为之"的态度十分相似。从这样的意义上讲，墨子的"有道者劝以教人"反映了墨家教育思想上的弘道精神和事业追求。

顺天之意何若？曰：兼爱天下之人。

——《天志下》

【鉴赏】

"兼爱"，是被墨子视为根本的救世之法，而兼爱的实施首先依恃的是尚贤、尚同。在墨子的思想信念中，尚同的关键是"义同"，即上同于一"义"，使政治行事皆效法于此。这样，墨子就赋予"义"一种"伦理裁制"的意义。

在世俗事务的范围内，"尚同"是上同于"天子"，天子就掌握有伦理裁制和政治裁制的权力。但墨子又认为，伦理的、政治权力的裁制还不足以真正使天下之人"兼相爱、交相利"，所以，他又强调兼爱天下之人，实出于对天意的屈从和顺受，这就"请出"天志、明鬼作为"宗教的裁制"，来激励和强化兼爱、尚贤、尚同观念的现实慑服力。

胡适曾说过："墨子是一个教主，深恐人类若没有一种行为上的裁制力，便要为非作恶。所以他极力要说明鬼神不但是有的，并且还能作威作福。""行为上的裁制力"一语，引自近代西方的功利主义用语。边沁就认为人的快乐与痛苦，有物质、政治、道德、宗教的四方面来源，法律及行为规则是依据这四方面来源作为劝善惩恶的手段，才具有强制作用，故称之为"社会的裁制力"。墨子并不相信人天生为善，认为"兼爱"不能自发产生，也不能靠单纯说教，故看到素丝"染于苍则苍，染于黄则黄"（《所染》），就联想到人性本"素"，其善恶全在"所染"。据此强调后天的"裁制力"使人趋善兼爱，这当然是有"宗教裁制"意味的。

我得天下之明法以度之。

——《天志上》

【鉴赏】

"度"一种衡量的根据和标准。墨家提出以"明法"作为治理天下的准则，是在"以法治国"的命题下，表达了治国要有统一的根本法规的思想。这个根本法规，就是墨子精心设计的"天志"。

"天志"，即天有意志。是墨子对"天"的本质的概括及其社会功能的肯定。《尚同》诸篇反复讲到的"上同于天"，实际上就是"上同于天志"。为什么要在天子之上再设立一个"天志"？墨子的目的是要确认一个最高的最具权威的"法仪"（法式、准则），作为"上同"的根据和统一标准。一方面，墨子已认识到："天下从事者，不可以无法仪，无法仪而其事能成者，无有也。"那么，究竟谁可以充当这样的法仪呢？墨子称："父母、学（师）、君三者，莫可以为治法"，强调父母、师长和君主三者都不能成为测度的准则，那结论只能是"莫若法天"。另一方面，墨子从自身木工、匠人的经历体验中深知"规""矩"的不可或缺，以此推论天下治事必恃"法仪"。

正是基于这样的考虑，墨子明确讲："我有天志，譬若轮人之有规，匠人之有矩。轮匠执其规、矩，以度天下之方圆，曰'中者是也，不中者非也'。"（《天志上》）进而断言："我得天下之明法以度之。"犹如轮匠当以规、矩为必要的工具和准绳，治理天下，亦要有天下的严明法纪加以测度和衡量。墨子讲"我有天志"就是这样的规、矩和"明法"。

颉皋为两夫（杆），而旁埋其植（柱），而敷（缚）钩其两端。

——《备城门》

【鉴赏】

这是对简单工程机械——颉皋的结构和制作方法的概括，显示了墨家对机械技术发明的关注和重视。

"颉皋"，或作"桔槔"，亦称"桥衡"，简称"槔"或"桥"，早在春秋时期就有了发明和颇为广泛的使用。《墨子》一书多次总结了桔槔的结构和制作方法，指出它是用两根直木并立为柱，以另一横木用绳交结于立柱的上端作为支点，使横木成为以支点为中心，两端可上下升降的"桥"。"桥"又称"衡"，两端各"缚钩"以挂重物。交点应偏于桥的一端，使"桥"的两边长短不同。短端称"本"，长端称"标"。标端所系为牵引物，本端可系应提升的重物。使标端长于本端，则用力使牵引物下垂，就较为容易地在本端提升重物，达到节省人力、提高工作效率的目的。

桔槔的发明和使用，代表着古代中国工程机械的初创和工艺技巧的进步。而机械和工艺则是人类文明的一种标志。培根曾说过："试想想，在欧洲任何文化高度发展地区的人类生活和新印度群岛某些草莽、野蛮地区人类生活之间存在着多么大的差别。这个差别不是土壤、不是气候，也不是体力，而是技艺造成的。"看来，墨家是颇为了解机械和工艺对人类文明进步的意义的，其对桔槔机械的关注和探究，显然又和墨家思想中的科学因素相联系。

举之则轻，废（放置）之则重。

——《经说下》

【鉴赏】

庄子曾以赞赏的语气描述过桔槔机械的工作效益："有械于此，一日浸百畦，用力甚寡而见功多……凿木为机，后重前轻，挈水若抽，数如溢汤。"（《庄子·天运》）肯定并赞扬了桔槔能使人们在汲水灌田时节省人力而大见功效。

不过，后期墨家并不像庄子那样仅满足于对桔槔机械效益的描述，还进一步探讨了桔槔的工作原理，力图揭示其举物若轻如羽（毛），而废（放置）之若重如石的原因所在。

《经说下》篇讲到："衡，加重于其一旁，必捶。权重相若也。相衡则本短标长。两加焉重相若，则标必下，标得权也。"这就论述了桔槔机械的杠杆工作原理。杠杆（桔槔之横木）分点为支点、重点和力点。杠杆以支点为中心保持平衡，如若在重点一边加物，则下垂（捶）；若在力点上加力，重点即会上扬，将重物提取。杠杆一般设力点一边为长（即标长），重点一边为短（即本短），根据杠杆原理的公式：重×重臂＝力×力臂，则鉴于杠杆的力臂长（标长）、重臂短（本短），故可用少的力气来提取更多的重物。这就是桔槔机械能节省人力而提高工作效益的"秘密"。

后期墨家已着眼于杠杆原理来探究桔槔机械的工作机制，显然突破了工匠的经验体验的层次，而深入到工艺技巧的内在机制的把握了。从人类认识发展史的角度看，一旦达到对事物本质和原因的思考，那就意味着人类思维开始进入科学和智慧的领域了。后期墨家在这个领域是有所建树的。

行不在服。

——《公孟》

【鉴赏】

这里的"行"，指行动上有作为。"服"，即穿戴服饰。"行不在服"，语出《公孟》篇所记公孟子和墨子的一段对话。

据说公孟子头戴大礼帽，腰间插着笏，一身儒士服饰去会见墨子，并询问墨子："君子一定要穿规定的服饰然后才能有所作为呢，还是有一定的作为，再穿一定的服饰呢？"墨子则肯定地回答："有作为并不在服饰。"他还引证了齐桓公、晋文公、楚庄王、越王勾践四位国君的例子加以说明。

齐桓公戴高冠系博带，佩金剑木盾，治理国家，成就霸业。而晋文公穿着粗布衣服，披着母羊皮大衣，佩着带剑，同样使国家得到很好的治理。楚庄公则戴着色彩鲜丽的帽子，穿着大红长袍，使国家得到治理和振兴。而越王勾践剪发文身，卧薪尝胆，勤政治国，最终获得成功。这四位君王，"其服不同，其行犹一也"。所以，墨子据此断定"行不在服"。

墨子讲"行不在服"，直接的矛头是指向儒者言古人之言、服古人之服的复古、信古倾向的，并重新确认了"仁者"的标准在其自身的实际行为。商纣王及其卿士费仲是天下的暴人，箕子、微子为天下的圣人。他们都说同样的语言，却有仁与不仁的区别。周公旦为天下圣人，管叔为天下的暴人，两者都穿同样的服饰，仍然有仁与不仁的区别。可见，行仁义，做仁人，并不仅仅在言论和服饰上仿效古代圣人，而重在实际行动上按仁义原则办事。

廉，作非也。

廉，己惟为之，知其㲻也。

——《经上》《经说上》

【鉴赏】

"廉"，有说"侧隅也"，指堂屋的侧边。也有指棱角锋利，如《吕氏春秋》说"其器廉以深"。但作为一个专用名词，"廉"在中国古代思想家的语汇中，往往涉及经济学、政治学、伦理学方面的意义。

"廉，犹俭也。"（见《淮南子·原道》注）指一种节俭的观念或措施，与"贪""糜"相对。作为道德伦理的术语，则喻为高洁清白，故有"廉正""廉介""廉公""廉直"之说。从《管子》开始，明确把"廉"提到"国之四维"的高度，说："何谓四维？一曰礼，二曰义，三曰廉，四曰耻"，称"四维不张，国乃灭亡"，视"廉"为维护国家社会稳定的四项基本要求之一，肯定了廉政、廉德、廉行在国家稳定及社会发展中的重要作用。

后期墨家则对"廉"作了语义分析和价值内涵的发掘。《经上》篇以"作非也"解释"廉"时，是与"狷，作嗛也"相联系的。狷，一般认为即孔子所讲"狷者有所不为"之"狷"。狷者，洁身自好之人，独善其身之士。这在墨家看来，是缺乏兼爱天下之心，其行为是愧于"兼"的。引申到对"廉"的理解，则廉者知耻，意识到行为有所不当，故内心自感惭愧，是谓"廉，作非也"。

《经说上》篇对廉的解释是："己惟为之，知其腰也。"㲻，有畏缩、畏惧之意。意思是廉者不在于自己的思想和行为有否过错，而在于有了过错能有所畏惧，知耻即改，这仍然是一种高洁正直的道德意识和情操。

故古者圣王之为政，列德而尚贤。

——《尚贤上》

尚贤使能当以列德为本，这是墨子尚贤思想的一个基本点。中国古代的"贤人"，虽多指贤才、贤能之士，但其传统含义更是指"有善行者"。墨子这里所说"所以古时圣王治理政事，都是崇尚道德而尊重贤士"，也是从传统理解出发讲"尚贤使能"的。

《修身》篇指出："君子战虽有阵，而勇为本焉；丧虽有礼，而哀为本焉；士虽有学，而行为本焉。"他认为贤士固然需要有学问，却重在行为（德行）表现。行为德行是以修身来衡量的，"是故先王之治天下也，必察迩来远。君子察迩而迩修者也。"从这意义上讲，墨子之"尚贤"也包括对"士"的德行的要求，而非单纯地指"才"和"能"。据此，他认定贤良之士应是"厚乎德行，辩乎言谈，博乎道术者"。这几乎是用儒家的口吻来解释尚贤使能。

事实上，墨子在对"贤士"的修身要求作具体规定时，就和《论语》《礼记》诸篇讲的颇为相似。

不过，墨子讲"列德而尚贤"，毕竟是以"非儒""非礼"为立论依据的，故倡导"非命"，主张"强力从事"，其对"列德"的理解和要求，与儒家是不同的。事实上墨子是在"义者利也"的义利合一论价值观框架内讲"列德尚贤"的，他更注重"列德"在行为上"兴利除害"的实践意义，涉及的内容也广泛得多，似更能体现"德才兼备"的原则。

大人之务，将在于众贤而已。

——《尚贤上》

"众贤"，意即会聚众多贤士。墨子认为这是王公大人治理国家的"要务"，也是"尚贤"的途径和具体措施。

中华传世藏书

墨子诠解

《墨子》励志名言

一五八七

在列国纷争的情况下，各国诸侯、王公大人力政治国，无非是求国家之富、人民之众、刑政之治。但往往不得富而致贫，不得众而失地寡人，不得治而造成混乱。那原因何在呢？墨子对此做了分析，认为"是在王公大人为政于国家者，不能以尚贤事能为众也"。他强调："国有贤良之士众，则国家之治厚；贤良之士寡，则国家之治薄。故大人之务，将在于众贤而已。"（《尚贤上》）

"然则众贤之术将奈何哉？"墨子曾自我设问。这是讨论如何罗致和聚集贤才之士，涉及君主招纳贤才的途径和方法。他提出三项具体步骤：一曰进贤，广开贤能之士进阶的门路。墨子主张应效法古代圣王之"尊尚贤而任使能"，应该"不党父兄，不偏贵富，不嬖颜色，贤者举而上之"。以公正的态度，突破亲疏贵贱等级，使民皆知"劝其善，畏其罚"，"争相为贤"。二曰事能，即对贤士认真给予考察选择，要"听其言，迹其行，察其所能而慎予官"。三曰量才录用，注意发挥专长，"可使治国者使治国，可使长官者使长官，可使治邑者使治邑"。

总之，"众贤"要把握好进贤、选能、用才三个环节。这比较全面地提出了人才的探寻、考察、选拔和任用等问题，使人看到了墨家人才观的积极因素和合理内容。

必疾爱而使之，致信而持之。

——《尚同下》

【鉴赏】

这是墨子在论及如何"使民尚同"时说的话。疾爱，即深爱；致信，即诚信。

对民众不能实施"兼爱"，则"民无可使"，老百姓就不会自愿服从，也不可能顺受君主、政长的统治。而如果缺乏对民众的诚意，甚至失信于民，则无法得到民众的支持。所以，在墨子看来，兼爱和诚信是治理百姓、使民众"尚同"于天子的基本措施。这表明墨子又把道德伦理上的兼爱、诚信观念，引入政治论和管理学的领域，值得我们重视。

当然，爱民以使民，诚信以待民的思想，孔子已有所论述。孔子曾以"仁者爱人"观念立论，提倡"博施于民而能济众"。又提出："自古皆有死，民无信不立"（《论语·颜渊》），认为"上好信，则民莫敢不用情"（《论语·子路》）。但孔子讲的是君子之道，替为政者着想，其爱民、信民归根结底是服务于"使民""用民"。而墨子持"役夫之道"，着眼于民众百姓的利益和需要，其讲"疾爱"和"致信"就有平民意识的色彩。从这样的角度来理解，墨子的"疾爱而使之，致信而持之"，旨在提倡为政者要以兼爱精神，感染和引导民众认同于仁人天子，又以诚信态度，取信于民，争取民众的信任和支持。

为政者善待百姓，取信于民，是清明政治的一个重要标志。政治清明，君民协和，天下才能大治，这是社会成功管理的一条有效经验，历史的事实已反复证明。这对今人也不无借鉴意义。

劝之以赏誉，威之以刑罚。

——《兼爱下》

【鉴赏】

劝教与威慑、赏誉与刑罚的结合，是墨家关于治政安民的又一项基本策略，和儒家倡导的宽猛相济、文武张弛的理国治民之道是相通的。在古代中国，这是一个极有典型意义的政治观念和管理观念。

《左传》曾记载过郑大夫子产对子太叔说的话："我死子必为政。唯有德者能以宽服民，其次莫如猛。"（《昭公二十年》）提出宽民为主、猛政为辅的政治观念。孔子发挥子产的思想，主张"居上者"要德行宽厚，以争取民众的信任，同时也强调辅以威猛刑政，实施宽猛相济的方针，认为"政宽则民慢，慢则纠之以猛。猛则民残，残则施之以宽。宽以济猛，猛以济宽，政是以和"。

按孔子的设想，政治清明、社会协和的一个标准就是宽猛相济。宽以劝民趋善，猛以刑政罚暴，这后来发展成为儒家的文武张弛之道。文武之道，原指周代的文王、武王治政之道。《礼记》提出："文王以文治，武王以武功"，"张而不弛，文武弗能也；弛而不张，文武弗为也。一张一弛，文武之道也"。又把文武之道解释为刚柔相济、张弛有序的治国安民之道，对统治者关于如何治民的基本国策作了理论的概括。

墨家的"劝之以赏誉，威之以刑罚"，实际上是顺着子产的思路，又吸收儒家的思想发展形成的。但墨家对此充实以兼爱的内容，这说明了兼爱人道精神并不排斥刑罚，更需依恃劝善罚恶的两手策略，才能真正得到实施。

国家昏乱，则语之尚贤、尚同。

——《鲁问》

【鉴赏】

诸子之学，皆起于诸侯纷争、天下大乱之时，为求去乱归治、平治天下，都提出了各自的观点和主张。从这个意义上讲，诸子之学首先都应是医国丹药、救世良方，其中心观念可归结为"皆务为治"。

为去乱归治、平治天下，儒家提出的是以"仁"为本、复礼为标的圣人之道，先王之教；法家强调奖励耕战、法术势三结合的法治思想。而墨家则倡导尚贤尚同（尚：崇尚，尊崇），即以贤能为本，主张任用贤能之士，实现社会治理和天下太平。

所以，《鲁问》篇强调"国家昏乱，则语之尚贤、尚同"——正因为国家昏暗混乱，所以才要提倡"尚贤、尚同"。这是墨家"必择务而从事"的首要命题。它说明了尚贤、尚同说的提出，是为了直接用于救治国家的昏乱局面，在当时情势下，墨子以其尖锐的针对性和强烈的现实感，阐述了理国治政的理想目标和基本主张。可以说倡导"尚贤、尚同"说，标志着墨家"贤能治国论"的确立。在墨家看来，国家之昏、社会之乱皆起于国与国、人与人之"不相爱"，违背了圣王"兴利除害"的训诫，导致人与人相残、家与家相冤、国与国相攻。所以，墨子讲的"国家昏乱"，主要指善与恶不分、贤与不肖不别、忠臣与奸人不辨。

墨子对国家昏乱的厌恶和痛恨，往往出于对民众感受的深切理解。他称"民有三患：饥者不得食，寒者不得衣，劳者不得息"（《非乐上》），意识到国家昏乱的受害者是民众，立足于民众的要求、愿望，他痛斥天下之乱，力除国家昏乱。

故古者圣王甚尊尚贤而任使能。不党父兄，不偏贵富，不嬖颜色，贤者举而上之，富而贵之，以为官长。

——《尚贤中》

【鉴赏】

崇尚贤能之士，也是儒家的一贯主张。在这一点上，儒墨两家似乎不谋而合。

孔子有著名的贤与不肖之辨，以贤才之士同不肖之徒相对比。他提出"举贤才"的主张，强调"举直（贤）置诸枉（不肖）"。这对殷周以来宗法观念下的"任人唯亲""以世（袭）举贤"传统是有所突破的，所以，后世儒家常以"天下为公"相标榜，用"选贤与能，讲信修睦"来代替"任人唯亲"和"举贤世袭"。

贤，《玉篇》解释为"有善行"。《说文》则称"贤，多才也"，视贤者为德才并美之士。《尚书》最早揭示了任贤和治国的关系，说："野无遗贤，万邦咸宁。"（《大禹谟》）对此，儒墨两家似乎都是认同的。只是儒家讲的"贤能之士"，是据于礼、行于仁者，即首先要成为"礼义之士"。这和墨家就有明显的差异。而墨家讲"尚贤使能"，至少在两点上和儒家有别。一是墨家的"尚贤使能"立足于"兼爱""非礼"的基础上，它直接针对血缘亲疏关系，主张不拘一格地尚贤使能。墨子主张不辨贫富、贵贱、远迩、亲疏，主张"不党父兄，不偏富贵，不嬖颜色，贤者举而上

战国时期双龙首玉璜

之，富而贵之，以为官长"。强调在用人问题上，不偏袒亲人，不偏爱有钱有权的人，不贪恋美色。举荐贤能之人，使之富有高贵，成为官长。很明显，他是提倡贤能面前人人平等，这否定了宗法血缘等级观念，真正主张"任人唯贤"。二是墨家把尚贤和尚同相联系，强调要"选择天下贤良、圣知、辨慧之人"，担任里正、乡长，直至诸侯、天子的各级行政官吏，建立起尚同于天子的贤人政治体制。

盈，莫不有也。

——《经上》

【鉴赏】

"盈"，充满。对空间而言。大至宇宙，小至任一特定地域，充满其间的就称"有"。此"有"即是存在。

"盈"之义，还指事物与事物之间的联系，有此即有彼，有彼即有此，又表示了空间范围内事物间联系的存在。

用"盈"来界定"有"，此"有"就具有了客观物质存在的意谓。而"存在"，作为一个哲学范畴，西方人用"being"表示。其词源出拉丁语 esse，与思维、意识相对，是物质的同义语，当然是指客观世界、自然界和人类社会的物质生活过程等独立于意识之外的客观存在。

"有"还与"无"相对，是对于"无"的否定。"有"之义又涵盖世界上一切物质现象和精神现象。西方哲学史上有很多人是做这种理解的，古希腊哲

人巴门尼德提出一个最抽象的、既无质的差异又无量的区别的存在概念，认为存在是不生不灭、不动、不可分的，是只能被思想所理解、把握的整体，即"一"。柏拉图将存在与不变的"理念"相联系，视存在为现象世界背后的本体。中国的道家祖师老子则提出"无"与"有"的关系，在肯定"有无相生"的基础上，说"天下万物生于有，有生于无"；又说"道生一，一生二，二生三，三生万物"，视"有"为世界万物的整体性存在。

联系中国与西方古代哲学的背景，可见后期墨家"盈，莫不有"的命题，是用独特的语言表达了朴素唯物论的"存在"概念，意味着后期墨家关于现象世界的认知，有了哲学层面上的思考。

宇，弥异所也。

——《经上》

【鉴赏】

"宇"，宇宙之"宇"，即今人所讲的空间。后期墨家以为，空间是一切不同的范围、地点和界域的总和，故曰："宇，弥异所也。"

"异所"的原意是指不同的地点和处所。"弥"，表示充满和延伸。《经说上》篇用"东西家南北"解释"弥异所"，以为人的家室处于中心，向东西南北四个方向延伸，就构成了空间。"东西家南北"，犹如讲东西中南北，是构成"弥异所"这空间的五个方位，从"异所"和方位的角度来看，"宇"表示物体在运动过程中有方向的变化和位置的迁移，空间就具有广延性和伸展性。

揭示空间的广延性和伸展性特征，是后期墨家"宇"观念的基本点，是涉及哲学上的宇宙观问题。在西方，古希腊哲人德谟克利特已认识到空间是物质运动的客观条件，系一种存在的"虚空"。亚里士多德则用"地点"概念表示空间。这和后期墨家的空间（"宇"）观念是相通的。

但空间和时间是密切联系、相对应而言的。后期墨家也正是联系时间来说明空间的。《经下》篇又说："宇或徙，说在长宇久。"认为"宇"（空间）还表示物体的迁移、运动须经时间的延续才得以完成，即物体从原有的空间地域移置于别一个空间地域，是有一个时间的过程。这就从空间与时间的统一性角度论述了物质的运动，涉及哲学时空观的特质。

上不厌其乐，下不堪其苦。

——《七患》

【鉴赏】

墨家非乐，并不是一味地反对一切音乐，而主要针对当时王公大人的恣意享受，挥霍淫乐，把自己的欢乐建立在老百姓不堪忍受的痛苦之上。

墨子曾和程繁讨论过音乐问题，对音乐的历史演变和作用有一个分析和评价。他说：以前尧舜只有茅草盖的房子，所以礼乐也相应地十分简陋。后来汤放逐了夏桀，统一了天下，自立为王，以为消除了后患，于是就承袭先王之乐而另作新乐，取名《护》，又修订《九韶》之乐。而武王灭殷商，统一天下之后，也自作新乐，取名为《象》。周成王接位后，则因先王之乐，自作新乐《驺虞》。似乎越到后来，音乐也就愈益繁复了。

但周成王治天下时，就比不上武王；武王之治理天下，也比不上商汤；商汤治理天下，更无法和尧舜相比。所以，愈注重音乐，使音乐愈益繁复者，其治理天下的功绩也愈少。

由此看来，音乐不是用来治理天下的，更不能耽于音乐，疏于治政，导致天下的不安甚至祸乱。

墨家坚决反对"今之王公大人"耽于音乐。指出："今惟毋在乎王公大人，说（悦）乐而听之，即必不能蚤（早）朝晏（晚）退，听狱治政，是故国家乱而社稷危矣！"尤其是对齐康公那样"淫于酒、妇人，不听政"的昏君，墨家更是深恶痛绝，斥之为"方夺民衣食之财"。

天下贫，则从事乎富之；人民寡，则从事乎众之；众而乱，则从事乎治之。

——《节葬下》

【鉴赏】

墨家提出，"仁者之为天下度"，即仁者为天下作谋划，就好像孝子给双亲作谋划一样。孝子给双亲作谋划，见贫穷的，就设法使之富裕；家庭人口少了，设法使之增加；人多有混乱，就设法加以治理；即使有力量不足，财用不够，智谋欠缺时，也尽量勉力办好。同样，仁者为天下作谋划，也在尽力设法使民众富足、人口增多、去乱归治。故曰："若三务者，此仁者之为天下度也。"

墨家以为，仁者之事就在"兴天下之利，除天下之害"。"兴利除害"，关键是给百姓予物质财富上的实惠，所以，墨家积极倡导富民、利民政策，使民有利，财用足。墨家的富民政策主要有两个方面：一是注意农耕，发展生产；二是实施节用与节俭。

值得注意的是，墨家讲"仁者为天下度"，还特别重视"人民寡，则从事乎众之"。墨家称此为"众人之道"，即发展人口，增加劳力。墨家深知当时人口众多对发展生产、繁荣经济的意义，故常把"人民之众"和"国家之富"相提并论。

"众人之道"的反面就是"寡人之道"，使人口数量不断减少。墨家对此是作尖锐批评的，指出"今天下为政者"，多行"寡人之道"，"其使民劳，其籍敛厚，民财不足，冻饿死者"；又抽男丁攻战，数年不归，使"男女久不相见"，减少了人口的生育繁衍。这反映了古代生产力低下的情况下发展人口数量的重要性。

今若使天下之人偕若信鬼神之能赏贤而罚暴也，则夫天下岂乱哉。

——《明鬼下》

【鉴赏】

与倡导"天志"为中心观念的人文宗教相补充，墨子真诚地相信鬼神的存在，并竭力论证鬼神的功能和作用。因为他认为，鬼神之有无实关乎天下之治乱的大局。

墨子把他的鬼神观念归源为"天志"兼爱天下的一种表现，又把天下百姓对上帝鬼神的祭祀崇拜，看成是对"天之爱天下之百姓"的回报。

在墨子看来，信仰鬼神是昔者圣王之治的盛世景象。而"三代圣王既殁"之后，"天下失义，诸侯力政"，造成了君臣之间"不惠忠"，父子兄弟之间"不慈孝"，天下淫暴，寇乱盗贼四起，人们常以兵刃、毒药、水火相攻，"是以天下大乱"。那这是为什么呢？墨子指出，"则皆以疑惑鬼神之有与无之别，不明乎鬼神之能赏贤而罚暴也"，原因即在于人们对鬼神的存在抱疑惑的态度，不明白须受鬼神赏贤罚暴的约束。所以，墨子断言：如果让天下之人都相信鬼神能赏贤而罚暴，则天下岂会大乱！墨子尖锐批评那些主张"鬼神者固无有"的无鬼论者，指责他们日夜以此教于天下，迷惑百姓，使人们对鬼神有无产生疑惑，不能以虔诚态度去祭祀鬼神，这正是"天下之乱"的一个根本原因。而消除这一原因的办法，就是使天下人都相信神明，相信鬼神能赏贤罚暴，通过鬼神的裁制，促成人们自觉扬善去恶，实现天下大治。

鬼神之明必知之。

——《明鬼下》

【鉴赏】

有一点需要指出，墨子对鬼神存在的论证及其对无鬼论的批评，所依据的大都是《诗经》《尚书》中关于祈天祭祖的记载。这些记载，是殷周天命神学观念和先王治政之道的混合反映，并不是直接记述鬼神观念本身内容的。孔子曾从这些记载中发展出"敬鬼神而远之","未知人，焉知鬼"的理性态度，而墨子却要引之为鬼神存在的证明，不仅缺乏理性思考，而且往往显得牵强和武断。

看来，墨子的用意只是在证实鬼神之存有，而并不在乎证实鬼神存有之根据的合理性。墨子更多考虑的是鬼神所具有的警世作用和社会震慑功能，犹如"天志"那样，旨在设计人间又一个公正严格的主宰者。

墨子并不把他的鬼神观念混同于一般的民间信仰。《鲁问》篇称："国家淫僻无礼，则语之尊天事鬼"，国家混乱无序，就主张尊天事鬼，就表明他推出"鬼神"实出于根治国家混乱的需要。而鬼神之所以为"治国家、利万民之道"，是因为鬼神公正、明察。

这样，人居显明则畏上之罚诛，幽居隐匿则惧鬼神之明察，就不敢放肆邪行。显然，在墨子那里，鬼神作为一种宗教裁制，能以明察秋毫的眼力，洞穿世间一切恶人暴行，加以有效惩处，全力维护天下大治的局面。

识其利，辩其故也。

——《兼爱中》

【鉴赏】

常言道"言之成理""持之有故"，是说人们持论要有根据，言谈才合乎道理。"故"是立言的前提，是明察是非、辨别同异的根据，必须认真加以考辨。

墨子在论辩时十分重视"辩其故"，他常批评论敌"未明其故"，自己则更多地设问"何故之以也"，探究"何以知其然"，追问"真何故也"等问题，突出了"明辩其故"的逻辑内涵。

"明辩其故"，在墨家逻辑中有两方面的含义。

一是表示事情之所以发生的原因。《兼爱上》篇曾以医生帮人治病为例，说："必知疾之所自起，焉能攻之。不知疾之所自起，则弗能攻。"医生总要搞明白患病的原因才好对症治疗。又多次讲到：圣人欲治乱，"当察乱何自起"，求"何故为乱"，找出动乱的原因来确定治乱的办法。

二是指行为的目的。《公孟》篇记载有墨子和儒者关于"何故为乐"的对话。儒者称"乐以为乐也"。墨子则批评儒者答非所问，没有说明"所以为乐"的目的。他举例说："今我问曰：'何故为室？'曰：'冬避寒焉，夏避暑焉。室以为男女之别也。'"这样就讲清了造房子的作用和目的所在，批评和否定了儒者"乐以为乐""室以为室"一类不明其故的含糊说法。

在此基础上，墨子又把"故"的两方面含义结合起来，加强了对"兼爱"的逻辑论证，既指出天下之乱"所以起"之"故"在不相爱，又强调了"兴天下之利"才是兼爱的目的。

以说出故。

——《小取》

【鉴赏】

关于"故"的范畴，墨子已提出"以类明故""推类察故""识其利，辩其故"等命题，联系"类"与"故"的关系作了初步考察。《墨辩》则不仅对"故"的范畴本身作了逻辑分析，而且确立"以说出故"的观念。这是《墨辩》逻辑中极为重要的观念。

"以说出故"见于《小取》篇的"以名举实、以辞抒意、以说出故"句。这里的"说"，用逻辑语言讲是指"前提"。《小取》篇是联系名实关系、言辞和意义的关系，来说明逻辑推理需要通过前提的论证（"说"）提出"根据"（"故"）。

类似的意思，《大取》篇则用"辞以故生"来表达。"辞以故生"的"辞"，经过"以名举实"的认知途径，达到了名实相符，"辞"就有了可靠的逻辑根据，才能"以辞抒意"，正确地表义达意。

例如在判断句"这是一棵树"中，"这"指的是实在的树，"一棵树"便是"名"，"是"表示了名实相符的判断，其意思的表述（"说"）就完整了。所以，"以说出故"就强调了提出前提、表达意思、发表议论，都要有根据和理由。《经上》篇以为："说，所以明也。"这"所以明"，就是彰明根据，即"明故"。

"明故"还有一个明"异故"的问题，即同时也要清楚明白言说的不同根据和理由。《小取》篇讲到："言多方、殊类、异故，则不可偏观也。"因为在不同的语言环境中，不同类的立辞往往有其不同的根据或理由。所以，在"以说出故"的"说"过程中，必须注意对不同根据或理由加以区别分析，否则容易发生逻辑谬误。

止，以久也。

——《经上》

【鉴赏】

"止"，指静止，与运动相对。"久"，即宙，指时间上的持续。后期墨家考察了事物在空间中的机械运动，也在"止，以久"的命题下，揭示了事物的静止是通过时间的持续才得到体现的。这从哲学上提出了静止和时间的密切联系，与"动，或徙也"的命题一起构成了对事物运动和静止的关系问题的思考。

值得注意的是，当《经上》篇正面阐述静止是通过时间的持续（久）来加以把握时，《经说上》篇却专就"无久""不止"立论，揭示静止与非静止、静止与运动的差异关系来深化对"静止"的理解。在后期墨家用语中，"无久"与"有久"相对，指极短促的时间。"不止"即不是静止，当指运动状态。

《经说》篇举"若矢过楹""若人过梁"的例子，来说明"止"就是"无久之不止"，指出静止不是绝对的不动，而是间隔有短时间的运动。古人练习射箭，设目标于两楹之间，"矢之过楹"是说箭通过两楹间所需时间极短，速度极快，其"不止"状态非常明显，但终归有静止的存在，只是不易被人们直接觉察。而人们过桥梁，则速度较慢，容易让人看到一步一止，每走一步都有短暂的静止。

这两个例子都说明了后期墨家讲的"静止"，是和事物运动的间断性相联系的，他们已意识到静止和运动的关系正是事物运动过程的间断性与非间断性统一的表征。

行脩（修）以久，说在先后。

——《经下》

【鉴赏】

"行"，即行路，泛指运动。"脩"与"修"相通，表示运动持续时间之长。"久"则指时间。行路之长，运动的持续，必见之于时间，故曰"行修以久"。修（行）有远近，时间有先后，故曰"说在先后"。两语联起来考察，是提出了运动和时间的关系。

运动离不开时间，且往往通过时间的延续得以表现。如人们走路，总是先近而后远。近与远是以运动路程的长短来区分的，而先与后则是以时间持续长短来区分的。一般来说，时间持续短的，其行路亦近。时间持续长的，其行路距离亦远。用《经说下》篇中的话说，就是："行者必先近而后远。远近，脩（修）也；先后，久也。民行脩（修）必以久也。"

不过，运动和时间的关系，并不一定表现为运动距离远则所需时间久，运动距离近则所需时间短，而往往和运动速度有密切关系。速度是指物体运动通过一定距离所需的单位时间。在特定的时间内运动距离越长，或通过特定的距离所需的时间越短，则意味着物体运动速度快。反之，则表示运动速度慢。所以，任何运动总表现为一定的时间，时间就成了运动必不可少的形式。

宇宙间运动速度之快，无过于光者，其每秒行程达 30 万公里。但即便如此，仍需一定的时间。如由太阳射达地球费时 8 分钟。这样，人们可通过运动所需时间的长短来推知宇宙空间的范围大小。

异：二、不体、不合、不类。

——《经上》

【鉴赏】

事物类属关系中同名而异实或异名而同实情况的存在，说明对"类"概念的考察，不仅需从"类同"角度加以分析，而且要注意类属关系的差别性。此外，在不同类别的事物之间和不同范围、不同程度的类属关系之间更体现着事物"类"的差别性。对此，《墨辩》又提出"不类""不体"等概念，着眼于"类同"与"不类""体同"与"不体"的对应结构，深化了"类"概念的逻辑内涵。

首先，《墨辩》明确肯定在事物的同与异、可与不可之间必须做出选择。《经上》篇提出"彼，不可两不可"，主张对事物对象的断定，只有"可"与"不可"两种可能，非"可"即"不可"，非"不可"即"可"。既不能"两可"，也不得"两不可"。这是从逻辑上认定"类"概念表达的对象是确定的，与他类对象有明确区别。此即"异类"，或称"不类"。

其次，《经上》篇还对异类作具体区分，称"异：二、不体、不合、不类"，分列了概念上的四种异类情况。据《经说上》篇的解释：所谓"二"，是说彼物有二，则实必异。"不体"之异，指事物间"不连属"，不存在互相包含的种属关系。"不合"之异，即"不同所"，不同处所的物当属两物。"不类"，指不相似相像之物。这些都对"类"概念中的"异类""不类"情况做了具体分析。

从同异差别关系的角度，对"类"的内容和形式做出具体区分和细微分析，在先秦逻辑史上还无人能出《墨辩》之右。这是后期墨家对古典形式逻辑

《墨子》励志名言

概念论的一个重要贡献，体现了东方逻辑的特色和智慧。

　　辩，争彼也；辩胜，当也。

——《经上》

【鉴赏】

　　战国中期以后，名辩思潮虽仍兴盛，但已渐入歧途。正如《史记》所指出的：其对辩者"烦火以相假，饰辞以相悖，巧譬以相移"，以致造成"辞胜于理"的情况，终流为诡辩。庄子一派更是提出"辩无胜"的观点，把逻辑辩论引向了相对主义诡辩。

　　后期墨家则奋起力批诡辩，促使辩学重上良性轨道。《墨辩》以"辩胜，当也"命题立论，指出："谓无胜，必不当，说在辩。"（《经下》）强调："谓：所谓，非同也，则异也。……俱无胜，是不辩也。辩也者，或谓之是，或谓之非，当者胜也。"（《经说下》）

　　"所谓"，即对象，对一个对象，辩论双方或同谓，或异谓，总能确定对象的善恶、是非，这叫"当者胜"。辩论如果不能分出是非胜败，就不能称"辩"，或这个辩论本身就是不恰当、不合适的。这对庄子的"辩无胜"观点是个直接否定。

　　《墨辩》还断定："彼，不两可两不可也。"并指出："辩，争彼也；辩胜，当也。"又说："辩，或谓之牛，或谓之非牛，是争彼也。"（《经说上》）"彼"是指争论的命题。"争彼"就是关于一对矛盾命题孰是孰非的争论，"争彼"时对矛盾命题的双方不能"两可"，也不能"两不可"，在"是"与"否"中必居其一。这就肯定了辩论要符合逻辑思维的排中律，揭示了"论辩"是分别是非真伪的方法。

　　后期墨家清除了庄子一派用相对主义、虚无主义对待辩论的错误观点和消极态度，力求通过辩论明确是非，区别真伪，进而丰富了逻辑思维的内容，提高了逻辑论辩的说服力。

权者，两而勿偏。

——《经说上》

【鉴赏】

"权"者，指观察思考中的权衡。"两而勿偏"，是突出了这种权衡须贯彻两点论、全面性的原则。这是辩证法思想应用于观察思考时的基本要求。

观察，《墨辩》中称为"见"。"见"有"体见""尽见"两种。"特者，体也；二者，尽也。""体见"，表示只观察到特定的部分，是属局部之见，片面之见。"尽见"，是"兼见"，对局部、片面之见加以综合，达到对事物的全面性观察，是以两点论代替一点论。两点论在思维方法上的意义，是反对独断论和片面性。先秦诸子因热衷于百家争鸣，大都以己为是，以他人为非，表现出独断论的倾向，被庄子称为"一曲之士"。后期墨家也持庄子相似的观点，但没有像庄子那样走向相对主义，原因就在于后期墨家在批判其他诸子独断、片面论的同时，十分注意在两点论基础上做出正确的权衡。

权衡有两项要素，一曰欲之权利，二曰恶之权害。对此须善于区别利害，加以合理选择。后期墨家设定的标准是：两利之中取其大，两害之中取其小。其选择是按"兴天下之利，除天下之害"的原则进行的，体现出权衡、选择上的重点论。

就哲学思辨而言，两点论包含有辩证法的因素，但它本身不一定就是辩证法的思维。两点论也可以通过平衡论、并列论走向相对主义。只有两点论，同时又是重点论，才是真正意义上的辩证法。而后期墨家是联系重点论讲两点论的，这是后期墨家从庄子的同路人而走向辩证法的一个重要原因。

昔者之虑也，非今日之虑也。

——《大取》

【鉴赏】

"虑"，又称虑求，指有一定目标的思维活动，具有理性的特征。在理性思维的作用下，"虑"往往表现为前后相续的沿革变迁过程，反映出思维活动的变动性和发展性。

对此，后期墨家提出并探讨了"昔者之虑"与"今日之虑"的关系问题，作为对思维活动中前后相续变迁过程的概括。后期墨家常以治世有古今之别，善治古之世者却不一定能治今之世为例，说明思维活动的这种发展过程是客观的，也是必然的。犹如"昔者之爱人也，非今日之爱人也"，"昔者之知穑，非今日之知穑也"那样，其思维活动过程又具有差异性和变迁性的特点。

司马迁曾以"究天人之际，穷古今之变"的命题，来概括诸子百家善谈天人关系、重视古今之变的思想宗旨，颇为精当和确切。在这一点上，墨家尤其后期墨家是个典型。正是通过"昔者之虑"与"今日之虑"关系的考察，后期墨家揭示了思维活动过程的连续性、变异性，在理性思维的层面上体现了辩证法色彩。

毛泽东同志十分重视并高度赞扬了墨家的辩证思维特征，他曾称墨家是"古代辩证唯物论的大家"（《毛泽东书信集》第 143 页）。这一评论是中肯的，很好地揭示并肯定了墨家思想的积极价值。

以学为无益也教，悖。

——《经说下》

【鉴赏】

"学"是教育过程的基本环节。孔子称"学而时习之，不亦说（悦）乎"，对"学"与"习"的关系及学习的作用和方法作了精辟论述。墨家,尤其是后期墨家也十分重视"学"在教育中的重要地位。和儒家相似,他们也热衷于概括、总结人们的学习经历和经验,但主要针对老子"学之无益"的观点,从逻辑上论证"学之有益",阐述了一个颇具特色的墨家"学习论"。

《经下》篇说:"学之益也,说在诽者。"这是明确肯定学习是有益的,而且可以从毁谤学习的人那里得到反证。毁谤学习者,当指道家。老子有"绝圣弃智"之说,声称"为学日益,为道日损",视学习是对"大道"的损害和违背。庄子主张"离形去知",以不知为教。都对学习与知识之事持否定态度。

后期墨家则揭示了老庄"学之无益"论的内在矛盾。《经说下》篇指出:道家以为别人不知道学之无益,故不断告诉他人,力图使人知道"学之无益",其实这也是一种教育。这样,教别人知道学之无益者,自己就恰恰陷入了一种两难悖论:"使智(知)学之无益也,是教也。以学为无益也教,悖。""悖",谬误,惑乱。如果一方面说学之无益,实际是主张废弃教育,另一方面又教育他人知道"学之无益",这岂不陷入自相矛盾。

后期墨家通过对"学之无益"论内在矛盾的揭露,强调了教育的重要,也表述了"教"与"学"的相互联系。

劝子于学。

——《公孟》

【鉴赏】

有成就的教育家都是劝人于学的宣传者和实践者。

孔子不仅劝人好学,还劝人乐学。他曾说:"知之者不如好之者,好之者不如乐之者。"(《论语·雍也》)认为对知识学问之事,既要有浓厚兴趣,更要有以"学"为乐的追求。他称颂"有颜回者好学",是因为颜回虽过着"一箪食,一瓢饮,在陋巷"的贫困生活,别人都"不堪其忧",他却"不改其乐"。

《墨子》励志名言

所以，孔子经常以颜回为榜样，劝教和鼓励他人好学上进，这开创了儒家注重劝学的传统。

荀子撰有著名的《劝学》一文，给后代留下了许多精辟生动的论述，发人深省，催人奋进。例如："学不可以已。青，取之于蓝，而青于蓝；冰，水为之，而寒于水。""故不登高山，不知天之高也；不临深溪，不知地之厚也；不闻先王之遗言，不知学问之大也。"又说："积土成山，风雨兴焉；积水成渊，蛟龙生焉；积善成德，而神明自得，圣心备矣。"

墨子讲"劝子于学"虽无孔子、荀子那样详细、系统的说理，但言简意赅，直抒胸臆，极富感染力。他说："今子为义，我亦为义，岂独我义也哉？子不学则人将笑子，故劝子于学。"激励和劝教他人为了"行义"的目标，而勤于学，乐于学。墨子还善用比喻，他举子为父葬、人皆欲求富贵为例，说明"为义而学"是出于自身的自觉要求，不能因别人的态度而有所改变。

上本之于古者圣王之事。

—— 《非命上》

【鉴赏】

墨子主张"言必立仪"，确立一种言论的客观标准，目的是从知识论上判别是非对错"察是非利害之辨"。他提出"立仪"有"三法"（或称"三表"）："有本之者，有原之者，有用之者。"其第一法"有本之者"，为"上本之于古者圣王之事"，即借鉴历史事件和古者圣王的治政经验，以此作为检验知识是否合乎真理的标准。

经验一般有两类：一是当前现实经历的经验，可称直接经验；另一类是前人或他人经历的经验，即间接经验。墨子已初步意识到这两类经验的区分。他讲的"古者圣王之事"，就属于前人的间接经验，它们是具有客观性特征的。

墨子曾引证"古者圣王"的大量行事经验，批判儒家"有命"观念，涉及对"命"之为何物的认知判断。他指出：从前夏桀当政时天下大乱，后来商汤受之以治，则天下太平。商纣暴虐无度，天下又乱；武王受之，则由乱归治，"此世未易，民未渝，在于桀纣则天下乱，在于汤武则天下治，岂可谓有命哉?"（《非命上》）墨子引证历史上正反两方面的治政经验，以判别有命论之非、非命论之是，还是有相当说服力的。

但墨子对历史经验的借鉴、总结，仍有很大的局限。他只注意"古者圣王"的行事，且有些盲目崇拜，以至凡"书之竹帛、镂之金石、琢之盘盂"的"圣王之事"，都不加鉴别，视为真实可信，导致对史传圣王治世经验的片面迷信。

原察百姓耳目之实。

——《非命上》

【鉴赏】

墨子"立仪"三法中的第二法是主张"原察百姓耳目之实"，即根据广大民众的闻见亲知作为判别言辞是否正确的标准。认为应以人们直接经验为知识的基础和来源，这是墨子"立仪"三法中最重要的思想。

民众的耳目闻见直接来自实践经验，是获得正确认识的必不可少的前提条件。墨子以其工匠、役夫的身份，对民众的实践有直接体验，故把眼光转向下层民众，这在古代认识论发展史上是个创举。他同样以此作为批判"有命论"的根据，《非命中》篇指出："自古以及今，生民以来者，亦尝见'命'之物、闻'命'之声者乎? 则未尝有也。"

但墨子的经验论是朴素的、狭隘的，他不懂社会实践的经验，而把经验局限于百姓耳目闻见一类的感性生活体验，难以避免主观片面。所以，墨子在批判有命观念，论证"非命"的同时，又以百姓耳目闻见来为鬼神的存在辩护，陷入了"非命"和鬼神观念并存的思想矛盾。

此外，墨子对经验做了直观的理解，有强调感性而忽视理性的倾向，势必难以区分生活体验中的假象和幻觉，不了解单纯的耳目闻见往往混有不实之见和虚假传闻，以致后来发展到用道听途说的传闻来证明鬼神确有赏善罚暴的功能，那就如王充在《论衡》中所批评的："墨议不以心而原物，苟信闻见，则虽效验章明，犹为失实。"

法同则观其同，巧转（传）则求其故。

——《经上》

【鉴赏】

此句在《经说上》篇中被概括为"法取同，观巧传"。"转""传"相通，两者之立意是完全一致的。在后期墨家看来，"法"具有一般法则的意义，应该从"事物的共同性"的角度观察"法"、理解"法"。所谓"一法者之相与也尽"（《经下》），表明一个"法"揭示出事物间的相互共同性，则可以扩及该类的一切事物，成为同类事物的普遍根据。《经上》篇又说："法异则观其宜动，或徙也，止，因以别道。"主张对不同的"法"，应观察其适宜应用于何类事物或不同的场合，这实际上是对不同"法"之间的相同处和差异点加以比较、考察和选择，按《经说下》篇的解释，此叫"取此择彼，问故观宜"。就逻辑思维而言，这既是一种比较、考察的方法，又非常接近于归纳法原理。二者在科学探究中都是必不可少的。

"巧传则求其故"，从逻辑上讲是通过比较、归纳达到对事物的原因和根据（故）的把握。不过，"巧传"还有另外一层意思：指匠人工艺技巧的传授。《国语·齐语》称："工，相语以事，相示以巧。"大概古代的匠人都相信工艺技巧是难以言传，而需心领意会的。如庄子说的"庖丁解牛"，以及轮扁对齐桓公讲斫轮之"道"是"得之于手而应于心，口不能言，有数存于其间"（《庄子·天道》），都是据于经验和心灵体验才能掌握的。所以，墨家提倡"巧传则求其故"，认为工艺技巧的传授不仅在知其然，更在"求其故"，而知其所以然。那就是提高到科学与技术智慧的层次上，阐述工艺技巧的教育和传授问题了。

说在建位。

——《经下》

【鉴赏】

"建位"，指数位的确立。清代学者俞樾认为，后期墨家之建位当指个、十、百、千之位的确立。他说："数至于十则复为一，故多于五。五有一者，一、二、三、四之一也。一有五者，一十、一百之一也。"俞樾之说似更合墨家思维逻辑，也和古代中国人算数观念的形成、发展过程相符。

中国古人算数，有起于列手指头计算的。人有两手，两手共十指。"一"可指一手，一手少于二手，故曰"一少于二"。但"一"还指一人之（两）手，而两手有十指，多于一手之五指，故又曰"一多于五"。以手指计数，需两手并用，一手只能计"五"数，两手并列才能计"十"数。当两手手指计数满，即个位数为十，则可进而为手之全"一"，这就是十位数的"一"。从这样的意义上讲，后期墨家"说在建位"的命题包含有十进位计数法的内容，代表着中国古代算学对世界文明的一个贡献。

已有充分史料证明，中国人的十进位制，早在商代甲骨文中已见端倪，到了后期墨家那里则有理性化的概括和表述。这在世界文明史上是独一无二的，代表着中国古代算学对人类科学进步的一个贡献。古代欧洲人长期使用的罗马累计法，远比十进位制笨拙和落后。印度人到公元6世纪末才开始使用十进位制。而且，很可能是受中国的影响。所以李约瑟指出："西方后来所习见的'印度数字'的背后，位值制早已在中国存在两千年了。"并高度评价："如果没有这种十进位制，就几乎不可能出现我们现在这个统一化的世界。"（《中国

中华传世藏书

墨子诠解

《墨子》励志名言

鬼神之所赏，无小必赏之；鬼神之所罚，无大必罚之。

——《明鬼下》

【鉴赏】

这句话表明了墨子所讲的鬼神赏贤罚暴是公平的、全面的。该赏的不论地位多低微也不遗漏，该罚的不论身份多高贵也不放过。这与其说是鬼神迷信，毋宁说是一种"鬼神政治"。

庄子似乎善解墨子"鬼神政治"的妙用。他在《庚桑楚》篇中说："为不善乎显明之中者，人得而诛之。为不善乎幽间之中者，鬼得而诛之。"庄子相信：人有不善之行，暴露于公众面前的，则人人都要加以惩处；很隐蔽、善于伪装的，即便逃过了刑政的处置，却躲不过鬼神的惩罚。这是颇合墨子鬼神观念的原旨的。从这样的意义上讲，墨子是以"鬼神"的宗教制裁，完善了他实施兼爱、尚同、尚贤主张的手段。

墨子深信"鬼神之罚"强大有效，认为如有人不以为然，则将招致夏桀、商纣同样的下场。他指出，夏桀虽贵为天子，富有天下，但其独行暴虐，"上诟天侮鬼，下殃傲天下之万民"，导致上天乃使汤来惩罚他。尽管夏桀属下民人众多，兵强马壮，而商汤仅"以车九辆"，最后仍战而胜之，这是因为夏桀最终无法逃脱鬼神的惩罚。商纣王也是"贵为天子，富有天下"，但他上得罪天鬼，下残害百姓，抛弃父老，屠杀孩童，用炮烙酷刑残害无辜之人，剖割孕妇腹中胎儿，致使民众无处哭诉。所以，商纣也难逃厄运。"故于此乎天乃使武王至明罚焉"，把周武王伐纣灭殷，看成是代"鬼神"对人间的暴虐加以惩处。显然，在墨子的设想中，诛桀灭纣的历史事件，竟成了"鬼神之所罚，无大必罚之"的实例和确证。

欲天下之治而恶其乱，执有命者之言，不可不非。

——《非命上》

【鉴赏】

为避祸去乱、平治天下，墨子又提倡"非命"，尖锐批判"执有命者之言"。他说：如果希望天下安定而厌恶天下混乱，那么对于主张有命的言论，就不能不加以否定和排除。这和他的"天志""明鬼"观念形成鲜明对照，导致了"非命"和"天志""明鬼"的思维两难，集中反映了墨家宗教思想中的一个内在矛盾。从一般的意义上讲，"天志"即承认天有意志，这种把"天"人格化和德行化的做法，在先秦诸子中并不少见。孔子、孟子代表的儒家对"天"的意志和德行就有种种描述。如孔子讲："获罪于天，无所祷也。"（《论语·八佾》）"天生德于予，桓魋其如予何！"（《论语·述而》）"天之将丧斯文也，后死者不得与于斯文也；天之未丧斯文也，匡人其如予何！"（《论语·子罕》）孟子顺着孔子的观点，提出"天受"观念，称"昔者尧荐舜于天，而天受之"。又说："使之主祭，而百神享之，是天受之。"（《孟子·万章上》）孔、孟承认"天意""天命"，是为了引申出对"天主宰人事命运"的论证。此即孟子所说的："莫之为而为者，天也；莫之致而至者，命也。"可见，在儒家眼里，承认天的意志与主张"有命"是有内在逻辑联系的。

当墨子尖锐批判儒家的"有命"观念，又设计出一个"天志"来支配人间的君子和民众时，他恰恰陷入了致命的两难矛盾：承认"天志"主宰人事，又如何论证人能自己支配命运？墨子的错误在于他不懂"天命"和天道（包括人事）——客观规律的区别界限，一方面崇拜"天志"这种超人间的神秘力量，另一方面，却以"非命"论证"强力从事"，导致对人主观能动性的过分夸张。

将以为万民兴利除害，富贵贫寡，安危治乱也。

——《尚同中》

【鉴赏】

"兴利除害"的名言，是墨子尽力实现的学派宗旨，是古今仁人志士的生活目的论和人生价值观。"兴利除害"，是"兴利"和"除害"一体两面的对立统一。

"兴利除害"的四字成语，在《墨子》中出现两次。《尚同中》说："将以为万民兴利除害，富贵贫寡，安危治乱也。"《大取》说："凡兴利除害也。"

墨子所要兴建的是"天下之利"，所要除去的是"天下之害"。"兴天下之利，除天下之害"的短语，在《墨子》中出现十二次。"兴"，是兴起、兴办、建立。"除"，是清除、革除、去掉。"利"，是利益、好处。"害"，是祸害、害处。

从语法角度说，"兴""除"是句中两个并列动词，"利""害"是动词"兴""除"所施加的宾语、对象。"天下"，是宾语"利""害"的共同形容词。"兴天下之利，除天下之害"，是"兴利除害"四字成语的引申解释。

墨子所有政治伦理的基本论题，如尚贤、尚同、兼爱、非攻、节用、节葬、非乐、非命等，都是涉及天下整体的大计大谋。"兴天下之利，除天下之害"，是墨子创立墨家学派的宗旨、目的、出发点和落脚点。

《兼爱下》载墨子说，仁人的事业，一定努力追求兴起天下的利益，清除天下的祸害。现在天下的祸害，什么最大？回答，如大国攻伐小国，大家侵扰小家，强大劫掠弱小，人多虐待人少，狡诈算计愚笨，尊贵傲视卑贱，这是天下的祸害。又如国君不仁惠，臣下不忠诚，父亲不慈爱，儿子不孝敬，这也是天下的祸害。又如现在贱民，用兵刀毒药水火，互相残害，这都是天下的祸害。

仁人的事业，一定努力追求兴起天下的利益，清除天下的祸害。兼爱是天下的大利。偏爱是天下的大害。兴起天下利益，以兼爱为正确原则。耳聪目明，相互帮助视听。身体强壮，就相互帮忙。有好道理，就互相教导。年老没有妻室子女的人，有所奉养而终天年。幼弱孤儿没有父母的人，有所依傍而健康成长。

兴起天下的利益，清除天下的祸害，国家百姓就能治理好。仁人的事业，一定尽力兴起天下的利益，清除天下的祸害，以此作为天下楷模。对人民有利就做，对人民不利就不做。如今天下的士君子，如果心中确实想兴起天下的利益，清除天下的祸害，对于坚持有命论者的说法，不能不坚决批判。"命"是暴虐君王的捏造，穷极无聊的人照搬，不是仁人的言论。

墨子"兴利除害"的学派宗旨，为古今仁人志士传承效法，在当今社会仍有积极的借鉴意义。

凡兴利，除害也，其类在漏壅。

——《大取》

【鉴赏】

"凡兴利，除害也"的名言，体现利害互相依赖、互相转化的辩证哲理，是积极有为的实践哲学原则。

这句话整体意思是，凡兴办对人民有利的事，都包含革除对人民有害的因素。类似的例子是，兴修水利，包含革除水害。"壅"，指堵挡洪水的堤坝。

清儒曹耀湘解释说，漏，溃也；壅，塞也；"治堤防者，所以塞水之溃溢。除水之害，即以兴水之利。推之凡为人兴利者，但除其害，而利自在也。"《周礼》郑注，壅，谓堤防止水者也。

《大取》与"凡兴利，除害也，其类在漏壅"表达式并列，共有 13 个同类例句。用公式表示，则为："所有 S 是 P，其类在 S_1。"或用《经下》的表达格式，可以说："所有 S 是 P，说在 S_1。"

《史记·滑稽列传》载：魏文侯（前 445—前 396 在位）时，西门豹为邺令，先清除百姓"为河伯娶妇"之害，后"发民凿十二渠，引河水灌民田，田皆溉。"使民"至今皆得水利，民人以给足富"。"故西门豹为邺令，名闻天下，泽流后世，无绝已时。"这是《大取》"凡兴利，除害也"命题的应用事例。用《大取》的表达格式，可以说："凡兴利除害也，其类在西门豹治邺。"用《经下》的表达格式，可以说："凡兴利除害也，说在西门豹治邺。"

为天下"兴利除害"，是墨家学派学术活动的宗旨和目的，也是其出发点和落脚点。《兼爱下》说："仁人之事者，必务求兴天下之利，除天下之害。"这是墨家学派创造性和批判性的思想根源。

《鲁问》载，墨子将周游列国，游说诸侯，宣传学说。学生魏越问墨子："您将要见到四方的君主，您将先说什么呢？"墨子说："凡入国，必择务而从事焉：国家昏乱，则语之尚贤、尚同。国家贫，则语之节用、节葬。国家憙音湛湎，则语之非乐、非命。国家淫僻无礼，则语之尊天事鬼。国家务夺侵凌，即语之兼爱、非攻。故曰：择务而从事焉。"

这里从"国家昏乱"到"务夺侵凌"，是墨子面临的战国课题，是当时社会政治伦理和宇宙人生的重要难题。其中都包含"兴利"和"除害"两个对立方面。"尚贤、尚同"是"兴利"；"国家昏乱"是应清除的祸害。"节用、节葬"是"兴利"；"国家贫"是应清除的祸害。

利之中取大，害之中取小也。

——《大取》

【鉴赏】

义利关系中的权衡和选择，往往存在着十分复杂的情况。拿利与害、乐与苦来说，两者之间不仅有数量及性质上的差别，而且还有内容上的互相渗透。人们在权衡和选择时，不仅面临利与害、苦与乐的单一性选择，而且面临着两利之间或两害之间如何取舍的比较性选择。对此，墨家提出的处置原则是两利相权取其大，两害相权取其小，既有确定性，又有应用中的灵活性。

就利与害、乐与苦之间的单一性选择而言，后期墨家的态度很明确，认为"利"是人们所喜好的，害是人们所厌恶的，对利与害之间的权衡和选择当是确定无疑的。

关于两利之间或两害之间的权衡和选择，后期墨家则提出"利之中取大，害之中取小"的原则。"利之中取大"，是原来"所未有而取焉"，"非不得已也"，体现着对"利"的自主性选择，当然以"取大"者为原则。而"害之中取小"，是"于所既有而弃焉"，"不得已也"，指获得的利益被迫放弃，不得不在放弃（害）的多与少之间做出选择。如"断指以存擘（腕）"那样，当手指感染不能治愈时，当应断指以保存手腕。所以害之中取小，"非取害也，取利也"。断指虽是害，但保存了手腕，又是利。

面临"两利"的权衡与选择，以"取大"为原则，而"两害相权"，则以"取小"为原则，在很大程度上把墨家的功利主义价值观具体化、现实化了。这不仅提供了一种价值伦理的原则，也是日常生活中常碰到的处事之术。

合其志功而观。

——《鲁问》

【鉴赏】

功利主义的价值判断，还逻辑地包含着动机与效果关系的考虑。这在墨家思想体系中，就表现为与"义，利也"命题密切相连的"志功之辨"。"志"，志向，指待人处事的动机。"功"，指行为效果。二者不可以相提并论。而墨家处置"志功之辨"的基本原则可归结为"合其志功而观"，主张把人的主观动机和行为效果结合起来加以考虑，防止偏向单纯的动机论或片面的效果论。

"合其志功而观"一说，出于《鲁问》篇记载的鲁君和墨子的一段对话。

鲁君有两个儿子，一个"好学"，一个"好分人财"，鲁君对两人之中何人更适合做太子，一时拿不定主意，故请教墨子。墨子回答：两人之中谁更好一些，这很难说。因为有可能仅为了得到表扬、奖赏才做出"好学"或"好分人财"的善举，那不是真的"好学"或真的"好分人财"。

由此，墨子告诫："吾愿主君之合其志功而观焉"，希望国君结合他们的动机与效果加以全面考察。

后期墨家以"志功之辨"立论，对动机与效果的关系做了更明确的阐述。在肯定"志功不可以相从"、揭示动机与效果相区别的基础上，强调"志行，为也"，"志功，正也"。认为只有动机与效果结合才是完整的义利合一观念，是正当的有价值的行为。

志功合一、动机与效果统一的原则，这是墨家留给后人的一份珍贵的思想遗产。

若事上利天，中利鬼，下利人，三利而无所不利，是谓天德。

——《天志下》

【鉴赏】

墨子讲的"利"，包括"利天""利鬼""利人"之"三利"，并将之提高到"天德"的高度加以肯定。在墨子看来，推行义政就好比事上有利于天，事中有利于鬼，事下有利于人，可称之为"天德"。这既给"利"的内涵增添了神学的光环，又旨在强化"兴天下之利"的要求，反映出墨子所追求的"三利而无所不利"往往要和献身精神相联系。

孟子曾评价墨家团体有"摩顶放踵利天下而为之"的意识，颇为恰当地揭示了墨家具有可贵的献身精神。为利天下，墨家是可以舍弃私利甚至身家性命的。

所以，墨家"义利合一"之"利"，非指"自利""私利"，而是利他人、利天下之"利"。在此基础上，用"兴天下之利，除天下之害"来解释"兼爱"，又把"兼爱"转化为一个"义利合一"的功利主义价值观命题。这说明，在墨家思想体系中，兼爱人道主义和价值功利主义是结合在一起的。

墨子把"义"的思想、行为看成是一种"利他"高于"利己""利天下"高于"自利"的认识和信念，并以此支配自己的言行。《贵义》篇记载有墨子的申述："凡言凡动，利于天、鬼、百姓者为之。凡言凡动，害于天、鬼、百姓者舍之。凡言凡动，合于三代圣王尧、舜、禹、汤、文、武者为之；凡言凡动，合于三代暴王桀、纣、幽、厉者舍之。"正是这种掷地有声的铮言和价值信念，指引着墨子"止楚攻宋"的壮烈行为，也培育了墨家团体的仗侠风气和宗教式的牺牲精神。

我义之钩强，贤子舟战之钩强。

——《鲁问》

【鉴赏】

墨子很看重"义"的价值和功用，认为"义"的功用要胜过作战的兵器和工具的功用，并将此称为"义强"。在和公输般的辩论中，墨子提出"义之钩强"与"战之钩强"的比较，颇为形象地表述了他的"义强"观念。

据《鲁问》篇记载，当初楚国与越国在长江上进行舟战。楚人居江之上游故顺流而进，见有利就进攻；但逆流而退，碰到不利局面就难了。越人逆流而进，有利时可进攻，不利时可顺流退却，因此，越人屡次打败楚人。后来，公输般到了楚国，帮助楚人制造了钩、镶两种战具。越人想退却时楚人用钩钩其船，使之难以脱逃，进攻时用镶推拒船，使之不得靠近，然后采用合适的兵器攻击越人的舟船，凭着这种优势，楚人反倒屡次打败越人。

公输般很得意地夸赞自己的钩、镶灵巧有用，并调侃墨子："我舟战以钩强，不知子之义亦有钩强乎？"墨子的回答也很明确：我以我的"义"作为钩、镶，以"爱"亲近人，以"敬"推拒人。现在你公输般用钩阻止人，用镶推拒人，别人也会用同样的办法对付你，其结果"交相钩、交相强，犹若相害也"，使双方都受到伤害。据此，墨子断言："我义之钩强"胜过你"舟战之钩强。"

由此可见，"义之钩强"是墨家价值观的独特命题，表明墨家也以功利主义观念阐发"为义"的价值内涵和社会功用。这样，既不失德行境界，又有明确的现实品格。

功，利民也。

——《经上》

【鉴赏】

功利联用，以民为本，是墨家一贯的思想主张。《非攻下》篇曾经说过："利人多，功故又大，是以天赏之，鬼富之，人誉之，使贵为天子，富有天下。"明确提出，利人而有大功者，将受到天、鬼、人的赞誉和肯定。并获得"贵为天子，富有天下"的优厚回报。到了后期墨家那里，则确立起"功，利民"的命题，旨在强调"利人""有功"不是以"一己"个人之利为本，而是以是否对民众有利，给百姓带来实利为标准的。

提出"功，利民"的思想，表明墨家讲的"利"，不是指"私欲""自利"，也不是指福禄财用之"利"，而是指社会公利、群体利益之"利"。把这样的"利"，冠之于"功利"的称呼，倒颇为接近于近代西方伦理学上的功利主义。

近代西方的功利主义，一般是指以实际功效或利益为道德基础、道德标准的伦理学说。它是在与道义论价值观的对峙、分流中发展起来的。19世纪的欧洲哲学家爱尔维修、费尔巴哈就主张个人在追求己利时必须承认他人亦有同样的权利，立足于利他、利人讲个人功利。后来，英国的耶利米·边沁和约翰·穆勒在提出"增进普遍福利"、肯定动机与效果统一的同时，确立所谓"最大多数人的最大幸福"原则，认为善的行为是与这种行为能增进他人幸福的程度成正比的。所以，尽管功利主义的基本立场是普遍个人主义的，但它强调用法律制裁、良心自律的结合来保证他人和社会利益不受损害，却具有群体功利主义的某些特征。这种特征，在墨家身上表现得尤为明显。

倍（背）禄而乡（向）义。

——《耕柱》

【鉴赏】

墨子确立"万事莫贵于义"的价值观念，又强调"义即利"，突出表明了墨子是严辨公私之分来展开其功利主义价值观的。为此，墨子在以"摩顶放踵利天下而为之"自励的同时，还在他的学生中积极倡导"贵义""利天下"的正面榜样，又严厉批评那些为个人利禄而放弃"贵义"原则的人和事。

《耕柱》篇记载墨子以其学生高石子为例，告诫弟子们要有"道义高于利禄"的德行。高石子曾为卫国卿大夫，常以"天下无道，仁士不处厚"自勉，后因卫君无道遂辞职而去。墨子知道后很高兴，对禽滑厘说："姑听此乎？夫倍（背）义而乡（向）禄者，我常闻之矣。倍（背）禄而乡（向）义者，于高石子焉见之。"高度赞扬高石子崇尚仁义而不贪恋利禄，是个很好的榜样。

此外，墨子还针对其学生胜绰"倍（背）义而乡（向）禄"的不义之举，严加训斥。据说墨子曾使其弟子胜绰为齐重臣项子牛做事。项子牛三次入侵鲁国而胜绰三次跟从。墨子听说后很生气，深感胜绰辜负了他的期望，就派高孙子请项子牛辞退胜绰的官职，并告诫项说：我原本派胜绰协助你防止骄气，纠正邪僻，不想胜绰得了厚禄忘了道义。

墨子严厉批判胜绰的"禄胜义"，主张"背禄而向义"，表面上似在强调利禄与道义的对立，但实际上是提倡以道义制约私利，更好地实现"利人为义"的价值目标。

知，材也。

【鉴赏】

"知，材也"，肯定知是人所具有的一种材质。作为后期墨家用语的"材"，是指感觉器官的本能。人具有能感觉事物的感官本能，是人之知识成立的基本条件。

《经说上》篇做进一步解释，称："知也者，所以知也；而必知，若明。"因为感官有"知"的本能，这是用来认知事物的工具，故曰"知也者，所以知也"。人的感官如不能知物，则不得称之为"材"。人若处于睡眠或做梦状态，也无法知物明事。知，非得使感官保持清醒，此即"而必知，若明"。

以人的视觉之"知"为例，眼睛能明见，是眼睛的感觉本能。人能见物，当凭借眼睛之明见，如虽有眼睛却害眼病，或视盲，就不能见物，或虽见物而无法辨清，是眼不明也，眼睛就失却其"知见"的本能，那就谈不上有"知"了。

后期墨家以"知，材也"命题立论，揭示了"知"为人的感官所固有的本质特征，为知识论奠定了感觉论的基础。这对墨子主张"必以众之耳目之实"的经验论是种引申和发展。

《经说下》篇还进一步指出："智（知）以目见"，"惟以五路智（知）""五路"，即目见、耳闻、鼻嗅、口言、心思（体察）之五官。"惟以五路智"的"知"，指的是五官的感觉，肯定了人之有"知"实开始于五官的生理属性和感觉、知觉能力，这在认识论上被称作"感知"。感知所获得的，是属于感性知识，构成了整个认识过程的初级阶段。

虑，求也。

【鉴赏】

"虑"，墨家用语的原意只是表述人求知的一项活动，但并未指明这项活动的实在内容或走向。这里，《经上》篇用"求"来界定"虑"，就强调了"虑"是对知识的欲求和探索。古希腊哲人曾把"哲学"定义为"对知识的欲求"，而不仅仅是知识本身。同样，后期墨家提出"虑，求也"的命题，既表述了知识成立的基本前提和必要条件，也昭示了哲理思维的特有魅力和追求目标。

《经说上》篇这样解释："虑也者，以其知有求也，而不必得之，若睨。""知有求"，是说知觉能力本身就有求知的冲动。这是在肯定"知"为人感官的材质、本能的基础上，进一步说明这种本能导向知识的欲求。但"虑"讲的是知识欲求的冲动，至于这种欲求冲动是否发之于知觉感官，能否接触于客观事物，则不在"虑"所界说的范围。故曰："知有求也而不必得之。"所以，"虑"不能离开"知，材也"的感觉论基础，而且，"虑"也必须发展到和事物的接触，才能把求知冲动转化为求知的活动。

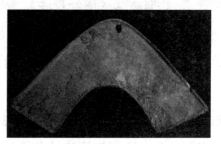

桥形币（战国）

同样以视觉为例，眼睛虽能明见，却只是在巡视，并未专注于特定事物，那还不可能达到"知物"，这叫"睨"。"睨物"，并不是"接物"，更不是"知物"。就整个求知过程讲，只意味着知觉本能对客观事物有了探索和寻求，旨在选择认知的具体对象。这是知识过程的开始。后期墨家用"虑，求也"概括这认知的开始阶段，意味着在发生知识的欲求时，就要有人之思虑、谋划的参与。

知与意异。

——《大取》

【鉴赏】

后期墨家讲的"知与意"，今人孙中原在《墨学通论》中解释为知识与意见。近人吴毓江《墨子校注》则解释为"理智与意欲"。此从吴毓江解。《经上》篇有与此相应的说法，称："穷知而悬于欲也。""悬"，即悬。古字"县"与"悬"通用。墨家于"县"字增"人"旁，作"悬"。"穷知而悬于欲"，是说人之处事行为，往往会出差错，原因就在人的知识（理智）常有所限制，使行为受意欲的支配，力图摆脱理智的束缚，以致造成错误，这就是理智和意欲的功用不同——"知与意异"。

后期墨家曾列举多项"意未可知"的事例，来说明"知与意异"，强调有意欲不就是达到了知识和理智。《经下》篇说："以楹为博，于以为无知也，说在意。"此据高亨《墨经校注》考证，"楹"，即"柱"也。"博"，借为"薄"，也为"壁柱"。盖楹之为柱，粗而长，大柱也；薄之为柱，细而短，小柱也。以楹为薄，属大柱之材充作小柱之用，故曰"无知"。但"以楹为薄"，却出于心意，系意欲之所为。据《经说下》篇的解释："楹之薄也，见之，其于也不易，先智（无知）也，意相（想象）也。"断定"以楹为薄"，是意欲的想象，并不是理智所为，不属知识论的范围，从而严格区分了理智与意欲的界线。

从知识论的角度看，区分理智和意欲，可以促使知识问题的探讨在理智思维的轨道上发展得更快、更合理。

见：体、尽。

——《经上》

【鉴赏】

"见"，在墨家用语中是指观察、考察。观察和考察是认识的开始和起点，因而构成了知识发生的基础。《经上》篇提出"见：体、尽"，是把"见"区分为体见和尽见两种。

《经说上》篇解释"体"与"尽"的含义时说："时者，体也；二者，尽也。"高亨《墨经校注》考证，"时"当为"特"，字形相近而误为"时"。《广雅释诂》谓："特，独也。"郑玄注为"特，犹一也"。而《经上》篇说："体者，分于兼也。"是说墨家所讲的"体"，皆指全中之"特"（殊），两中之一、整体中的部分。则"体见"是表示在互相联系的事物中只考察其一，或对某一事物只观察到其局部、部分，有只见其一不见其二的片面性。

后期墨家主张"知"要有"尽见"。"尽见"，是对事物要有两方面的观察和考察，达到对事物的全面整体的了解和把握。墨家在讲知识的获得时常用"二者"一词，是意识到宇宙间事物皆有矛盾对立的两方面，如上与下、今与古、是与非、善与恶、正与邪、利与害，等等。其实墨子就曾借"圣王之治"提倡"二目之视""二耳之听"，并引古语曰："一目之视，不若二目之视也；一耳之听，不若二耳之听也；一手之操，不若二手之强也。"（《尚同下》）后期墨家则将此作了引申发展，概括出"尽见"一说，主张对事物之分"二"，但见其一是为"体见"；兼见其二，才称"尽见"。这从知识论上讲，是主张对事物作两点论观察，又具有辩证法的因素。

　　爱盗非爱人也，不爱盗非不爱人也，杀盗非杀人也。

——《小取》

【鉴赏】

这句意思是：（对盗贼与人民加以区别）爱盗不是爱人，不爱盗并不是不爱人，杀盗也不就是杀人。

"杀盗非杀人"的命题，庄子就已提出过。《庄子·天运》借老子的话说：禹治天下，民心民风纯一，都视盗贼有罪，理当该诛。如用兵有顺义，则杀盗

也有顺理。

后期墨家似乎延续了庄子"杀盗非杀人"的观念，但在语境和意蕴上都做了深化。其思想，源于墨子对人性的基本认识和对盗与人的原则区分。与儒家相似，墨子也把人分为仁与暴（好与坏）两类，在德行上有善与恶的区别。《非儒》篇说仁人明了"取舍是非之理"，在价值判断上会兼爱，道德选择上会扬善弃恶。所以，从伦理学上主张"见善必迁"，遇恶必罚。

这一思想，后期墨家在"杀盗非杀人"的命题下作了进一步的阐发。《小取》篇就指出，"盗"固然可称之为"人"，但因盗是作恶而非行善，故不爱盗也不意味着不爱人。这样，在本性和德行上把盗和人做了原则区别，以此强调"杀盗非杀人"，则不仅不违反人道原则，相反，正是推行人道主义精神所必需的，和孟子所说"闻诛一夫纣矣，未闻弑君也"的意思也是相似的。

墨子在严辨人与盗、善人与恶人之分的基础上，确立"爱人"原则，阐述兼爱思想，赋予了古典人道主义以时代的、社会的、伦理的内涵。

爱人者，人必从而爱之；利人者，人必从而利之。

——《兼爱中》

【鉴赏】

这句意思是：爱惜别人的人，别人必然也会爱惜他；使别人获益的人，别人也必然会跟着使他获益。墨家认为，在人际关系中推行爱利双修，不会是单方面的，必然会得到别人"从而爱之""从而利之"的回报。这表明，墨家是懂得思维方式上的换位原则、对等原则的。

换位思维、对等思维，是说人们在考虑如何处置和他人的关系时，不妨设想一下自己处在他人的位置上将希望自己做什么，如何做。从心理学的层面上讲，换位思考要有"人同此心，人同此情"的心理体验。从伦理价值观念上讲，对双方的关系和地位要有种平等的意识。这样，对爱人、利人者而言，他的爱利行为应该是积极主动的，因而也是无条件的，因为爱利出于内心的真诚和理性的自觉。

对于被爱者、受利者来说，则据于"人同此心"的心理体验和人际关系上的平等意识，自然会对爱人、利人者产生对等的回报，从而形成双方之间爱利互助的良性循环。所以，爱人者，人必从而爱之；利人者，人必从而利之。如此，就充分体现出人际关系中的兼爱之道。

和墨家相似，儒家有"忠恕"原则和絜矩之道，也把对等思维、换位思维引入了社会学和伦理学。据朱熹的解释，尽己之谓忠，宽以待人之谓恕，这颇为精当地阐述了孔子提出的"己欲立而立人，己欲达而达人"的忠恕原则。这在后来的《荀子》和《礼记》中就发展成了絜矩之道。絜，即"度"；矩，为"法"。絜矩之道，指推己以（测）度他人他物。《荀子·非相》篇说："故以人度人，以情度情。"实行一种以推己及人为方法的道德行为模式，极富人道色彩。

兼之为道也，义正；别之为道也，力正。

——《天志下》

【鉴赏】

"兼"与"别"区别的标准就在"顺天之意"还是"逆天之意"。墨子以"顺天之意"为"兼"，以"逆天之意"为"别"。认为以"兼"为道，行的是义政；反之，以"别"为道，必然走向暴政。墨家把兼爱观念和天志、天意相联系，极大地提升了"兼爱"说的道德内涵。因为兼爱是天意的体现，表现的是一种正义的原则，在实践上就是行"义正"。

"义正"与"力正"相对应，从表面上看，似乎和儒家强调仁政与力政、王道与霸道的区别对峙有相似之处。但实际上，因为墨子讲的"义正"当以"兼"为本，以"兴利除害"为内容，主要出于一种功利价值原则的考虑，和儒家以"义以为上"命题立论阐释的王道、仁政是有所不同的。所以，墨子解释"义正"时，就强调"大不攻小也，强不侮弱也，众不贼寡也，诈不欺愚也，贵不敖贱也，富不骄贫也，壮不夺老也"。总之，要使天下诸侯和民众都不以水火、毒药、刀兵互相残杀，在国与国、人与人之间消除一切攻夺、欺诈的行为，真正实现兼爱之道。

"兼爱之道"在"义正"，墨家是真诚地相信这一点的。对"义正"可有两方面的理解：一方面，"义正"是以"义"的原则来推行政治治理，和尚贤、尚同的治国主张是一致的；另一方面，"义正"又要体现伦理的"正义"原则，以公正平等的观念设计人际关系的新格局。这说明"义正"有政治学与伦理学双重层面的内涵，构成了墨家文化精神中一项有价值的内容。

择，即取兼君。

——《兼爱下》

【鉴赏】

"兼君"，就是实行兼爱的国君。墨子认为，如果自主选择的话，民众总是会选择和拥戴兼君的。因为，兼爱即善，而善之大用在爱民利众，当然为民众所信崇。对此，墨子是设兼、别二君的事例做比较论证的。

"别君"会说，人生如白驹过隙，瞬间即逝，十分短暂，像对待自身那样对待万民之身，是不合情理的。"别君"首先要善待自己，鲜有时间去顾及万民，所以，他往往置万民的饥饿、受冻、疾病、死亡于不顾。而"兼君"就不一样。"兼君"意识到"必先万民之身，后为其身"，首先考虑到天下万民的切身利益，置自身于后，先关心百姓疾苦，给予救助和安抚。

假如兼君和别君都是"言必信，行必果"的，而二者又是"言相非而行相反"，那么，在发生灾害或瘟疫，万民多有挨饿受冻，甚至有人辗转死于沟壑的情况下，老百姓会选择谁、抛弃谁呢？墨子十分肯定：天下人必"择，即取兼君"。并说：无论是天下愚夫愚妇，即使不赞成兼爱的，也会选择"兼君"了。

"择，即取兼君"的说法，表达了两方面的意思。一是肯定了民众有选择君主的权利；二是强调了君主应行兼爱之道。这虽然是理想主义的，在君主专制制度下是无法实现的，但毕竟表达了民众的要求和愿望，以及对贤君明王的期待。

若使天下兼相爱，爱人若爱其身，犹有不孝者乎！

——《兼爱上》

【鉴赏】

墨家倡导兼爱，因其与儒家"别爱"的对立，而一直招致儒家的责难和批驳。其中最激烈的要算孟子了。孟子称："杨氏为我，是无君也；墨氏兼爱，是无父也。无父无君，是禽兽也。"（《孟子·滕文公下》）他直斥墨家兼爱为"禽兽"之言，其主要依据是说兼爱违背了孝亲之道。其实，孟子的指责不仅失之偏颇，而且大有谩骂式攻击的味道，很失儒家风度。因为，墨家讲兼爱，并没有脱离孝亲，而且多次举事说理，阐述兼爱与孝亲的联系。墨子已经意识到兼爱推行于君臣、父子之间，关键在于实施孝慈原则。他指出"臣子之不孝君父，所谓乱也"，而"子自爱，不爱父"，"弟自爱，不爱兄"，也会导致乱。他又说："父之不慈子，兄之不慈弟，君之不慈臣，此亦天下之所谓乱也。"——反过来也一样，父、兄、君不能对子、弟、臣有慈爱，同样是乱起的根源，所以，君臣、父子、兄弟之间要兼相爱，当然应以孝慈为本。

推而广之，"如使天下人都相亲相爱，像爱自己那样爱惜他人，那天下何来不孝之人！"墨子强烈质疑儒家关于兼爱与孝慈必分的论调，真诚地相信，如果人们都像爱自己那样爱他人，就不可能不孝，也不会有不慈。所说"君臣相爱，则惠忠；父子相爱，则慈孝；兄弟相爱，则和调"就确认了君臣、父子、兄弟之间以"爱"为纽带而形成的相互制约的伦理关系。

兼爱和孝亲观念相适应，虽系墨家为避免和儒家宗法观念的冲突而提出的，但这种适应，却着眼于兼爱观念和血缘亲情、家庭伦理的协调与结合，表达了人际和谐、社会稳定仍以家庭为本的思想。

当察乱之何自起？起不相爱。

——《兼爱上》

【鉴赏】

当代存在主义哲学家卡尔·雅斯贝尔斯提出过著名的"轴心时代"观念。认为从公元前800年到公元前200年——人类的精神基础同时地或独立地在中国、印度、波斯、巴勒斯坦和希腊开始奠定。在中国，这是孔子、老子、墨子的时代。他在《人的历史》中断定这个时代的中心课题是"思想家在盘算人们怎样才能够最好地生活在一块，怎样才能最好地对他们加以管理和统治"。雅斯贝尔斯提出"轴心时代"文化的中心课题为"管理"，倒是与汉代《淮南子》认定诸子之学皆"务为治"不谋而合。

事实上，墨家思想宗旨在兼爱。但兼爱不仅是伦理学观念，而且也是一种政治学、社会管理的学说。这就涉及墨家兼爱学说的价值和社会功能问题，说明墨家之"兼爱"首先是用于去乱、归治，作为救世的药方和良策。所以，墨子经常思考世乱的原因，强调"以治天下为事者也，不可不察乱之所自起"（《兼爱上》）。

尽管墨子并不懂得世乱根源须从社会经济的、阶级斗争的背景中去寻找，但他尖锐地指出"当察乱之何自起？起不相爱"，认为社会动荡混乱的根源在于人们不互相友爱，主张在政治伦理的层面上揭示世乱之因，探讨治乱之方。

他归纳了当时世乱的四类现象：一是君臣、父子、兄弟之间各自利而互相损害；二是盗贼者"窃异室以利其室"，"贼人以利其身"；三是大夫"乱异家以利其家"；四是诸侯之间各"攻异国以利其国"。他揭露了独知爱其国、独知爱其家的"别爱""自利"观念和行为,疾呼要"非之""易之"。这都是警世之言。

　　以兼相爱、交相利之法易之。

——《兼爱中》

【鉴赏】

　　不管从政治论还是从伦理学的角度看,墨家的兼爱和儒家的仁爱都是有差别甚至是对立的。

　　这种差别以至对立的根基就在于对待当时社会宗法结构的态度。如果说儒家的仁爱观念以其和宗法结构、宗法观念的适应而表现出一种现实的世俗性品格,则墨家的兼爱旨在批判和否定宗法结构、宗法观念,追求对现实社会秩序的超越而带上了理想主义的色彩。但即便如此,墨家的兼爱并不排除现实功利的考虑。墨子曾引进"义"的观念来解释"兼爱"。《贵义》篇说"万事莫贵于义",而他讲的"义",即是"兴天下之利,除天下之害"。所以,他提出"兼以易别",主张"以兼相爱、交相利之法易之"。

　　"兼相爱、交相利之法",强调的是"义即利"或"义在兴利除害"。这表述了一种义利统一的思想,讲利不离义,则其"利"所指不是一己一时一事之利,应是对他者、天下人有"利",是谓"公利"。为此,墨子常常将"爱人"与"利人"并提,提倡"兼而爱之,从而利之",以"利人"作为"爱人"的前提和目的。他又通过对"欲义为上"的解释,认为"万民被其大利"才是真正的"义",这就肯定了兼爱和义利的内在结合,把兼爱精神和功利主义联系起来了。

　　倡导兼爱,是人对德行的追求,属于精神价值的范畴,但人还有功利价值的追求。墨家已意识到两者之间的内在关联,肯定了"兼相爱"与"交相利"的统一,这涉及了人类价值追求的基本点,丰富了哲学与伦理所讨论的永恒主题。这对现代人生精神价值的塑造有着积极的启示意义。

别非而兼是者，出乎若方也。

——《兼爱下》

【鉴赏】

墨子提倡"兼爱"，一个重要立论根据就在"别非而兼是"。

何谓"别"？墨子认为"别"是出于社会等级名分差异而引发的人与人之间的相害相斗，故又叫"交别"。他从别与兼各自产生的源头加以考察，指出"今吾本原'兼'之所生，天下之大利者也；吾本原'别'之所生，天下之大害者也"，揭示了"兼"起于"天下之大利"，"别"生于"天下之大害"，进而断言："别非而兼是者，出乎若方也。"认为互相交恶是错误的，互爱相亲才是正确的，这是从"爱人而利人"这个原则引申出来的。主张从否定交别、肯定兼爱的角度解决"兴利除害"的问题，这是出于对社会混乱现象作探源求根式的思考。

"别非而兼是"，这是对儒家礼乐思想和等级名分观念的尖锐批判，一度成为儒墨两家激烈论争的焦点。据史载，儒家信徒巫马子曾面责墨子，说"我与子异，我不能兼爱"，自称他爱家人胜过爱同乡，爱父母胜过爱其他家人，爱自己胜过爱父母，以至申明"有杀彼以利我，无杀我以利彼"（《耕柱》），以个人中心、家庭本位的"别爱"观念来否定兼爱。墨子则用归谬法予以驳斥，指出别人将会按你巫马子的逻辑，"以子为施不祥言者"，于是不管喜欢还是不喜欢你主张的人都想杀你，这岂不要惹祸招身?! 而你硬要说惹祸招身的话，那就是"荡口"（空言妄语）了。

明白了"别"之原生，弄清了"乱"之所起，则推行"别非而兼是"就有了可靠的保证和恰当的方法。当然，囿于立场和眼界的限制，墨子不可能真正揭示"交别""世乱"的社会根源，但他那种求根探源的态度和处事方式，还是积极的、有价值的。

体，分于兼也。

——《经上》

【鉴赏】

墨子作有《兼爱》上、中、下三篇，颇为详细地阐述了兼爱学说的基本内容和政治功能、伦理价值，但对"兼爱"一词的语义揭示和概念分析却显得不甚明确。而且，墨子又将兼爱和天志、明鬼观念相联，影响了对"兼爱"学说价值内涵的深度发掘，这在后期墨家那里才有所弥补。

在辞源学上，"兼"的本意为一手执两禾，引申为兼有、兼顾等义。《经上》篇提出"体，分于兼"的观念，围绕着兼与体的关系，把"兼"定义为整体、全部。在后期墨家看来，事物的总体称"兼"，事物的部分或局部称"体"，部分（体）是由总体（兼）中区分出来的，故曰"体，分于兼"。《经说上》篇还曾举几何学上线与点的关系为例，做进一步说明。

用"兼"与"体"的区分来讲兼爱，说明了墨家之兼爱是对应于爱部分、爱局部的体爱而言，强调了要爱全部、爱整体，推及于爱人则爱人类之全部，爱一切人。故《小取》篇提出"爱人待周（周遍）"，《大取》篇主张"爱众世"与"爱寡世"相若。而《经下》《经说下》篇则进一步论证了"无穷不害兼"，"不知其所处不害爱"等观点，认为兼爱不受时间、空间条件的限制，也不因人之居处的变动不定而受到影响，这就明确肯定了兼爱具有对人的"尽爱""俱爱""周爱"的含意，同时对墨子兼爱之"兼"的内涵也是一种深刻的揭示，形成了一种博爱的人道意识和救世精神。

爱人之亲，若爱其亲。

——《大取》

【鉴赏】

以亲情爱他人，如爱自己的亲人。这是后期墨家对墨子兼爱说的概括表述，也进一步表达了"爱无差等"的思想观念。

"爱无差等"，道出了墨家"兼爱"说的真意，这就是突破血缘亲疏远近和贵贱等级身份的差别，而施以平等的普遍之爱。

当然，表面上看，孔子也讲过"泛爱众""博施济众"的话，似乎有兼爱意味，但孔子的"爱众""济众"仍是以严辨亲疏、贵贱之别，君子、小人之分为前提的。他说"君子而不仁者有矣夫，未有小人而仁者也"（《论语·宪问》），认为小人之中不会有仁人，这仁爱是对局部性、部分人讲的。因此《经上》篇说"仁，体爱也"，断定了儒家仁爱绝非"兼爱"，而是"体爱"。

正因为如此，墨子的"兼爱"就是直接从批判儒家"亲亲有术，尊贤有等"的观念出发，打破宗法意识的束缚，用"兼爱"来对抗并代替儒家的"别爱"（"体爱"），从中发展出人类普遍之爱。

以此立论，墨家甚至一反当时奴隶主贵族的等级偏见，把"臧"（奴隶）、"获"（婢役）等"卑贱"之人也纳入"爱"的对象范围。后期墨家的著作中有许多对臧、获之人生活、疾病、死葬等情况的关切言辞，以至提出诸如"获，人也；爱获，爱人也。臧，人也；爱臧，爱人也"的观念、主张，都集中反映了墨家周爱他人、兼爱天下的人道精神。

说，所以明也。

——《经上》

【鉴赏】

"说"，即说知，说知之"说"，是后期墨家常用的一个知识论术语。

《经上》篇云："说，所以明也。"《小取》篇有"以说出故"之论，《经下》篇多次用"说在某某"的语词结构，这些都用以表达"立辞""判断""推论"的原因和根据。所以，说知之"说"，就必须是详述事实经过、因果联系、原委始末及推论过程的。

据《经说上》篇解释："方不障，说也。""障"，即障；"方"，方域。"方不障"，意为不受地域的局限和障碍。由此可见，"说知"是要突破时间、空间的限制，着重于推论获得新知。这构成了闻知、亲知以外的另一条求知途径。

由推论获得新知，当然有由已知推知未知的意义。用《经下》篇的话说，此叫"知其所以不知，说在以名取"。是强调"说知"还应注意用名称概念加以取舍，使人知道那些原先不知道的东西。《经说下》篇又做进一步的阐述："知（智）夫名：以所明正所不智，不以所不智疑所明，若以尺度所不智、长。"是说以"名"为取舍来求知时，要用所明之事去推论未明之事，而不能用未知之事去怀疑已知之事。这就犹如用尺子来测量尚不知长度为多少的物体，其长度很快就可以确定，这是用已知推知未知之故。反之，因为尚有不知长度的物体存在，就怀疑尺子度量长度的可靠性，那就显得荒谬了。

知：名、实、合、为。

——《经上》

【鉴赏】

闻知、说知、亲知作为知识的三项分类，实际上也概括了知识形成的三条途径。按途径不同来区分知识的种类固然是一可行方法，但还可以按内容的差异对知识进行分类。如《经上》篇所说"知：名、实、合、为"，就又把知识分为名知、实知、合知、为知四种。

名知，根据事物的名称、概念而获得的知识。如根据树的名称，可知有关"树"的属性、特征。因为事物的名称、概念不是随意设定的，而是根据事物对象的内在属性及特征加以确认的，故曰"所以谓，名也"。是说"名"是人之所加以的称谓，无名则人无法加以称谓。

实知，是关于实际事物即认知对象的知识。往往是通过亲知、耳闻目见的实际体验而获得的知识，具有直接性和现实性的品格，是知识的可靠来源。实知者，名必有实，有实则人有所谓，无实则人无所谓，故曰"所谓，实也"。

合知之"合"，按《经说上》篇的解释，是指"名实耦，合也"。所以，称为"合知"者，当名符于实，实符于名；名正所以表斯实，斯实正可以当斯名，是谓名实相合。

为知，是关于行为、实践的知识，系有计划、有目的自觉行动的结果。《经说上》篇称"志行，为也"。认定"为知"是志存于心、行见于事者，体现着志与行、动机与效果的统一。

今以攻战为利（例），则盖尝鉴之于智伯之事乎？

——《非攻中》

【鉴赏】

"鉴"，借鉴，借鉴实践经验，吸取有益的教训。这种颇具说服力的论证方法，墨家也应用于对"非攻"观念的论证。

墨家所借鉴的，主要是当时诸侯攻战事例中的几个典型。例如吴国君王阖闾率兵占领楚国的都城，并迫使宋国与鲁国称臣朝见。后来夫差即位，更是扩大攻伐战争，北攻齐国，于艾陵大败齐人；又向东攻打越国，迫使越人退守会稽。但吴王夫差得胜班师以后，不能抚恤阵亡将士的遗属，也不施泽于民众，自恃功高，懈怠军事和民情，造成国人皆有疲惫、离异之心。而越王勾践卧薪尝胆，十年生聚，看准这一时机，重集士卒，最终攻灭吴国。

又如，晋国曾有六位将军，以智伯最为强大。智伯也自恃地广人多，想跟诸侯抗衡，以为用攻战的方式更易实现他的目标，遂指使手下谋臣战将，动员兵船战车，先攻打中行氏，占据其土地；又大败范氏，继而进攻晋阳围捕赵襄子。在这种情况下，韩、魏二家就开始谋划联合反击智伯了。韩、魏二家意识到"赵氏朝亡，我夕从之"，遂和赵氏内外夹击，三家联合大败智伯，这就是历史上的"三家分晋"。

在墨家看来，攻战的祸害，不仅给社会民众带来巨大的财产损失和人员伤亡，而且攻占者本身也不会有好的结果。这是许多历史和现实的经验教训所证明了的，后人应引以为鉴。

若以此三圣王者观之，则非所谓"攻"，所谓"诛"也。

——《非攻下》

【鉴赏】

墨子的"非攻"，以区别"义"与"不义"为前提，同时也十分注意辨明大国对小国之"攻"与有道伐无道之"诛"两者间的分野。这表明墨家之"非攻"，不是无条件地反对一切战争，盲目排斥攻伐行为，而是有具体分析和确定判断的。

在儒家的言辞用语中，"伐"与"弑""诛"与"暴"虽同样用于说明战争和杀人行为，但有仁与不仁的区别。孟子常讲"武王伐纣"，而不讲"臣弑君"，因为这是有道伐无道，故"闻诛一夫纣矣，未闻弑君也"。在这一问题上，墨子与儒家观点颇为相似。他严厉地抨击攻战，却同时赞扬和肯定有道对无道的征伐、诛杀，表明他讲"非攻"，是专对不义战争和暴虐杀人而言的。

有人非难墨子的"非攻"，说："昔者禹征有苗，汤伐桀，武王伐纣，此皆立为圣王，是何故也？"墨子反驳道："子未察吾言之类，未明其故者也。"指出禹、汤、武王之为不是"攻"，而是"诛"，二者不能混淆。因为三苗叛乱，造成天地齐出怪异之象，以至五谷不熟，百姓震惊，于是上天下令诛伐，古帝高阳在玄宫向禹授命，"禹亲把天之瑞令，以征有苗"。后来，商汤伐夏桀，武王伐商纣，也是"受命于天，往而诛之"，而且由"神"在上天保佑、支持，又得到民众拥护，其结果才"通维四夷，而天下莫不宾服"。这叫有道伐无道，"天下乃静"，和我们现在所说以正义战争制止非正义战争，维护和平的意思是相通的。

百工为方以矩，为圆以规。

——《法仪》

【鉴赏】

"不定规矩，无以成方圆"，这是尽人皆知的道理。然寻其源，当出于墨家的"为方以矩，为圆以规"之说。

百工"为方以矩"，是指制作正方体或长方体的器物，要以矩尺为法度。矩尺，古代匠人的工具，有直角的曲尺或丁字板，是制作方形体所不可或缺的。《经上》篇说："方，柱、隅四权也。"权为"权衡"，引申为"观察"。观察方形体的周边，可看到它有四条边（柱）和四个角（隅）。四边相等，四个角亦相等，为正方体（形）；四个角相等，四条边两两对应相等，为长方体（形）。这都需要由矩尺加以衡量。

百工"为圆以规"，是说圆形体的制作，要以"规"为工具。规，即人们在几何画图上常用的圆规（两脚规）。圆规以一脚支点为中心，用另一脚支点画出圆周的轨迹，使成一封闭的曲线。这样，从中心到周边封闭曲线各处的距离都相等，几何学上称半径相等，由此形成圆的定义。《经说上》篇将之解释为："规：写交也。"

墨家"为方以矩，为圆以规"的观念，出于匠人的工艺实践，但同时也做了理论思维上的提升。墨家已认识到，百工应该"取法"从事，即按照生产经验中抽取的一般法则为依据。又主张"依以从事，犹愈已"，强调"取法"从事就要克服仅凭主观意愿办事的偏向，超越个人的己见和私欲，以提高工艺制作的自觉性和科学技术水准。

法：意、规、圆，三也俱可以为法。

——《经说上》

【鉴赏】

这是后期墨家对"法"概念的意蕴所做的进一步的阐述和发挥。当《经上》篇以"所若而然"的说法定义"法"的概念时，它注重的是"法"作为行事的根据和标准所具有的价值与功能。但"所若"的"若"还指"顺"，认为"法"的制定亦须顺应民意，那样，"法"是可以体现某种规律的趋势。而《经说上》篇更以"圆"为喻，另外阐发了"法"概念的三项要素：一是先立"圆"的意念；二是依"意"设定圆的规矩，如作圆要有圆规的工具；三是以实际的圆形作参照。只有"三也俱"，才"可以为法"，从而把"法"概念的意指引申为事物的模型和制器的方法。

近代学者胡适曾将墨家"法"的概念与亚里士多德的"形式因"观念相对应，把"法"解释为事物的"模型"和"范式"，似有一定道理。因为从辞源学的角度看，"法"字，古文作"佱"，从亼（集合之集），从正，意谓"模子"。《说文》称："法，刑也。模者，法也。范者，法也。型者，铸器之法也。"如同铸器须先做成"模子"，把铁水（或铜汁）倒进去，则可铸成相同的器物。后期墨家正是从"法"的这种原始意义出发，以几何图形为比喻，强调了"法"还是人们做事、制器的范型和模式，确有点类似于亚里士多德所说的"形式因"。

不过，把后期墨家的"法"概念简单等同于亚里士多德的"形式因"，却并不符合后期墨家"法"的深层含义。当后期墨家通过圆的意念、规矩、实形三方面阐发"法"概念的要素时，就已经涉及几何科学上的某些基本内容。对此，我们当然不能忽视。

断指以存腕。利之中取大，害之中取小也。害之中取小也，非取害也，取利也。其所取者，人之所执也。遇盗人，而断指以免身，利也。其遇盗人，害也。

——《大取》

【鉴赏】

墨家从实践中概括权衡利害的原则，利中取大，害中取小，尽力争取向有利于己的选项转化的实践辩证哲学原则，有原创的理论意义。

这里原文整体的意思是，在不得已的情况下，宁肯断掉一个指头，也要争取保存手腕。在利中是取大的，在害中是取小的。所谓"害中取小"，在一定意义上可以说不是"取害"，而是"取利"。所谓"取"，是指人的选择执持。遇到强盗，被迫断掉一个指头，以保全生命，就保全生命这一点来说是利，就遇到强盗，被迫断掉一个指头来说是害。

在利中取大的，不是被迫不得已的，而是自己主动争取的。在害中取小的，是被迫不得已的。在利中取大的，是在尚未存在的事情中，去争取实现某一种。在害中取小的，是在已经存在的事情中，被迫舍弃某一种。

墨家理论的长处，是从实践中总结正确的思维方法。这段话中理论思维的闪光，是从亲身经历的事情中，概括"利之中取大"和"害之中取小"的实践哲学原则，其中包含概念对立转化的辩证思维。

"害之中取小也，非取害也，取利也。"是机智巧妙的辩证思维表达。分明说是"害之中取小"，怎么又说是"非取害也，取利也"呢？这是不是违反了形式逻辑的同一律，自相矛盾，说胡话呢？

其实这是墨者运用辩证思维的一个具体实例，意为在"处理两害相权，取其小"的实践课题时，"取害"的概念，在整体保存和发展的意义上，就转化为"取利"。所以结论说："非取害也，取利也。"即不是"取害"，而是"取利"。

经商办货，途经深山老林，"遇盗人"，劫匪想杀人越货，谋财害命，这是"害"。但假如被迫"断指以免身"，在生命整体保存和发展的意义上，就转化为"利"。因为争得生命整体的保存，可以继续创造发展，才是最重要的。俗话说："留得青山在，不怕没柴烧。"与此意思相似。

《贵义》说："商人之四方，市贾倍蓰（一倍和五倍），虽有关梁（关隘桥梁）之难，盗贼之危，必为之。"商人到四方，经商办货，流通赚钱，是自己的本分。赚取比市价高出一倍和五倍的利润，均属正常。虽有关隘桥梁的困难，盗贼抢劫的危险，也一定要做。

这是超越"断指"的"小害"，而得"免身"后的"大利"。被迫"断指"，是遇"小害"。有"小害"，不如无害，可总结教训，力图避免。所以说："其遇盗人，害也。"

墨家"利中取大，害中取小"的实践辩证哲学原则，是今日辩证逻辑应用研究的先驱，对我们仍有重要的实践启发意义。

第85条 欲正权利，且恶正权害。

权者两而勿偏。

——《经上》《经说上》

【鉴赏】

墨家"两而勿偏"的名言，体现辩证法哲学和辩证逻辑的基本原则。这里"权"，是权衡思考。"两"，是两面，全面，整体。"偏"，是一面，片面，部分。

《经上》《经说上》第85条原文的意思是，正当的欲望，可用来权衡利益。正当的厌恶，可用来权衡害处。权衡思考，要遵守"两而勿偏"的原则，兼顾事物矛盾的两个方面，不要只顾一个方面。

《墨经》用偏、体、特、或表示部分，用兼、二、尽、俱表示整体，认为观察思考有部分和整体两种境界。《经上》第83条说："见：体、尽。"《经说上》解释说："特者体也，二者尽也。""见"：观察。"体"：部分、局部、一面。"尽"：整体、全局、两面。"体见"：部分观察，"尽见"：整体观察。《小取》说："不可偏观也。"即不能片面观察。

"两而勿偏"的思维方法，提倡全面性原则，反对片面性弊端。任一事物的矛盾，都有正反两面，不是只有一面。这是事物普遍存在的性质，是辩证法世界观的基本观点。根据世界观、认识论和方法论一致的原理，"两而勿偏"的思维方法是正确的，其反面"片面极端"是错误的。

"两而勿偏"，是辩证法，俗称"两点论"，是正确的世界观、认识论和方法论。其反面，"片面极端"，是形而上学，俗称"一点论"，是错误的世界观、认识论和方法论。

整体和部分，是反映事物统一性与可分性的一对哲学范畴。整体是部分的有机统一，部分是整体的构成元素。相近术语，在数学上有集合和元素（集合和子集），管理学上有全局和局部，西方哲学史上有全和分，多和一。

《墨经》把整体和部分，叫作"兼"和"体"。《经上》第2条说："体，分于兼也。"《经说上》举例解释说："若二之一、尺之端也。"即"体"（部分）是从"兼"（整体）中划分出来的。如数学集合"二"中的元素"一"，以及线段中的点。数学集合"二"，是"兼"，即整体，它兼有其中两个元素"一"。线段（尺）是点（端）的集合，是"兼"，即整体，它兼有其中所有"点"（端）的元素。

整体和部分互相依赖和转化。整体不能先于或脱离部分而存在，没有部分就没有整体。部分归属、从属、纳入整体，受整体制约，没有整体就没有部分。整体和部分的区别和界限是相对、可变的。

一个整体，包含部分。整体又可作为部分，归属于更上一层级的整体。部分则可以作为更下一层级的整体，包含再下一层级的部分。整体和部分，是世界观的重要范畴。整体和部分的对立统一，是世界观、认识论和方法论的重要原理。把握整体和部分的对立统一，是正确认识与改造世界的必要条件。

《墨经》对"兼"和"体"范畴的规定，有广泛影响。《庄子·天下》载惠施"历物之意"说："泛爱万物，天地一体也。""一体"谓整体。世界、宇宙是最大的整体，惠施形容为"至大无外，谓之大一"，即大得没有外边，叫"最大的一"。

世界是整体和部分构成的网链。一面大网是整体，一个网眼是部分；一根链条是整体，一个链环是部分。《庄子·秋水》说："自细视大者不尽。自大视细者不明。"从部分的观点看整体，看不尽整体的全貌。从整体的观点看部分，看不明部分的细节。整体和部分全面观察，既看部分又看整体，既见树木又见森林，才能全面把握真理。这是辩证思维方法的概括。

晋郭象注说，目之所见有常极，不能无穷也，故于大则有所不尽，于细则有所不明，直是目之所不逮耳。眼睛的观察，有固定的局限，在大和小两个方向，都不是无穷的。在大的一方，会有所不尽。在小的一方，会有所不明。宋林希逸《庄子口义》卷六说，自细视大者不尽，管中窥天之类也。自大视细者不明，鹏鸟下视野马、尘埃之类也。整体和部分全面观察，就像并用望远镜和显微镜，有强化和延伸目力的作用。

思维的全面性，要求兼顾整体和部分两面，防止割裂整体和部分的对立统一关系和不恰当地夸大某一方面的片面性。整体考量的思维方法，强调在观察思考中，要把握整体，树立整体观念。

《庄子·则阳》说："在物一曲，夫胡为于大方？""一曲"与"大方"相对。"曲"，指局部。"大方"同"大道""大理"，指整体的道理。唐成玄英疏："方，犹道也。"西晋司马彪注"大方"即"大道"。

《庄子·天下》说，"百家之学"是"得一察焉以自好。譬如耳目鼻口，皆有所明，不能相通，犹百家众技也，皆有所长，时有所用。虽然，不该不遍，一曲之士也"。"得一察"，即只看到局部。王念孙解释为："谓察其一端，而不

知其全体。"百家众技，像人的五官，各有各的功能和作用，又都各有局限，不能自以为是，妄称掌握全面真理。"一曲之士"，指掌握局部道理的人。

庄子用"望洋兴叹""坎井之蛙""夏虫语冰""用管窥天""用锥指地"等寓言和成语，比喻整体和局部观察两种思维方法的区别。"管中窥豹"的成语，也比喻只见局部、不见整体的思维方法。宋陆游《江亭》诗说："管中窥豹岂全斑？"元傅若金《傅与砺文集》卷四说："指一斑以谓全豹不可，而全豹之章，不殊乎一斑。""全豹"和"一斑"，是整体和局部的关系，不能"指一斑以谓全豹"，需要全面观察。

《荀子·解蔽》说："凡人之患，蔽于一曲，而暗于大理。"即人的思维方法的祸患，在于受局部道理的蒙蔽，不明白大道理，跟庄子说法一致。《吕氏春秋·去宥》有"不见人徒见金"的故事，见物不见人，财迷心窍，利令智昏，是思维方法片面性的典型。

《淮南子·说山训》说："桀有得事，尧有遗道。嫫母有所美，西施有所丑。故亡国之法，有可随者。治国之俗，有可非者。""视方寸于牛，不知其大于羊。总视其体，乃知其大相去之远。"暴君夏桀有成功之处，圣王唐尧有失败之处。丑女嫫母有美丽之处，美女西施有丑陋之处。败亡之国的法律，有可取之处。治世的风俗，有可非议之处。只看牛身一方寸，不知其整体大于羊。纵观牛整体，才知牛比羊大。这是提倡全面观察，反对片面观察。

《淮南子·原道训》说："井鱼不可与语大，拘于隘也。夏虫不可与语寒，笃于时也。曲士不可与语至道，拘于俗，束于教也。"不能跟井里的鱼说大海，因为它拘泥于狭隘的环境。不能跟夏天的虫说冰雪，因为它受时令的限制。不能跟片面看问题的人说大道理，因为他受流俗和教养的束缚。这与前面提到的《庄子·秋水》说法一样。

《淮南子·氾论训》说，百川异源，而皆归于海。百家殊业，而皆务于治。今世之为武者，则非文也。为文者，则非武也。文武更相非，而不知时世之用也。此见隅曲之一指，而不知八极之广大也。故东面而望，不见西墙。南面而视，不睹北方。唯无所向者，则无所不通。

众多河流，不同源泉，同归大海。诸子百家，不同专业，同归于治。片面看问题的人，为武者非文，为文者非武，文武之士互相轻视，只见很小的局部，不知世界的广大。人向东看，不见西墙。人向南看，不见北方。这都是片面性的局限，只有克服片面性，才能观察整体。

《淮南子·要略》说："理万物，应变化，通殊类，非循一迹之路，守一隅之指。"主张认识由一隅到万方，从部分到整体，由片面到全面。事物的部分，叫"一曲""一隅"。思维的片面性，叫"察一曲""喻一曲""偏一曲"和"守一隅"。固执片面认识的人，叫"曲士"。与片面性相反的叫"万方"，即全面道理。

刘安认为各家学说，都有存在价值，像不同乐器，发出不同声音，汇合成美妙乐章。他主张求是，即求真理是探求宇宙整体的全面性道理。由主客观条件限制，会引起误观察。如从城上，把远处的牛看成羊，把羊看作猪；不同弧度的镜面，会把面容照成不同的形状。《淮南子》深刻论述了观察的全面性原则。

魏邯郸淳《笑林》有"鲁人执竿"的故事：鲁国有个人拿长竿进城门，先竖着拿长竿，进不去，后横着拿长竿，也进不去，便无计可施了。一会儿有个老人过来说："尽管我不是圣人，但是见识多，为何不把长竿从中间锯断进去？"鲁国人于是按照老人的建议，把长竿从中间锯断，然后进了城。这是一则笑话。

这位拿长竿进城门的鲁国人和提建议的老人，都没有想到，如果长竿一头朝前，一头朝后，是很容易进城门的。鲁国人采纳老人的建议，把长竿从中间锯断，其实使长竿失去了自身的功用。笑话的主人公，是思维方法片面性的典型。

《资治通鉴·唐太宗贞观二年》载魏征说："兼听则明，偏听则暗。"唐王之涣《登鹳雀楼》诗："欲穷千里目，更上一层楼。"即眼睛想看得高远，必须站的位置高。唐韩愈《原道》说："坐井而观天，曰天小者，非天小也。"即在井里看天，说天小，是受井口空间限制的结果，并非天真的很小。北齐刘昼《刘子·通塞》说："入井观天，不过圆盖。登峰眺目，极于烟际。"即在井里看天，会误认为天不过像一个圆盖。到高峰上远眺，才能发现天空的远大。这都是说从局部看整体，会看不尽，有限制。宋张孝祥《吴春卿高远轩铭》说："穴壁而窥，见不盈尺。我登泰巅，洞视八极。"即在穴里看，不超过几尺；登到泰山巅峰，就可以看得更远。

宋王安石《登飞来峰》诗："不畏浮云遮望眼，自缘身在最高层。"宋刘过《登白云绝顶》诗："欲穷大地三千界，须上高峰八百盘。"这些都形象地说明大小高低是两种不同的观察境界，只有站得高，才能看得远。

《大般涅槃经》卷32有"盲人摸象"的寓言，是对大象的"体见"，即部分观察。清刘献廷《广阳杂记》卷4说："盲人摸象，仅得一支，以为全体。""盲人摸象"的寓言，比喻观察局部，误认全体。

墨家"两而勿偏"的名言，是中华民族辩证理论思维的基本原则，具有重大的理论意义和实践价值，值得后人传承与应用。

命者，暴王所作，穷人所术。

——《非命下》

【鉴赏】

关于天命神学观念的由来，墨子做了具体分析，将之归结为暴戾君王、不肖之士所编造的（"术"通"述"），颇为深刻地揭示了"有命论"产生的社会基础和思想原因。

《非命中》篇指出，昔者三代之暴王，放纵声色享受，也不约束自己内心的邪僻，在外则驾车游猎，居内则耽于酒色靡音，"不顾其国家百姓之政，繁为无用，暴逆天下，使下不亲其上，是故国为虚厉"，导致民众逸亡，自己也失位身裂。但仍然不肯承认是自己暴虐、无能，而推说天命如此，故而亡。

墨子还指出，古时三代的"穷人"即不肖之徒，在内不肯真心服侍双亲、恪尽孝道；在外则不好好对待君主、师长，不思恭敬勤俭，喜好简慢轻率，贪于酒色而懒于劳作，以致"衣食之财不足，使身至有饥寒冻馁之忧"，却非要狡辩，说"我命固且穷"。

墨子的揭露颇为有力，使人看到，"有命"之说既是暴王为其昏庸荒淫的治政行为所做的辩护，也是不肖之士辞穷理屈的推托。其结果，必使吏怠于分职，民怠于从事，乱与贫就不可避免。

在墨子的时代，有命观念十分盛行。不仅是暴王奸臣有意提倡推行，而且在民众的信仰中也有很大市场。所以，墨子倡导非命，当是极为艰巨的任务。但出于社会责任和伦理道义，墨子义无反顾，其精神是可贵的。

　　执有命者不仁。

——《非命上》

【鉴赏】

孔子"贵仁"，主张"为仁由己"，强调人事行为的自觉自律，但同时鼓吹"不知命，无以为君子"（《论语·尧曰》）。又说："道之将行也与？命也。道之将废也与？命也。"（《论语·宪问》）视一切德行为命定中事。这是孔子思想中的一个矛盾。墨子抓住这一点，直接揭露了持有命论的人是违背了"仁"的原则。

为什么这样说？《非命上》篇指出，"执有命者"认为富、贫、治、乱等等皆由命定，他们以此"上以说（悦）王公大人，下以沮（同'阻'）百姓之从事，故执有命者不仁"。他断定"执有命者"之不仁，就在为取悦于王公大人而侵扰了百姓的根本利益。墨子还列举了"有命者之不仁"的种种表现，以明"此天下之大害"。

墨子认为，如"若信有命而致行之"，则王公大人"必怠乎听狱治政矣，卿大夫必怠乎治官府矣，农夫必怠乎耕稼树艺矣，妇人必怠乎纺绩织纴矣"。而王公大人怠于听狱治政，卿大夫怠于治官府，则"天下必乱矣"；农夫怠于劳作，妇人怠于纺织，则"天下衣食之财将必不足矣"。天下必乱，衣食之财将必不足，那就"上不利于天，中不利于鬼，下不利于人"，这恰恰违背了"兴天下之利，除天下之害"的兼爱原则，那还有什么仁义可言?!

墨子尖锐地揭示了有命观念和仁道原则的对立，揭示了神学迷信和人文精神的对立，同时也指出了有命观念对社会经济的危害。

攖，相得也。

——《经上》

【鉴赏】

"攖"，接触。后期墨家用"相得"解释"攖"，涉及端、尺、或（域）之间相交、相比、相切等多重含义，在几何学上提出了对点、线、面及其相互关系的实例引证和具体分析。

《经说上》篇曾列举了点、线、面相交的三种不同情况：一是"端与端俱尽"，是说点与点相交，则双方完全重合。因为作为几何单位的点（端）被设想成没有体积空间但有确定位置的，故两点一旦相交，彼此完全占有对方，这叫"端与端俱尽"。

二是"尺与尺俱不尽"，即线与线相交，只是此线的某一点与彼线的某一点重合，故曰"尺与尺俱不尽"。

三是"尺与或（域）尽或不尽"。此处讲"域"，指一定范围的地域，从几何学上讲就是面。而尺与域即线与面相交，就有相交与不相交的多种情况，所以说有"尽"与"不尽"。

除了相交以外，后期墨家还提出比较问题。《经上》篇讲："仳，有以相撄，有不相撄也。”“仳”，“比”字繁写，意为较其长短。在几何学上，常常有两线长短的比较，一般有两种方法：一是两线相交法，即“有以相撄”，一是两线平行法，即“有不相撄”。但不管怎样，两线长短的比较都需“两有端而后可”（《经说上》），即确立两个端点作为比较的基准。

春秋战国时期的服饰

次。无间而不相撄也。

——《经上》

【鉴赏】

“次”，《经说上》解释为“无厚而后可”。“无厚”即“无间”，指两物相接处无间隙。不仅无间隙，而且两物“不相撄”（不相接触）。后期墨家论及的这种两物间的既无间隙又不相接触的特定关系，只能用几何学上的“相切”一词才说得通。

“相切”，是几何学的独特概念，一般指线与圆、圆与圆之间相互关系的特定情况，表示两图形之间既无间隙又不相交，但存在一个唯一的公共点，即切点。

相切观念的提出，对点、线、面之间的相互关系就做了更深入一步的考察，这极大地丰富了古典几何学原理的内容。联系后期墨家关于端、尺、域的论述，可以看出这标志着中国古典几何学的初步创立。

当然，说后期墨家已有了一个几何学原理的初步体系，这只是一种看法，可以讨论。但学术界始终有人断定几何学是古希腊欧几里得的专利，声称“中国从来没有几何学。‘算学’在中国历来被认为是‘绝学’，也就是没法传承的学问"。这就说得太绝对了。我们知道，欧几里得构建的几何演绎体系，直至19 世纪一直是西方公认的经典几何学，尽管其内容众多庞杂，但基本思想仍是五公设五公理，涉及对点、线、面、角及其相互关系的定义和推绎。而这些思想，在我们引证的后期墨家的一些论述中都可找到其相同点或相似点。如欧氏几何所说"给定中心和圆上一点，可以做一个圆"，和后期墨家"圆，一中同长"的命题并无实质上的区别。所以，我们没有任何理由无视后期墨家对几何学的贡献。

名：达、类、私。

——《经上》

【鉴赏】

这是《经上》篇对名称概念所做的分类。《墨辩》将"名"划分为达名、类名、私名三种，包含有认识论和逻辑学两方面的内容。

从认识论上说，这种划分涉及人们对客观事物本质的不同程度的认知和理解，也涉及对事物间质的差别性的把握。就逻辑学而言，是按名称概念外延的大小及使用范围加以划分的。《墨辩》对名称概念的分类考察，是对概念论思想的具体化和深入化。

从概念论的角度看，达名的外延最广，使用范围最大。《经说上》篇指出："名：物，达也。有实必待文多也。"如定名为"物"，就是通达宇宙间芸芸万物，皆可以"物"名之。这样，达名就成为一普遍名称，后来被荀子称为"大共名"。《荀子·正名》篇说："万物虽众，有时而欲遍举之，故谓之物。物也者，大共名也。"

类名，即一类事物之名称，相当于墨家"类、故、理"三物逻辑中的"类"概念。类名的外延，限于同属一类的各事物。类名的确定，是以揭示同类属性为前提，并表达与他类事物的区别。故《经说上》篇说："命之马，类也。若实也者，必以是名也。"（譬如对马的命名，就是个类名。事实上同一类马，必然以"马"来命名。）

私名，指专有名称、个别概念或称单独概念。其外延只限于某一特定的个体，如《经说上》篇说："命之臧，私也。是名也，止于是实也。""臧"这个"名"，是指"臧"这个特定的人。故私名的确定，是和具体事物、特定对象一一对应的。

正名者彼此。

——《经说下》

【鉴赏】

在"以名举实"的基础上，改造和重建逻辑学上的"正名"观念，是后期墨家对名实关系之辩的一个新贡献。《墨辩》说："彼：正名者彼此。彼此可：彼彼止于彼，此此止于此。彼此不可：彼且此也，彼此亦可。"彼，指以名称表达对象的规定性，其正名应以明确区分彼此为前提。彼与此的真实关系：彼就限于彼，此就限于此；"彼"作为实际对象，"此"作为表达对象的名称，两者有明确区别，但又一一对应，遵循"名实相符"的形式逻辑同一律。如果认为彼即是此，此又是彼，导致彼此不分、名实混淆，那是不可以的。

在后期墨家看来，正名的前提就是要区分彼此，给予"彼"（对象）质的规定性。"彼"就是指"彼止于彼"，对象就是限于特定的对象，这是确定的。而"此"则指"此止于此"，限于"此"的范围，也是确定的。彼、此之间是有明确的区分，但又有一一对应的关系。这样，所谓"正名"，就是须符合彼之"实"，不允许有"彼且此""此可彼"的彼此不分和名实混淆。此即《经下》篇所说："循彼循此与彼此同，说在异。"可见，"正名者彼此"，是要求在明确彼此之分的基础上，使彼此对应、名实相符，遵循形式逻辑的同一律原则的。它和认识论上揭示客体与主体关系的实质，也是相适应的。"正名者彼此"

的命题，还从逻辑学上界定了"彼""此"二概念的内涵。同时告诉人们：名实关系的要害在实现彼与此的一一对应，达到主观见之于客观。联系认识论上的主客体关系来阐述正名逻辑上的彼此关系，反映了后期墨家对春秋以来朴素辩证法名实观的继承和发展。

天下之所以生者，以"先王之道"教也。

——《耕柱》

【鉴赏】

这句意思是：天下人之所以生生不息，都是根据先王之道进行教育的结果。

教育的基本作用在推行教化、传承知识，旨在把前人积累提炼的实践经验传播开去，继承下来，以有益于人类的生存和社会的发展。从这个意义上讲，教育和"天下之所以生者"是有直接关系的。

墨子倡导以先王之道为教，出于他深知教育的意义和作用。在他看来，天下之人之所以得以生存、发展，是由于先王注意推行教育、教化的结果。现在称誉先王，就是称誉那些曾使天下得以生存、发展的思想主张。所以，行仁、为义，必须重视对"先王之道"的传播和弘扬。这在实际上提出了教育上的传道、弘义精神。墨子一生很长时间生活于鲁国，但他和孔子一样，以极大的热情，奔走于各诸侯国之间，推行其政治观点和思想主张。他又致力于聚徒讲学，传授知识学问，以至"子弟徒属充满天下"，影响日广，终成"世之显学"。荀子曾称："礼乐灭息，圣人隐伏，墨术行。"（《荀子·成相》）从一个侧面反映了墨子以宗教热情和弘道精神从事讲学、授业活动，推行教育所取得的成绩。

教育，不是一种单纯的职业活动，更不仅是谋生的手段。从事教育首先要有明确的宗旨和执着的精神意志，在这一点上，墨子和孔子一样，也为后人树立了一个伟大的榜样——身体力行的弘道者和教育家的合二为一。

耕者不可以不益急。

——《贵义》

【鉴赏】

墨子常以"耕者不可以不益急"为喻，强调教人行义为天下之急务，深感教育的紧迫性。

有一次墨子从鲁国游学于齐，去探望一个老朋友。那位朋友对墨子说："现在天下已没有多少人行义了，你何必独自吃苦教人行义呢？不如就此罢手。"墨子则回答："这里有一个人生有十个儿子，但只有一个儿子在帮着耕种，其他九个都闲着不干活或不能干活，那耕种的这一个儿子就不能不更加紧张地劳作（益：更加）。为什么呢？因为吃饭的人多而耕种的人少。正因为现在天下没有多少人在行义，你更应该鼓励我教人行义才是，何故还要劝阻我呢？"

为解决吃饭问题而强调耕种，这是农事之急务。同样，为使天下更多的人行义而重视教化，劝人行义，这正是天下之急务。像墨子那样对教育的重要性、紧迫性作通俗明白的解释，是十分富有说服力的。所以墨子行教，虽"独自苦而为"，但对其弟子、信徒仍有很大的吸引力，反映了墨家教育的魅力。

意识到教育的社会意义和事业的紧迫性，才能使教育者有高尚的精神境界，献身于教育事业。这是教育成功的基本前提，也是作为教育家的墨子留给后人的一个宝贵的精神遗产。

儒家创始人孔子一生从教，他身体力行，积极倡导"学不厌，教不诲"的精神，和墨子以教育为"天下之急务"的精神相辉映，体现了古代中国教育家的崇高风范。

当若节丧之为政，而不可不察此者也。

——《节葬下》

【鉴赏】

墨家有节丧节葬之论，是作为社会政治治理的一项重要措施提出来的。同时，它和节用、节俭观念相联系，对于发展生产，促进经济繁荣也有积极意义。所以，墨家认为"不可不察此"。

节丧节葬，首先是批判儒家的礼乐之制、丧葬之法的。墨家曾尖锐地揭露儒者丧天下者有四："繁饰礼乐以淫人，久丧伪哀以谩亲，立命缓贫而高浩居，倍本弃事而安怠傲。"（《非儒下》）以繁琐的礼节仪式扰乱他人，用过久的守孝伪装哀伤欺骗亲人，制造"有命"言说、安于贫困又居傲自得，背弃农本、放弃劳作而满足于懈怠傲世。这是批评儒家的礼乐、久丧、有命、弃农观念的。对于儒家的厚葬久丧之制，墨家一斥之为"伪"，二斥之为奸，是"颠覆上下，悖逆父母"，故曰"久丧伪哀以谩亲"。其次，墨家的节丧节葬还直接针对当时统治者的厚葬靡财风气。墨家尖锐地批评了厚葬靡财造成的祸害。指出"王公大人有丧者"，都搞厚重的棺木，深埋厚葬，置备众多衣服，随葬繁富的文绣，修建高大的墓廓，丧葬所耗常使人"殚竭家室"，府库之藏流失，造成了极大的浪费。而久丧之制，更是影响治政、行事，"使王公大人行此则必不能蚤（早）朝五官六府，辟草木，实仓廪"；"使农夫行此则必不能蚤（早）出夜入，耕稼树艺"，对农业生产简直是种破坏。

所以，墨家把"厚葬久丧"比喻为"禁耕求获"（禁止耕种而求收获）、"负剑求寿"（伏剑自杀而求长寿）那样的愚蠢和荒谬，进而断言："以厚葬久丧者为政，国家必贫，人民必寡，刑政必乱。"

商人之四方，市贾信徒，虽有关梁之难，盗贼之危，必为之。

——《贵义》

【鉴赏】

墨家"贵义"，却强调"义即利"。关于"利"，墨家首先肯定"兴天下之利，除天下之害"，但同时也用"财利"解释"利"。而对于财利的积聚和计算，当莫过于商人了。所以，墨家不仅不排斥商人，而且多次引证商人的"察利"和"计利"作论证，反映了墨家对商人阶层的行为和作用有一定的认识和理解。

墨家兴盛的时代，"男耕女织"是农业经济的主要特征。但墨家也重视"天下群百工"的小手工业和遍及城乡的各类店铺（当时称肆）。墨家常以"农与工肆之人"并提，是意识到手工业者和商人的存在，对于农耕经济具有补充意义。

墨家欣赏和赞誉商人的智慧。《贵义》篇里批评"今士"缺乏真才实学，却以此换取"在上者"的信任，实不如商人讲究商品质量，择良而售，注重商业信誉。又说：商人周游四方做生意，有碰到售价要增加的，即使要通过种种艰难关卡，甚至面对遇盗的危险，也一定会去做。比较而言，士坐而言义，虽无"关梁之难、盗贼之危"，然而不为，则知"士之计利，不若商人之察也"。

关于古代中国社会经济成分的划分，《管子》有士、农、工、商"四民分业"的说法，肯定了商业作为独立经济成分的存在，但《管子》却持农本观念，提倡崇农贱商，认为强兵富国"必生于粟"，故对商业采取排斥态度。与《管子》对比，更反衬出墨家对商人和商业的注意，这是其经济思想进步性的表现。

> 夫义，天下之大器也，何以视人？必强为之。
>
> ——《公孟》

【鉴赏】

"义"的原则，被墨子珍视为天下贵重的宝器。故行义是用不着看别人的样，而是要勉力去遵循、去实践。这种把"义"看成是出于自身内在的自觉要求，和孔子倡导的"为仁由己"的观念似乎不谋而合。

行义"必强为之"，是说"行义"不能是一时冲动，也不是偶然行为，而是基于人生命的内在冲动而产生的理性自觉。"行义"受意志自愿和理性自觉的双重制约，常转化为执着的、锲而不舍的道德行为和实践活动。

以利人为义，行义为先，是墨家创设的"天下之大器"，也是对人生意义的开掘。就此而言，墨家确实意识到人生合理追求的基本面，既有物质利益的追求，也有精神（德行）的追求。

明义和求利是人生的永恒主题，它概括了人们对精神的和物质的需要都是不可或缺的。不管是过去还是现代，正确理解和处理义与利的关系是人生真意所在。

失却了义或忽视义对功利的制约和引导，人生将趋向私己，以至陷入唯利是图的泥潭。所以，行义为先，自觉坚持"义"的原则，是人生必须要做到的。这也是墨子留给我们的一个启示。

义，利也。

——《经上》

【鉴赏】

儒家的"义以为上"，引向了"以义为利"的结论。墨子却不一样。他倡导"贵义"，强调的是"义"要落实于"利"。后期墨家提出"义，利也"的命题，在概括墨子"贵义"内涵的同时，表达了墨家的"义利合一"的价值观念。

墨子曾用"贵良宝者"来解释"贵义"，认为"义"之所以称"良宝"而弥足珍贵，就在其有"利"。《耕柱》篇中讲到："所为贵良宝者，可以利民也。而义可以利人，故曰：义为天下之良宝也。"很显然，之所以要"贵义"，就在墨子认定"义"可以利人，给人带来实际的利益。墨子不是把"义"停留于理想形态，而强调以"利民""利人"作为"义"的实在内容。比较而言，如果儒家的"义以为上"是偏重于"内心良知"的道义论原则,那墨子则把义利之辨引向功利主义。到了后期墨家那里,"义即利"的价值观念还有具体的阐述。《经上》篇说:"义,利也。""利,所得而喜也。""害,所得而恶也。"认为"利"是与情感上的欢愉与正当欲望的满足相连的,故求"利"的宗旨在使人有正确的善恶、喜厌之分和合理欲望的满足。这样,后期墨家通过"利"与"害"的对应比照,揭示了"利"应源于人的合理情感和正当欲望,承认了"利"是"生之谓性",为人性所固有。

把"利"的要求归结为人性的内在要素,属于人的合理情感和正当欲望,恰恰是近代西方功利主义伦理学的基本观点。由此可见,墨家的"义,利也"命题和近代西方的功利主义在精神上是相通的。

义者,正也。

——《天志下》

【鉴赏】

从本质上讲,"天志"的内容归结为兼爱、非攻及尚贤使能,都体现着一种公正原则,具有公平正直的德行。

墨子提出"义果自天出"的命题,并为"义者,正也"的观念作论证,说明天是据"义"行事,不徇于私的。他说:"天欲义而恶其不义者也,何以知其然也?曰:义者,正也。""义即是正",是说"义"体现着公正原则。

对此,墨子加以具体分析。一方面,墨子解释道:"天下有义则治,无义则乱,我以此知义之为正也。"据义行事,使天下由乱归治,是墨子所谓的"义正"。"义正"即"兼之为道",与"别之为道"的"力正"相对立,当是兼爱天下、均利万民的。另一方面,墨子又强调:"然而正者,无自下正上者,必自上正下。"以为"义正"当明于"天之正天子",天子之正三公,三公之正大夫,大夫之正士,士之正庶民。这和自下"同于"上的"尚同使民之道"相辅相成，设计了一种自上而下的层级性的"正"的关系，最后归结为"天志"之"正"。把两方面的意思贯通起来，可见墨子在"天志"名下所表述的是公平正直的德行精神，可称之为天道"公正"。

墨子的天道公正首先是指"天志"对天子的赏罚公正，即"天子有善，天能赏之，天子有过，天能罚之"。其次是指"天志"能善于纠正天子的"赏罚不当"，如天子判案不当，则天使"疾病祸福，霜露不时"以警示之。这在很大程度上，对于传颂中的圣王公平正直德行作了理性的确认。

　　义人在上，天下必治。

——《非命上》

【鉴赏】

墨子有"非命"一说，"非命"首先是种批判和破坏。因为墨子以"贱人"身份推行其政治主张和社会理想，不能不面对贵族阶层和君子群体的强大压力。他消解这股强大压力的方法就是破坏这压力背后的精神支撑——正统天命神学。所以，他很自然要把"执有命者之言"，说成是"覆天下之义"，是"天下之大害"，使人深信"不可不非"。

但"非命"同时也包含着建设和立论，这就是墨子多次强调的"非命"之旨在"欲义"。"欲义"，就是要重建一种新的道德仁义。"义人"就是主张新的道德仁义的人。

"欲义人在上"，是采取政治的、行政的手段来"立义"，也就是墨子讲的选贤使能，使贤能正直之士、立义之人，举之为上，成为政长，以推行"尚同一义之道"。显然，墨子也意识到"欲义"更多是个高远的政治理想，难有直接的号召力和鼓动性，故在"非命"的同时，又请出个宗教色彩的"天志""明鬼"以强化仁者、义人的权威和魅力。所以，在墨子的理想设计中，仁者、义人是主角，他让这些主角穿上天鬼的神圣外衣，被赋予神人的气质形象。

断指与断腕，利于天下相若，无择也。死生利若一，无择也。

——《大取》

【鉴赏】

这句意思是：断手指与断手腕，只要利于天下的效果相同，那就不用选择。即使面临生死，只要有利于天下，也就不必考虑取舍。这表达了墨家的牺牲精神和献身精神。只要有利于天下，则指可断，腕可断，亦毫不犹豫。即使面临生死的选择，也不会有所动摇。所言所行，着实令人敬畏。以至孟子也称："墨子兼爱，摩顶放踵利天下为之。"

人生在世，总免不了一死。但有生的伟大，死亦壮烈者；有一生碌碌无为者，也有死不足惜者。这都和人们对生之意义、死之价值的不同理解有密切关系。庄子曾倡导"哀乐不二""死生为一"，表现出"死何足惧"的气概，和《老子》"民不畏死，奈何以死惧之"的思想一脉相承。不过，庄子又说："死生无变于己，而况利害之端乎。"所讲"死生为一"，要求突破生死之别的界限，其旨却在论证不辨利害是非，有相对主义、虚无主义色彩。

墨家则和庄子不同，强调苟利天下，不仅断指断腕不足为惜，就是赴死亦义无反顾。这似乎和儒家主张"志士仁人，无求生以害仁，有杀身以成仁"相似，都突出了价值高于生命的原则。但墨家不同于儒家讲的"舍生取义"，而是以"兴天下之利，除天下之害"的价值原则为标准，把牺牲精神、献身精神和天下民众的利益联系在一起。表现了墨家的思想不仅有理想的高尚，而且有现实的品格。墨家在生死观上达到的思想境界，是值得后人敬仰并受其启迪的。

夫辞，以故生，以理长，以类行者也。

——《大取》

【鉴赏】

"辞"，指命题（判断）语句，是中国古代逻辑的一个重要范畴。孔子说"辞，达而已矣"，认为"辞"是思想的表达。《易传》提出："辩吉凶者存乎辞"，"系辞焉以断其吉凶"，肯定了"辞"是对事物发展中吉凶、祸福的判断。荀子又在形式结构的层次上分析了"辞"的逻辑意义，说："辞也者，兼异实之名以论一意也。"认为"辞"是通过几个不同概念的结合表达某一思想的思维形式。

《墨辩》也把"辞"作为判断、推理的思维形式。《小取》篇提出"辞以抒意"的思想，《大取》篇又联系"故生""理长""类行"的逻辑过程，对"辞"做了详细阐述。

在墨子那里，"类""故""理"三项范畴是在不同地方提出的，又分别在"察类""明故""以取舍是非之理相告"的命题下得到阐发，虽已有了明确的逻辑思维意义，但毕竟是到了后期墨家撰成《墨辩》时，才揭示了类、故、理三项范畴的内在联系，将之纳入同一个逻辑推理系列加以考察。

《大取》篇在说明"三物必具，然后（辞）足以生"时，就指出："夫辞，以故生，以理长，以类行者也。"论辩时提出的命题（立辞）一定要有根有据，顺应事物的道理而引申，否则是虚妄不实。而且，犹如行人走路须得识道才不致迷失方向那样，推理也要"以类行也"，即遵循"类"概念，区别事物同异、种属关系来进行，方可避免逻辑谬误和思维困惑。这样就把类、故、理范畴提到形式逻辑的概念论、判断论、推理论的高度展开论述了。

以类取，以类予。

——《小取》

【鉴赏】

在古典形式逻辑体系中，不论何种形式的推理，包括类比推理、归纳推理和演绎推理，一般都是按事物间的种属包含关系进行的。种属包含关系在墨家逻辑中称为"类"，据"类"推理被《墨辩》概述为"以类行"。《墨辩》提出立辞"以类行"，即以"类"概念确定的种属包含关系作为根据进行推理，其原则和方法，《墨辩》区分了两种，即"以类取，以类予"。以"类"为根据加以取、予，就对墨子"仁人以取舍、是非之理相告"的推理观念做了新的引申和发展。何谓"取"？《经上》篇有"法取同"一说，主张于各个体事物之中，择取其相类者（处同一种属关系），是之谓"以类取"。予，《说文》释为"相推，予也"。《小取》篇从逻辑上阐述"予"的"类推"之意，说："推也者，以其所不取之同于其所取者，予之也。"这里讲的"所不取者"，是指未知事物；"所取者"，指已知事物。"予"，是于相类事物之中，由已知事物的部分推知、判断未知的部分。从"类"概念的角度讲，既然同属一类，那同类中的已知之物与未知之物有相同之处，则推理可据此由已知推知未知。这就叫"以类予"。

就逻辑推理而言，《墨辩》的"以类取"，侧重于从各个别事物间的相同点推论其一般"类同"，属归纳推理；"以类予"，则强调由已知的一般性前提推知未知，属演绎推理。当然，完整意义上的归纳推理和演绎推理，分别是由近代西方哲学家培根和笛卡儿确立的。这里称《墨辩》的"以类取"属归纳推理，"以类予"属演绎推理，是就其初步的不完全意义而言的。

堆之必柱，说在废（置）材。

——《经下》

【鉴赏】

此讲建房中力学原理的应用及方法。"堆"，原意指"聚土"，今人讲"夯"或"砌"。"柱"，《说文》解为"楹也"。但据"堆之必柱"句来理解，此"柱"似应作"墙壁下之地基"，建房必先立地基。"废材"，即放置建筑材料。

古人建房，多以石材为主。故"堆之必柱"，既包括以石料堆聚为地基，也包括以石材砌造墙壁。

《经说下》又对"堆之必柱"的具体过程做了描述：

"并石，垒石，耳夹寝者：堆也。"即堆砌、垒筑建房材料，要按一定的顺序，互相夹持，排列整齐地堆放。

"方石去地尺，关石于其下，悬丝于其上，使适至方石，不下：柱也。"这是说石墙的堆砌，是一块石一块石加垒而成，为保持上下左右石块之间的垂直和平衡，在地石之上加垒石块时须悬丝（线）其上，观察上下两块方石是否处在同一垂直线上，或左右两块石是否处在同一水平线上，以检验石墙堆砌得是否整齐、牢靠。

"胶丝去石，挈也。丝绝，引也。未变而石易，收也。"如果以线悬石下垂，可观察到线提举方石时的用力方向。如果线断了，可证明方石受到向下的引力。方石由于引力作用而掉到地面上，其所受方的力叫"收"。

对"堆之必柱"过程的描述，反映了后期墨家已就建房中石材所受的重力、引力问题做了具体的考察，涉及古典建筑力学、工程力学的一些基本问题。

景不徙，说在改为。

——《经下》

【鉴赏】

这是后期墨家用于说明光源与物影之间的关系，分析所谓阴影移徙现象的光学用语。

《墨经》中的《经下》和《经说下》篇中共有八条有关物理光学问题的实验记录和理论说明。有不少研究者指出此八条的内容是按次序编排，因而系统完整，并据此认定其为两千多年前世界上伟大光学著作的代表。

"景不徙，说在改为"，就是这八条中的第一条。"景"，即古"影"字。

《经说下》篇这样解释"影"："光至，景亡；若在，尽古息。"认为光照射到的地方，阴影立即消亡。如果光源在，物体亦在，而且都静止不动，则物之影亦必静止不动（"尽古息"）。反之，如果物体静止而光源移动，或光源静止而物体移动，就会发生物体的阴影（"景"）也在移动的现象，此叫"景徙"。

但后期墨家在分析这种光影现象的物理属性时，却揭示出阴影并不是"徙"（"景不徙"），而是在"改为"。"改为"，更为确切地表达出由于物体和光源相对位置的改变，而发生的新影不断生成、旧影不断消失的过程。这就阐述了光学中的一个基本原理，标志着对光影关系问题的考察更细微深入了。

李约瑟曾指出："他们（指后期墨家）在筑城和防御技术方面的实践，或许导致了他们对基本科学方法发生兴趣，以及对力学和光学进行研究。这些研究属于我们现在所掌握的有关中国科学的最早记录。"（《中国科学技术史》第2卷第11章）

久，弥异时也。

——《经上》

【鉴赏】

"久"，即宙，宇宙之宙，今人称之为时间。后期墨家称时间为"久"（宙），是表示一种延续或持续的过程。一切不同的持续过程的总和，就构成了时间。故曰："久，弥异时也。"时间是相对于空间而言的。所以，《经上》篇用"弥异所"对应于"弥异时"。与此相联系，《经说上》篇在把"宇"解释成"东西家南北"的同时，以"合古今旦暮"来说明"久"（宙）概念的内涵。久、宇并列就是时空对举，这是后期墨家对"宇宙"观念的特定表述，也是对诸子时代的宇宙观念的概括。庄子曾通过对"天下"与"宇宙"的区别，表达了"余立于宇宙之中"的志向，声称情愿回归于自然，"逍遥于天地"，而不愿"以天下为哉"。并由此给"宇宙"下了个定义："有实而无乎处者，宇也。有长而无本剽者，宙也。"（《庄子·庚桑楚》）据郭象《庄子注》的解释，认为"宇者，有四方上下而四方上下未有穷处"，"宙者，有古今之长而古今之长无极"。把这些转换成现代语言加以表达，庄子所讲的"宇宙"，指的是实有的、无穷无尽的时间和空间而已。

值得注意的是，庄子在考察和理解宇宙时，不是把自己当作一个外在的旁观者，而是强调"余立于宇宙之中"，立志要"逍遥于天地之间"，把自己融于天地宇宙。比较而言，后期墨家的宇宙观念，虽无人文意念的参与，却具有更多的理性思考和逻辑概括特色，尤其是从时空一体的角度阐述宇宙观念，更对汉代宇宙论的发展产生了直接的影响。《淮南子·齐俗训》就明确肯定："往古来今谓之宙，上下四方谓之宇。"这成为中国古典宇宙观的经典表述，影响深远。

有间，中也。

——《经上》

【鉴赏】

"有间"，是说两个并列物体之间互不依恃，尚有空隙，为两物体之"中"。故曰："有间，中也。"《经说上》篇指出"有间"即"谓夹之者"，认为中间夹有空隙之处的两物"有间也"。

在后期墨家看来，两物之"有间"与两物之"间"，意义有所不同。两物分列，中有空隙，则两物为"夹之者"，空隙为被夹者。故"有间"是指两物之有间，主要就"夹之者"而言。而"间"则专指两物之间的空隙，主要就被夹者而言。这种理解，就论及两物及两物之间的空隙所组成的空间本质上是虚与实的统一，丰富了墨家关于空间概念的具体内涵。

《经上》篇又说："间，不及旁也。"因为两物分列，中有间隙，是为虚空，故两旁之两物必不相交。正是"间"的存在而使两旁之物不得相交。如以端、尺、区三者关系为例，按惯例，端（点）在前，区（域）在后，尺（线）则居于端与区之间，但端、尺、区三者虽名称上有次序，形态上却有差别，实际上尺并不居于端与区之间。居于端与区之间者，"空"也，中也。故《经说上》篇说："尺前于区穴，而后于端，不夹于端与区穴。"因此，后期墨家确立"间虚"一说，认为"间虚"就如两木之间其实并无"木"。

从虚实统一的角度探讨并列两物之间的关系，是墨家对古典时空观的一个贡献，后来对传统中国哲学的有无（虚空与实物）之辩产生了积极影响。

效者，为之法也。所效者，所以为之法也。

——《小取》

【鉴赏】

《墨辩》讲的"效"，其直接意义是指效法。效法，是言说依据的标准和准则。此即《小取》篇所说"效者，为之法"的意思。

说到"效者"，当然有个"所效者"。"所效者，所以为之法"，是讲所以为之法的根据，相当于立论的依据所在。《经上》篇说："法，所若而然也。"主张先立一个仿效的标准，然后检验言辞，凡"中效"即符合标准的，即可推出其"是"的结论。凡"不中效"，即不符合标准的，则加以否定。这就是"效"。可见，"效"相当于逻辑上的直言判断，从推理角度讲则为演绎的方法。

效者必依法。何谓"法"？《经上》篇说："法，所若而然也。"若，顺也，循也。循顺此据必达"然"的结果，此即"法"。《经说上》篇举例解释："意、规、员（圆）三也俱，可以为法。""意"，指目的，预期之设想；"规"，工具或方法，如作圆之规；"圆"，规画之迹，指结果。

从三者关系上讲，"圆"是图形，"规"是画圆之器，而"规"又依据"圆"的意念设计的。"圆"的意念是为"一中同长"，从同一圆心到周长各点距离相等。由此来看，"圆"的意念成为"规"之具的起因，进而也成为"圆"

之"法"。"规"依据"圆"的意念而设计，并画出圆的图形，达到确实的结果，这叫"中效"。"中效"意味着所画圆形是"真"的。这样一种"效法"过程，贯之有目的设计、工具应用、产生结果三项要素，又涉及逻辑上的演绎推理。

> 辟也者，举它物而以明之也。
>
> ——《小取》

【鉴赏】

"辟"同"譬"。《说文》云："譬，谕也。"《小取》篇对"辟"的解释是"举它物而以明之也"，则"辟"之意在假助他物作比喻，以对类似的事物加以说明。从这个意义上讲，"辟"所指的是逻辑论辩中的比喻推理的方法。墨家论辩颇多用"辟"的方法，以比喻推理来加强论辩中的逻辑说服力。墨子在《非攻》篇中批评"今天下之诸侯，多攻伐并兼"时，就将之比喻为"犹盲者之与人"，虽知白黑之名却不能区分白黑之物，揭露其"是有誉义之名，而不察其实"。《节葬》篇曾指出儒者以"厚葬久丧"来求富，"此譬犹禁耕而求获也"，是一种南辕北辙式的愚蠢之举。《公孟》篇更是用"良玉""美女"比喻"善"，以钟"不扣必鸣"为喻说明教育他人应取积极主动的态度。这都说明墨子善用"辟"的方法来强化逻辑论辩的效果。

《墨辩》擅长说理，又精于论辩。除《小取》篇阐述"辟"的方法外，《经》上下、《经说》上下也常以"若见""若明""譬犹"等语词做比喻说明，除了少量出于修辞学的需要，更多的是兼有类比推理的意义。如说："体，分于兼也。""若二之一、尺之端也。"事物的部分是"体"，体为总体分出的部分。《经说》篇以譬喻做说明：如集一而成二，二为兼，一为体；而集"端"成尺，则尺为兼，端为体。这就是运用逻辑类比的例证。

譬喻类比的方法，在先秦诸子的逻辑论辩中应用较普遍。名家代表惠施和公孙龙都以"善譬"著称。但秦汉以后，"辟""譬"的说法渐被"比类""类比""类推"所取代。

时，或有久，或无久。

——《经说上》

【鉴赏】

"久"与"无久"，指时间上持续的长与短。时间持续长为"有久"，时间持续短为"无久"。这是表述时间流逝的两种差别状况，只有两者联系起来考察，才能说明一个完整的时间概念。

但时间持续的长与短，又往往是判断事物质的稳定性与变异性的基本标准。我们常说一个事物存在、延续的时间"久"，实际上是说这个事物在很长的一段时间内保持着自身质的规定性，处在相对稳定的状态。如一棵树生长了几十年甚至几百年，那意味着这棵树在几十年或几百年的时间内保持着"树"的形态和作为"树"的质的稳定性。而所谓"无久"，则意味着这棵树不能保持作为"树"这个事物的质的稳定性，这就使"树"的性质发生变化了。

时间上的"有久"与"无久"，体现于事物的存在和延续的过程中，就有一个事物质的规定性的保持和破坏的问题。事物质的规定性的保持，是说事物没有发生质变，但量的变化是不可避免的。

这样，任何一个事物的"有久"与"无久"，都不是绝对的、割裂的。它还代表着事物的是（存在）与不是（原存在状态的改变）的关系。"是"可以变为"不是"，但它在未变之前仍是"是"。现在这个"是"（久）又变成"不是"（无久），则表示这个"是"同时也内在着"不是"。可见，"有久"与"无久"，"是"与"不是"的联系考察，正意味着事物的"是"（有久）内含着"不是"（无久）的因素，事物的存在同时内在着否定自身的根据，说明任何事物都是肯定与否定的辩证统一。

一少于二而多于五。

——《经下》

【鉴赏】

"一少于二而多于五",在数学上是个错误命题。从形式逻辑角度看,则是违反矛盾律而无法成立的。但后期墨家却以"说在建位"立论,肯定了这个命题的合理性,其原因就在于通过对公孙龙诡辩论的批判,而达到对事物关系的朴素辩证法的思考。

"说在建位"之"建位",是指建手之位。"一少于二而多于五"之说,是依据一人之手而立言的。一人有两手,而一手少于两手,是谓"一少于二"。手之数为一,然一手有五指,皆统一于一手,这样,指之数五,加上手之数一,合而为六。则一手多于五指,是一多于五也。故曰"一少于二而多于五"。

《经说下》篇有进一步的解释,说:"五有一焉,一有五焉,十二焉。""有"读为"又"。先数指而后数手,是指有五而手为一。如先数手而后数指,则手为一而指有五。所以说"五有一焉,一有五焉"。合两手指数为十,两手手数为二,故曰"十二焉"。

这里,后期墨家考察手指与手的关系时,特别揭示了手之五指统一于一手,两手之十指统一于两手,是建手之位而考察手之数,是谓正辩。使表面上不合形式逻辑的命题,体现了内在的辩证关系。这就克服了公孙龙以"鸡足"建位讲鸡足的局限,克服了"谓鸡足一,数足二,二而一,故三"那样"鸡三足"的诡辩。

传受之,闻也。

——《经说上》

【鉴赏】

关于求知的途径，后期墨家已区分为三种。《经上》篇称："知：闻、说、亲。"提出"闻知""说知""亲知"是知识获得的三种由来，都涉及知识如何在经验基础上发生和形成的问题。

何谓"闻知"？《经说上》篇说："传受之，闻也。""受"与"授"古字通，"闻知"，是通过传闻授受得来的知识。由传授获得的知识，对传授者讲可能是亲身经历的直接知识，但对接受者而言，则是间接知识。"闻知"当属于这种间接知识。

《经说上》篇将"闻知"又分为两类。一类是"传闻"，"闻，或告之，传也"，是由别人转告传授的；另一类是"亲闻"，"身观焉，亲也"，是自己亲自听说的，不是由别人转述。

不管是传闻还是亲闻，关键都是耳听得闻。所以，《经上》篇又指出："闻，耳之聪也。"那么，如何保持"耳聪"，使人有正确的"闻知"？《经上》篇主张要有"心之察""心之辩"："循所闻而得其意，心之察也"；"言，口之利也。始，当时也。执所言而意得见，心之辩也。"是说要通过心智的审察和辨别，发挥理性思维的作用，对耳目闻见之知不能仅停留于感觉的层次，还应深入揭示言辞所表达的确切内涵，这叫"得其意""意得见"。

通过心之察、辩，实现"得其意""意得见"，表明了后期墨家对传闻之知的新阐发，内涵由感性知识逐渐向理性知识发展和转化。这对于墨子在经验论基础上讲"众之耳目闻见"所造成的局限，就是种突破和克服。

告之，使知（智）之。

——《经说下》

【鉴赏】

"告"，在墨家用语中是表述"闻知"的。"闻知"作为间接经验、间接知

《墨子》励志名言

识的传授途径，可以成为获得新知的手段。对此，《经说上》篇又以"告之，使知（智）之"的命题做进一步的阐述。

关于"使知（智）之"的论证，后期墨家是在区分认识过程中"然也""知也""使知（智）也"三阶段的基础上展开的。《经下》篇说："物之所以然，与所以知之，与所以使人知之，不必同，说在病。"

"物之所以然"的"然"，据《经说上》篇的解释，指事物本来如此的根据。如有人生病，其病因甚多，或于寒暑，或于饮食，或以动静不当，皆要做具体分析。"所以知之"，《经说上》篇解释为"见之，知之"，即目见为知之之方，如诊断病情、病因的方法也有不同，或于体温，或于把脉，或视气色，或观舌苔。而"所以使人知之"，即《经说上》篇所称的："告之，使知（智）之"，是告诉别人知道。

在后期墨家看来，"物之所以然""所以知之"与"所以使人知之"这三者，都有不同，应加以区别。"所以使人知之"，是因为通过"告之"的途径"使人知之"，而其前提是既考察了物之所以然的原因，又掌握了正确的"知之之方"，因而其知是可以达到"真知""实知"的。但是，由于"告之"而达到"使知之"，毕竟是一种间接的"闻知"，尚未通过"亲知"的体察检验，很难说一定能获得"真知"。对此也要有具体分析。

依类明故。

——《尚贤中》

【鉴赏】

有学者统计，"故"一字在《论语》全书凡十二见，且多作"故意"解，谈不上有什么逻辑意义。而在《墨子》前二十九篇中则用了三百四十次之多，从其基本性质来看，可确定为逻辑概念。

据《说文》的解释："故，使为之也。"如决堤引水可灌溉良田，开山采石可作建房修路的材料，都是讲做成事情总有原因。在墨子把"故"引为逻辑概念时，他所注意的是以"故"作为定名、立辞、推论的根据。这样，"故"概念的本义，是指"物之所以然"，旨在说明事物间存在的因果关系，揭示出"有其因必有其果"的道理。所以，墨子在论辩中驳斥论敌时，又经常说："子未察吾言之类，未明其故也。"（《非攻下》）设立了"类"与"故"的关系结构，强调"察类"需要"明故"，"明故"更便于"察类"。

在"类"与"故"的关系结构中展开逻辑思维，集中体现为墨子在《尚贤中》篇提出的"依类明故"的命题。认为任何一类事物之所以为某一类事物，而区别于他类事物，总有其客观原因和根据。

"依类"就是通过"知类""察类"来辨别物类的同与异。比如，墨子曾尖锐批评"天下之士君子，特不识其利，辨其故也"，主要就在其不懂"义"与"不义"之别。而墨子把"入人园圃，窃其桃李"，"入人栏厩，取人马牛"，"杀不辜人"都列为"不义"类，其"故"皆在"亏人自利"，损人利己。

以其取舍、是非之理相告。

——《非儒下》

【鉴赏】

概念、判断、推理是形式逻辑的三项基本内容。墨子的"知类""察类"，侧重在概念；"依类明故""明辨其故"，是主张从原因、根据上探讨判断问题。而概念、判断的主要目的是用于逻辑推理的。

推理，又称推论，是由一个或一组判断（前提）推出另一个（组）判断（结论）的思维形式。推理总是由判断组成的，它体现为判断之间的联结和推出关系。在推理过程中，作为推理依据的判断是前提，由前提推出的判断是结论，前提和结论之间的联系方式是推理的形式。在墨子那里，这个推理的形式就是通过正确的判断（察类、明故），实现合理的取舍，区别是非。

墨子曾说："仁人以其取舍、是非之理相告，无故从有故也，弗知从有知也。"他强调人们在进行论证、驳斥时，如何取舍，肯定什么，否定什么，必须有根据，讲出一个道理来。没有根据的应服从有根据的，没有知识的应服从有知识的。

《非命中》篇也讲到："凡出言谈、由文学之为道也，则不可而不先立义（仪）法。若言而无义（仪），譬犹立朝夕于员（圆）钧之上也，则虽有巧工，必不能得正焉。"认为发议论、写文章，其正确方法在于先立标准作为范式，按"类别"与"类同"的区分作为根据，加以取舍，判定是非，展开恰当的逻辑推理，才能获得"新知"和"真知"。此即"以其取舍、是非之理相告"的逻辑意义。

有指于二而不可逃，说在以二参。

——《经下》

【鉴赏】

这段话，可视为后期墨家对指物关系做辩证考察的产物。指物关系之辩，实际上是"白马非马"、坚白之辩的逻辑提升，因公孙龙作《指物论》而出名。就其内容而言，指物关系之辩涉及概念与实物（名与实）、一般与特殊（共相与殊相）的关系。当公孙龙将指物关系之辩引向相对主义诡辩时，《墨辩》则通过批判的重建，说明了指物关系的辩证性，为古典中国的辩证逻辑增添了一项新内容。

公孙龙说："物莫非指，而指非指。"他从先验主义概念论出发，认为"物"皆是"指"（概念）的表现，所以"物"的属性（共相）可以指认。但"指"却可以离开"物"而独立存在于概念世界中，即"指"可以"自藏"。《指物论》还说："天下无指，物无可以谓物。"断言不是"物"决定"指"，倒是"物"的世界要依靠"指"的世界的支撑才能存在。这和西方哲学史上柏拉图的"理念论"十分相似，当然是先验主义的，也是诡辩论的。

《墨辩》则根本否定有"自藏"的概念的存在，肯定了概念依存于指认的实物对象，承认共相（一般）存在于殊相（特殊）之中。他认为"所知而又不能指"，那是不存在的。又说："有指于二而不可逃，说在以二参。""指于二"，即用于表达坚白二属性的概念；"不可逃"，则强调了"指"既不能脱离"物"，互相之间也不可分离，这可以通过二指（坚白）之间的联系和比较考察来理解，从而在朴素唯物论基础上表明了"指""物"之间的辩证联系。

一偏弃之，谓而固是也，说在因。

——《经下》

【鉴赏】

《墨辩》此说，是就事物与事物之间对立矛盾的两种现象而言，涉及对事物关系间的朴素辩证法的观察思考。

把握两种不同现象的各自特征，产生于对两种事物现象的比较考察。在不同事物之间，对立矛盾的两种现象可以分别存在于两个事物，而不能同时并存于一物。如种子播种、发芽之现象发生于春季，庄稼结果、收获则发生于秋季，所谓春华秋实之矛盾差异现象存在于两个不同的季节条件中。只看到一物上有其一现象，而忽视另一物之另一现象，那是无法比较两物之象间的差异，故曰"一偏弃之"。此犹如知有春华而不知有秋实，或知有秋实不知其来自春华，这是认识、观察中的片面性的表现。从事物差异比较的角度看，此物有此象，彼物有彼象，则此物之此象决不能兼有彼象，这叫"谓而固是也"。

但两物之象间的对立、矛盾、差异总是相因而生、相比较而存在，故曰"说在因"。如事物间皆存在大小、长短、轻重、多寡、美丑之差异，为矛盾对立之两象，系存在于不同的两物，这是相比较而言的。大相对于小而言，无大也就无所谓小；长相对于短而言，无长也就无所谓短。同样，美相对于丑而言，无美也就无所谓丑。

这和老子所说"故有无相生，难易相成，长短相形，高下相倾，音声相和，前后相随"的含义相似，都揭示了相互矛盾、差异的事物现象之间的辩证关系。

尚同义其上，而毋有下比之心。

——《尚同中》

墨子诠解

【鉴赏】

如何克服由于"未有政长"或虽有政长却仍上下背离的混乱现象呢？墨子认为关键是自上至下形成思想观念和舆论上的一致，即主张"同义其上"，使"毋有下比之心"（私下不应有结党钻营之心）。

墨子经常探讨"何为人上而不能治其下"的问题。他指出，义不同，则上不能治下，而下不能事上。所谓"义不同"，就是上下之间缺乏统一的思想和一致的意见，以至于"上不得下之情，则乱"。墨子非常注意执政者不了解下情而产生的弊端，尖锐地指出：上下之情不通，在上者就无法了解民众中的善恶、是非，势必发生善不当赏、暴不当罚的情况，如此善恶不分，赏罚不当，岂有不乱之理。解决的办法还在推行"尚同义其上"。

首先，墨子从选贤立长入手，主张"选择天下贤良、圣知、辩慧之人，立以为天子，使从事乎一同天下之义"（《尚同中》）。其次，要克服宗法亲情的等级名分，用人以贤。在上者不能做到"正以治民"，失却公正，那下民当然不服气，采取种种办法消极应付，不肯服从在上者的管理。所以，必须去除任人唯亲观念，排除"尚同"的思想障碍。

其以尚同为政善也。

——《尚同下》

【鉴赏】

墨子曾为其尚同政治描绘过这样一幅理想图景：古之圣王治理天下的时候，选择的左右辅佐都是贤良之士，在外边做事的人"助之视听者众"，都帮助君王观察、了解、闻听天下的实情。所以，圣王"与人谋事"，总比别人信息详备、考察周到；"与人举事"，总比别人先成功；声誉和美名比别人传扬得快，传扬得广。因此，圣王治理天下，千里之外有贤人，乡里人还未曾得悉，圣王早已"得而赏之"；千里之内有暴人，乡里人还未闻见，圣王却早已"得而罚之"。这不是圣王有什么顺风耳、千里眼，他也没有亲自去看，走近去听，然而能使天下寇乱盗贼之人无容足之地，原因何在？"其以尚同为政善也"。

"尚同为政善"，是说以"尚同之道"治天下，就在于施善政，行王道。善政、王道意味着天子、诸侯、民之政长皆由贤良、善人担任，又加上各级政长都与天子同心同德，故天子发政施教时可宣称："凡闻见善者，必以告其上；闻见不善者，亦必以告其上。上之所是，必亦是之；上之所非，必亦非之。"上行下效，则国君"学天子之善"，乡长"学国君之善"，万民又"学乡长之善"，如此，"唯以其能一同天下之义，是以天下治"（《尚同中》）。

在善政和王道的基础上，实现整个社会自上而下的统一管理，以榜样和人格的力量作为建立有序和谐秩序的纽带，这是墨家"尚同"说的理想政治，它表达了民众的善良愿望和美好憧憬。

苟赏不当贤而罚不当暴，则是为贤者不劝，而为暴者不沮矣。

——《尚贤中》

【鉴赏】

墨家的尚贤，主张对贤能之士予以重赏，"高予之爵，重予之禄，任之以事，断予之令"，这叫赏誉当贤。同时对暴者、不肖者加以惩处，实施"罚当暴"原则。从这个意义上讲，"赏当贤""罚当暴"是墨家尚贤使能观念相辅相成的两个方面。

提出赏贤罚暴的原则，有个前提就是对人作两类区分：一类是贤能之士，一类是不肖之人。这和墨子常用"兼"和"别"两项标准划分基本社会关系互相配合，都突破了血缘亲情的宗法等级，偏重于伦理上的善恶差异来作判断。只是"兼""别"之分更多地涉及政治伦理的内容，而贤、不肖之别则属于人格伦理的范畴。

按贤与不肖的两类区分，墨子设计了一个新的人际关系模式：使贤良之士富之、贵之、高之、举之，赋予管理社会的权力和职责；同时，对不肖者贬之、抑之以至废之，形成"贤治不肖"的局面。所以，墨子的尚贤使能，内在地包含着对不肖者的贬斥和惩罚。

但是，墨子并没有孔子"惟上智下愚不移"那样的区分，他的贤者、智者可以来自社会下层甚至是役夫、贱徒。故他讲的贤与不肖、智与愚的区别不是绝对的、不变的。这就需要善于区分、处置得当。

为此，墨子提出"誉当贤""罚当暴"的思想，并指出如果不能赏誉贤能的人，惩罚犯罪违法者，就会造成民众人心涣散。贤能的人得不到鼓励，为恶的人得不到制裁，必然导致社会秩序的颠倒和世道的混乱。

　　唯能以尚同一义为政，然后可矣！

—《尚同下》

【鉴赏】

墨家提倡"尚贤使能"，目的在"平治天下"。而平治天下"必选择贤者，以为其群属辅佐"（《尚贤下》）。"群属辅佐"，是指朝廷权臣和各级行政官吏。选择贤能之士担任"群属辅佐"，就是协助天子达成自上而下的权力一体化目的，这就是"尚同"。应该说，在墨家思想学说中，尚同是尚贤的必然发展，

尚贤则是尚同的必要前提。

尚同，一称"上同"。这里的"尚"，乃"取法乎上"的意思。"尚同"，是墨子关于国家学说、治政理论的又一基本观念，旨在选拔贤能之士担任从朝廷重臣、诸侯到乡长、里正等各级职官，建立自中央到地方的塔形权力结构和统一的政治管理体制。

墨子认为，治理政事只要能将意见统一于上，这就可以了。为什么要"尚同一义为政"？墨子指出，智者做事，必须考虑国家百姓所以得治的原因而行事，必须考虑国家百姓所以混乱的根源而加以避免。在墨子看来，国家百姓之所以得治，就在"上之为政，得下之情"，按照下面的实情，施加正确的赏善罚恶，天下就可以得到治理。从这样的意义上讲，"唯能以尚同一义为政"，说明了墨家的尚同政治旨在以兼爱和义理为基础重建君主权力集中的专制政体。

何谓三本？曰：爵位不高，则民不敬也；蓄禄不厚，则民不信也；政令不断，则民不畏也。

——《尚贤中》

【鉴赏】

如何做好尚贤任能？

在墨家看来，这尚贤有"术"（方法），就是"必为置三本"，即推行"尚贤之道"要有三项基本措施。墨子讲的三项基本措施，一曰"高予之爵"；二曰"厚予之禄"；三曰"断予之令"。涉及名位、待遇、职权三方面，是充分重视贤能之士的功利要求和权益，以给予重奖和优待。墨子还指出，尚贤之"三本"，并非仅是君主给臣下的一种"赏赐"，而是在表示"欲其事之成也"，希望贤能之士协助君主成就治理天下的事业。

"高予之爵"，即"般（颁）爵以贵之，裂地以封之"，给贤能之士以爵位封地，使之有显赫的名位和身份，使人"尊之""贵之"。在墨子看来，如果爵

位不高，则民众不会敬重，所以，"高予之爵"是必要的。

"厚予之禄"，是给贤能之士优厚的俸禄。这是"高予之爵"的必要补充和发展。因为即使爵位高了，如果俸禄不多，民众也不会相信他。

"断予之令"，就是给予足够的行政决断权力。因为"政令不断，则民不畏"，无法使民众服从。

总之，墨子的尚贤"必为置三本"，目的是使贤能之士受到人民的尊敬信从，

镂雕双龙凤玉佩（战国）

从而使贤者大展拳脚，发挥其应有的作用，最终协助国君治理好天下，民安国强。

故得士则谋不困，体不劳，名立而功成，美彰而恶不生。

——《尚贤上》

【鉴赏】

中国的知识分子在古代被称为士，但"士"有武士、文士之分。"文士"之"文"是指知识技能。"士者，事也"，"文士"可说是从事知识技能工作的人。

先秦时期的儒家曾对"文士"这一群体的精神气质和人格特征有过具体规定，认为士应"志于道"，要"笃信好学，守死善道"，强调"士不可以不弘毅，任重而道远"（《论语·泰伯》）。孟子则称："士穷不失义，达不离道"，"穷则独善其身，达则兼善天下"（《尽心上》）。主张具有儒家气质的"文士"应有"志于道"的价值取向和人生理想。显然，儒家对中国早期的知识分子群体的界定，是注重于精神特质的。

耐人寻味的是，儒家关于"文士"的界定，已颇为接近于近代西方学术界对"知识分子"的定义，这个定义旨在说明知识分子除了具有知识技能、献身专业工作以外，同时还须具备对国家、社会以至人类公共利益的深切关怀和承担精神。

事实上，墨家提倡的"选贤进士"，所讲的"贤士"或"贤能之士"，和儒家以至近代西方的"知识分子"精神是相通的。所以，得到这样的"士"的辅政，当然会"谋不困，体不劳"，社会、国家都容易得到合理的治理，成就功名，完成伟业，美善之德彰明海内，邪恶之举不得复生。

可见，在墨家那里，贤能治国论是和尊重知识分子、任用知识分子的策略相适应的。

信，言合于意也。

——《经上》

【鉴赏】

"信"，作为伦理学范畴是指诚信，在人格上则指信誉。诚信和信誉表现于言论和行为举止上，应该是出于内心意志的真诚。后期墨家在《经上》篇中称之为"信，言合于意也"。

意存于内心，言出于口外。心口一致，言意相合，才能表现出真诚。真诚使人感到可信，从而获得信誉。这是诚信的基本要求。

不过，《经说下》篇对"信，言合于意"的解释，却有个明显的局限，那就是偏于逻辑学的同一律论证，而缺乏对其价值意义的阐发。《经说下》篇提出，"信"之解释"不以其言之当也"，即不考虑言论是否恰当、正确，只要心口如一、意言相合即可称有"信"。如"使人视城寻金"，说有人在城上丢失了金子，派人去寻找。寻而得，此人之言"当"，寻而不得，此人之言不当。但无论得与不得，只要确实认为有人"失金于城"，则"使人视城寻金"的言论就是有"信"，这和言之当与不当无关。这样就完全忽视了"言合于意"的前提在于言论和实际相符。显然，《经说下》篇囿于逻辑论辩的考虑，对"信，言合于意"命题的意蕴作了片面的阐发。

其实，倒是儒家对"诚信"的理解，似更能展示《经上》篇讲"信，言合于意"的内涵。孔子说："人而无信，不知其可也。"据朱熹的解释，"无信"，即"人而无真实诚心"，则其言皆妄，那当然得不到人们的认可。说话不可信，更无法见于行。所以，言论必须出于意志的真诚，才能有切实的行为践履。

　　勇，志之所以敢也。

　　　　　　　　　　　　　　　　　　——《经上》

【鉴赏】

勇敢既是人气质精神的表现，也是人生重要的德行行为，古今中外都备受人们的关注和赞誉。从培养理想人格的角度讲，勇敢还是英雄主义人格不可或缺的组成部分。

但"勇敢"有特定的含义，勇敢精神的形成也有其确定的途径和培养机制。古希腊哲人把智慧、勇敢、节制、正义并列为"四全德"，视勇敢为实现一定道德目的而克服困难、不畏艰险和牺牲的精神与行为。德谟克利特就把那些"对自己所欲望取得胜利的人看作是勇敢的人"。伊壁鸠鲁认为："勇敢使人能够忍受痛苦、艰辛和危险，以求得心灵的最大快乐。"

中国的儒家从"知、仁、勇"三位一体的角度肯定了勇敢的道德属性。孔子说："知者不惑，仁者不忧，勇者不惧。"子思则称："知、仁、勇三者，天下之达德也。"他们把勇敢看成和智慧、仁爱一样是通达天下的普遍准则。孔子还提出"知耻近乎勇"，以"知耻"解释"勇敢"，而"知耻"则以仁知、循礼、持志为本。所谓"仁者必有勇，勇者不必有仁"，"见义不为，无勇也"，就强调了勇敢行为是以道德上的仁义为基础和前提条件的。

后期墨家把"勇"确定为"志之所以敢",视"勇敢"是受人的德行和意志支配的。这和古希腊哲人及中国古代儒家对勇敢精神的理解是相通的,从而为勇敢精神的教育和培养,设定了具体的目标、途径和方法。

归国宝,不若献贤而进士。

——《亲士》

【鉴赏】

《亲士》是《墨子》一书的首篇。清代学者孙诒让考证后说:"此篇所论,大抵《尚贤》篇之余义。"的确,《亲士》篇所论与《尚贤》上、中、下三篇宗旨恰相辅相成。其讲治国须亲士,亲士必尚贤,断定"归国宝,不若献贤而进士"(与其进献国宝,还不如举荐贤能之士),就集中表达了墨子视贤能之士为国宝,以善用贤人为治国之本的思想。

对国宝,当以国家的名义给予尊重和爱护。春秋战国之时,诸多国君常以土地、美玉等奇器异物为国宝,并不惜为此而兴兵攻伐。而墨子特具胆识,以贤能之士为国宝,主张礼待贤士,广延人才,反映了其治国思想和人才观上的进步性。

墨子善于观察和总结各诸侯国治理成败的经验、教训,以此说明"入国而不存其士,则亡国"的道理。当年晋文公曾被迫逃亡,后为天下盟主;齐桓公也失位去国过,后来称霸诸侯;越王勾践战败被俘受吴王辱,但终成威慑中原诸国的霸主。他引用这三个事例,称此三君之所以能成功名于天下,都是因为能忍辱负重,重用贤才,从而东山再起。失败了而有办法获得成功,这才叫善用士民。

在墨子看来,君主治国而怠慢贤士,不急于任用,则贤士反过来也会轻慢君主。对君主而言,没有比用贤士更紧迫的了,墨子尖锐地提出"献贤进士"应作为基本国策来看待。比起儒家来,墨家对贤能的重视和人才的任用,显得更为真切和实在。

胜其任而处其位。

——《亲士》

【鉴赏】

对贤士或贤能之士的判断和任用，墨子明确提出要"胜其任而处其位"，强调使贤能之士与其所担当的官职和地位相适应，而不能名不副实。

墨子的这一观点，是针对当时许多王公大人"任人唯亲""无故富贵""不知使能以治人"的情况而发的。他指出："今王公大人有一衣裳不能制也，必藉良工；有一牛羊不能杀也，必藉良宰。"但面对治国安邦的大事，却"未知以尚贤使能为政也"，往往是"亲戚则使之，无故富贵，面目佼好则使之"，这是亲亲为本，以貌取人，排斥了"尚贤使能"的用人标准。对此，墨子尖锐地批评道："是使不智慧者治国家也。国家之乱，既可得而知已。"（《尚贤中》）这是让没有智慧的人治理国家。国家走向昏乱，也就可想而知了。

以亲用人，以貌取人，必然导致职官的名实背离和爵禄错位，从而造成"不能治百人者，使处乎千人之官；不能治千人者，使处乎万人之官"的局面。连一百人都管不好的，却当了管理千人的官；千人管不好的，却能当管万人的官，这就是授予的官职远远超过了其自身的能力，这怎么能治理好国家政事呢？所以，墨子主张君主亲士以治国理政，"虽有贤君，不爱无功之人"，做到"胜其任而处其位"，"胜其爵而处其禄"。

这样一种人才观念和用人政策，集中体现了"量才录用""名实相符"的原则，从历史价值和现实意义上看都有积极的合理的因素。

人之于就兼相爱、交相利也，譬之犹火之就上、水之就下也，不可防止于天下也。

——《兼爱下》

【鉴赏】

此句意思是说：人们走向兼爱互利，就好像火会向上升腾，水会流向地势低的地方一样不可阻挡。

墨家的兼爱学说和人道精神，极富理想色彩，不易为一般人所理解。故天下士君子有非难兼爱者，常批评甚至讥讽墨子，认为"兼爱"只是一种善良愿望，实行起来则"犹挈泰山以超江、河也"，如移山填江那样难以办得到。为此，墨子旁征博引，举例述说，予以反驳。他首先强调昔日圣人、先王都亲身实践了兼爱，故当今士君子应当取法圣王，力践圣道。怎么知道先圣六王亲行兼爱呢？墨子说自己虽未亲闻其声，亲见其色，但竹帛书简、钟鼎镂刻、盘盂雕琢之先圣六王的遗言、事迹足可为凭证。他引《泰誓》所曰"文王若日若月乍照，光于四方，（显）于西土"，认为此是颂扬文王"兼爱天下之博大也"。又引《禹誓》中"以征有苗"的事迹，说明"禹之征有苗"，是"求兴天下之利，除天下之害"，断言此为"禹兼也"。从一系列引证中可得出结论，墨子之所谓兼爱，正是取法于禹、汤、文王……墨子还极为推崇《周诗》所说"王道荡荡，不偏不党，王道平平，不党不偏"的道理，他又把这个道理看成出于人之本性，犹如火之就上、水之就下那样具有必然性，相信"兼相爱""交相利"之道是以不可阻挡之势实行于天下。

把兼爱之道归结为人性的基础，在思维方式上颇类于儒家的性善说，也反映了中国古典人道主义的一种共同观念。承认人的本性是走向善的，人在性善的基础上是平等的、互相理解的，这是建立和谐的人际关系的前提条件。

　　君说（悦）之，则士众能为之。

　　　　　　　　　　　　　　　　　　——《兼爱中》

【鉴赏】

推行兼爱，使天下归治，不仅须遵循先圣六王之道，而且也要当今贤王明君率先提倡和身体力行。墨子称"君说（悦）之，则士众能为之"（假如君王喜好的话，那众将士就能做到），主张君王以榜样的力量自上而下来推行兼爱，则民众百姓群起效法，天下的去乱归治就可以实现。

针对许多士君子认为兼爱是件难办之事的顾虑，墨子指出即使像攻城略地，交兵野战，为名利而冒杀身之险这样一般百姓不愿做的难事，若君主喜欢，也会有众多士卒甘心去做，何况像兼相爱、交相利那样的好事，只要君主喜欢，必会有更多的人响应。所以，"爱人者，人必从而爱之；利人者，人必从而利之；恶人者，人必从而恶之；害人者，人必从而害之。"

墨子还举"晋文公好士之恶衣""楚灵王好士细腰"的例子，说晋王之士臣都穿粗制羊皮衣、牛皮带朝见君王；而楚王之臣都节饭缩食，扶墙才能站立，以保持腰围不增，原因就在"君说（悦）之，故臣能为之"。如此看来，只要君主喜好而力行，则兼爱何难之有？

这里，墨子提出了权威作用和榜样力量的有效性问题。权威具有无形的强制性作用，榜样的力量则是无穷的。这是我们可以从墨家思想中得到的启示。

鬼神之罚必胜之。

——《明鬼下》

【鉴赏】

原来为宗教迷信的"鬼神"，在墨子的重新设计下，转化为既有善良意志，又能洞察人间一切暴虐、丑恶现象的评判权威。这个评判权威，犹如"轮人之有规，匠人之有矩"那样，也用于度量王公大人、天下百姓的言论、处事及行为。

能充当世间人事的评判权威，是出于"鬼神"的明察，也即"鬼神之知必明之"。正因为鬼神具有明察之知，其赏善罚恶才是公平的、公正的。而公平、公正的惩罚力量是强大的，甚至无限的。所以，墨子要断言："鬼神之罚必胜之。”

“必胜之”，强调了鬼神对邪行暴人的惩罚是行必果，没有任何人为力量能够阻挡的。做了坏事，犯下暴行，不管如何隐藏，鬼神必明察秋毫，予以惩处；也不管是身居高位握有重权，还是勇力强武，有坚甲利兵的保护，都无法逃避鬼神的惩罚。在墨子眼中，鬼神不仅是公平、正义的化身，而且是超越权势的法律的代表，体现了公平、公正的社会力量对邪恶暴行的惩罚。这当然是反映了下层民众的利益、要求和愿望的。

在墨子生活的时代，世道混乱，民众既得不到法律的保护，也没有权势者主持公道，很难维护自己的权力和利益。所以，墨子重新设计了“鬼神”观念，承担起社会公平和正义的责任，在当时是有进步意义的。

当鬼神之有与无之别，以为将不可不明察此者也。

——《明鬼下》

【鉴赏】

鬼神之存在与否，既然事关天下治乱的大局，则鬼神的存在与否就不可不明辨。

明察“鬼神之有与无之别”，就是对鬼神之存在作论证。墨子曾引种种证据，从不同方面加以论述，其关键是主张“必以众之耳目之实知有与无为仪者也”，认为只有以百姓耳目的实际闻见为标准，才可辨别鬼神之有无。

为此，墨子提出不妨到乡间村里直接询问观察，看看古今史书所记载的百姓闻见的事实，这样，鬼神的存在就可清楚明白了。他举例说，从前周宣王无故杀了他的臣子杜伯，杜伯临死前称：我没有犯罪而被君王所杀，如果我死而有知，不出三年必使周王知道遭受报应。果然三年不到，周宣王会合诸侯行猎时，见杜伯乘白马素车，朱衣朱弓，射朱箭中周王心脏，周王倒伏而死。墨子认为这就是鬼神对无故杀人者的报应。此事记载于周之《春秋》，以警戒后人。

墨子还提倡"入一乡一里而问之",认为"自古以及今,生民以来者,亦有尝见鬼神之物,闻鬼神之声",以至把乡里百姓祭祀鬼神,传说鬼神都视为"众之耳目之实知",以论证鬼神之存在。

有趣的是,墨子以"众之耳目之实知"来考察"鬼神之有与无",导致了对鬼神的承认,这种"实知"证明和宗教信仰的反差,实源于墨子囿于狭隘经验论立场所走入的误区。

知,接也。

——《经上》

【鉴赏】

"知"的本质和作用,不仅是感官的能力,或对知识欲求的冲动,而且还是一种感官和客观事物的接触活动。对此,《经上》篇用"知,接也"的命题加以概括。

按《经说上》篇的解释,"知,接也"之"接",着重在"过物而能貌之"。"过物"之"过",谓知物之已然。是说感官与物接触,已积累成经历体验,而能对事物的现象加以模拟、描述,并在脑海中留下深刻印象。所以说:"知也者,以其知过物而能貌之,若见。"(《经说上》)

"知,接也"的命题,揭示了"知"是个"知过物而能貌之"的过程,强调了知识又须在感官与事物的直接接触时才发生。这对儒家讲"圣知",倡导"良知""良能",排斥感觉经验作用的先验主义知识论是种批判。比起"虑,求也"来,"知,接也"表明了求知过程的进一步发展,但它所涉及的仍属于感性认识阶段。它把认知限于"物来顺应"的表象程度,更多的是指机械式的反映,尚不能深入到事物的本质和内在属性,还无法达到"真知"。因为,仅以接触、感觉事物所获得的知识,往往难以识别事物的假象和幻象,易导入感知误区,这就需要把认识推进到理性的思维、判断阶段。

不过，"知，接也"的命题，毕竟提出了知识（认识）的起点在于人们的直接经验，从而把知识的来源建立在实践的、经验的基础之上。

恕，明也。

——《经上》

【鉴赏】

"恕"，古"智"字，又与"知"字通用。后期墨家在"知"下系"心"，似表明心（思）对"求知"过程的渗透。人有知觉本能和知识欲求，通过与事物对象相接触，再渗入心思作用，明晰审察，则可以透过事物现象达到事物的本质，其关于事物的知识就逐步深刻而周详。知识深刻、周详乃谓之"恕"，故曰："恕，明也。"

《经说上》篇对"恕，明也"有进一步解释发挥，称："恕也者，以其知论物而其知之也著，若明。"是说智，就是依其知识来探讨、评论事物，所以能深刻而清晰地认识事物，这就是明智。"以其知论物"，比起"知，接也"中所说"以其知过物"来，显然是前进了一大步。"论物"之"论"，不仅限于经验基础上对事物现象的描述，而且在接触事物的实践中对之作鉴别、审察和评论。其"论"，又和《小取》篇所说"论求群言之比"的"论"相似，辅以逻辑上的判断和推论。这样的"以知论物"，就已突破了单纯的感觉经验，而进入到理性认识阶段，实现"知之也著"的目标。这里讲的"著"，应是指"知"已明白无误地把握事物，彰显事物的本来面目。如以视觉为例，则此"以目接物"，所见已非仅是"貌物"，而是通过"论物"的环节，深入事物的内部，明察到事物之"所以然"，故曰"若明"。这就在感性和理性的结合上，表述了知识的本质和来源。再作深一步地发掘，如果认识在感性和理性的结合上，通过"论物"环节深入事物内部，明察事物之"所以然"，那不仅表明知识的进步，而且提高到智慧的层次上，是全面地、完整地把握事物的本质了。

今用义为政于国家，人民必众，刑政必治，社稷必安。

——《耕柱》

【鉴赏】

墨子常讲"用义"，是因为"义"是可以应用的。其应用就是用"义"作为国家施政的纲领，可达到人口必然增多，行政必然得到治理、江山社稷必然安定的实际效果。所以，墨子断言："义，天下之良宝也。"

"良宝"，世之珍稀、贵重之物，人人欲求而得之。然而，何谓"良宝"，用什么标准来判断其为"良宝"，就有诸多差别和分歧了。

墨子的时代，许多诸侯王公大人都以为和氏之璧、隋侯之珠、九鼎之物为"国之良宝"，争相求索占夺，墨子对此表示了极大的怀疑。在他看来，和氏之璧、隋侯之珠、九鼎之物既不能富国治政，又无法众民人、安社稷，那当然不能称之为"天下之良宝"。

"义为天下之良宝"，是说明"用义"应成为治国安民的根本、平治天下的良策。因为，"天下之良宝"必须是"可以利人"的，"而义可以利人"。"用义"以利人，既是墨子对"义"之本质的深切理解，也是他对"义"所做的功利价值和理想目标的设计。

"用义利人"一说的提出和实施，表明墨子的功利主义追求，十分注重在伦理和政治的结合中展开。这种结合，强调了伦理价值原则应落实于政治上的"治国""安民"的具体实践，这就避免了空洞的道德说教和"驱民于善"的思想控制，而使民众得到真正的利益和实惠。

从价值观意义上讲，墨子的"用义利人"一说表达了"义利合一"观念，这倒和《六经》及儒家的价值观念有相契之处了。可见，墨子与儒家在义利观上确有"殊途同归"的味道。

故所为巧，利于人谓之巧，不利于人谓之拙。

——《鲁问》

【鉴赏】

墨子曾和公输般讨论过什么是制器技术的精巧，并由此明确提出"利于人谓之巧"，十分发人深省。

据说公输般削竹木制作了一个鸟鹊模型，放飞上天，三日不会掉下来，自认为精巧至极，很是得意。想不到墨子对公输般说：你制作鸟鹊的模型，还不如木匠制作车子轮轴上的销子，一会儿工夫将木头削成三寸大小，用作为轮轴的机关，可以承运五十石重的东西。所以，从实际功用的角度讲，对人有利的才称作为"巧"，对人没有任何用处的只能称作是"拙"。

这里，墨子表达了一个十分重要的观点：制器技术之"巧"与"拙"，其评判标准不在技术本身，而在这项技术是否"利于人"，是否真有用。以"利人""有用"作为制器之"巧"的标准，属功利主义的科学价值观念。这种观念有助于人们按"利人""有用"的原则发展科学技术，因而是积极的、合理的。

但非常可惜的是，随着墨家学派的过早中绝，墨子的这种功利主义的科学价值观念也就被淹没在历史的长河中了。相反，视制器技巧为"雕虫小技"，贬斥科学技术的观念却长久地浸润着中国士大夫们的头脑，而墨子所批评的那种不讲实用、无利于人的"拙技"也得不到有效阻遏。所以，有着四大发明的中国，后来在科学技术上却落后于西方，不是偶然的。其中，不也有着文化上深层的原因吗？

论诽：诽之可不可，以理之可诽，虽多诽，其诽是也。

——《经说下》

【鉴赏】

老子的"无名"、庄子的相对主义诡辩，构成了先秦道家逻辑的两极，都体现着怀疑主义的特征。道家的怀疑主义逻辑片面地强调概念的灵活性而否认概念的相对稳定性和质的规定性，把逻辑思维引向了谬误。

另外也要看到，在儒家的独断论逻辑和名家公孙龙绝对主义逻辑盛行的情况下，相对主义、怀疑主义都能帮助人们从"独断的迷梦"中惊醒过来，由此构成逻辑发展中的一个必要环节。列宁在《哲学笔记》中指出："辩证法包含着相对主义、否定、怀疑论的因素，可是它并不归结为相对主义。"同样，道家的相对主义、怀疑主义也不是与辩证法绝缘的。

事实上，当《墨辩》在逻辑上批判老庄的相对主义、怀疑主义时，客观上也激活了辩证法因素，更便于吸纳为自己的思想因素，为其从形式逻辑走向辩证逻辑打开了通道。例如，《经下》篇说："诽之可否，不以众寡，说在可非。""诽"即批评、否定。认为批评或否定某一个论题，不在次数的多少，而在于有"可诽"的根据和道理。《经说下》篇进一步解释："论诽之可不可，以理之可诽，虽多诽，其诽是也；其理不可诽，虽少诽，非也。"认为正确的批评在于有道理，有根据有道理的批评，再多也是正确的，而如果缺乏批评的理由和根据，则虽批评不多也是不行的。

这里，《墨辩》关于逻辑论辩中的批评原则的阐述，涉及了批判中的继承和吸取的问题。

止，因以别道。

——《经上》

【鉴赏】

逻辑上的推理或论辩，都会涉及对相反命题是非、对错的认识和判别，即要证明正确命题，反驳错误命题。所以，证明与反驳是逻辑推理或论辩中相反相成的两个方面。合理地应用证明与反驳的手段来实现推理论辩的目的，是逻辑思维中的两点论和辩证法。

对此，《墨辩》提出"止""诺"两种，方法来论述证明与反驳的并重。《经上》篇说："止，因以别道。""止"，本意是对论敌命题的反驳；"道"，即逻辑推理的合理根据。推理是否合道，可用"止"（反驳）法加以区别。《经下》篇又说："止，类以行人，说在同。"据《经说下》篇的解释："止，彼以此其然也，说是其然也。我以此其不然也，疑是其然也。"是说"止"（反驳）依据"以类取、以类予"的原则，可用"类同"证明之，同时以反驳其"非类"而证明其"同"，这叫"止类"。若彼以为"此然"，需说明其"此然"之故；我以为"此不然"，即以其反证来确定"此然"之妄。

《墨辩》所谓"诺"，意指"答"，是论辩双方用对答的方式作反驳和证明。《经上》篇指出，"诺"的应用有五种反驳方法。《经说上》篇解释这五种反驳方法为：其一，相从，先曲从论敌之说，再将之引入谬误；其二，相去，先证明与论敌相反之论题为正确，再反驳论敌的论题；此外，还有知之"诺"，"是"之诺及"可"之诺，更以先哲所云，或彼此共同认可的真理，或符合实际的确论，作为反驳的根据，这就显得十分有力而毋庸置辩了。

去无用之费，圣王之道，天下之利也。

——《节用上》

【鉴赏】

在墨家看来，圣王之道不仅是明德、尚贤、使能之道，也是促进社会经济发展、实现民富国强之路。就促进社会经济发展而言，墨家设定圣王之道的要求，首先立足于"强力从事"，注重生产活动；其次也要"去无用之费"，节约费用开支。从经济学意义上讲，前者是指开源，后者则重节流。

国家治理得好坏，财利的积累和增长是个重要的标准。这是政治衡量中的功利主义价值原则，墨家是这种原则的倡导者和真诚的实行者。《节用上》篇就讲到，圣人治理一个国家，则一国的财利可以成倍增加；扩大于治理天下，则天下的财利亦可以成倍增加。这种财利的增加，不是靠向外掠夺土地获得的，而是根据国家的财政情况节省无用之费积累起来的。

所以，圣王施政，发布命令，兴办事业，使用民力和财货，没有一项不是按照"实用"的原则去做的。"是故用财不费，民德（得）不劳，其兴利多矣！"

墨家倡导用财上的节俭，是和其生产观念上的勤劳原则密切相连的，以此作为制定财政政策的依据。可以说，墨家是勤劳和节俭美德的体现者，在他们身上，保持和发扬着"勤俭"这种优秀的道德品质。它和人的另一陋习懒惰和浪费是对立的。若懒惰和浪费得以延续和发展，不仅导致人类道德的堕落，还会危及人类的生存。

以时生财，固本而用财，则财足。

——《七患》

【鉴赏】

这句话的意思是按时令耕作、收获财物，强固农本而节约用度，这样就会财富充足、物品丰富。"固本"，即牢固确立农业为社会经济发展的根本，实际上就是农本。在农业文明的条件下，农本观念是有很深厚的思想基础的。

《尚书》曾提出过君主要懂得稼穑之艰，体察农夫耕种的辛劳，主张注重农业生产的发展。其《无逸》篇这样说："君子所其无逸，先知稼穑之艰难，乃逸，则知小人之依。"其中虽充斥着贵族语气，却深知民众是依靠农耕劳作求得生存发展的。

墨家的"固本"观念和《尚书》的农本思想有内在的联系。但墨家讲"固本"，却一反君子之道和贵族习气，而是站在平民的立场上展开阐述的。

墨家特别重视土地的充分使用和保证五谷的收获，视此二者为农业基础中的基础。《七患》篇曾说："凡五谷者，民之所仰也，君之所以为养也。故民无仰，则君无养。民无食，则不可治。故食不可不务也，地不可不力也，用不可不节也。"墨家已清醒地意识到五谷粮食是民众赖以生存的，也是君主用于"供养"民众的。如果民众失去了生存的依赖，国家也就失去了"供养"的来源。民众一旦没有了粮食，就不会供人役使了。所以，不能不加紧粮食生产，不可不尽力耕种田地，不可不节约使用财物。这里，墨家也论述到了土地、劳作和粮食作为农业生产三要素的相互关系及其作用，表明其农业经济思想是有一定深度的。

　　谋若此可得而知矣。

——《非攻中》

【鉴赏】

"谋"，即谋划、思虑。墨子提出"谋"这一术语，是由古语所说"谋而不得，则以往知来，以见知隐"转引而来。他肯定"谋若此可得而知"，认为人如善于谋划、勤于思虑，可以达到"以往知来，以见知隐"的效果。这实际上涉及对逻辑推理作用的认知和理解。

"谋"，也是求知的一种手段和工具。墨子已经肯定了"求知"就在于言辞是否和实际对象相符，并受实践经验的检验。同时，墨子也注重"谋"的作用，主张在事实经验的基础上，通过思维进行逻辑推理，以求获得"新知"，这说明，墨子意识到逻辑推理作为认知工具的价值，是事实经验所无法替代的。

当然，说墨子意识到逻辑推理的认知功能，也是相对而言的。儒家奠基人孔子主张"默而识之"，强调"温故而知新"，提出人们可以借鉴过去的知识经验，去求得新的知识。但孔子囿于"正名论"的框架，难以进一步提供由熟识旧知而掌握新知的途径和方法，其重要原因在正名论太偏于政治伦理而缺乏逻辑推理的意蕴。

而墨子讲"谋"，就提出了思虑和谋划，可依据过去的知识经验推知未来，透过表面现象深入察知事物的本质，这正揭示了逻辑推理的功用和特征。

精其思虑，索天下之隐事。

——《尚贤中》

【鉴赏】

任何事物总有显与隐两种形态。事物的显态，属事物的表象或现象，是人们借助感觉器官就可认知把握的。事物的隐态，是属于事物的内部本质层面的，它可以呈现为事物的现象，但也往往表现为假象甚至幻象。所以，感官经验到的知识，不一定能深入事物的内在本质，把握到事物的隐态，这就需要借助理性思维和逻辑推理。用墨子的话来讲，就是"精其思虑"，才能"索天下之隐事"。

"索天下之隐事"，是在逻辑推理的过程中实现的，它内在地包含着对"事物内在本质可知"的肯定和逻辑论证。

《鲁问》篇曾记载墨子和彭轻生子的一段对话。彭轻生子说："往者可知，来者不可知"，以为"认知"只是了解过去而不能预测未来。墨子则反问："假如你的双亲在百里之外的地方遇到危难，须在一日内迅速赶到才有救双亲生还的可能，那你是否知道该怎么办呢？"墨子还假设："今有固车良马于此，又有驽马四隅之轮于此，使子择焉，子将何乘？"彭轻生子回答："乘良马固车可以速至。"墨子据此断定："焉在不知来。"

墨子举这个例子，是说明人既然知道良马固车与驽马破车有行路迟速的不同，那自然能够选择更为快捷的良马固车。由此来看墨子提出的"精其思虑，索天下之隐事"一说，还肯定了人们可以通过思索、判断，预测未来之事。这从逻辑上讲，也是用判断、选择为事物"可知"作论证。

非半弗斱则不动，说在端。

——《经下》

【鉴赏】

这是从"端"的形成来定义"端"的概念。

"端"，是后期墨家的一个重要概念。在前章《自然哲学体系之建构》中，已通过对《经上》篇所说"端：体之无序而最前者"句的分析，揭示出后期墨家的"端"颇类似于古希腊哲人讲的"原子"，亦和化学家、物理学家所说万物最初质点的"元素"概念相通。不过，还应该注意后期墨家之"端"的另外一层含义，即相当于点、线、面的"点"。

"非半弗斱则不动，说在端"，其直接用意是反驳名家的尺棰不竭之说的。《庄子·天下》记载有名家所言："一尺之棰，日取其半，万世不竭。"其"万世不竭"者，旨在强调尺棰的无限可分，偏于无穷之"无"的。按名家的观点，任何事物都不存在"始基""元素"一类东西，当然也不会承认几何学上的"端"和"点"的概念。

而在后期墨家看来，事物的分割都有"非半""弗斱"的情况。"半"指对半分割，"非半"就是无法对半分割，达到了最小的不能再分的极点。"斱"，斫，意为砍削。"弗斱"，则不可再砍削。故"非半"和"弗斱"二者言虽异而意相同，都肯定了事物经不断分割，终于达到"不动"处和极限点。这就是后期墨家所说的"端"。

联系后期墨家已有关于圆、方等图形及线段相交等几何问题的阐述，可以设想"端"在几何学上有"点"的意义。"点"概念的确立和阐述，是后期墨家对中国古典几何学的一个贡献。

体：若二之一，尺之端也。

——《经说上》

【鉴赏】

此段话原意是解释《经上》篇"体，分于兼"句的，着重阐述了"体"的概念。然《经说上》篇同时引进"尺"与"端"的概念作参照，又涉及几何学上线与点的关系问题。

前面已有分析，相对于"兼"（即全）而言，后期墨家讲的"体"是指部分。但"体"又可解释为"若二之一"，即设想"体"为一个部分之"一"，则一之倍就是"兼"，意谓部分与部分相加则构成物的全部。故《经上》篇又有"倍，为二"之说，盖以"倍"做说明，可断定一为二之体，二为一之兼。这种二与一、兼与体的关系，后期墨家还特地用几何学上的点、线关系加以对照分析，认为物的部分（体）是物的全部（兼）被等分为二，犹如从线上切割出某一特定的"点"。

从多与少的关系上讲，尺为端之兼（相加），端为尺之体（相割）。"尺"即几何学上的"线"，"端"代表几何学上的"点"。《经说上》篇断定"体"为"尺之端"，就表达了线为点的集合（兼）、点为线的分割（部分）这样的意思。

用演绎推理方法研究和考察点、线、面及其相互关系，是几何学原理的基本要求。尽管后期墨家没有形成像古希腊欧几里得几何学那样严密的演绎体系，但毕竟在抽象思维的层次上，以概括的定义式说明和必要的逻辑推理手段，对点（端）、线（尺）、面（形）的基本属性及其相互关系做了具体分析，实际上也就勾画了后期墨家几何学体系的基本框架。

节于身，诲于民，是以天下之民可得而治，财用可得而足。

——《辞过》

【鉴赏】

墨家讲的"节"，一般有两层含义：在财富的使用上主张"节俭"；在道德行为上则要求有节制，能自律。故君子有"节"首先是自身节制，能自律，然后教化于民，形成社会的节俭风气。对此，墨家是身体力行并积极提倡的。

墨子说："夫妇节而天地和，风雨节而五谷熟，衣服节而肌肤和。"视夫妇间的事亦依循阴阳之理，有所节制则天地亦可和顺；风雨调节寒暑协调，五谷就会丰收；穿衣适时有节，身体肌肤才会感到舒适。故有节，当是天地自然和社会人事上的普遍道理。因为天地自然、社会人事皆有别，有别就有分，有分则有序，有序当以节。这是对有"节"观念的合理性作了颇为充分的论证。以此为据，墨家通过宫室、衣服、饮食、舟车、蓄私五方面的古今对照，尖锐地批评了"当今之主"的奢侈淫逸的生活和行为，强烈要求去除这五方面的过失，并相应提出了五方面的节俭、节制的措施。

墨家认为，建宫室，高只要能避免潮湿，周边能抵御风寒，上足以遮雪霜雨露，墙足以别男女之礼，"谨此则止"。穿衣，"适身体，和肌肤，而足矣"。饮食，只要"足以增气充虚，强体养腹而已矣"。制舟车，只为"全固轻利，可以任重致运"。而上古至圣，虽有蓄私，必"不以伤行，故民无怨"。这些都体现了墨家的节俭精神。

节俭，不仅是一种经济措施，也是一项国家治理的原则。墨家相信："是以其民俭而易治，其君用财节而易赡"，则可以"兵革不顿，士民不劳，足以征不服，故霸王之业可行于天下矣"。

为乐，非也。

——《非乐上》

【鉴赏】

音乐的社会功能和伦理价值，古人历来都有论述。故儒家有礼乐之论，认为"礼"别序,"乐"主和;"礼"以外,"乐"明内。礼乐相合,则可以达到内外协调、和谐有序的境界。

孔子认为,乐中寓有美善,故称赞尧舜时代的韶乐是"尽善矣,又尽美矣"。荀子作《乐论》,提出:"乐行而志清,礼修而行成,耳目聪明,血气和平,移风易俗,天下皆宁,美善相乐。"他强调乐是体现了美与善的相辅相成,具有移风易俗,使"天下皆宁"的作用和功能。到了《礼记》的《乐记》篇,"乐"更是被提到"治国平天下"之道的高度了。《乐记》称:"乐者,天地之和也;礼者,天地之序也。和,故百物皆化;序,故群物皆别,乐由天作,礼以地制。"

但在儒家几乎是无限度地张扬音乐的价值、功能时,墨子专列《非乐》,列数音乐的弊端和祸害,严厉批评"今王公大人"耽于乐事、沉湎靡音所导致的恶果,必排之而后快。墨家的非乐,近于苛求,多被人视为不合人意,有悖情理。然按墨家的经济理论和节俭观念,其"非乐"主张却是切中当时的政治弊端的。

墨家十分注意体察民情,对威胁民众生存的祸患有切身体验。在民众的温饱问题远未解决的情况下,为政者却毫无知觉,照样请乐师"为之撞巨钟,击鸣鼓,弹琴瑟,吹竽笙而扬干戚",这不能不使人愤慨和痛惜。因为这违背了"兴天下之利,除天下之害"的原则,影响和损害了农耕、纺织之事,故"在乐之为物,将不可不禁而止也"。

知其所以不知,说在以名取。

——《经下》

【鉴赏】

要想知道其所知与其所不知,办法就在举物而验问之,察其所名,观其所取。如名合所取,即名和指认的对象相符合,即为有知,否则就是不知。

如何举物验问？《经下》篇提出将所知与所不知之物杂合一处而问之，就可辨别"是所知也，是所不知也"。主张通过比较鉴察的手段明确区分知与不知，实际上也指出了求知过程应认真处理知与不知的关系。

孔子曾有"知之为知之，不知为不知，是知也"的名言，强调对待知识问题应取诚实的态度，知道的才说知道，不知道就承认不知道，这才是真正的"有知"。在这一点上，后期墨家的观点是和孔子相似的，但有进一步的论述。《经下》篇指出："知，知之。否之，足用也。悖，说在无以也。"强调"知"就是知其事。"否之"者，即否定其所知。有知却自以为不知，那是不足用的。既不足用，又自以为可用，那就陷入认识上的悖论和谬误。

因为明确区分了知与不知，然后才可有合理的取舍选择。对于所知之物而取之，于所不知者而舍之。这样，取舍得当，就可称"两知之"。可见，"两知之"指的是：知道了我所知道的，也知道了我所不知道的，知与不知有了正确的辨别，这才是真正的知识上的进步。

知其所知所不知，实现由不知到知，进而由知之不多到知之甚多，这是个认识发展中的辩证过程。对此，后期墨家不仅有所意识，而且作了理论的表述。

擢（确）虑不疑。

——《经下》

【鉴赏】

墨家的知识论以获得"实知""真知"为目标。而"实知""真知"皆为确定无疑的知识。这首先来自有确定无疑的思虑和追求。对此，后期墨家提出"擢虑不疑"的命题加以说明。

《经下》篇说："擢虑不疑。"《经说下》篇解释："疑，无谓也。"此处之"擢"，当读为"确"。《说文》云："确，坚不可拔也。"故"确虑"，当作明确不可更改的思虑。"确虑"，是人对某一事、某一物，已能确定其为"何"，虑

中华传世藏书

墨子诠解

《墨子》励志名言

一六九七

求其所以，事实上已无可怀疑。确虑既表明无可怀疑，如仍然要加以怀疑，那样的"疑"就没有任何理由了。故曰："疑，无谓也。"如某人春日死，而冬日得其尸，既得其尸，则其死无可怀疑。所以，"攉（确）虑不疑"还包括在虑求中对任何怀疑的否定和排除。

《经下》篇还对"疑"做具体分析，提出"疑，说在逢、循、遇、过"。区分出"疑"有四种，一曰逢疑，即事之未然之前的疑虑。其事情虽未出现，但思虑已有所准备，预迎而疑之。二曰循疑，循，即从也。其事已临，循从之而思虑有所疑，是称循疑。三曰遇疑，此"遇"，古字与"偶"字通用，故"遇疑"当作为"偶疑"。偶疑者，谓此人对彼人有所疑也。四曰过疑，即此事已过去仍有所疑，谓疑之于已然之后。

在后期墨家看来，消除四种疑虑，才能称"攉（确）虑不疑"，而只有确虑不疑，才是真知、实知的基本特征。

化，征易也。

——《经上》

【鉴赏】

"化"，变化。后期墨家用"征易"解释"化"，指明了"变化"的表征为"易"。《经说上》篇引蛤蟆为鹑作例子，说明"易"犹如蛤蟆变为鹑，是表示事物的类别和状态发生的变化，简称"状变"。

易变之"易"，其思想源头在《周易》一书。其《易传》曾对易变之理做过多方面的阐述，说"天地交而万物通"，"天地革而四时成"，"天地相遇品物咸章"，"天地盈虚与时消息"，从中概括出"生生之谓易"的命题。"生生"，生动地表达了变化是个"新陈代谢""日日更新"的过程。《易传》用"生生"与"代谢""日新"对应来描述阴阳变化的宇宙生命运动，也可看成是后期墨家"化，征易"观念的进一步发挥。

后世许多善谈阴阳变易之道的学者亦往往循此思路。如孔颖达在《周易正义》中称："生生，不绝之辞。阴阳变转，后生次于前生，是万物恒生，谓之'易'也。前后之生，变化改易。"王夫之则是用"变化日新"来表达。而戴震在《原善》中则提出"生生而条理"的命题，说："生生者化之原；生生而条理者，化之流。"这更是把"化，征易"的观念提升了。

　　端：体之无序而最前者。

——《经上》

【鉴赏】

作为后期墨家用语的"端"，一般有两种含义：一是相对于几何学上点、线、面的"点"；二是指事物经不断分割所达到的最终之不可再分处，即"体之无序而最前者"。

"体"，与"兼"（全）相对，指不断对整个事物做部分划分。"无序"，没有次序。"端"是不断对事物划分的结果，本质上是一"点"。而"点"是无大小厚薄的，不可能有两个点处在完全相同的地位，也不存在两者间有排列的顺序。所以，说"端"是"最前者"，是强调"端"的不可再分性。《经说上》篇解释"端"是"无同也"，其意是一样的。

《说文》曾指出："耑（端）：物初生之题也。"这是从事物的发生角度解释"端"，和后期墨家的"端"观念也是相通的。"题"与"端"义通。"题"是指人的头顶，在躯干的最上端。就物体而言，也即"体之无序而最前者"。与此同时，后期墨家还十分注意通过事物的不断分割来寻求事物发生的始基。《经下》篇另有一条解释"端"的文字，说："'非半'弗新则不动。说在端。"这里，"半"，指对半分割。"非半"则指不能再对半分割。分割到不能再分割了，即达到"弗新则不动"之处，事物的分割就有了尽头。故曰"说在端"。正是在此意义上，后期墨家"端"的概念似可相当于古希腊哲人讲的"原子"，亦

墨子诠解

《墨子》励志名言

颇类似于化学家、物理学家所说万物最初质点的"元素"。所以，后期墨家"端"的观念，从几何学角度讲，类似于点、线、面的"点"；而其物理学意义，则和"原子""元素"观念相连，可以看作是对古典朴素物质观念的特定表述。

推也者，以其所不取之，同于其所取者，予之也。

——《小取》

【鉴赏】

后期墨家辩术七法的最后一法称"推"，逻辑上做"推类""推理"解。《经下》篇认为"推类之难，说在之大小"，因为推类所依循的根据是所立的类别或类项，然后用归纳法推论其他事物。但所立类项常不是绝对的、确定的，其设定的范围有大有小，程度有深有浅，故推类的结论就不是肯定不变的。如推类中越出了类别设定的范围，其结论可能就是谬误。

《经下》篇又说："在诸其所然未者然（然者），说在于是推之。"主张观察、鉴别事物中之所然者（已知）与其所未然者（未知），据其所然者而求其所未然者，即由已知求未知者，是谓"推"。这就是逻辑推理中常用的类推方法。

《小取》篇对"推"的论辩方法，有进一步阐述。说："推也者，以其所不取之，同于其所取者，予之也。是犹谓它者同也，吾岂谓它者异也。"这里讲的"所取"，指已知并被选择者。"所不取"，指未知亦未被选择者。这样，"推"就据于未知者和已知者都属同类事物，则可由已知推演到未知，由特殊推知到一般。从形式逻辑上讲，这属于归纳推理。

但归纳推理所获得的不一定是必然的知识，"因为经验总是未完成的"（列宁语），未完成的经验不可能提供完全的归纳例证。后期墨家也意识到这一点，故常提出相反的事例来验证归纳的结论。

夫辩者将以明是非之分，审治乱之纪，明同异之处，察名实之理，处利害，决嫌疑焉。

——《小取》

【鉴赏】

学术界大都认同《墨经》的《小取》篇是提出了墨家逻辑思想的纲要。其开宗明义所说的这段话，旨在阐明论辩的目的，在于分清是非界限，审察治乱的关键，搞清同异差别所在，探索名实之辩的道理，判别利害关系，对疑惑的问题加以判定。在"辩者"的名下概括了墨家逻辑的形式、功用、规律及方法。正是在这意义上，墨家逻辑又称为"墨辩"。

爱因斯坦曾说："西方科学的发展是以两个伟大的成就为基础，那就是：希腊哲学家发明形式逻辑体系（在欧几里德几何学中），以及通过系统的实验发现有可能找出因果联系（在文艺复兴时期）。在我看来，中国的贤哲没有走上这两步，那是用不着惊奇的。令人惊奇的倒是这些发现（在中国）全部做出来了。"

尽管爱因斯坦以科学家的眼光，从西方文化的背景中来观察中国的传统，不认为中国曾经出现过希腊式的形式逻辑体系和近代实验科学的因果思维，但他敏锐地揭示了中国古代有那么多的科学发现和理论创造，并惊异于它们究竟是靠什么逻辑和什么方法支撑和建构起来的。这确是一个令人惊奇、发人深省的问题。这实际上提出了有关中国古代逻辑观念和逻辑方法的特殊内容与形式的问题。

李约瑟在《中国科学技术史》中指出："当希腊人和印度人很早就仔细地考虑形式逻辑的时候，中国人则一直倾向于发现辩证逻辑。"显然，李约瑟是用辩证逻辑与形式逻辑的区分来勾画中国与希腊、印度逻辑思想的差异，这是否确切，可以讨论。但李约瑟的观点可以促使我们思考：中国古代逻辑与希腊、

印度相比不是有无的问题，而是如何探讨两者间的差异，从而揭示中国古代逻辑的特殊性。

劝于善言而学。

——《公孟》

【鉴赏】

墨家在教育过程中很重视教化的作用。教化者，教而化之之谓。劝人于学，目的在使人改恶从善，培养人的信念和品格。

汉代的《淮南子》也许有感于墨家信徒的殉道精神，曾力图探究其原因，指出："墨子服役者百八十人，皆可使赴火蹈刃，死不旋踵，化之所至也。""化之所至"四字，颇为传神地揭示了墨子对其学生、追随者教育感化的巨大力量。《所染》篇说的环境习染，还只是教导、影响他人人格的向善，而要使人赴火蹈刃，视死如归，非要有极强的精神感染和信念培养不可。可见，墨子的教育在知识、学问以外，还另有其独特之处，即精神意志和献身精神的培养。

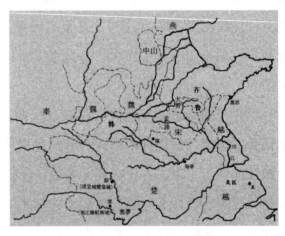

春秋战国时期的中国地图

墨子的学生大都来自社会下层，经受过艰苦生活的磨炼，在墨家团体中又接受严格的组织纪律约束和精神意志训练，为信念、原则而献身的意识极强。这是墨家教育"化之所至"的成功之处。

《史记·儒林传》记载墨子学生禽滑厘率三百同门为宋守城，皆有赴火蹈刃、死不旋踵的气概，以配合墨子止楚攻宋，充分体现了墨家的殉道精神，这当然和他"事墨子三年，手足胼胝"（侍奉墨子多年，践行道义，手脚都磨出厚皮老茧），受墨子潜移默化有关。

《吕氏春秋·尊师》则讲到墨子弟子高何"初为暴者"，其行径素为乡人所痛恨，但后来"学于墨子，为天下名士显人"。齐国墨者县子硕，原先"行事与高何同"，自做了墨子学生后，常问墨子"为义之大务"，其德行为世人敬重。这些都足见墨家教育十分注重人格感召力量，因而产生了极强的人格培养的效果。

知者必量其力所能至而从事焉。

——《公孟》

【鉴赏】

关于墨子的教育方法，已有学者做过多方面的揭示和考察，如近人方授楚著《墨学源流》一书就析之颇详。但我以为，就其主要的有特色的教育方法而言，当是墨子主张"必量其力所能至而从事"，提倡分科传授以发展个性，重学以致用。

县子硕曾请教墨子："实现理想事业应以何者为大务？"墨子则以砌墙为例，说"能筑者筑，能实壤者实壤，能欣者欣"，主张如砌墙中有垒砖、打夯、测量之各有分工那样，做事须有分工，为义亦各有侧重，则教育也应分科并进。《耕柱》篇指出："能谈辩者谈辩，能说书者说书，能从事者从事，然后义事成也。"这谈辩、说书、做事就是墨子关于教育分科的三项内容。

墨子强调分科教育，是和他提倡"量力而行"的学习方法密切相连的。《公孟》篇记有墨子的几个学生既想从学，又要习射，墨子批评说："不可。夫知者必量其力所能至而从事焉。国士战且扶人，犹不可及也，今子非国士也，岂能成学又成射哉？"他以"国士"当一心作战不可分心为例，说明聪明的人一定要衡量自己的能力所达到的程度，然后再做事，学以致用，真正能贯之于行，这是对知者的一个基本要求，又是墨家教育思想中知行合一观念的体现。

分科教育和量力而行的提出，更接近于根据教育自身的规律来确定教育内容和方法。这是墨子对殷周以来贵族教育传统的一种革新。贵族教育以"六艺"教人，内容集中于"六经"，充满了官学味道。墨子则有所突破，把辩说能力、人格素质、实用机巧的培养引为教育内容，开教育之平民化的先河。

仁人之所以为事者，必兴天下之利，除去天下之害。

——《兼爱中》

【鉴赏】

"兴利除害"是墨家兼爱说的核心思想和根本主张，被称作仁人之事、圣者所为，也是直接用于救乱补弊的。

世乱为天下的祸害。"然当今之时，天下之害孰为大？"墨子以为有三："大国之攻小国也，大家之乱小家也，强之劫弱，众之暴寡"，一也；"为人君者之不惠也，臣者之不忠也，父者之不慈也，子者之不孝也"，二也；"今人之贼人，执其兵刃、毒药、水火以交相亏贼"，三也。这是指国与国之侵凌，君臣父子间之背伦，人与人相残等三个方面。世道之乱，天下之害，为墨子所深恶痛绝。那么，"既以非之，何以易之？"墨子主张"以兼相爱、交相利之法易之"。他强调："仁人之所以为事者，必兴天下之利，除去天下之害，以此为事者也。"按墨子的设想，兼相爱、交相利，就是"视人之国，若视其国；视人之家，若视其家；视人之身，若视其身"，以对待自己的爱心爱人利他，这样也就可以除去天下之害了。当然，除去天下之害，推行兼爱，并非易事，墨子就曾面对众多的责难。但他坚信：兼爱之难，非行难而在于知不易。他指出："兼则善"的道理，关键在说理和引导，即"若君说（悦）之，则士众能为之"。

墨子以为，实施兼爱在知难而非行难，这和传统的"知易行难"论题正好相反。《尚书·说命中》有"非知之艰，行之惟艰"一语，是说知道一件事并不难，真正做好它并不易。墨子反过来说知难行易，其旨在强调：只要在上者提倡，加以教化推行，兼爱就可畅通天下。

今吾将正求与天下之利而取之，以兼为正。

——《兼爱下》

【鉴赏】

"兼"，兼爱。"正"者，政也。墨家主张"以兼为正"，是以兼爱作为政治治理的基本手段。

对墨子来说，"兼爱"不仅是一种道德理想，而且更是一种行为践履。因为兼爱出于"别非而兼是"的考虑，故墨子又申明：现在我要探究一个获取天下之利的正确方法，那就是以兼爱为治政原则。

"以兼为正"，推行于实践应用就是"兼以易别"。"易"是改变、代替之意。"兼以易别"就是打破"别爱"体制，建立兼爱规范，这在一定程度上，是代表着民众阶层利益的。

为了将"兼爱"贯彻于行为践履，墨子在讲兼爱即善的同时，相信善的东西必将为人们所认同并采用，进而代替恶和别。为此，他假设有二士，一个为"别士"，不爱他人；一个为"兼士"，兼爱他人。他指出"别士"不可能视朋友如自己，面对朋友的饥饿、受冻、生病以至死亡，都可以无动于衷。而"兼士"却对待朋友如自己，对待朋友的亲戚如同自己的亲戚。那天下人究竟相信谁、敬重谁呢？答案当然是"兼士"。

墨子还假设在一旷野，人们披甲戴盔远行作战，或出使遥远的巴、越，都不能预知未来，若他们想庇护父母、妻子，将拜托别士还是兼士呢？墨子断定，一定是兼士！以此来说明"兼以易别"的必要性和必然性。

厚葬久丧，果非圣王之道。

——《节葬下》

【鉴赏】

"厚葬久丧"，即葬礼奢靡，服丧时间长。这是儒家依据圣王之道而提出的，墨家则非之，认为这本来不是圣王之道。"天志""明鬼"为墨家所热衷，儒家却不以为然。故"薄葬"和"佑鬼"是儒墨对峙的一个重要方面，但同时也折射了墨家宗教思想的另一个内在矛盾。

儒家提倡厚葬久丧，设置烦琐的葬礼仪式，是以两个观念为前提的：一是以宗法血亲为纽带，表示对宗祖亲人的追忆和怀念；二是承认人死为鬼而有知。所以，其厚葬久丧交织着宗法观念和鬼神观念。墨子主张"薄葬"，针对儒家的"厚葬"而言，内在有无神论倾向。但墨子的批评矛头只指向儒家"厚葬"的宗法观念前提，而忽视了对"人死为鬼"说的批评。

此外，墨子的"薄葬"还更多地反对"厚葬"导致的"靡财""乱政"的社会后果。他指出："以厚葬久丧者为政，国家必贫，人民必寡，刑政必乱。"反对"靡财""乱政"，正是要张扬他的"兼爱"主张。但同时，墨子又陷入了一种"有见于此而无见于彼"的片面认识，既讲"薄葬"表达对鬼神的轻视，又讲"佑鬼"，强调对鬼神的承认和敬重，反映了墨子自己的思想混乱和逻辑矛盾。

对此，汉代的王充就已有揭示。《论衡》指出："墨家之议，自违其术，其薄葬而又右（佑）鬼。"王充还分析说：（人）情欲厚而恶薄，如果认为"鬼非死人，则其信杜伯非也，如以鬼是死人，则其薄葬非也"。这是击中墨议之要害的。

百门而闭一门焉，则盗何遽无从入？

——《公孟》

【鉴赏】

墨子对鬼神的存在有着虔诚的信念。这种虔诚的信念往往和墨子相信鬼神具有"赏贤罚暴"的公正和社会功利相联系的。既然是出于政治的需要而设计鬼神观念，那对于鬼神存在的证明事实上不必多作深究。所以，墨子对鬼神之爱利他人、扬善罚恶有极多描述，但引证"百姓耳目闻见之实知"和古者圣王之事来论述鬼神之存在，则常显粗疏，甚至牵强武断，造成宗教信仰的错位，以致连墨子的学生和信徒也不时发出怀疑和追问。

据《公孟》篇记载，有求学信徒问墨子：先生以鬼神为明智，能为祸福，为善者富之，为暴者祸之，现在我侍奉先生久矣却未见得福，是否是先生所说有不精确，鬼神也有不明智？对此提问，墨子仅答云："虽子不得福，吾言何遽不善！而鬼神何遽不明！"其余则似乎答非所问，不甚了了。另有一次，墨子病了，他的学生跌鼻趋前探视，并不解地问：先生认为鬼神什么都知道，能给人降祸或赐福。你又是圣人，为什么还会得病呢？莫非鬼神也不一定很明智？墨子回答："人之所得病者多方，有得之寒暑，有得之劳苦，百门而闭一门焉，则盗何遽无从入？"这是说鬼神祭祀，只是堵塞导致生病的一个漏洞，犹如"百门而闭一门"，这就又承认了鬼神能力是有限的，并不是全知万能的，这和他的鬼神信仰是不协调的。墨子信徒的疑问及墨子本人未能自圆其说的回答，都说明了墨子鬼神观念的含混，这正是墨家宗教思想内在矛盾的表现。从这个意义上讲，墨子虽提出了人文宗教的设想，但并未真正完成人文宗教的建构。

天之志者义之经。

——《天志下》

【鉴赏】

天子治政之所以"莫若法天"，墨子认为这是由"天志"的本质和德行决定的。《法仪》篇说："天之行广而无私，其施厚而不德，其明久而不衰，故圣王法之。"天因其善良无私和广厚德行，而体现着道义的根本，故尊天顺天，据"天志"以从事，就是循义、合义，所以说"天之志者义之经"。

在墨子看来，"天志"是持义、循义的关键和纪纲。有了"天志"，就是掌握了衡量和评判一切治政之事之义与不义、善与不善、仁与不仁的标准。《天志中》篇这样说：子墨子之有"天志"，就好比制作车轮的匠人拿了圆规，"将以量度天下之圆与不圆也"，其作用"上将以度天下之王公大人为刑政也，下将以量天下之万民为文学、出言谈也。观其行，顺天之意，谓之善意行；反天之意，谓之不善意行。观其言谈，顺天之意，谓之善言谈；反天之意，谓之不善言谈。观其刑政，顺天之意，谓之善刑政；反天之意，谓之不善刑政。故置此以为法，立此以为仪，将以量度天下之王公大人、卿大夫之仁与不仁，譬之犹分黑白也"。

按墨子的设想，"天志"既明察秋毫，无一遗漏，又掌握着量度"今天下王公大人、卿大夫"仁与不仁，天下万民善与不善的正确标准，当然是最高权威的主宰。

这样的"天志"就是墨子设置于心灵境界的一座神圣的"道德法庭"。墨子的"道德法庭"是披上了人文宗教的外衣，但对于殷周以来传统的宗教神学而言，这个"道德法庭"又可以说是理性的。

义果自天出也。

——《天志中》

【鉴赏】

此句意思是：讲"义"当然来自天的意志。"天志"的确立，从理论上讲，是源于对"义从何出"问题的探讨。在墨子阐述其"尚同一义"思想时，他侧重说明的还是"义"的社会功能，似未提及"义"之源起。但在《天志中》篇，墨子一开头就指出："今天下之君子之欲为仁义者，则不可不察义之所从出。"对此，他分三个层次作了推论分析：

首先，明确"义必自贵且知者出"，而非出自愚且贱。因为墨子断定：义者，善政也。"天下有义则治，无义则乱。"所以，必须由贵且知者为政于愚且贱者。其次，"孰为贵、孰为知"呢？墨子肯定"天为贵、天为知而已矣"。其根据在于："天子为善，天能赏之；天子为暴，天能罚之。"天子的或善或暴，唯"天"能省察并做出或赏或罚的处置，以至天子每每都得虔诚地祭祀天鬼，以祈福于天，故"天之贵且知于天子也"。此外，墨子还引证古者圣王之书中"明哲维天，临君下土"句，强调圣王之意亦在认定"天"才是真正的"贵且知者"。故墨子的结论是"义果自天出"。

"义"是墨子设定的人道原则，其讲"义果自天出"，正肯定了人道原则源于天道。而推论人道原则源自天道，在先秦诸子中颇多共识。孔子就主张"唯天为大，唯尧则之"；《周易》的基本思路也在"推天道以明人事"。而墨子之义"果自天出"，则和孔子、《周易》的思维方式相似，只是对"天"的理解有别。

不管怎样，强调"义果自天出"，旨在通过"道义源于天志"的论证，肯定天志的权威，以强化人道原则的权威。

不教以书。

——《贵义》

【鉴赏】

墨家之教育，颇重视书本知识。故墨子游学时载书甚多，其教人，亦常引圣人之言、先王之书，撰文著述时有《诗》云《书》曰之语。但墨子教育绝不局限于书本，而注重经验积累和行为践履。提出"不教以书"一说，就是墨子更重视实践教育的明证。

《贵义》篇记有墨子南游使卫时和弦唐子的一段对话。因见墨子车中"载书甚多"，弦唐子很好奇，墨子于是回答说自己要效法昔者周公旦上"读书百篇"的精神，所以重视书本知识，但他同时又指出书本知识并非万能，只是因为"民听不均",人们的意见无法统一,而载之于书以存其见。墨子强调对事理精微洞察,又深知其切要之处,可以不用书本,同样能达到教育的效果。

总之,在"不教以书"的论题下,墨子尖锐地提出了读书时应勤于思考、重于行动的问题,涉及了教育上的学与行的关系,强调了教育、学习的效果应体现于人的行为践履,这是值得引起人们注意的。

士虽有学而行为本。

——《修身》

【鉴赏】

学问之事当以何为本?儒家和墨家都有自己的明确回答。《大学》在概括儒家君子之道的三纲领八条目时,提出"壹皆以修身为本"的观念。墨子则列《修身》一文,说:"君子战虽有陈(阵),而勇为本焉;丧虽有礼,而哀为本焉;士虽有学,而行为本焉。是故置本不安者,无务丰末。近者不亲,无务来远。亲戚不附,无务外交。事无终始,无务多业。"其中,确立了"士虽有学,而行为本"(士人虽然有学问,但以德行为根本)的命题,再联系他多次强调的"言不信者行不果"思想,可见墨子已明确肯定了学问之事当以"行"为本。

需要指出,墨子讲"士虽有学而行为本"之"行",更多的是指先王治理天下时秉承的修身德行。他说:"是故先王之治天下也,必察迩来远。君子察迩而迩修者也。"(《修身》)认为先王治政,首在明察左右而招徕远人,能明察左右,则左右之人亦能戒慎修身了。如果不能注意自身修养而遭人诋毁,那就应当认真反省,如此,才能"怨省(少)而行修矣"。这可以看作是墨子对君子学行修身之道的基本规定。

墨子还提出君子之道有四,即"贫则见廉,富则见义,生则见爱,死则见哀"。此四行者,"不可虚假,反之身者也",是无法假装出来的,而皆出于自己的意愿和真实情感。那样，藏之于心的是无限的爱，见之于行为则无比谦恭，言说雅致又“畅之四支，接之肌肤”，至白发终老不肯舍弃，这才叫“君子以身戴行者也”。

或也者，不尽也。

——《小取》

【鉴赏】

辩术，即论辩的方法。逻辑论辩需要讲究方法。合理的论辩方法的应用，是理性机巧的表现，将会大大增强论辩的说服力和魅力。《墨辩》十分重视辩术的探讨和应用，并总结、提炼出七种论辩方法，可称“辩术七法”。《小取》篇中这样讲：

“或也者，不尽也。假者，今不然也。效者，为之法也。所效者，所以为之法也。故中效，则是也。不中效，则非也。此效也。辟也者，举它物而以明之也。侔也者，比辞而俱行也。援也者曰：子然，我奚独不可以然也？推也者，以其所不取之同于其所取者，予之也。是犹谓它者同也，吾岂谓它者异也。”

这提出了逻辑论辩中的或、假、效、辟、侔、援、推七种方法。“或”作为论辩方法，涉及逻辑的或然判断。

“或”，即“或然”之意。《小取》篇用“不尽”解释“或”。《经上》篇说：“尽，莫不然也。”“莫不然”，就是肯定了“然”。故“不尽”即有“不然”的意思。则“或”表示论辩中只掌握到部分情况，尚知有不尽，心中有疑惑，不能作肯定的判断。

正是在这个意义上，“或”代表了逻辑上的或然判断，亦称选言判断。在推理上，就是选言推理。选言推理是由选言判断组成的，而推理的结论则是或然的、不确定的。如讲“马或白”，因为“白”只是马的一种可能的颜色，不能包括马的全部颜色，则判断马的颜色时就不能作肯定，只能作“马或白”的

或然判断。

假者，今不然也。

——《小取》

【鉴赏】

"假"，即假设。《墨辩》把假设作为七种论辩方法之一，是从假言判断、假言推理的角度来看待假设的。

《小取》篇提出"假者，今不然也"。"不然"，是不确定的意思。对一个事物无法肯定，当然不能作肯定判断。《经下》篇说："假必悖，说在不然。""悖"，即"非"。假设之事，必非事实，则假然之"然"，本来就是"不然"（不确定）。故曰："说在不然。"这是《墨辩》引用假言判断反驳论敌立论的虚假性。

"今不然"，还有一个意思，是指尚未成为现实。尚未成为现实，就不能判断它为现实，这和"今已然也"的实然判断是有区别的。其实，早在墨子那里，就已有假言判断方法的应用。如《兼爱上》篇就有"若使天下兼相爱，爱人若爱其身，犹有不孝者乎"的说法。又讲"若使天下兼相爱，国与国不相攻，……若此，则天下治"，就采用了"若……则……"作为假言判断的基本形式。从中也可看出，墨子并不孤立地讲假言判断，而往往把假言判断作为一个推理的前提来运用。

假言判断的提出，反映了墨家论辩逻辑一定程度上的成熟。因为，假言判断是断定某一事物情况的存在是另一事物情况存在的条件的判断，它反映了事物之间种种情况、条件的联系，实际上是一种复合判断。这涉及对事物联系条件的必要性、充分性的认识和把握，标志着逻辑思维的深化。

政者，口言之，身必行之。

【鉴赏】

"政"，即治政、为政。治政、为政，首先要"正"，须合乎公正，归于正道。故曰："政者，正也。"为此，治政者不仅口说能言，更需要身体力行，贯彻于自身的实际行动中。口身一致，言行相符，立身于正，是以正道治政的基本保证和必要条件。墨家的这些观念、主张，提出了贤明政治的基本原则，论及了君主为政所必需的道德伦理规范，这对于墨家的尚贤使能学说是一种补充和发展。

为政者须口身一致，言行相符，以正治国，这是中国许多古代思想家都认同和提倡的。孔子有"其身正，不令而行；其身不正，虽令不从"（《论语·子路》）的名言，认为治政者必须身先士卒，树立表率，才能使自己的行政命令得到贯彻执行。孟子把"身正"转称为"修其身"，说"君子之守，修其身而天下平"（《孟子·尽心下》），主张为政者应修养自身，使行为归于正。荀子则提出"以善先人者谓之教"（《荀子·修身》），此"先人"，是指率先示范于人。后来，《礼记》在解释"政者，正也"时，又确立起"君子正，则百姓从政矣"的观点，认为百姓能服从政治治理，关键在为政者自身的行为端正。这就是儒家讲的"正人先正己""正己以安人"的治政原则。

比较而言，墨者论"政"基本思想是和儒家相通的，只是墨家主张为政者的言行相符，似乎更注重"身必行之"，强调自身行为的重要性。

言不信者行不果。

【鉴赏】

出言讲信用，行动才能有结果。言而无信的人，所行不会有好结果。或者换句话说，言谈是否有信用，要通过行为的结果加以检验。墨家在这里表达了言行要一致的思想。

在生活中，随时都会碰到言行关系的处理问题。如何处理言行关系，往往直接牵涉到人的德行和思想境界。孔子讲过："君子名之必可言也，言之必可行也。"强调"言必信，行必果"（《论语·子路》）。墨子与孔子互为呼应，提出"言不信者行不果"，主张"言而有信，行而必果"，突出了道德上的诚信原则。诚信，是包括墨子在内的许多古代先哲极为推崇的一种人格属性和品德规范。所谓诚者，朱熹说"真实无妄之谓"。真实无妄，是既不自欺，也不欺人。不自欺，系出于一种内心的真诚。意诚心正，才能真心实意地为善去恶，修养自身。不欺人，是指与他人相交，当对人开诚布公，无所欺骗。有诚，才能注重自身的德行信誉，赢得他人的理解和信任，这就叫有信。所以，诚与信密不可分，诚信结合构成了一切道德行为的基础，也是一个人为学立业的前提。诚信的对立面是虚假和欺骗，虚假和欺骗必将导致恶行和陋习，成为无信、失信之人，这样就不可能得到他人的支持，发展下去会被他人和社会所抛弃。

清代学者颜元讲得好："世宁无德，不可有假德。无德犹可望人之有德，有假德则世不复有德矣。"尖锐地批判了虚假和欺骗，揭露了道德虚伪所产生的恶劣社会效应，颂扬了人的道德真诚和人际信任。"言信行果"不仅是一项道德原则，也是政治行为的规范，在中国历史上有广泛影响。

买无贵，说在买（反）其贾。……贾宜则雠（售），说在尽。

——《经下》

【鉴赏】

据考证，《经下》篇用的"买"，当为"反"字，异文，"雠"当作"售"。此句是说物品价格无所谓贵贱，在交易中有物贵而价贱，也有相反价贵而物贱的。价格适宜，货物即可出售，交易就能成功。这揭示了商品价格和币值之间的消长关系。涉及对商品交换和货币流通过程中规律性问题的探讨。这是墨家"平民经济学"中极富价值的内容。墨家已认识到，商品交换的价格贵贱，不是绝对的、不变的，而是相对的、可变的。因为商品价格往往受商品供求关系和货币币值的影响制约。商品价格本身无所谓贵贱。

《经说下》篇用"刀籴相为价"做进一步解释。"刀"，即当时社会流通的刀形货币。因其为王者所铸，民间不得私造，故又称"王刀"。"籴"，在市场上购买物品，如籴谷。刀币和米谷价格是互为消长的，互相间可作比价参照，"刀轻则籴不贵，刀重则籴不易"。米谷之价是随刀币币值的变化而变化的。如人们看轻币值，则米谷价格虽高亦不算贵；如人们看重币值，则价虽低亦贵也。另外，即使"王刀无变"，国家规定的钱币价值不变，但因受商品供求关系的影响，价值仍然要变，故曰："籴有变。岁变籴，则岁变刀。"

商品交换有个基本原则，《经下》篇称此"贾（价）宜则售"。价格合适，买卖双方都能接受，商品交易就获得成功。所以，确定合适的价格，是商品交易的关键。但价之宜不宜，不仅在卖者之定价，还要看买者需要不需要。买者急需，虽价贵也以为宜；买者不急需，价虽贱，亦以为不宜。按《经说下》篇的解释，这叫"价也宜不宜，在欲不欲"，明确揭示了商品供需关系对价格的影响。

爱民谨忠，利民谨厚。

——《节用中》

【鉴赏】

爱利所加，对象是"民"。对这一点，墨家讲得很肯定，很明确，比起儒家之偏重于伦理德行讲"爱民""重民""惠民"，似有更多的实在内容。强调爱民必须"谨忠"、利民必须"谨厚"，是其中一个重要方面，它反映了墨家功利主义是以利天下、利民人为价值导向的。

墨子讲：古时的圣王明君之所以能一统天下，匡正诸侯，是因为他们爱护百姓尽心尽力，努力让民众获得丰厚的利益，忠信兼顾，又向百姓明示求利的途径和方法，而且始终不感到厌烦，终生孜孜不倦。这里，墨子把原先属于儒家君子之道的"忠""信"，充实进"爱民""利民"的内容，又强调对民众的爱护要真实、尽心，给百姓的实利要优惠丰厚，这对于孔子儒家在忠信旗号下由"重民""惠民"走向"教民""驭民"的贵族路线，是一种有力的反驳和突破。

墨子又讲："圣王为政，其发令、兴事、使民、用财也，无不加用而为者。"（《节用上》）即是说施政应考虑到对百姓是否有实际效果，有实效的去做，反之便不应该做。

对墨子"爱民谨忠，利民谨厚"的思想，后期墨家多有继承并做了新的概括。《大取》篇说"贵为天子，其利人不厚于匹夫"，天子位尊，匹夫低贱，但利人之心相同，无分厚薄，强调天子身居尊位，对天下民众应有更多的爱利行为。就此而言，墨家的功利主义价值观的确渗透着平民意识。

墨子诠解

于所体之中而权轻重之谓权……于事为之中而权轻重之谓求。

——《大取》

【鉴赏】

对价值观上"义利合一"的论证，墨子还提出一个方法论的论题：确立统一的评价标准，对义利关系的基本内容做出正确的权衡和合理的选择。在《墨辨》的用语中，权衡称为"权"，选择则称"求"。

《贵义》篇说："天下之君子不知仁者，非以其名也，亦以其取也。"意思是判别、衡量天下之君子是否真懂仁义，不看其口头言说，而是以实际行为来做检验，这提出了正确权衡要有客观的标准和前提。到了后期墨家那里，对此又展开为"权"与"求"的关系加以阐述。《大取》篇讲："于所体之中而权轻

《墨子》励志名言

重之谓权。""所体",指自己亲身经历的体验。"权,正也",即把握正确的权衡。意即从自己亲身经历的体验中权衡轻重,这叫"权"。后期墨家主张对亲身经历的"苦"与"乐""利"与"害"等体验加以比较鉴别,正确权衡。又讲:"于事为之中而权轻重之谓求。"主张在人的行事活动中权衡轻重,进行"是"或"非""为义"或"非为义"的判断,由此做出一种合理的选择,才能得到"为是""为义"的实际效果,这个叫作"求"。可见,在"权正"的基础上讲"求",合理的选择就有了趋利避害、求乐去苦的导向,体现出功利主义价值观的基本特征。

以耶利米·边沁(1748—1832)和约翰·穆勒(1806—1873)为代表的西方功利主义思想,有两项基本原则:一是依据"增进普遍福利而产生的效果"来衡量道德动机,肯定了动机与效果的统一;二是提倡所谓"最大多数人的最大幸福"作为选择的依据。这两项原则,在墨家的"权""求"关系之论中都可以找到某种对应的影子。

为义非避毁就誉。

——《耕柱》

【鉴赏】

义利合一的价值观,在对待"利"的问题上还内在地包含着如何正确对待个人名声和别人的赞誉。墨子"贵义"以"兴天下之利"为本,主张实实在在地为天下百姓谋利,就不应在乎别人的赞誉,更不能弄虚作假,避开批评而骗取别人的赞誉。

墨子的同乡巫马子曾向他提问:"你行义,人不会因此而帮助你,鬼神也不会因此而使你富裕,而你仍这样执着去做,莫非真有疯病?"墨子对此并不介意,而以反诘回答巫马子:"如你的两个家臣,一个在你面前才肯卖力做事,另一个则不管你在与不在都做得一样,请问你喜欢其中的哪一个呢?"巫马子则说："我当然喜欢那个见了我能做事，不见我也能做事的人。"墨子接着指出，如此说来，你也是有疯病了。

墨子巧妙地说明，据义行事是出于信念，而不能以是否有人知道为转移。行义须真诚，不管有人在还是无人在都应是一样的。他坚持"自苦而为义"，不在乎被人误为"狂疾"，其志其行十分可嘉。正因如此，墨子对他的学生高石子因卫君不能行义，愤而辞职的举动赞赏不已。认为如辞职是为了坚持道义，那被人视为"狂疾"并没有什么坏处。

因为坚持"为义"的原则，是出于利他人、利天下的考虑，故个人的名声、别人的毁誉就显得不足称道。

孝，利亲也。

——《经上》

【鉴赏】

作为家庭亲情伦理的"孝"道，要不要贯彻功利主义的价值原则，能不能充实进功利观念的内容，墨家和儒家是有不同理解的。后期墨家确立"孝，利亲也"的命题，肯定孝道不仅是指亲情伦理，不能只讲道义，而且也要有功利的考虑，给双亲以利益和实惠。

"孝"是殷周宗法观念的突出体现，曾是周礼的一个核心观念。侯外庐先生就指出：有孝有德是周代道德的纲领。"孝"的观念和殷周宗法社会结构紧密联系，往往成为维护家庭本位的社会稳定的基本环节，故传统中国历来有"孝治天下"的说法。

孔子主张"君子务本，本立而道生"，这个"本"，就是"孝"。他的学生有子说："孝悌也者，其为仁之本与！"（《论语·学而》）以孝悌为仁之根本，符合孔子本人的思想。孔子重"孝"，主要基于两方面的考虑：一方面，在血缘亲情基础上，强调子女对父母长辈的赡养和尊重；另一方面，认为行孝与治政关系极大。孔子在回答别人问他为何不从政时这样说："《书》云：'孝乎惟孝，友乎兄弟，施于有政'，是亦为政，奚其为为政。"（《论语·为政》）是说在父母、子女、兄弟间推行孝悌之道，就是在做政治治理，何必一定去做官参政呢！可见，儒家的"孝"道是立足于血缘亲情，并通过"道德转化为政治"的途径，发展为一种政治伦理。

墨子在提倡"兼相爱、交相利"时，就已经主张要和孝悌之道相适应，认为践行兼爱者"为人父必慈，为人子必孝"。后期墨家则以"孝，利亲"的命题，又把作为亲情伦理和政治伦理的孝道发展成一种功利价值观念。

天子唯能壹同天下之义。

——《尚同上》

【鉴赏】

近代有学者指出：墨家"思想之特点安在？一言以蔽之，则平等是也。"（参见方授楚《墨学源流》）这虽属一家之言，却别具眼力。荀子曾尖锐地批评过墨子。他站在儒家宗法礼制的立场上，用"有见于齐无见于畸"来概括墨学思想要旨。

"畸"，是差等；"齐"，则指无差别之平等。荀子说墨子与百姓"均事业""齐功劳"，当然是指墨子主张民与君、下与上之间的某些权利平等。这倒是歪打正着地揭示了墨家的平均、平等观念。正是在这个基础上，墨子强调：天子之所以平治天下，关键在"唯能壹同天下之义"（统一总合天下人的意见）。

平等观念固然是墨家思想的一个特点，但其尚同说却强调"上之所是，必皆是之"（在上者认为正确的，在下者就一定都认为是对的），似乎是在张扬君主集权观念。这是否和"平等"观念相矛盾呢？梁启超就认为墨子"既主张平等主义，又说'上同下不比'，这是矛盾的地方"（《墨子学案》）。其实，梁氏之见是个误解。因为，墨子在形式上主张"上法于君"，"上同于天子"，但实质上是讲"上法于仁","尚同于天",强调真正的尚同是法于仁而不是君,法于天而不是天子。他认为应在君民伦理人格平等的基础上,建立"君治众民"的集权体制。这和法家强化君主独裁的集权专制当然不是一回事。

> 古者圣王唯而审以尚同,以为正(政)长,是故上下情请为通。

——《尚同中》

【鉴赏】

从社会学、政治学的角度来看,墨子的尚贤、尚同学说还涉及对国家起源、政权组织机构之形成问题的探讨。墨子以其特有的语言和思维方式对此做了阐述说明,在先秦诸子中独树一帜。墨子在说明何以要"立政长"时,曾描述过初民"未有刑政之时"的状况。他以"人性恶"观念立论,揭示了"无政长""未建侯"时期人们处于自然状态,天下混乱,"若禽兽然"。因为那时人人皆"异义",一人一义,十人则十义,互相之间又互相攻击,导致"父子兄弟作怨恶",百姓"皆以水火毒药相亏害"(《尚同上》)。所以,"古者圣王唯而审以尚同,以为正(政)长,是故上下情请为通",认为圣王出于"尚同"的考虑,主审察,选用尚同之人担任官长,从而使上下之间能很好地沟通情况。建立诸侯国,设置政府机构和官吏体制,正是要克服原先的自然禽兽状态,通达上下政情,这就涉及对国家起源、政府形成、官吏作用的认识和理解。

墨子的这种认识和理解,与近代西方哲学史上霍布士的国家观有一定程度的相似。霍布士(1583—1675)是从"人性恶"论出发来解释人类社会由自然状态向国家的过渡。他认为,自然状态下的人出于自我保护的本性,往往为竞争求利、猜忌求安、荣誉求名而发生争斗和侵凌,导致"一切人反对一切人"的战争,人与人之间像狼一样互相吞食。这样,表面上看人虽有其"自然权利",但根本无法保护自己。因此,理性便出来要大家遵守共同生活准则,设一绝对准则,从而建立国家。这里,霍布士是用"理性"一词,在墨子,则为

"尚贤尚同"的理想政治。

> 守者必善而君尊用之，然后可以守。
>
> ——《备城门》

【鉴赏】

如何实施有效的城市守御？这是墨家备御军事理论中一项重要的内容。

组织和实施城市的守御，首先要有出色的守御战组织者和指挥员。墨家提出"守者必善而君尊用之"，是规定了守御战的组织者和指挥员须具备的两项条件：一是"必善"，即必须是德行高尚又具有善守的能力；二是"君尊用之"，得到君主的信任和重用。墨家认为，这两项条件都是不可少的。如守者虽"善"、有能力，但得不到君主的信任和重用，则不能达到守御成功；而有君主的信任却没有实际的组织和指挥能力的，也不能胜任守御重托。

不过，墨家也看到："必善"和"君尊用之"只是就守御战的组织者和指挥员的要求而言。要真正实现守御战的胜利，还需要其他一系列条件。《备城门》篇就专门列举了十四项因素，认为"十四者无一，则虽善者不能守矣"。

具体讲，一是"城厚以高"；二是"壕池深以广"；三是"楼斯修"（修好守望楼堡）；四是"守备善利"（守御器具精良）；五是"薪食足以支三月以上"（粮食柴草足以维持三个月以上）；六是"人众以选"（守城人员经训练和选拔）；七是"吏民和"；八是"大臣有功劳于上者多"；九是"主信以义，万民乐之无穷"；十是"父母坟墓在焉"，使守民为保卫祖坟而战；十一是"山林草泽之饶足利"；十二是"地形之难攻易守"；十三是"有深怨于敌而大功于上"，对敌有深仇大恨，人人急于建功；十四是"赏明可信而罚严可畏"。强调"此十四者具，则民亦不疑上矣，然后城可守"。

吾以为不若畜士之安也。

——《贵义》

【鉴赏】

在列国纷争的情况下，如何保卫国家或城邑尤其是弱国小国的安全，是墨家十分关注的一个问题。

法家以"耕战为本"，把国家安危首系于强农固本上。儒家倡导仁义治国的王道政治，实际上提出了"以礼义安国"的思想。而墨家则以为"不若畜士之安也"（"畜"通"蓄"），主张从蓄士、养士着手，来维护本国的安全和发展。

当然，墨家所讲"畜士"之"士"，首先是指贤士和能人。墨家强调招纳的天下贤能之士，就包括文士和武士。从这意义上讲，墨家以蓄士安国，其旨在集聚人才，整顿军队。

为谋求蓄士之安，墨家曾不遗余力进行游说宣传。《耕柱》篇记载墨子派其弟子高石子至卫国游说。后来，他又亲自"南游使卫"，直接劝教卫国卿大夫公良桓子接受其"畜士之安"的道理。

当时卫国的上层贵族缺乏国备观念和忧患意识，热衷于侈靡享乐。针对这种情形，墨子指出："卫，小国也。处于齐、鲁之间，犹贫家之处于富家之间也，贫家而学富家之衣食多用，则速亡必矣。"他警示卫国要懂得居安思危，又建议卫国"取饰车、食马之费，与绣衣之财以畜士，必千人有余"。主张遏制奢靡浪费，用节约下来的钱财招纳人才，足以训练千人以上的军队。那样，即使面临强敌入侵的危难，前后都有众多军士保卫，比较以数百美女"处前后"来，当然要安全得多。

赏明可信而罚严足畏。

——《备城门》

【鉴赏】

赏贤罚恶，扬善惩恶，而且使赏罚得当，是墨家政治论、伦理学上的一贯原则。同时，墨家也极为重视其在备御军事活动中的贯彻和应用，把它作为保证守御战胜利的基本条件之一。

"赏"，《经上》篇解作"上报下之功也"。而"功"，以利民利天下为原则。故"赏"是指在上者对为民兴利、建立功勋者给予奖励报答。"罚"，《经上》篇作"上报下之罪也"，而"罪，犯禁也"。违反禁令法度，侵害了民众的利益，在上者必须报之以惩罚。

在守御战中实施赏罚制度，墨家突出了一个"严"字，使"赏明可信"，"罚严足畏"。因为守御战的胜败是事关国家兴亡和全城军民生死的大事，极需严格的组织纪律，尤其需以严格的赏罚奖惩加以保证。否则不足以鼓励有功者，也难以遏制违纪者。所以，墨子又说："命必足畏，赏必足利。令必行，令出辄人随，省其可行、不行。"（《号令》）使赏罚严厉而鲜明，让命令得到无条件地执行。命令一经发出，立即派人跟随，以审察命令是否得到真正的落实。

赏罚还必须出于公心，体现公正原则，避免营私徇情。《号令》篇讲："诸行赏罚及有治者必出于公。"

墨家很重视"赏明可信"，对"三出却敌"（三次率兵出城击退攻城之敌）的有功之人，要由"郡守"亲自命令召前赐食，赠百户邑和财物，在营署前竖起绣上有功者姓的大旗，给予厚奖。而惩罚也十分具体严厉，对那些"誉敌内毁者"，"誉敌少以为多"，长敌人威风，灭自家志气者，及"不从令者"，皆处斩，施以严厉的惩罚。

凡守围城之法。

——《备城门》

【鉴赏】

墨子和他的学生禽滑厘在参与战争实践、总结城防经验的基础上，曾概括了攻城的十二种战法，并相应地探讨了破除这些战法、实施成功守御的措施和办法。这些措施和办法，可统称为"守围城之法"，是墨家备御军事理论中的重要内容。

《备城门》篇概括"今之世常所以攻者"有十二种：一为"临"，筑土山居高临下以攻城；二为"钩"，以钩索搭墙爬上攻城；三为"冲"，以冲车攻城；四为"梯"，置云梯登城攻击；五为"堙"，填塞护城河攻城；六为"水"，放水淹城；七为"穴"，挖坑道入城；八为"突"，偷袭和突击；九为"空"，在城墙上挖洞；十为"蚁附"，组成密集队伍轮番爬城攻击；十一为"轒辒"，采用生牛皮蒙护的攻城战具；十二为"轩车"，使用登高攻城的楼车。

针对这十二种战法，原本《墨子》曾收有讨论如何应对的文章十二篇，但至今仅存《备高临》等六篇。另有《备钩》《备冲》《备堙》《备空洞》《备轒辒》和《备轩车》六篇亡佚。从现存六篇看，墨家论"守围城之法"已相当广泛、具体，涉及城防建筑、兵力配置、战术策略、守城器具、机械技术的应用等多方面内容，反映出墨家主张最大限度地杀伤敌人、保存自己的守御原则和积极防御的军事思想。这和《孙子兵法》注重积极进攻、主动作战的战略战术思想相辅相成，构成了中国古代军事理论宝库中的经典。

厚人不外己，爱无厚薄。

——《大取》

【鉴赏】

爱他人也包括爱自己，故兼爱不应厚此薄彼。提出"爱无厚薄"一说，是后期墨家对墨子兼爱观念的一种引申。语出《大取》篇，旨在强调爱人和爱己的统一。

"爱无厚薄"之"薄"，吴毓江著《墨子校注》读作"博"，似不妥。孙诒让撰《墨子间诂》将"薄"视同于厚葬、薄葬之"薄"，可能更符合墨家用词的原意。《大取》篇曾说到"为长厚不为幼薄"，以为亲虽有远近、长幼之分，情有厚薄之别，但"亲至薄不至"，对至亲（近亲）可以有厚爱，却不能对疏亲（远亲）施薄。故兼爱所加，不能因为人之亲疏远近而有厚此薄彼的偏向。《大取》篇还讲到："爱人不外己，己在所爱之中。己在所爱，爱加以己。伦列（即'平等'）之爱己，爱人也。"主张破除人我对立之谬见，而相融于人类之中。己亦人也，故爱人并不排斥爱自己。平等地爱自己，更不能离开爱他人。从这样的意义上看，"爱无厚薄"就是要人在人际关系的彼我、群己之间取消一切亲疏、长幼、贵贱等级的差别，不搞厚长薄幼或厚此薄彼那一套"体爱"和"别爱"，而是全面地实施平等之爱。墨家真是看到了人与人虽有亲疏远近之分，但人同此心，人同此情，都是对应平等的，故主张"爱无厚薄"，必须普遍施爱。

平等之爱，作为人类的政治理想和道德理想，也是博爱及人道精神的表现形态。墨家以为通过"爱无厚薄"的提倡，可以实现人类平等和兼爱。但这在"人以群分"的古代，实难以推行。当然，"爱无厚薄"的博爱理想，毕竟可以为现代人的价值追求注入平等观念和道德理想的因素，足以为人们所珍视。

　　使天下兼相爱，爱人若爱其身。

——《兼爱上》

【鉴赏】

使天下人互相爱善，就要爱他人如爱自己。在如何处置人与己关系的问题上，墨家提出"爱人若爱其身"的原则，强调"兼爱"要有"爱人如己"的意识和心态，表达了"为彼犹为己"的价值理想。

"爱人如己"，首先出于对所爱对象（天下人）的尊重和价值肯定，这是墨家人道精神的体现。《经说上》还说真正的"爱人如己"不能因"用民"而去"爱民"。为役使百姓而爱百姓，其爱是私利的；不为用民而爱民，源于真诚的动机，才是利公之爱。如若为用民去爱民，那就是把民众当牛马一样了。

其次，"爱人如己"还要有人同此心、心同此情的心理和情感体验，设身处地考虑问题，确立人与人之间的对等关系，此即墨子所说"视人之身若视其身，视人之家若视其家"。

在墨子看来，"爱人如己"的意识和心态，实源于"为彼犹为己"的信念。"为彼犹为己"，基础和前提在"为彼"。把"为彼"放在首位，保证了"兼爱"出于公心，为己和为彼就有了内在统一，"兼爱"观念才能落到人际关系处理的实处。

墨子真诚地相信："爱人者，人必从而爱之；利人者，人必从而利之。"爱利他人者，必得到被爱、有利的回报。这实际上把《诗经》描述的"投我以桃，报之以李"的敦厚民德，引申为普遍的人道精神。

国家务夺侵凌，即语之兼爱、非攻。

——《鲁问》

【鉴赏】

这是墨子"必择务而从事"的一个要目，也是墨子思想的中心观念，体现了墨家的基本政治主张和思想纲领。

"非攻"之说，旨在批判和否定当时国与国相侵凌、人与人相残杀的现象；倡导"兼爱"则是对理想的社会秩序和人际关系的向往与追求，都内在地具有人道精神。因此学术界有称墨子为中国古典人道主义的伟大代表。但"人道主义"作为西方的学术用语，应用于墨家思想主旨的研究，当注意通过比较来揭示各自的特色和价值。

"人文主义"一词，首见于公元前 150 年罗马望族西庇阿（suipos）的提倡，其中心观念是对人自身的认知和价值肯定，和刻于雅典德尔斐神庙正门面的太阳神喻示"认识你自己"是相一致的。太阳神的喻示表达了尊重人的价值，弘扬人的德行、智慧的观念，构成了古希腊传统中的人道精神

欧洲文艺复兴时期的人文主义者在复兴古希腊传统的旗号下，肯定人的主体地位和人格尊严，颂扬人的理性和理想，提倡人的个性解放和自由、平等，探索经验知识和科学真理，发展出近代人道主义思潮。但这种人道主义是在"走出中世纪"的过程中诞生的，其特点是针对"神文"讲"人文"，针对宗教禁欲讲"人性"。它强调人作为一种个体存在，具有物质追求和生活享受的合法权利，在价值观上导向个人主义、功利主义和享乐主义。

比较而言，墨子以兼爱、非攻立论的人道精神，发生于中国特定的社会环境和文化背景中，其基本观念虽有功利主义色彩，但并不主张个人主义，而是倾向于群体主义的。

> 兼相爱、交相利，此圣王之法，天下之治道也。
>
> ——《兼爱中》

【鉴赏】

把"兼相爱、交相利"原则，提高到"圣王之法""天下之治道"的高度来看待，是墨子对兼爱学说的价值定位，也是墨家人道精神的具体体现。

我们知道，孔子贵仁，讲"仁者爱人"。墨子贵兼，侧重兼爱。两人都慎言天道而热衷于人道，又皆以"爱人"为人道之宗旨。这是墨学与儒学的相通之处。

《礼记·大传》讲到："圣人南面而听天下，所且先者五，民不与焉。一曰治亲，二曰报功，三曰举贤，四曰使能，五曰存爱。"而墨子就采纳了其中的

"举贤""使能""存爱"三项。可见，墨子的兼爱和儒家的人道（即圣王仁义之道）有一定的渊源关系。

不过，当墨子基于人道原则引申出兼爱学说时，反过来又对儒家人道观念做了新的解释和发挥，表达了墨儒两家人道精神的差异。首先，墨子立足于"非儒"，排拒儒家的宗法礼乐观念，他在亲疏不别、贵贱无分的意义上讲兼爱，克服了儒家"仁者爱人"的血亲局限。其次，针对儒家的"天道仁爱"观念，宣称"翟以地为仁"，认为地不仅殖养万物，且为"民衣焉、食焉、死焉"的根本，主张效法地德广博，充实了"兼爱"的丰厚内涵，这又是儒家"人道"所不及的。另外，墨子又联系"交相利"讲"兼相爱"，强调两者兼有才是"圣王之法""天下之治道"，其兼爱主义的道义论和功利论是可以相容的。

可见，墨家之人道精神不仅与西方近代人道主义有别，且对儒家人道学说作了修正和发挥，尤值得我们重视。

挈与收板（反），说在薄。

——《经下》

【鉴赏】

"挈"，指提升重物。"收"，即收取（放下）重物。二者方向正好相反。薄，疑为"权"之误，表示在提升和收取（放下）重物时所施加的力。"挈与收板（反），说在薄"，是后期墨家对利用滑轮和轮轴提升、收取重物时的力学现象的一种分析和概括。

滑轮和轮轴机械的应用，在墨子生活的时代已颇为常见。《墨子》一书有多次记载滑轮和轮轴应用的实例。后期墨家则进一步考察了滑轮和轮轴的工作原理：首先是"绳制挈之"，即用绳索绕过滑轮或轮轴以作提取重物时的牵引。其次是"挈"（提升）时"长重者下，短轻者上"。为提升重物，必须使权比物重，即在滑轮的牵引绳一端用力拉动，使绳索向下拉长，则重物渐升。第三，

"绳直，权重相若，则正矣"，使牵引力和物重相等，双方取得平衡，则重物呈悬置状态。第四，"收，上者愈丧，下者愈得。上者权重尽，则遂挈"《经说下》，当收取重物时，使牵引力重于重物，牵引绳愈往上升，则重物愈往下落。当牵引绳升至顶端，重物放置地面时，就可以开始下一个重物的提升过程。

对滑轮（包括轮轴）的制造和运作，是工匠的专长。而分析滑轮的运作机制和原理，则需要有学者的研究和探索精神。应该承认，后期墨家是有工匠的经历和体验，但更以学者的探究精神提升和概括工匠的经验，从而通过滑轮和轮轴机械的研讨，对古典中国的物理学、力学做出了贡献。诚如李约瑟所说："如果说道家的兴趣偏重于生物学的变化，则墨家的研究主要地被引向物理学和力学。"

倚者不可正，说在梯。

——《经下》

【鉴赏】

"倚"，指倾斜、斜面。"正"，即"正与悬"，指垂直。垂直提取重物，和利用斜面搬运器材所依据的机械原理和工作方法是不同的。后期墨家对此已有认识，并分别做过探讨，此曰"倚者不可正"。

在墨子的时代，人们在利用杠杆原理制造桔槔、滑轮、辘轳等简单机械提取重物的同时，也普遍使用斜面类机械来搬运器材，输送物资。公输盘为楚国制造攻城的云梯就是应用斜面原理的典型。后期墨家则以车梯为例，概括、说明了斜面机械的结构及其工作原理。

首先，区分了倍、拒、坚、射四类斜面机械。倍，《说文》作"判"，《广雅释诂》作"分"，犹今人所说的"劈"，以人工力量辟出斜面。拒，用物支撑成斜面，使器材沿斜面上行或下滑。坚，借为"牵"，如"牵马而至"，用牵引力运物行进。射，即射箭，凡张弓发弩，身必偏倚，形成后仰斜面，使易于发力。此即《经说下》篇所称："倍、拒、坚、射，倚焉则不正。"

其次，后期墨家还通过对车梯的结构和功用的分析，说明斜面原理及其应用。车梯有四轮，是兼有车和梯双重作用的器械，后面两轮高，前面两轮低，上铺木板以构成斜面。其搬物时，"载弦其前，载弦其轴，而悬重于其前"（《经说下》）。这样，借助木板的斜面和轮子的运转，悬于前的重物就容易沿斜面向上移，比起垂直提物和水平搬动重物来，更为省力。

备者，国之重也。

——《七患》

【鉴赏】

"备"，在墨家用语中主要指储备、准备。墨家认为充分的储备和准备，是保证社会稳定和长治久安的前提，也是防止外来侵略，成功实施"备御军事"的基本条件，尤应引起高度重视，故称"备"为国家的重点任务。

备有食、兵、城三项。食备，即粮食的储备和准备。墨家用"民之所仰""君之所养"来表达粮食储备的极端重要。食备的一个重要任务，是应付灾荒或歉收。《七患》篇说：《夏书》记载禹时有七年发大水；《殷书》记载商汤时五年大旱，其凶岁和饥荒是很严重的，但民众很少有冻饿而死的，原因就在于有充足的粮食储备，"故仓无备粟，不可以待凶饥"。

兵备，指兵力和战具的准备。墨家是提倡非攻的，反对以强凌弱的攻战，但也主张诛伐，以有道伐无道，防备和制止不义战争，这就要有兵备和战备。故曰："库无备兵，虽有义不能征无义。"

城备，是指城防守备，包括修固城墙，准备城防器具，提高防敌攻城的警觉。墨子十分重视食备、兵备和城备，他总结历史的教训，说："桀无待汤之备，故放；纣无待武之备，故杀"，认为桀、纣"贵为天子，富有天下，然而皆灭亡于百里之君者，何也？"原因就在"有富贵而不为备"，终导致杀身亡国。据此强调："食者，国之宝也；兵者，国之爪也；城者，所以自守也。此三者，国之具也。"

心无备虑，不可以应卒（猝）。

——《七患》

【鉴赏】

备御军事理论的要害是在"有备"。但为攻占他乡别国而发动的战争，往往具有突然偷袭的性质，因而守备战的成功实施，也要事先详做准备，尤其是思想上、心理上的准备。所以，墨家讲"心无备虑，不可以应卒（猝）"（心中如没有充分准备和周全考虑，是不可以仓促应对变故的），就提出要以高度的警惕和思想准备，来应付突然发生的战争。

历代战争提供了这方面太多的事例和教训。墨家在其言谈、著述中常加以引证、分析，以警示时人。春秋时期的庆忌武艺高强，一般人无法近身。要离刺杀庆忌，事先就自残其身，赢得庆忌的信任，逐步解除了庆忌的警惕性和戒备心，终于成功地刺杀了庆忌。这是"心无备虑"，最终无法自守的一个典型。

因贪图富贵，耽于酒色享受而"心无备虑"，终致国破身亡者，夏桀和商纣又是两个典型。墨家从中总结和提炼出"国备"观念，强调为国家计，为人民虑，必须对突发的战争有所警惕，预做准备。墨子在《七患》篇中列举国家面临的七种祸患，实际上就是"心无备虑"的具体表现。

国子鼎（战国）

从思想上、心理上做好守御准备，包括一系列政治的、经济的、社会管理方面的政策措施，如兼爱以抚民，尚贤使能以服人心，固本节用而使国强民富，节葬节俭以杜绝无用之费，修城廓备战具以加固守御设施，而不仅仅是军力、军械、军备等纯军事的准备。

大故，有之必然，无之必不然。

——《经说上》

【鉴赏】

《墨辩》还对"故"范畴做过一个定义式的概括。《经上》篇首条就说："故，所得而后成也。"此条所讲的"故"，是在"得"与"成"的关系中得到阐发的，其"故"即指因果之"因"。凡事有其因则必有其果，无其因则无其果，是得因而后能成果。这样的"故"，就涉及逻辑学上因果律的内容。

深入探究，凡事之成果，其原因、根据往往有多种情况。有仅一因即可成一果的，可称之为单因。如自然现象上的昼夜替变、四时推移，皆因地球自转的同时又绕太阳公转而成。

也有复杂者，即须汇聚多因方成一果，称兼因。兼因中的某一原因又称体因，体因则相对于兼因而言。对这种因果律中的多种情况，《墨辩》也做了具体考察，并提出了"小故"与"大故"的分类区别。

《经说上》篇指出："小故，有之不必然，无之必不然，体也。"所谓"小故"，作为原因是指必要条件，但不一定是充分的。"小故"只指成事之"兼因"中的某一个或某几个"因"。有"小故"不必一定成果，但无"小故"则必不能成果。

而"大故"，《经说上》篇说："有之必然，无之必不然。若见之成见也。"是指有此因必然有其果，无此因则不能成其果。例如，"见之成见"的条件具备（眼在光线下接触外物），就一定能见物。"大故"就提供了充分必要条件，表达了逻辑上的充足理由律。

三物必具，然后（辞）足以生。

——《大取》

【鉴赏】

墨子提出的类、故、理概念，后来被称为"三物"。《墨辩》说："三物必具，然后（辞）足以生。"意思是：综合应用求故、明理、比类三项逻辑，言辞才有充分的根据。对类、故、理三者做了新的概括，并肯定了此三者是逻辑立辞的根据和前提。清代学者孙诒让在《墨子间诂》中断定：墨子之"三物，即指故、理、类而言之，谓辞之所由生也"。从这个意义上讲，可以把墨子的逻辑思想归结为"三物逻辑"。

墨子的"三物逻辑"，是在邓析思想的基础上，对春秋以来的说辩、名学思想作了概括和发展而形成的，它通过类、故、理三范畴的确立及相互关系的阐述，奠定了中国古代形式逻辑的理论基础和基本框架。这在中国古代逻辑思想史上是个划时代的建树。

黑格尔曾依据判断形态的发展，划分了逻辑史的四个顺序阶段：一是关于质的判断和推理，即只作肯定或否定的最简单判断；二是反省的判断和推理，开始论及判断之前提的若干关系；三是必然的判断和推理，即依据事物的原因和根据做判断、推理；四是概念的判断和推理。黑格尔的这种划分，后来为恩格斯所认可。

如果以此为参照，则可以认定墨子的"三物逻辑"已超越了判断形态发展的第一、第二阶段，而达到了第三阶段的水平，走到了"必然的判断和推理"的程度。墨子在明确的"察类"和合理的"明故"基础上讲判断、推理，其科学性、逻辑性都大大加强了。

子未察吾言之类，未明其故者也。

——《非攻下》

【鉴赏】

墨子在驳斥论敌，申述自己观点的时候，多次尖锐地批评论敌"未察吾言之类"，揭露论敌"未明其故"，根本没有搞清自己说话的原因和根据，以此否定论敌的论辩力和逻辑说服力。这表明了墨子的逻辑论辩是以"类"概念的界定作为前提条件和理论基础的。

从辞源学上讲，"类"一词本义指种类。通常也称集合，即具有相同或相似属性的事物的汇聚。《易·乾》说："本乎天者亲上，本乎地者亲下，则各从其类也。"如自然界中的虎、豹、牛、羊、鱼、鸟等，因其属性相似而存在种属关系，汇聚在一起组成动物类。

春秋时期已提出了"非我族类，其心必异"（《左传》），"象物天地，比类百则"（《国语》）等说法，表明人们对周围的人与事物都有分类考察，以做比较和推理。孔子主张"有教无类"，也注意到事物"以类聚""以群分"的普遍性。

自邓析开始，"类"一词被作为逻辑概念加以考察。他提出"初之于其类"，把"类"应用作逻辑推论的依据。《邓析子·无厚》说："谈者别殊类使不相害，序异端使不相乱，谕志通意，非务相乖。"认为只要抓住事物的类同类异，就可理出事物区分的秩序，不使相乱。由此，"别殊类"就成了逻辑推论的关键。

但邓析只从"两可""两难"的矛盾论角度对"类"概念的逻辑意义作了初步分析。到了墨子那里，提倡"知类""察类"，"类"才作为逻辑判断和逻辑推理的基础概念。

义不杀少而杀众，不可谓知类。

——《公输》

【鉴赏】

"知类"，就是要确切地理解和把握"类"概念的内涵和属性。从逻辑上讲，"知类"有两个基本的方面：一是"明类同"，弄清言辞概念是否属同一种类关系；二是"别殊类"，善于鉴别和区分不同"类"的概念间的差别。通过"明类同""别殊类"的考辨，有助于"类"概念的清楚和明确，从而为逻辑判断和类比推理奠定可靠的基础。

墨子十分重视"知类"，常以"不知类"驳斥论敌，作为辩论的基本手段。他在劝楚勿攻宋时，针对公输般以"吾义固不杀人"为自我标榜，揭露了公输般混淆了义与不义的类别界限，犯了"不知类"的逻辑错误。他指出："宋无罪而攻之，不可谓仁。知而不争，不可谓忠。争而不得，不可谓强。义不杀少而杀众，不可谓知类。"直斥公输般不知"义"之类，使他不得不服。

《非攻上》篇又说："杀一人谓之不义，必有一死罪也。……当此天下之君子，皆知而非之，谓之不义。今至大为不义攻国，则弗知非，从而誉之，谓之义。"同样尖锐地批评了"今天下之君子"虽口称仁义，实际上却鼓吹征战攻国，不知攻国杀众为大不义，从逻辑上讲也是犯了"不知类"的错误。

墨子不仅要"知类"，还强调"察类"，侧重于鉴别不同类概念的差异。针对那些好攻战者引"禹征有苗"的例子为自己辩护的行径，墨子着重揭示出"攻"与"诛"为"殊类"，说禹征有苗"非所谓攻也，所谓诛也"，从类概念角度，断定攻击无罪为"攻"，讨伐有罪为"诛"，两类概念决不能混淆。

唱和同患（贯）。

——《经下》

【鉴赏】

《经下》篇说："唱和同患，说在功。"这是后期墨家表述"教学相长"观念的一个命题。据《说文》解释："唱，导也；和，相应也。"从教育过程的角度看，是指"师"者教导人，"学"者当相随，是为唱和。"患"，串的繁文。"串"与"贯"音近而通用，"同患"意为相通共贯。所以，"说在功"，就成绩和功效而言，教与学是相辅相成，不可偏重于哪一方的。

"唱和同患（贯）"的命题，是后期墨家总结诸多教学经验而提出的。《尚书·说命》已有"教学半"的说法，认为教人者也可以从被教育者那里得到教益，教与学可以互相启发，共同提高。孔子多次提倡学生应"当仁不让于师"。《礼记·学记》强调："学然后知不足，教然后知困。知不足，然后能自反也；知困，然后能自强也。故曰：教学相长也。"并从中概括出"教学相长"一语，正和后期墨家"唱和同患（贯）"观念相通。

《经说下》篇对教与学的相辅相成关系还有具体解释，它说："唱而不和，是不学也；智（知）少而不学，（功）必寡。和而不唱，是不教也；智而不教，功适息。"是说有教导而不应和，这不叫"学"；知识不多又不愿学，其功绩必少；学有应和而"教"无导，不能称真正的"教"。虽有知识而不愿教诲他人，那功绩就要大打折扣了。

像这样对"唱和同贯"的分析，已提出了教育的功绩、效果必须依靠教、学双方共同努力的思想。

故染不可不慎也。

——《所染》

【鉴赏】

"染"，指后天环境的习染。习染和人性的关系，是教育过程中经常碰到的问题，涉及教育学上的一个基本理论。

墨家的教育理论，就是以对人性的理解为前提和依据，论述到社会环境对人性修炼、人格培养的影响问题。《所染》篇生动记载了墨子有见于"染丝"

而发表的一通感慨和议论：墨子见染丝而叹曰："染于苍则苍，染于黄则黄。所入者变，其色亦变；五入必（毕）而已，则为五色矣。故染不可不慎也。"

有说《所染》篇系伪托。但诸多史书皆载有墨子叹染丝之事，想必事出有因，至少反映了墨家学派的人性观念及关于环境与教育关系的思想。墨子看到洁白的丝染了青颜料就变成青色，染了黄颜料就变成黄色。染料不同，丝的颜色也随之变化。经五次染色后，丝就有五种颜色了。由此，他认识到"所染"的作用之大，引发了联想与思考。其一，是意识到"非独染丝然也，国（君）亦有染"，"士亦有染"，强调无论是国君还是士，都受环境的影响，所谓"近朱者赤，近墨者黑"；其二是意识到环境"所染"有正反、好坏两个方面，产生了人之后天行为的善与恶。

显然，墨子已承认了人性如素丝，先天本性自然，其善恶之分系后天环境影响的结果。这和孔子所说"性相近，习相远"是相似的。以后，荀子从"生之所以然者之谓之性"的人性观念立论，把后天的环境影响和教育教化作用归结为"化性起伪"，主张重视人为力量，通过教育改变人性气质，培养德行人格。这和墨子思想也是沟通的。

天必欲人之相爱相利，而不欲人之相恶相贼也。

——《法仪》

【鉴赏】

"天志"的社会功能和缘起，前面已有论述。那么，"天志"的内容本质是什么呢？墨子将之归结为"兼爱"，也包括"尚贤使能"。因为他认定天必定想要欲人与人相爱相利，而不欲人与人相恶相害。

墨子说："天之意，不欲大国之攻小国也，大家之乱小家也。强之劫弱，众之暴寡，诈之谋愚，贵之傲贱，此天之所不欲也。不止此而已，欲人之有力相营，有道相教，有财相分也。又欲上之强听治也，下之强从事也。上强听治，则国家治矣。下强从事，则财用足矣。"墨子在这里揭示了"天之意"有三欲：一欲不使大国之攻小国，大家之乱小家，是要求"非攻"以去除天下之害；二欲人与人之间"有力相营，有道相教，有财相分"，以兼相爱、交相利也；三欲在上者勤于治政，在下者强力从事，使国家治而财用足，万民皆安宁无忧，尚贤使能，强力从事，以兴天下之利。这就对"天意"的内容及其本质作了明确概括。

需要指出的是，墨子是把他的政治信念和道德理想上升到"天志"的高度，加以神圣化和权威化，昭示的是一个"天替墨子行道"的救世方案。从这个意义上讲，"天志"内蕴有神文意识和人文精神的互补。

我为天之所欲，天亦为我所欲。

——《天志上》

【鉴赏】

在墨子的设想中，"天"是爱憎清楚、欲恶分明的，这就是："天欲义而恶不义。""天"有意志，当然有喜欢的有厌恶的，其所欲所恶都在要人明义而"顺天之意"。所以，只要能"率天下之百姓以从事于义，则我乃为天之所欲也"。而一旦"我"适应了"天"之所欲，也意味着"天"适应了"我"的欲求。这里，墨子设置了一个"天人同欲"的理想模式，把对"天志"的服从、崇拜与人自身的欲望要求结合起来，折射出春秋以来天命论神学观念中包含的人文意蕴。

我们知道，殷周以来的天命论神学宗教，乃是贵族味十足的社会主流思潮。到了春秋时期，随着社会变革的加剧，围绕着神人关系的新变化，天命论神学宗教呈现出向民间下移和人文化的倾向。据《左传》记载，随国大夫季梁提出："夫民，神之主也，是以圣王先成民而后致力于神。"（《桓公六年》）虢国史嚚说过："吾闻之，国将兴，听于民；将亡，听于神。神聪明正直而壹者也，依人而行。"(《庄公三十二年》)虞国大夫宫之奇讲:"鬼神非人实亲,惟德是依。"(《僖公五年》)这已反映了天命神学的民间化、德行化走向。墨子的"天志"观念则对这种走向作了理论的概括。所以,"天志"在墨子那里虽披上了神学宗教的外衣,但实际上却是他推行思想主张的"工具",度量政事治乱的"规矩"。

诚如法国思想家伏尔泰所说:"上帝如为吾人所须要,则不妨以己意制造之。"墨子正是按自己代表的小生产者的意愿塑造了"天志",充实于兼爱、利天下的人道精神,堪称古典中国人文宗教的典型。

兵者,国之爪也。

——《七患》

【鉴赏】

"兵",兵器之谓。应用于城防战中,就是守备御敌的武器装备。墨子十分重视兵器装备,视它为国家的利爪。为实施积极的城防战斗、保证守御战的胜利,墨家还花大力气研究、制造各种守城兵器,并善于利用工匠的智慧和技艺,创制了许多当时先进的军事器械,开中国古代兵器制造业之先河。

这里列举几项主要的守城器械加以说明。一是"备高临以连弩之车",为对付并击垮那些筑土山登高临下攻城的敌人,墨家设置了"连弩之车"。《备高临》篇曾详细论述了连弩之车的构造、用途和操作要领,它实际上是一种设置于木制车上的特大型连发弓弩。连弩的"机括"用铜做成,附设有瞄准仪。引张弓弦非人力所能为,常借助于轮轴或辘轳。发射的弩箭用绳索拴尾,以便回收继续使用,一次能同时发射60至100支强弩,具有很大的杀伤力。

二是掷车(发射机)的制造。据《备城门》篇的记载,它的机身长六尺,下端埋入土中,上部设置有抛掷物的皮袋或筐笼,应用杠杆原理来投掷、抛射剑、炭火、石块等杀敌器具,在备梯、备水、备蚁附等战斗中尤能发挥作用。

三是"窑灶鼓橐",即把制陶、采矿和冶炼技术,综合运用于守城战斗,制造烟雾熏敌、阻敌。此外,墨家还主张"苟利攻守皆战具",善于发动群众就地取材,大量采用石头、砖瓦、沙砾、灰、薪火甚至沸水等作为守御的工具和手段。

城者,所以自守也。

—— 《七患》

【鉴赏】

墨家盛行的时代,城邑建设有了很大发展。各诸侯国都设有都城、郡城、县城。但《墨子》一书备守诸篇所论及的城守,规模都为"三里之城,七里之廓",或"率万家而城方三里",属郡县级的小城。这类小城的防守,墨家提出"城者,所以自守也",强调其设置或城建本身就应有防卫和守御功能。他们主张建立以城墙为主体,与护城沟、障碍物、城门结构、外围观察与警戒设施相配套的防御工程体系,为古代中国的军事工程学的一个典型。

墨家认为"城厚以广","壕池深以广",是守城御敌的首要物质前提。若"城廓沟池不可守",则是城防战的大忌,所以,建城不可以不宽广其墙,深挖其沟。

城门是进出城市的咽喉要地,须重点设计和构建。《备城门》篇把城门设计为门、闸两层,加有闭门机关,包以铜铁加固。另外,城墙脚下每百步还设一突门(暗门),以利守城军队的突然袭击。

城墙之上还设有楼亭,以居高临下之势观察敌情,或便于用箭射敌。在城墙拐角处,增设守望亭堡,便于观察和联络。

设置有效的通信联系手段,也是城防工程所必需的。墨家提出以烽燧(升烟或举火)、树表(树立标记)、举旗和击鼓等四种视听信号,作为告知敌情、识别战况变化、指挥调动军队的标志和手段,这就发展和丰富了备御军事理论的信息系统。

虽不扣必鸣。

——《公孟》

【鉴赏】

儒家虽有"诲人不倦"的精神,但对于受教育者所取的态度却颇为矜持。孔子就讲:"自行束脩以上,吾未尝无诲焉。"《礼记·曲礼》则曰:"礼闻来学,不闻往教。"以为学问、教育之事,应是学生来"学",非是师者"往教",不宜采取主动施教的态度。对此,墨家并不赞成。

儒生公孟子曾对墨子这样说:"君子共(拱)己以待,问焉则言,不问焉则止,譬若钟然,扣则鸣,不扣则不鸣。"言下之意是说君子教人,问则教,不问则不教。就像大钟,你去敲它才会响,你不敲它就不发声。墨子的回答很明确:王公大人执政治事,当国家面临紧急危难时,好像弩机上弦不得不发,一定要对君王出言劝谏。在这样的情况下,不敲也要响——"若此者,虽不扣必鸣者也"。

同样的道理,教育诲人也不能拱待求问,不可像钟一样"扣则鸣,不扣则不鸣",而要积极主动地施教他人。《非儒下》篇中还对儒者以矜持态度教诲人做了进一步的分析和批评,强调:"夫仁人,事上竭忠,事亲得孝,务善则美,有过则谏,此为人臣之道也。"那些"击之则鸣,弗击不鸣"者,要等到君上询问时才去应答,否则,"虽有君亲之大利"也弗问不言,以致连叛寇将作、盗贼再兴之时,虽在君上面前亦不问不言,墨子尖锐地指责他们也是"大乱之贼也"。

以"不扣必鸣"为例来说明君子应直言劝谏,主动施教,颇为形象生动,寓意亦很深刻。从教育的角度讲,是强调了教育者应以弘道、授业为己任,当然要有积极的、主动的态度。

古者有语曰："君子不镜于水，而镜于人。镜于水，见面之容；镜于人，则知吉与凶。"

——《非攻中》

【鉴赏】

墨子常引古人照镜的事例做比喻，说明人以水为镜，可知面容是否清洁，而以人为借鉴则可知行事的吉凶，能提高行为的自觉性，避免盲目性。故"君子不镜于水，而镜于人"。"镜于人"，既包括善于吸取前人的历史经验，也包括善于吸取他人的教训，又要总结别人的成功经验，是人们明辨祸福凶吉、除害兴利的一个基本条件。这对于个人的发展是如此，对于国家、社会的治理则更是必需。所以，西周立国之初就很强调"殷鉴"，认真对商代统治的正反两方面经验加以总结，借助前人和他人经验教训的提示，来调整自己的治理观念和统治策略。一方面，周人肯定殷商先王的历史功绩，提倡周人要向他们学习；另一方面，着重指出殷商后王（如纣王）因荒淫无道、暴虐专权而导致灭亡的教训，提醒国人引以为戒。

这种"殷鉴"意识，即后来孔子讲的"周因于殷"之意。

看来，墨子是把"殷鉴"作为君子"镜于人"的典型事例加以阐述的，在他的言谈、论著中，凡论及重大的思想观念和政治主张，常引经据典，细致分析尧、舜、禹、汤、文、武、周公为"天下治"的成功经验，亦强烈警示夏桀、商纣的失败教训，有效地增强了他所论观点的理论说服力。

墨子的"镜于人"观念，从一个侧面反映了古人深沉的历史感。那种善于从多方面的经验教训的总结中提高自己，增强自身，正是一个民族的精神走向成熟的重要标志。

观其中国家百姓人民之利。

——《非命上》

【鉴赏】

墨子“立仪”三法中的第三法，提出“于何用之？发以为刑政，观其中国家百姓人民之利”——怎么看这些言论的实际效用呢？就是把它应用到行政法令上，观察其能否给国家和民众带来实际利益。这是主张从实际应用的效果上来判别言辞名称是否与实际相符。

墨子把实际应用规定为对国家、百姓有否实际利益，明确表述了要以社会整体效益为衡量标准的思想，也反映了墨子力图将“合其志功而观”的动机、效果统一论，应用于知识论问题的考察。

从儒墨比较的角度看，墨子“言必立仪”的第三法尤为值得重视。因为，当儒家偏重于动机的纯善，规定人们要以高远的理想和道德的训诫作为行为准则时，墨子却反其道而行，处处要问一个“为什么”，事事追求一个有效果的结局。他以义利合一的观念立论，强调凡有用的、能应用的才是“善”，而“善”者又须合乎国家、百姓之利，这就涉及了判别“实知”“真知”的社会实践标准问题。

《耕柱》篇曾说：“言足以复行者，常之。不足以举行者，勿常。不足以举行而常之，是荡口也。”这里讲的“复行”“举行”，指的都是言辞能在实践中推行，和行为效果相符合。而“常”，当作“尚”，推崇之义。是说言辞能在实践中加以推行的，才值得推崇，不能在实践中加以推行的，就不要推崇，否则言辞就成了虚言妄语了。联系国家治理实践和百姓行为效果来判断知识（认识）的正确性，实际上涉及了认识论上的实践标准。尽管墨家局限于经验论的范畴来理解实践，但毕竟体现了认识论上的一种进步。

发而为政乎国，察万民而观之。

——《非命下》

【鉴赏】

墨子的"立仪"三法，作为其知识论的基础和出发点，主旨是确认了知识来源于经验。而墨子所说的经验，虽包括"古者圣王"之行事，更多的是指"百姓耳目闻见之实知"及民众的行为践履。尤其是墨子还主张将之推行到治国政事，根据万民的体察加以鉴别，更在一定程度上涉及知识对象的实践性品格，同时也内在地包含着对知识素材客观性的承认。

在墨子的时代，"百姓"和"民人"的基本成分是农夫、工匠和商人，他们组成了和上层贵族相对应的民众。墨子"下原察百姓耳目之实"及"非以其名，亦以其取"的知识取材，亦大都和农、工、商的生活体验密切相关。

例如，墨子批判当时的"攻国"行为、论证"非攻"主张时，就以男耕女织作为取辩分析的知识素材。《耕柱》篇说："攻者农夫不得耕，妇人不得织，以守为事。攻人者亦农夫不得耕，妇人不得织，以攻为事。"又如，墨子还选取百工的生活经验作为评判行事是非的标准，《节葬下》篇说："处丧之法将奈何哉？……使百工行此，则必不能修舟车为器皿矣。"据此批评儒家的"厚葬"风气，主张"薄葬""节葬"。再如，《贵义》篇说："士之计利，不若商人之察也"，"士之用身，不若商人之用一布之慎也"，是引商人的生活经验和察"利"能力来评判"士"之行事。这都带有尊重下层民众的生活经验的意味，构成了墨家知识论中最有意义的内容。

爱利不相为内外。

——《经说下》

【鉴赏】

义利关系之辨，在后期墨家那里还表现为爱利关系的论述，其价值观上的

"义利合一"就转化成"爱利合一"。所谓"爱利不相为内外",旨在说明爱与利相通,不能以内外相区分。

"爱利合一"的观念,发端于墨子的"兴天下之利,除天下之害"一说。《非乐上》篇曾讲到:"仁者之事,必务求兴天下之利,除天下之害,将以为法乎天下。利人乎即为,不利人乎即止。"以为仁者之事,要兼爱天下,当以"利人"为本。"利人乎即为,不利人乎即止",是强调了爱人必先利人,兼爱与相利是不可分的。后来,这个观念在《经说下》篇提出的"爱利不相为内外"(爱与利是相关联的,不能以内外加以区别)的命题中,得到进一步的论证和阐述。

"爱利不相为内外"的命题,直接用意是批评当时流行的"仁内义外"之说。"仁内义外"之说见于《孟子》载告子之言曰:"仁,内也,非外也;义,外也,非内也。"另外,《管子·戒篇》有"仁从中出,义从外作"一语,也以内外之分讲仁义关系。后期墨家则不然。《经上》篇就指出:"仁义之为外内也,冈。"冈,古冈字,与"妄"同音,似可互借。《经说上》篇更是直斥仁内义外之说为"狂举",犹如"左目司出,右目司入"那样有违常理。

以此为据,后期墨家进而提出此与彼的区别和联系,用"仁义合一"来论证"爱利合一"。《经说下》篇称:"仁,爱也。义,利也。爱利,此也。所爱所利,彼也。"以为爱与利无分内外此彼。

且焉有善而不可用者!

——《兼爱下》

【鉴赏】

针对别人关于善是否有用的提问,墨子回答时语气很坚决:"哪里有善是不可以有用的!"

提出"善而可用"的命题,是针对"兼爱"说而言。当有人批评墨子倡导兼爱实难以应用，不免流于空想时，墨子提出："用而不可，虽我亦将非之。且焉有善而不可用者！"这是以"有用""功利"的观念来解释"善"。但墨子讲的"用"和"利"非指物质利益，而是指人生行为的有价值、有效应。"善而可用"，就成了墨子"义利合一"价值观的一个形象表述。

关于义利之辨的思考，墨子不同于儒家以"义"为目的。他以"善而可用"进一步强调了以是否有"利"的效果来判别"义举"和善。墨子曾用"何故为室"做比喻，说造房子总得先考虑为什么要造房子，造房子做什么用。他认为造房子是为避免冬寒夏暑之苦，分别男女居处。如果不考虑房子的功用，弄不明白为什么造房子，"是犹曰：何故为室？曰：室以为室也。"由此出发，他论证"非乐"主张，批评儒家不知"何故为乐"，盲目地"乐以为乐也"，那当然是没有实际效用的。所以，墨子用"兴天下之利"来解释"兼爱"，就完全是顺理成章的了。

因此，近代学者胡适曾依据"善而可用"命题，判定墨子的思想为"应用主义"，又叫"实利主义"。但胡适是持实用主义观念，把"善而可用"解释成"有效果的才是善"，而忽略了墨子的"善而可用"首先要辨善恶，然后强调"善"也必然是有用的。

五行毋常胜，说在宜。

——《经下》

【鉴赏】

此句中"毋"即"无"。"宜"，据高亨考释为"多"。后期墨家认为五行之间没有必然的常胜之理，五行之胜以多为胜。这是直接针对战国中期颇为盛行的五行相生相克之论，对殷周以来传统的金、木、水、火、土五行之说作了理性的概括和评述，也是对墨家的宇宙理论和自然哲学的充实和发展。

五行观念的产生，源起于人们对宇宙系统和天地自然的总体观察和信仰。

它首先和"仰观天文"的天象观察相联系，又俯察地理，进而推及社会人事的对应思考，由此形成"天上五星之行"之"五行"，地上五才、五方、五味等，以及包括社会政治、人文伦理意义的五礼、五官、五伦、五德等观念。在战国时期的《管子》、邹衍、《吕氏春秋》那里，五行观念开始和阴阳、四时、八卦观念相渗透相结合，发展出一个以"五"数为对应关系的、几乎包容天地自然、社会人事一切方面的庞大的宇宙图式系统。

正是这种"包容一切"的思维企图，导致了五行观念的神学化。邹衍的五德终始、五行相胜说就是其中的代表。《史记》称邹衍"深观阴阳消息，而作怪迂之变"。汉代的刘歆在《七略》中说："邹子（衍）终始五德，从所不胜。土德后，木德继之，金德次之，火德次之，水德次之。"他将五行次序定位化，存在着固定的相生相胜关系，以此推演王朝更迭的"世运"和历史变易"模式"。

后期墨家则明确否定五行顺次相生相胜的观念，主张五行以多为胜，有利于清除神学色彩，恢复五行观念的宇宙论、自然哲学内容，当然是有积极意义的。

偏去莫加少，说在故。

——《经下》

【鉴赏】

《经上》篇说："损，偏去也"，用"损"来解释"偏去"。"损"，就是整体中缺乏一部分。从兼体关系之辨的角度看，"偏去"又是"兼之体"的意思。若在"兼"（全局，整体）中去掉一部分"体"，那么对于剩下的部分讲，就是"损"了。所以，《经说上》篇又说："其体或去或存，谓其存者损。"总之，"兼"之中的各部分"体"并不是各自独立，互不关联，而是构成一有机的整体。

值得注意的是，后期墨家还用"莫加少"来解释"偏去"（损）。"莫加少"就是没有增加和减少。虽有整体上的"偏去"，即增加和减少，但仍保持质量和数量上的不变。用古典物理学的语言讲，则是涉及了物质不灭的概念。因为"偏去"者，如物分为二，去其一，则所存者为一，两者俱为兼体中之一体，其属性未发生变化，只是场所和范围有所变更，总量上仍无增减。犹如几何学公理讲的：各分量之和等于全量。

《经说下》篇还指出："偏：俱一，无变。"事物虽有"偏去"，部分暂时脱离整体发生场所的移动，但仍保持总量的统一。这是指事物整体的变化，仍然在一个"封闭系统"的环境内发生的，在这个系统环境内，迁移变化虽频繁发生，但并未脱离系统环境本身，这叫"异而俱于之一"，仍保持着系统环境整体的"同"，遵守物质总量的守恒定律。

二、名言检测

（一）政治名言

1. 子墨子曰："义者，善政也。何以知义之为善政也？曰：_____，无义则乱，是以知义之为善政也。"（《墨子·天志中》）

    A. 天下实义则治　　　　　　　　　B. 天下施义则治

    C. 天下有义而治也　　　　　　　　D. 天下有义则治

2. 子墨子曰："今若有能以义名立于天下，以德求诸侯者，_____，可立而待也。"（《墨子·非攻下》）

    A. 天下之君子也　　　　　　　　　B. 天下之仁者

    C. 天下之服　　　　　　　　　　　D. 天下圣者

3. 子墨子曰："故为不善以得祸者，_____是也。爱人利人以得福者，_____是也。爱人利人以得福者有矣，恶人贼人以得祸者亦有矣！"（《墨子

·法仪》）

    A. 桀纣幽厉，禹汤文武   B. 禹汤文武，桀纣幽厉

    C. 桀纣幽厉，楚灵禹汤   D. 楚灵禹汤，桀纣幽厉

    4. 子墨子言曰："诸侯不相爱，则必_____；家主不相爱，则必_____；人与人不相爱，则必_____；君臣不相爱，则不惠忠；父子不相爱，则不慈孝；兄弟不相爱，则不和调。"（《墨子·兼爱中》）

    A. 野战，相贼，相篡   B. 相篡，野战，相贼

    C. 相贼，相篡，野战   D. 野战，相篡，相贼

    5. 子墨子言曰："_____尚贤者，政之本也"（《墨子·尚贤上》）

    A. 其   B. 夫   C. 故   D. 则

【答案】

1. D 2. C 3. A 4. D 5. B

【释义】

1. 墨子说："义就是善政。怎么知道义就是善政呢？回答是：天下实行仁义就是能得以治理，不行仁义就会陷入混乱，因此得知义就是善政。"

2. 墨子说："如果现在有能够以道义扬名天下、以仁德征服诸侯的圣人，那么天下归附，可以很快实现。"

3. 墨子说："所以，做不好的事情因而得到灾祸的，夏桀、商纣、周幽王、周厉王就是例子。而关爱别人帮助别人因而得福的，夏禹、商汤、周文王、周武王就是例子。关爱别人帮助别人因而得福的人有，而憎恶别人残害别人因而得祸的人也有啊！"

4. 墨子说："诸侯之间不相爱，就必然发生野战；家主之间不相爱，就必然会相互掠夺；人与人不相爱，就必然会相互残杀；君臣不相爱，就必然没有恩惠，没有忠心；父子之间不相爱，就必然没有慈爱，没有孝顺；兄弟之间不

相爱，就必然没有和睦与协调。"

5. 墨子说："崇尚贤士，是政治的根本。"

6. 子墨子曰："国家治则刑法正，_____。"（《墨子·尚贤中》）

A. 官府实则万民富 　　　　　B. 官府富而万民实也

C. 官府实而万民富也 　　　　D. 官府富则万民实

7. 子墨子曰："_____之事，必计国家百姓所以治者而为之，必计国家百姓之所以乱者而辟之。"（《墨子·尚同下》）

A. 仁者 　　　B. 智者 　　　C. 知者 　　　D. 君子

8. 子墨子言曰："天下贫，_____；人民寡，则从事乎众之；众而乱，则从事乎治之。"（《墨子·节葬下》）

A. 其从事乎富之 　　　　　B. 则从事乎富之

C. 然从事而富之 　　　　　D. 然从事而其富也

9. 子墨子言曰："昔者三代之暴王，不缪其耳目之淫，不慎其心志之辟，外之驱骋田猎毕弋，内沉于酒乐，_____。繁为无用，暴逆百姓，使下不亲其上。是故国为虚厉，身在刑僇之中，必不能曰：'我罢不肖，我为刑政不善。'必曰'我命故且亡。'"（《墨子·非命中》）

A. 则不顾国家百姓之贫

B. 而不顾国家百姓之贫也

C. 而不顾其国家百姓之政

D. 则不顾国家百姓之政也

【答案】

6. A　7. C　8. B　9. C

【释义】

6. 墨子说："国家治理得好，刑法则严正；官府府库充实，百姓则富足。"

7. 墨子说："智者行事，一定考虑到国家百姓得以治理的原因然后再做，一定考虑到国家百姓陷入混乱的原因而设法避免。"

8. 墨子说："天下贫穷，就想办法让天下富足；人口稀少，就想办法让人口多起来；人多而秩序混乱，就想办法治理民众。"

9. 墨子说："从前三代的暴君，不纠正他们对于声色享受的过分追求，不谨慎他们内心的邪僻，在外就驱车驰骋打猎捕鸟，在内就沉湎于饮酒作乐，而不顾国家和百姓的政务。频繁地做没有益处的事，残暴地对待百姓，使得在下的人不敬重在上的人。所以国力空虚，民众没有子嗣，自己也陷入刑戮之中，但却肯定不会说：'我疲懒无能，我行使刑法政令做得不好。'肯定说：'我命中本来就注定了要灭亡。'"

10. 子墨子言曰："顺天意者，_____政也；反天意者，_____政也。"（《墨子·天志上》）

A. 义，力　　　　B. 善，恶　　　　C. 力，义　　　　D. 恶，善

11. 子墨子曰："_____，去其无用，足以倍之。"（《墨子·节用上》）

A. 据以国家　　　　　　　B. 其国家也

C. 因其国家　　　　　　　D. 因其国家矣

12. 子墨子曰："若饥则得食，寒则得衣，乱则得治，_____。"（《墨子·尚贤下》）

A. 然安生生　　　　　　　B. 然安生也

C. 此安生也　　　　　　　D. 此安生生

13. 子墨子曰："故其乐逾繁者，其治逾寡。自此观之，_____"（《墨子·三辩》）

A. 非乐以治天下矣　　　　B. 非乐能治天下也

C. 所非乐以治天下　　　　D. 乐非所以治天下也

14. 子墨子曰："夫以奢侈之君御好淫僻之民，_____。"（《墨子·辞过》）

A. 望国无乱不可得也 　　　　　 B. 欲国无乱不可得也

C. 望国无乱无可得矣 　　　　　 D. 欲国无乱无可得矣

15. 子墨子曰："治天下之国，_____治一家；使天下之民，_____使一夫。"（《墨子·尚同下》）

A. 如，如 　　　　　　　　　　 B. 若，如

C. 若，若 　　　　　　　　　　 D. 如，若

【答案】

10. A　11. C　12. D　13. D　14. B　15. C

【释义】

10. 墨子说："顺从天意的政治是以义服人的政治，违反天意的政治是以力服人的政治。"

11. 墨子说："是根据国家的具体情况，去掉那些无益于实用的东西，这就足够使国家的财利增加一倍了。"

12. 墨子说："如果饥饿就得到食物，寒冷就得到衣裳，混乱就得到治理，这样就可以使民众安宁地生活。"

13. 墨子说："所以，音乐越繁复，治国的成绩越少。因此来看，音乐不是用来治理天下的啊！"

14. 墨子说："以这样奢侈的国君，去统治那些爱好奢侈的臣民，想要国家不动乱，是不可能的。"

15. 墨子说："治理天下各国，如同治理一家；支使天下民众，如同支使一人。"

16. 子墨子曰："国君_____国之贤者也，举国人以法国君，夫国何说而不治哉？"（《墨子·尚同中》）

A. 故 　　　　　 B. 固 　　　　　 C. 是其 　　　　　 D. 以为

17. 子墨子曰："_____，其次败而有以成，此之谓用民。"（《墨子·亲士》）

    A. 首莫败   B. 太上无败

    C. 太上莫败   D. 首无败

18. 子墨子曰："是以其财不足以待凶饥，振孤寡，_____。"（《墨子·辞过》）

    A. 故国贫而民难治也   B. 固国贫则民难治矣

    C. 故国贫则民难治矣   D. 固国贫而民难治也

19. 子墨子言曰："上之所以_____下者，一物也；下之所以_____上者，一术也。"（《墨子·尚贤上》）

    A. 事，使   B. 令，奉

    C. 差，献   D. 使，事

20. 子墨子曰："凡其为此物也，无不加用而为者，是故用财不费，民德不劳，_____。"（《墨子·节用上》）

    A. 以兴利多也   B. 其兴利多矣

    C. 然兴利多也   D. 则兴利多也

21. 子墨子曰："_____也，为天下也，其类在于追迷。"（《墨子·大取》）

    A. 君子   B. 仁者   C. 圣人   D. 圣王

【答案】

16. B   17. B   18. A   19. D   20. B   21. C

【释义】

16. 墨子说："国君本是国家的贤士，全国人都效法国君，那怎么能说国家治理不好呢?"

17. 墨子说："最好是不失败，其次则是败了却还有办法成功，这才叫善于用人。"

18. 墨子说："所以，国家的钱财不足以来应付饥荒，救济孤儿寡妇，这样，国家就贫困，百姓就难以治理。"

19. 墨子说："君主所凭借着驱使臣下的，只有尚贤一种方法；臣下用来侍奉君主的，也只有仁义一条途径。"

20. 墨子说："凡是圣人制造的这些东西，无一不是有益于实用才去做的，所以使用财物不浪费，民众能够不劳苦，他兴起的利益太多了。"

21. 墨子说："圣人为天下人做事，做事的目的在使迷惑者觉醒。"

22. 子墨子言曰："其事上尊_____，中事_____，下爱_____。"（《墨子·天志上》）

    A. 圣王，臣子，平民   B. 双亲，兄长，儿女

    C. 天，鬼神，人   D. 天，人，鬼神

23. 子墨子曰："_____富贵者奢侈，孤寡者冻馁，虽欲无乱，不可得也。君实欲天下治而恶其乱，当为食饮，不可不节。"（《墨子·辞过》）

    A. 是以   B. 是故   C. 故以   D. 夫以

24. 子墨子曰："_____天地不昭昭，大水不潦潦，大火不燎燎，王德不尧尧者，乃千人之长也。"（《墨子·亲士》）

    A. 是以   B. 是故   C. 夫以   D. 故以

25. 子墨子言曰："故得士则谋不困，体不劳，名立而功成，美章而恶不生，_____。"（《墨子·尚贤上》）

    A. 是以得士矣   B. 然由得士也

    C. 其则得士矣   D. 则由得士也

26. 子墨子曰："是故江河_____小谷之满己也，故能大。圣人者，事无辞也，物无违也，故能为天下器。"（《墨子·亲士》）

    A. 莫嫌   B. 不弃   C. 不恶   D. 无恶

【答案】

22. C　23. A　24. B　25. D　26. C

【释义】

22. 墨子说："他们做事，上尊敬天，中敬奉鬼神，下关爱百姓。"

23. 墨子说："所以富贵的人极其奢侈，而孤儿寡妇却受饥挨饿，虽然想天下不乱，也不可能。国君若真的希望天下太平而不希望天下大乱的话，如果要吃喝，就不能不节俭。"

24. 墨子说："所以，天地不夸耀自己的明亮，大水不夸耀自己的清澈，大火不夸耀自己的炎烈，有德之君不夸耀自己德行的高远，这样才能做众人的领袖。"

25. 墨子说："因此，得到了士的辅佐，君主谋划国事就不困难，身体就不劳累，功成名就，美善彰显而丑恶杜绝，这是得到了贤士的缘故啊！"

26. 墨子说："所以长江黄河不嫌弃小溪的水来灌注，就能汇成巨流。被称为圣人的人，不推辞难事，不违背物理，所以能成为治理天下的大人物。"

27. 子墨子言曰："爱人者，此为＿＿＿＿焉；利人者，此为＿＿＿＿焉。"（《墨子·天志上》）

　　A. 厚，博　　　　　　　　　B. 博，厚

　　C. 薄，厚　　　　　　　　　D. 厚，薄

28. 子墨子曰："君实＿＿＿＿民之众＿＿＿＿，当蓄私，不可不节。"（《墨子·辞过》）

　　A. 望，而恶其少也　　　　　B. 望，而恶其寡

　　C. 欲，而恶其寡　　　　　　D. 欲，而厌其少也

29. 子墨子曰："桀纣不以其无天下之士邪？杀其身而丧天下。故曰：'＿＿＿＿国宝，不若献贤而进士。'"（《墨子·亲士》）

A. 侍　　　　　B. 奉　　　　　C. 献　　　　　D. 归

30. 子墨子曰："人君为舟车若此，故左右象之，是以其民饥寒并至，故为奸邪。_____，_____。君实欲天下治而恶其乱，当为舟车不可不节。"（《墨子·辞过》）

　　A. 奸邪多而刑罚深，刑罚深则国乱

　　B. 奸邪多则刑罚重，刑罚重而国乱

　　C. 奸邪多而刑罚重，刑罚重则国乱

　　D. 奸邪多则刑罚深，刑罚深而国乱

31. 子墨子曰"：27. 墨子说："关爱别人，这是最为博大的；使别人受益，这是最为深厚的。"

28. 墨子说："国君若真的希望人口多而不希望人民减少的话，如果要蓄养姬妾，就不能不节制。"

29. 墨子说："夏桀和商纣不就是没有任用天下之贤士吗？而遭到杀身之祸并丧失了天下。所以说：'赠送国宝，不如举荐贤能的人才。'"

30. 墨子说："君子这样来造船车，所以属下都效法他，因此他的人民就会饥寒交迫，不得不做奸邪的事。奸邪的事情一多，刑罚就重，刑罚一重，国家就混乱。国君若真的希望天下太平而不希望天下大乱的话，如果要做船车，就不能不节俭。"

31. 墨子说："所以从前的贤君按照农事来生财，巩固根本并节约用度，财务自然就丰足了。"

32. 子墨子言曰："_____大人之务，_____在于_____贤而已。"（《墨子·尚贤上》）

　　A. 然，则，聚　　　　　　　　B. 故，将，众

　　C. 然，将，众　　　　　　　　D. 故，则，聚

33. 子墨子曰："入国而不存其士，_____。"（《墨子·亲士》）

　　A. 则亡国也　　　　　　　　　B. 必亡国矣

C. 则亡国矣 　　　　　　　　　　D. 必亡国也

34. 子墨子言曰："爵位不高，_____；蓄禄不厚，则民不信；政令不断，则民不畏。"（《墨子·尚贤上》）

　　A. 则民不敬 　　　　　　　　　　B. 而民不敬

　　C. 而民弗敬也 　　　　　　　　　D. 则民弗敬

35. 子墨子曰："凡五谷者，民之所_____，君之所以为_____。故民无仰，则君无养。民无食，则不可事。故食不可不务也，地不可不力也，用不可不节也。"（《墨子·七患》）

　　A. 仰也，养也 　　　　　　　　　B. 养也，仰也

　　C. 仰矣，养矣 　　　　　　　　　D. 养矣，仰矣

36. 子墨子曰："古者上帝鬼神之建设国都、立正长也，非高其爵，厚其禄，富贵佚而错之也。_____万民兴利除害，富贵贫寡，安危治乱也。故古者圣王之为若此。"（《墨子·尚同中》）

　　A. 将以为 　　　　　　　　　　　B. 是以为

　　C. 故为 　　　　　　　　　　　　D. 然以为

【答案】

32. B　33. C　34. D　35. A　36. A

【释义】

32. 墨子说："所以，掌权者的主要任务，就在于聚集天下的贤良之士罢了。"

33. 墨子说："治理国家却不关心那里的贤士，就会有亡国的危险。"

34. 墨子说："如果爵位不高，那么人民就不敬重他；如果俸禄不重，那么人民就不会信任他；如果在理事时没有决断权，那么人民就不会畏惧他。"

35. 墨子说："五谷，是人民所赖以生存，也是国君用来牧养百姓的东西。

中华传世藏书

墨子诠解

《墨子》励志名言

一七五七

如果百姓没有了这个依赖，那么国君也就无以牧养百姓。百姓如果没有粮食，就不能供君主役使。所以，粮食不可不努力生产，土地不可不努力耕种，用度不可不力行节俭。"

36. 墨子说："古代上帝鬼神建立国都，设置行政长官并不是为了提高他们的爵位，增加他们的俸禄，让他们过富贵淫逸生活。而是以此为民众兴利除害，使贫者变富，人口少的变为人口多的，变危为安，变乱为治。所以古代圣明君王的作为就是如此。"

37. 子墨子曰："尚同，为政之本_____治要_____。"（《墨子·尚同下》）

A. 则，矣　　　　　　　　　B. 而，也

C. 则，也　　　　　　　　　D. 而，矣

38. 子墨子曰："贪于政者，_____；厚于货者，不能分人以禄。"（《墨子·尚贤中》）

A. 莫能分人事也　　　　　　B. 莫事分人也

C. 不能分人以事　　　　　　D. 不以事分人也

39. 子墨子曰："古者圣王_____能审以尚贤使能_____政，无异物杂焉，天下皆得其利。"（《墨子·尚贤中》）

A. 惟，为　　　　　　　　　B. 为，唯

C. 唯，为　　　　　　　　　D. 为，惟

40. 子墨子曰："行理生于染当。故善为君者，劳于论人，而佚于治官。不能为君者，伤形费神，愁心劳意，_____，身逾辱。"（《墨子·所染》）

A. 则国逾危　　　　　　　　B. 然国逾危

C. 则国危矣　　　　　　　　D, 然国危矣

41. 子墨子曰："故古者之置正长也，_____以治民_____，譬之若丝缕之有纪，而网罟之有纲也，将以运役天下淫暴，而一同其义也。"（《墨子·尚同中》）

A. 用，也　　　　　　　　B. 将，也

C. 用，矣　　　　　　　　D. 将，矣

【答案】

37. B　38. C　39. C　40. B　41. B

【释义】

37. 墨子说："使上下保持一致，是施政的根本、治国的要旨。"

38. 墨子说："对权势很贪婪的人，不能把政务分给别人；对财物很看重的人，不能把俸禄分给别人。"

39. 墨子说："古代圣明的君王能够审慎地推行尊崇贤士、使用人才的方针来治理政事，没有不同于这一方针的因素掺杂在里边，因此天下都能得到这样治理政事的好处。"

刀币（春秋）

40. 墨子说："行事合理来自受到的熏染得当。所以善于当君主的人，都会劳心费力地选拔人才，而可以放松管理官吏。不善于当君主的人，虽然身体劳累，费尽精神，心烦意乱，但国家却更加危险，自己也更受屈辱。"

41. 墨子说："古代设置行政长官，用来治理民众。这好像丝线有总束，渔网有钢绳一样。他们将制服残暴邪恶之徒并统一人们的意见。"

42. 子墨子言曰："今天下之＿＿＿＿＿＿＿，忠实欲天下之富，而恶其贫；欲天下之治，而恶其乱，当兼相爱，交相利。此圣王之法，天下之治道也，不可不务为也。"（《墨子·兼爱中》）

A. 君子矣　　　　　　　　B. 圣仁

C. 士君子　　　　　　　　D. 仁者

43. 子墨子言曰："昔者，桀之所乱，汤治之；纣之所乱，武王治之。此世

墨子诠解

《墨子》励志名言

不渝而民不改，上变政而民易教。其在汤武则治，其在桀纣则乱。安危治乱，在上之发政也，_____！"（《墨子·非命中》）

    A. 然可谓有命哉   B. 则可谓有命也

    C. 然可谓有命乎   D. 则岂可谓有命哉

44. 子墨子言曰："_____天下之利，_____天下之害，令国家百姓之不治也，自古及今，未尝之有也。"（《墨子·节葬下》）

    A. 兴，除   B. 盛，废

    C. 兴，废   D. 盛，除

45. 子墨子言曰："昔者晋文公好士之恶衣，故文公之臣，皆牂羊之裘，韦以带剑，练帛之冠，入以见于君，出以践于朝。_____? 君说之，故臣为之也。"（《墨子·兼爱中》）

    A. 是以其故乎   B. 则其故何乎

    C. 是其故何也   D. 何其故也

【答案】

42. C 43. D 44. A 45. C

【释义】

42. 墨子说："当今天下的士君子，如果心里确实希望天下富起来，而不希望它穷下去，希望天下太平，而不希望天下大乱，那大家就应当互相关爱、互相谋利。这是圣王的法则，治理天下的正道，不可不努力去做！"

43. 墨子说："从前，夏桀播乱天下，由汤来治理；商纣播乱了天下，由武王来治理。这个世界没有改变，人民也没有改变，君王改变了政令，人民就容易教导。同样的人民在商汤、周武王时就得到治理，在夏桀、商纣时则变得混乱。安危与治乱，在于君王所发布的政令，怎么能说是有命呢！"

44. 墨子说："增进天下的大利，去除天下的大害，却让国家与百姓得不到

治理的，从古及今，还从来没有过。"

45. 墨子说："从前，晋文公喜欢士人穿着简陋，所以文公的臣子，都穿着母羊皮做成的皮衣，用没有修饰的皮带来佩剑，戴素色的布做成的帽子，就这样入宫觐见国君，出来会于朝廷。这么做的原因在哪里呢？君主喜欢，所以臣子就能这么做。"

46. 子墨子言曰："天下之百姓＿＿＿＿＿上同于天子，＿＿＿＿＿不上同于天，则菑犹未去也。"（《墨子·尚同上》）

A. 皆，而 　　　　　　　B. 偕，然

C. 皆，然 　　　　　　　D. 偕，而

47. 子墨子曰："今王公大人＿＿＿＿＿毋为乐，亏夺民衣食之＿＿＿＿＿，以拊乐如此多也。"（《墨子·非乐上》）

A. 惟，财 　　　　　　　B. 唯，财

C. 唯，时 　　　　　　　D. 惟，时

48. 子墨子曰："今天下为政者，＿＿＿＿＿。其使民劳，其籍敛厚，民财不足、冻饿死者，不可胜数也。且大人惟毋兴师，以攻伐邻国，久者终年，速者数月，男女久不相见，此所以寡人之道也。与居处不安，饮食不时，作疾病死者，有与侵就橐，攻城野战死者，不可胜数。此不令为政者所以寡人之道、数术而起与？"（《墨子·节用上》）

A. 然多者行寡人之道 　　　B. 其所行寡人之道也

C. 其所以寡人之道多 　　　D. 然所行寡之道多

49. 子墨子曰："国之治，治之废，则国之治亦废。国之富也，从事，故富也，从事废，则国之富亦废。故虽治国，劝之无餍，＿＿＿＿＿。"（《墨子·公孟》）

A. 则可矣 　　　　　　　B. 然后可也

C. 夫以可也 　　　　　　D. 是以可也

【答案】

46. A 47. A 48. C 49. B

【释义】

46. 墨子说："天下的老百姓如果都向上统一于天子，而不向上统一于天的意志，那么灾祸就还没有完全离去。"

47. 墨子说："现在王公大人从事于音乐，损害夺取人民的衣食之时，仅从命人奏乐这一点来看就已经很厉害了。"

48. 墨子说："现在天下当政的人，他们的大多数行为都是在让人口减少。他们把民众役使得极为辛苦，收取的赋税又十分繁重，民众的财产不足，受冻挨饿而死的人，数不胜数。况且大人们只要兴师出兵来攻打邻国，时间长的要一年，快的也要几个月。夫妻长期不能相见，这就是人口减少的根源。加上居住不安定，饮食不按时，以及生病死的，再加上士卒被侵掠俘虏与攻城野战而死的，也数不胜数。这些都是不善为政者所以使人口减少的原因，而这原因不是多种多样的吗？"

49. 墨子说："国家安定，是因为治理了，所以才会安定，如果废弃了治理，那么国家的安定也就不存在了。国家富裕，是因为努力生产了，所以才会富裕，如果废弃了努力生产，那么国家的富裕也就不存在了。因此即使是安定的国家，也要不断地努力，这样才可以。"

50. 子墨子曰："易攻伐以治我国，_____。"（《墨子·非攻下》）

A. 攻必倍　　　　　　　　　　B. 功其倍也

C. 攻其倍矣　　　　　　　　　D. 功必倍矣

51. 子墨子言曰："处大国不攻小国，处大家不篡小家，强者不劫弱，贵者不傲贱，多诈者不欺愚。此必上利于_____，中利于_____，下利于_____。三利无所不利，故举天下美名加之，谓之圣王。"（《墨子·天志

    A. 君，臣，民   B. 天，人，鬼

    C. 天，鬼，人   D. 仁者，君子，平民

52. 子墨子曰："今小为非，_____；大为非攻国，则不知非，从而誉之，谓之义。此可谓知义与不义之辩乎？是以知天下之君子也，辩义与不义之乱也。"（《墨子·非攻上》）

    A. 然知则非之   B. 然知而非也

    C. 则知然非也   D. 则知而非之

53. 子墨子言曰："昔者_____好士细要，故灵王之臣，皆以一饭为节，胁息然后带，扶墙然后起。比期年，朝有黧黑之色。是其故何也？君说之，故臣能之也。"（《墨子·兼爱中》）

    A. 周武王   B. 楚灵王

    C. 晋文公   D. 商汤

【答案】

50. A 51. C 52. D 53. B

【释义】

50. 墨子说："改变攻伐战争政策来治理自己的国家，功效一定会加倍。"

51. 墨子说："处于大国的地位而不攻打小国，处于大家族的地位而不掠夺小家族，强者不胁迫弱者，尊贵的人不傲视低贱的人，狡诈的人不欺骗憨厚的人。这必定上有利于天，中有利于鬼神，下有利于人民。做到这三利就会无所不利，所以把天上美好的名称加在他的身上，称他为圣王。"

52. 墨子说："现在，对于做了很小错事的人，人们都知道他做错了并谴责他；对于犯了大的过错，以至于攻打别的国家的人，人们却不知道谴责他，反而跟着赞美这种行为，说这是义。这样可以称得上是明白义与不义的区别吗？

由此可知现在天下的君子，判断义与不义的标准是多么混乱啊！"

53. 墨子说："以前楚灵王喜欢细腰的士人，所以灵王的臣子，都每天只吃一顿饭来节食，要深吸一口气然后再系腰带，扶着墙才能站起来。等到一年之后，朝中大臣都面色发黑。这么做的原因在哪里呢？君主喜欢，所以臣子就能这么做。"

54. 子墨子曰："_____贤_____急，非士无与虑国。"（《墨子·亲士》）

A. 非，无   B. 无，莫

C. 非，莫   D. 莫，无

55. 子墨子曰："缓贤忘士，而能以其国存者，_____。"（《墨子·亲士》）

A. 未曾有矣   B. 未曾有也

C. 未有矣   D. 未有也

56. 子墨子言曰："得意，贤士不可不举；不得意，_____。"（《墨子·尚贤上》）

A. 贤士不可不举   B. 得聚贤矣

C. 贤士必举也   D. 必聚贤也

57. 子墨子曰："可使治国者使治国，可使长官者使长官，可使治邑者使治邑。凡所使治国家、官府、邑里，_____。"（《墨子·尚贤中》）

A. 此偕国之贤者也   B. 皆为国之贤者

C. 此皆国之贤者也   D. 故为国之贤者也

58. 子墨子曰："虽上世之圣王，_____能使五谷常收，而旱水不至哉！然而无冻饿之民者，何也？其力时急，而自养俭也。"（《墨子·七患》）

A. 未   B. 岂   C. 若   D. 皆

【答案】

54. A 55. B 56. A 57. C 58. B

【释义】

54. 墨子说："没有比任用贤士更急迫的事了，如果没有贤士也就没人谋划国家大事。"

55. 墨子说："怠慢贤士、轻视人才，而能使国家长治久安，是从来没有过的。"

56. 墨子说："国家太平的时候，不可以不选拔贤士；国家不太平的时候，也不可不选拔贤士。"

57. 墨子说："可以让他治国的，就让他治国；可以让他做长官的，就让他做长官；可以让他治理乡里的，就让他治理乡里。凡是受命治理国家、官府、乡里的，都是国家的贤士（要量才录用）。"

58. 墨子说："即使是上古的圣王，哪能使五谷常获丰收，而且旱灾水灾从不降临呢！但是那里没有受冻挨饿的人，这是为什么呢？因为他们努力按农时耕种，而且自己的用度也很节俭。"

59. 子墨子曰："_____之治国也，蚤朝晏退，听狱治政，是以国家治而刑法正。"（《墨子·尚贤中》）

A. 贤者　　　　　B. 仁者　　　　　C. 圣王　　　　　D. 君子

60. 子墨子言曰："国有贤良之士_____，则国家之治_____；贤良之士_____，则国家之治_____。"（《墨子·尚贤上》）

A. 多，厚，少，薄　　　　　　　B. 众，厚，寡，博

C. 多，厚，少，博　　　　　　　D. 众，厚，寡，薄

61. 子墨子曰："臣下重其爵位而不言，近臣则喑，远臣则唫，_____。"（《墨子·亲士》）

A. 然怨结于民心也　　　　　B. 则怨结于民心矣

C. 怨结于民心　　　　　　　D. 其怨已结于民心也

62. 鲁阳文君语子墨子曰："楚之南有啖人之国者桥，其国之长子生，则解

而食之，谓之宜弟。美，则以遗其君，君喜则赏其父，岂不恶俗哉？"

子墨子曰："虽中国之俗，亦犹是也。杀其父而赏其子，何以异食其子而赏其父者哉？_____，何以非夷人食其子也？"（《墨子·鲁问》）

A. 其无用仁义矣　　　　　B. 苟无用义矣

C. 苟不用仁义　　　　　　D. 其不用仁义

63. 子墨子曰："谄庾在侧，善议障塞，_____。"（《墨子·亲士》）

A. 则国危矣　　　　　　　B. 国必危也

C. 然国危也　　　　　　　D. 则国必危也

墨 子 诠 解

《墨子》励志名言

【答案】

59. A　60. D　61. C　62. C　63. A

【释义】

59. 墨子说："贤士治理国家，早上朝、晚退朝，审理案件，处理政务，因此国家治理得好，刑法严正。"

60. 墨子说："国家所拥有的贤良之士多，那么国家治理的根基就坚实；贤良之士少，那么国家治理的根基就薄弱。"

61. 墨子说："臣下如果过于看重自己的爵位而不敢进谏，君主身边的臣子沉默不言，身处远方的臣子沉吟不语，不满的情绪郁结于民心。"

62. 鲁阳文君对墨子说："楚国的南面有一个吃人风俗的国家叫桥，这个国家的长子一生下来，就被杀掉来吃，这叫作'宜弟'。如果味道鲜美就送给国君吃，国君若吃得高兴就重赏这位父亲，这难道不是很恶劣的风俗吗？"

墨子说："即使中原各国的风俗，也像这一样啊！杀死他的父亲然后奖赏他的儿子，与吃他的儿子然后再奖赏他的父亲有什么不同呢？如果自己不施行仁义，又凭什么来批判夷人吃儿子的风俗呢？"

63. 墨子说："谄媚阿谀的人在君主身边，好的建议被阻塞，那么国家就危险了。”

64. 鲁阳文君谓子墨子曰：“有语我以忠臣者，令之俯则俯，令之仰则仰，处则静，呼则应，可谓忠臣乎？”

子墨子曰：“令之俯则俯，令之仰则仰，是似景也。处则静，呼则应，是似响也。_____？”（《墨子·鲁问》）

A. 君将何得于景与响哉　　　　　B. 景与响也然君将何得

C. 君则何得于景与响也　　　　　D. 景与响矣然君将何得也

65. 子墨子曰：“_____忠臣者，上有过，则微之以谏；己有善，则访之上而无敢以告；外匡其邪而入其善；尚同而无下比。是以美善在上，而怨雠在下；安乐在上，而忧戚在臣。”（《墨子·鲁问》）

A. 所谓　　　　B. 是以　　　　C. 故以　　　　D. 以为

66. 曰：“然则众贤之术将奈何哉？”

子墨子言曰：“譬若欲众其国之善射御之士者，必将富之、贵之、敬之、誉之，然后国之善射御之士，将可得而众也。况又有贤良之士厚乎德行、辩乎言谈、博乎道术者乎！此固国家之珍，而社稷之佐也。亦必且富之、贵之、敬之、誉之，_____，_____。”（《墨子·尚贤上》）

A. 然国之良士，则将可得而众矣　　B. 然后国之良士，亦将可得而众也

C. 则国之良士，将可得而众矣　　　D. 则国之良士，亦将可得而众也

【答案】

64. A　65. A　66. B

【释义】

64. 鲁阳文君对墨子说：“有人告诉我一个忠臣，让他低头就低头，让他抬头就抬头，坐着就静静地不出声，喊他就立刻答应，可以称他为忠臣吗？”

墨子说：“让他低头就低头，让他抬头就抬头，这就好像影子一样。坐着就

墨子诠解

《墨子》励志名言

静静地不出声，喊他就立刻答应，这就好像回声一样。您将会从影子和回声里得到什么呢？"

65. 墨子说："能称得上忠臣的人，君主有过错就要寻找机会劝谏；自己有好主意，就与君主商量，不敢把它告诉别人；纠正君主的过失而把他引入正道；与君主保持一致而不与下边的人结党营私。因此美名归于君主，而仇怨由臣下担当；安乐归于君主，而忧患由臣下担当。"

66. 有人问："那么，聚集贤良之士的办法是什么呢？"

墨子说："比如说想要聚集他们国家里善于射箭和驾车的人，一定要使他们富裕、使他们显贵、尊敬他们、赞誉他们，这样做之后，他们国家里善于射箭和驾车的人就会多起来。况且那些贤良之士又具有淳厚的德行，善辩的言谈，广博的学识呢！这本来就是国家的珍宝，社稷的良佐啊！也一定要使他们富裕、使他们显贵、尊敬他们、赞誉他们，然后全国的贤良之士也就可以多起来了。"

67. 子墨子言曰："上不听治，_____必乱；下不从事，衣食之财必不足。"（《墨子·节葬下》）

    A. 刑政   B. 臣士   C. 天下   D. 百姓

68. 子墨子曰："_____在上，天下必治，上帝、山川、鬼神，必有干主，万民被其大利。"（《墨子·非命上》）

    A. 仁者   B. 君子   C. 圣者   D. 义人

69. 子墨子言曰："今者王公大人为政于国家者，_____，人民之众，刑政之治。然而不得富而得贫，不得众而得寡，不得治而得乱，则是本失其所欲，得其所恶，是其故何也？"

子墨子言曰："是在王公大人为政于国家者，不能以尚贤事能为政也。"（《墨子·尚贤上》）

    A. 皆望国家富也   B. 皆望国家之富

    C. 皆欲国家之富   D. 皆欲国家富也

70. 子墨子言曰："天下之人_____相爱，强必执弱，富必侮贫，贵必敖

贱，诈必欺愚。"（《墨子·兼爱中》）

    A. 偕不   B. 莫   C. 无   D. 皆不

71. 民有三患：饥者不得食，寒者不得衣，劳者不得息。三者，_____。
（《墨子·非乐上》）

    A. 民之巨患也   B. 为民之患也

    C. 则为民之巨患矣   D. 是以民之患矣

【答案】

67. A 68. D 69. C 70. D 71. A

【释义】

67. 墨子说："在上的人不能进行治理，刑事与政务必然混乱；在下的人不能从事生产，穿衣吃饭的财用就必然不足。"

68. 墨子说："仁义之人居于上位，天下一定能治理好，上帝、山川、鬼神也有了可依靠的人，广大民众从他那儿蒙受巨大利益。（其实，居上位者必须依靠广大民众，才能有所作为。）"

69. 墨子说："现在朝廷中从政的王公大人，都希望国家富强，人口繁盛，刑法与政治都井井有条。但结果是不能富强反而贫困了，人口不能增加反而减少了，不能得到安定反而得到了混乱，也就是从根本上失去了所希望的，而得到了所厌恶的，这是什么原因呢？"

墨子说："原因在于朝廷里从政的王公大人们，不能用尊重贤士使用能人的办法来治理国家。"

70. 墨子说："全天下的人都不相爱的话，强者必然控制弱者，富者必然欺侮贫者，显贵的人必然傲视低贱的人，奸诈的人必然要欺骗憨厚的人。"

71. 民众有三种忧患：饥饿的人得不到食物，寒冷的人得不到衣服，劳累的人得不到休息。这三种忧患，是民众最大的忧患。

（二）教育名言

1. 子墨子见染丝看而叹曰："染于苍则苍，染于黄则黄。所入者变，其色亦变。五入必，而已则为五色矣。_____！"（《墨子·所染》）

A. 故染不可不慎也   B. 然染则不可不慎矣

C. 则染不可不慎也   D. 其染不可不慎矣

2. 昔者禹、汤、文、武，方为政乎天下之时，曰："必使饥者得食，寒者得衣，劳者得息，乱者得治。"遂得光誉令问于天下。夫岂可以为_____哉！故以为其_____也。（《墨子·非命下》）

A. 命，力   B. 天，力

C. 天，命   D. 力，命

3. 子墨子曰："其友皆好_____，淳谨畏令，则家日益、身日安、名日荣，处官得其理矣。则段干木、禽子、傅说之徒是也。其友皆好_____，创作比周，则家日损、身日危、名日辱，处官失其理矣。则子西、易牙、竖刁之徒是也，诗曰：'必择所堪，必谨所堪'者，此之谓也。"（《墨子·所染》）

A. 仁义，矜奋   B. 忠厚，刁顽

C. 仁义，刁顽   D. 忠厚，刁顽

【答案】

1. A   2. A   3. A

【释义】

1. 墨子看见染丝的人就长叹说："丝被青色一染就成了青色，被黄色一染就成了黄色。放入的颜料变了，丝的颜色也就变了。放入五种颜色，就能染出五色的丝来。所以，对于'染'不能不谨慎啊！"

2. 墨子说："从前夏禹、商汤、周文王、周武王，开始执掌天下政令的时

候说：'一定要使饥饿的人得到食物，使受冻的人得到衣服，使劳累的人得到休息，使混乱的局面得到治理。'于是他们的好名声传遍天下。这难道可以说是命中注定的吗？这是他们努力的结果。"

3. 墨子说："如果他的朋友都崇尚仁义，淳厚谨慎，恪守法令，那么他的家族就会日渐兴旺，自身也渐渐安然，名声日渐荣耀，在他的官位上也能办事得当。如段干木、禽子、傅说就是这样的人。如果他的朋友都妄自尊大，胡作非为而又营私结党，那么他的家族就会日渐损耗，自身也慢慢走向危险，声名也日渐降低，在他的官位上办事也就没有理路。如子西、易牙、竖习就是这样的人。《诗经》上说'必须选择所使用的染料，必须谨慎地来浸染'，就是这个意思。"

4. 儒者曰："君子必服古言_____后仁。"应之曰：所谓古之言服者，皆尝新矣，而古人言之服之，则非君子也？然则必服非君子之服，言非君子之言，而后仁乎？（《墨子·非儒下》）

A. 则　　　　B. 其　　　　C. 然　　　　D. 为

5. 然则奚以为治法而可？故曰：莫若法天。天之行广而无私，其施厚而不德，其明久而不衰，_____。（《墨子·法仪》）

A. 故圣王法之　　　　　　B. 则圣王之法也

C. 其圣王法之　　　　　　D. 然圣王之法也

6. 子墨子曰："是故为其所_____者，必得其所欲焉。未闻为其所欲，而免其所_____者也。"（《墨子·亲士》）

A. 易，善　　　　　　　　B 难，善

C. 易，恶　　　　　　　　D. 难，恶

7. 子墨子曰："天下从事者，不可以无法仪。无法仪而其事能成者，无有也。虽至士之为将相者，皆有法；虽至百工从事者，亦皆有法。百工为方以矩，为圆以规，直以绳，正以县。无巧工不巧工，皆以此五者为法。巧者能中之，不巧者虽不能中，放依以从事，_____。"（《墨子·法仪》）

A. 则犹逾也   B. 犹逾已

C. 然逾犹已   D. 犹豫也

【答案】

4. C   5. A   6. D   7. B

【释义】

4. 儒生说:"君子必须穿古代衣服、说古代的话,这样才是合乎仁义。"回答是:所谓古衣古话,都曾经是新的,而古人穿它说它,难道就不是君子了吗?那么一定要穿不是君子的衣服,说不是君子的话,而后才是合乎仁义吗?

5. 那么,以什么为做事的法度才行呢?可以说,不如效法天。天道博大而无私,它施恩深厚却不自以为有德,它永久光明永不衰竭,所以,圣明的君王都效法它。

6. 墨子说:"所以,即使做很困难的事情,也一定能够达到目的,没听说过想达到自己的愿望,而能回避困难的。"

7. 墨子说:"全天下做事的人,都不能没有法度。没有法度而能把事情做成功的人,是没有的。即使很高明的士人做了将相,也都有法度;即使最灵巧的百工干活,也都有法度。百工用矩来画方形,用规来画圆形,用墨绳来画直线,用悬垂的方法来测偏正。无论灵巧的工匠还是不灵巧的工匠,都以这五种方法作为法度。灵巧的人能做得非常合适,不灵巧的人虽然不能这么合适,但仿效着这个法度来做,还是会超过自以为是去做的。"

8. 子墨子曰:"君实欲天下之治而恶其乱也,_____,_____。"(《墨子·辞过》)

A. 建宫矣,不可不节也   B. 当为宫室,必节矣

C. 当为宫室,不可不节   D. 建宫也,必节

9. 子墨子曰:"是故_____自难而易彼,_____自易而难彼。"(《墨子

·亲士》）

    A. 君子，小人   B. 君子，众人

    C. 君主，臣民   D. 众人，臣民

    10. 子墨子曰：“今用执有＿＿＿＿者之言，是覆天下之义。”（《墨子·非命上》）

    A. 天   B. 君   C. 众   D. 命

    11. 子墨子曰：“事无终始，无务＿＿＿＿。”（《墨子·修身》）

    A. 来远   B. 多业   C. 博闻   D. 丰末

    12. 子墨子曰：“虽昔也三代之穷民，亦由此也。内之不能善事其＿＿＿＿，外不能善事其君长，恶恭俭而好简易，贪饮食而惰从事，衣食之财不足，使身至有饥寒冻馁之忧，必不能曰‘我罢不肖，我从事不疾。’必曰：‘我命固且穷’。”（《墨子·非命中》）

    A. 亲戚   B. 双亲   C. 二老   D. 亲闻

【答案】

    8. C   9. B   10. D   11. B   12. A

【释义】

    8. 墨子说：“国君若真的希望天下太平而不希望天下大乱的话，倘若要建造宫室，就不能不节俭。”

    9. 墨子说：“所以君子严于律己，宽以待人；而平庸的人却宽以待己，严于律人。”

    10. 墨子说：“现在如果实行命中注定论者的主张，那就是推翻天下公认的仁义。”

    11. 墨子说：“办一件事都不能善始善终，就不要做很多事。”

    12. 墨子说：“即使从前三代的穷人，也是这样的。在内不能好好侍奉父

母，在外不能好好地敬事君长，厌恶恭敬勤俭而喜欢简慢轻率，贪于饮食而懒于劳动，衣食之资不够用，致使有饥寒冻馁的忧患，但却肯定不会说：'我疲懒无能，我劳动不勤快。'肯定要说：'我的命本来就是穷命。'"

13. 子墨子曰："嘿则思，言则诲，动则事，使三者代御，必为＿＿＿＿＿。"（《墨子·贵义》）

    A. 圣人   B. 君子

    C. 楷之   D. 国士

14. 子墨子谓鲁阳文君曰："世俗之君子，皆知小物而不知大物。今有人于此，窃一犬一彘，则谓之不仁；窃一国一都，则以为义。譬犹小视白谓之白，＿＿＿＿＿。是故世俗之君子，知小物而不知大物者，此若言之谓也。"（《墨子·鲁问》）

    A. 大视白且谓之黑也   B. 大视白然谓之黑矣

    C. 大视白则谓之黑   D. 大视白而谓之黑也

15. 子夏之徒问于子墨子曰："君子有斗乎?"。

子墨子曰："君子无斗。"子夏之徒曰："狗豨犹有斗，恶有士而无斗矣?"子墨子曰："伤矣哉! 言则＿＿＿＿＿汤文，行则＿＿＿＿＿狗豨，伤矣哉!"（《墨子·耕柱》）

    A. 譬于，称于   B. 似于，譬于

    c. 譬于，似于   D. 称于，譬于

16. 子墨子曰："＿＿＿＿＿之所以为事者，必兴天下之利，除天下之害，以此为事者也。"（《墨子·兼爱中》）

    A. 圣人   B. 仁人

    C. 君子   D. 众人

【答案】

13. A 14. C 15. D 16. B

【释义】

13. 墨子说："沉默的时候就思考，说出来就有教育意义，行动的时候就实实在在的干事，使这三方面交替进行，一定可以成为圣人。"

14. 墨子对鲁阳文君说："世俗的君子们，都只明了小的事物而不明了大的事物。现在这里有一个人，偷了一只狗一头猪，就称他为不仁；而偷去了一个国家一座城池，却认为这是义。就好像看到一小块白说这是白色，看到一片白却说这是黑色一样。所以世俗的君子们，都只明了小的事物而不明了大的事物，这就是这句话要说的意思。"

15. 子夏的学生问墨子说："君子之间有斗争吗？"

墨子说："君子没有争斗。"子夏的学生说："狗和猪尚且有争斗，士人怎么会没有争斗呢？"墨子说："可悲啊！言谈总是列举商汤与周文王，而行为却比作狗与猪，可悲啊！"

16. 墨子说："仁爱的人做事，必定是要增进天下的利益，革除天下的祸患，并以此为做事的原则。"

17. 子墨子曰："今有人于此，入人之场园，取人之桃李瓜姜者，_____，众闻则非之。是何也？曰：不与其劳，获其实，已非其有所取之故。"（《墨子·天下志》）

A. 然则罚之　　　　　　　B. 故罚之

C. 上得且罚之　　　　　　D. 上知则罚之

18. 子墨子曰："今天下无_____国，皆天之邑也。人无_____，皆天之臣也。"（《墨子·法仪》）

A. 小大，大小贵贱　　　　B. 大小，长幼

C. 大小，幼长贵贱　　　　D. 大小，长幼

19. 子墨子曰："故百工从事，_____有法所度。今大者治天下，其次治大国，而无法所度，此不若百工辩也。"（《墨子·法仪》）

A. 皆   B. 均   C. 则   D. 其

20. 子墨子曰："凡出言谈、由文学之为道也，则不可而不先立_____。若言而_____，譬犹立朝夕于员钧之上也，则虽有巧工，必不能得正焉。"（《墨子·非命中》）

A. 法仪，法仪   B. 义法，无义

C. 法仪，无义   D. 无义，义法

21. 子墨子曰："今天下之_____，中实将欲遵道利民、本察仁义之本，天之意不可不慎也。"（《墨子·天志中》）

A. 君子   B. 小人   C. 圣人   D. 众人

【答案】

17. C   18. C   19. A   20. B   21. A

【释义】

17. 墨子说："如果现在这里有个人，跑到别人的果园菜地里，窃取人家的桃李瓜姜，上边抓住他就要惩罚，大家听到了就要斥责。这是什么原因呢？答案是：不参与果园菜地的劳动，却获得果实，这不是他应该获取的。"

18. 墨子说："天下无论大国小国，都是上天的国家。人无论长幼贵贱，都是上天的臣民。"

19. 墨子说："所以说百工干事，都有法规可以衡量。现在大到治理天下。其次治理大国，却没有法度来衡量，这就是还不如百工聪明了。"

20. 墨子说："凡是发表言论、写作文章的原则，不可不先树立一个标准。如果言论没有标准，就好像把测量时间的仪器放在制陶的转轮上一样，即使有能工巧匠，也必定不能得到正确的结果。"

21. 墨子说："如今天下的君子，内心如果真要遵循道义、利于民众、考察仁义的本源，那么就不可不慎重地对待天意。"

22. 子墨子言曰："虽有深溪博林，幽涧_____人之所，施行不可以不_____，见有鬼神视之。"（《墨子·明鬼下》）

    A. 无，董   B. 无，谨

    C. 毋，谨   D. 毋，董

23. 子墨子言曰："鬼神之所赏，无_____必赏之；鬼神之所罚，无_____必罚之。"（《墨子·明鬼下》）

    A. 大，小   B. 多，少

    C. 小，大   D. 少，多

24. 子墨子曰："今贤良之人，尊贤而好功道术，故上得其_____之赏，下得其_____之誉，遂得光誉令问于天下。亦岂以为其命哉！又以为力也。"（《墨子·非命下》）

    A. 圣王，万民   B. 王公大人，万民

    C. 君臣，万民   D. 圣王，众人

25. 子墨子曰："为义犹是也，能谈辩者谈辩，能说书者说书，能从事者从事，_____义事成也。"（《墨子·耕柱》）

    A. 然   B. 则   C. 其   D. 然后

26. 子墨子曰："人之生乎地上_____，譬之犹驷驰而过隙也。"（《墨子·兼爱下》）

    A. 无几何也   B. 之无几何

    C. 之无几何哉   D. 之无几何也

【答案】

22. D 23. C 24. B 25. D 26. D

【释义】

22. 墨子说："即使处于深山老林之中，幽僻隔绝无人居住的地方，行事也

不可不谨慎，因为有鬼神在注视着你。"

23. 墨子说："鬼神要行奖赏，无论多么小的德行也会受到奖励；鬼神要行惩罚，无论多么强大也一定要受惩罚。"

24. 墨子说："如今的贤良之士，尊崇贤者而喜欢研究治国的道理和方法，所以上得王公大人的赏识，下得民众的赞扬，于是他们的好名声得以传遍天下。这难道也是命中注定的吗？这是他们努力的结果。"

25. 墨子说："做义事也是这样，能演说的就演说，能讲书的就讲书，能做事的就做事，这样义事才可以成功。"

26. 墨子说："人生在世并没有多少时间，好像同驾一车的四匹马奔驰闪过缝隙那样短暂。"

27. 子墨子曰："务言而缓行，_____；多力而伐功，_____。"（《墨子·修身》）

　　A. 虽辩必不听，虽劳必不图

　　B. 然辩则不听，然劳则不图

　　C. 虽辩必不听，然劳则不图

　　D. 然辩则不听，虽劳必不图

28. 子墨子曰："是以知_____欲人相爱相利，而不欲人相恶相贼。"（《墨子·法仪》）

　　A. 命　　　　　B. 君　　　　　C. 天　　　　　D. 众人

29. 子墨子曰："故鬼神之_____，不可为幽闲广泽，山林深谷，鬼神之明必知之。鬼神之_____，不可为富贵众强，勇力强武，坚甲利兵，鬼神之罚必胜之。"（《墨子·明鬼下》）

　　A. 明，罚　　　　　　　　　　B. 罚，明

　　C. 明矣，罚矣　　　　　　　　D. 罚矣，明矣

30. 子墨子曰："故命上不利于_____，中不利于_____，下不利于_____。而强执此者，此特凶言之所自生，而暴人之道也！"（《墨子·非命

上》）

    A. 君，臣，民   B. 天，鬼，人

    C. 人，天，鬼   D. 天，人，鬼

31. 子墨子曰："暴乱之人也得活，_____，是为群残父母而深贱世也，不义莫大焉。"（《墨子·非儒下》）

    A. 天下之害不除矣

    B. 天下害不除

    C. 天下之害不除也

    D. 天下害以除乎

【答案】

27. A   28. C   29. A   30. B   31. B

【释义】

27. 墨子说："只着力于空谈而很少行动的人，即使善于辩论，也没有人听从他；出力很多却爱夸耀功劳的人，虽然辛苦，却没有人认可他。"

28. 墨子说："因此可以知道，天是希望人们互相关爱、互相帮助，而不希望人们互相憎恶、互相残害的。"

29. 墨子说："所以鬼神圣明，人们即使在幽涧深谷、山林大湖也不可做坏事，因为鬼神圣明，什么事情都能知道。即使做坏事的人富有高贵、人多势众、勇猛威武、铠甲坚固、兵器锐利，也不能抵挡鬼神的惩罚，鬼神的惩罚一定能胜过他们。"

30. 墨子说："命中注定的说法，上不利于天，中不利于鬼，下不利于人，顽固地坚持这种说法，简直是凶险言论产生的根源，残害人的邪道！"

31. 墨子说："那么残暴作乱的人就得以活命，天下的祸害也没有除掉，这是残害民众的父母并且深深地残害天下的人，没有比这更大的不义了。"

32. 子墨子曰："是故置本不安者，无务_____。"（《墨子·修身》）

  A. 来远   B. 外交

  C. 多业   D. 丰末

33. 子墨子曰："凡君之所以安者，_____? 以其行理也，行理性于染当。"（《墨子·所染》）

  A. 何乎   B. 何也

  C. 乎哉   D. 何哉

34. 子墨子曰："爱人利人以得福者有矣，恶人贼人以得祸者_____有_____。"（《墨子·法仪》）

  A. 亦，矣   B. 也，矣

  C. 亦，哉   D. 也，矣

35. 子墨子曰："_____? 当皆法其父母奚若? 天下之为父母者众，而仁者寡，若皆法其父母，此法不仁也。法不仁，不可以为法。当皆法其学奚若? 天下之为学者众，而仁者寡，若皆法其学，此法不仁也。法不仁，不可以为法。当皆法其君奚若? 天下之为君者众，而仁者寡。若皆法其君，此法不仁也。法不仁，不可以为法。"（《墨子·法仪》）

  A. 然奚以为治法可乎

  B. 然则悉以为治法而可

  C. 悉以为治法哉

  D. 以奚为治法而可

【答案】

32. D   33. B   34. A   35. B

【释义】

32. 墨子说："所以，根基树立不牢的人，不要期望有茂盛的枝叶。"

33. 墨子说：“是因为他们行事合理，行事合理来自受到的熏染得当。”

34. 墨子说：“关爱别人因而得福的人有，而憎恶别人残害别人因而得祸的人也有啊！”

35. 墨子说：“那么，以什么为做事的法度才行呢？倘若都效法父母会怎么样呢？天下做父母的很多，但是仁爱的人很少，如果都效法自己的父母，就是效法不仁爱的人。效法不仁爱的人，是不可以作为法度的。如果都效法自己的老师会怎么样呢？天下做老师的很多，但是仁爱的人很少，如果都效法自己的老师，就是效法不仁爱的人。效法不仁爱的人，是不可以作为法度的。如果都效法自己的国君会怎样呢？天下做国君的人很多，但是仁爱的人很少，如果都效法自己的国君，就是效法不仁爱的人。效法不仁爱的人，是不可以作为法度的。”

36. 子墨子曰：“江河之水，非一源之水_____；千镒之裘，非一狐之白_____。”（《墨子·亲士》）

    A. 也，也　　　　　　　　　B. 乎，哉

    C. 也，哉　　　　　　　　　D. 乎，也

37. 子墨子曰：“言无务_____多而务为智，无务_____文而务为察。”（《墨子·修身》）

    A. 其，其　　　　　　　　　B. 其，为

    C. 为，为　　　　　　　　　D. 为，其

38. 子墨子曰：“故君子力事日强，_____欲日逾，设壮日盛。”（《墨子·修身》）

    A. 愿　　　　B. 安　　　　C. 然　　　　D. 且

39. 子墨子曰：“古之民未知为衣服时，衣皮带茭，冬则不轻而温，夏则不轻而清。圣王以为不中人之情，故作，诲妇人治丝麻，梱布绢，以为民衣。为衣服之法：冬则练帛之中，足以为轻且暖；夏则絺绤之中，足以为轻且清。谨此则止。故圣人之作，为衣服带履，便于身，_____。为衣服，适身体，和

肌肤而足矣，非荣耳目而观愚民也。故民衣食之财，家足以待旱水凶饥者，何也？得其所以自养之情，_____。"（《墨子·辞过》）

A. 不以为辟怪也，而不感于外也

B. 无以辟怪哉，然不感于外也

C. 无以辟怪也，则不感于外也

D. 不以为辟怪矣，然不感于外也

【答案】

36. A　37. C　38. A　39. A

【释义】

36. 墨子说："长江黄河的水不是来自一源头，价值千金的皮衣也不是一只狐狸腋下的毛所织成。"

37. 墨子说："话不在多而在于机智，不在文雅而在于明确。"

38. 墨子说："所以君子努力做事就会日渐强大，安于嗜欲就日渐苟且，恭敬庄重就日益繁盛。"

39. 墨子说："上古的百姓还不知道做衣服时，披着兽皮，用草绳当腰带，冬天不轻软也不温暖，夏天不轻巧也不凉爽。圣王认为这不适合人之常情，因此出来，教妇女们整治丝麻，纺织布匹，来作为人们的衣服。制作衣服的原则是：冬天用素色的帛做内衣，完全可以达到轻软温暖的目的；夏天用葛布做内衣，完全能达到轻巧凉爽的目的，这样就行了。所以圣人出现，制作衣服，腰带和鞋子，是为了便于保护身体，不是为了着装怪异。做衣服，只要与身体合适，使肌肤舒适就足够了，并不是让人观赏，听人赞叹来愚弄人民的。所以人民用于衣食的财物，家家都足够应付旱灾水灾的变故，这是为什么呢？因为他们懂得了自己生存的情况，而不为外界动心。"

40. 子墨子曰："亲戚不附，无务_____。"（《墨子·修身》）

A. 多业　　　　B. 来远　　　　C. 博闻　　　　D. 外交

41. 子墨子曰："善无主于心者不留，_____。"（《墨子·修身》）

A. 誉不可巧而立也　　　　　　B. 名不可简而成也

C. 行莫辩于身者不立　　　　　D. 反之身者也

42. 子墨子曰："故浸淫之_____，其类在鼓栗。"（《墨子·大取》）

A. 词　　　　B. 辞　　　　C. 言　　　　D. 语

43. 子墨子曰："名不徒生_____誉不自长，功成名遂。"（《墨子·修身》）

A. 而　　　　B. 则　　　　C. 且　　　　D. 其

44. 子墨子曰："推类之难，说在之_____。"（《墨子·经下》）

A. 多少　　　　　　　　　　B. 易也

C. 非易也　　　　　　　　　D. 大小

45. 子墨子曰："推也者，以其所不取之，同于其所取者，_____。"（《墨子·小取》）

A. 然也　　　　　　　　　　B. 则其类也

C. 予之也　　　　　　　　　D. 与之也

【答案】

40. D　41. C　42. B　43. A　44. D　45. C

【释义】

40. 墨子说："亲戚都不归附，也就不要对外办交际。"

41. 墨子说："一种善行没有内心的支持就不会坚持长久，一种行为如果得不到自身的了解就无法树立。"

42. 墨子说："有夸张不实之词，这类言辞的目的在于蛊惑人心。"

43. 墨子说："名声不是凭空产生的，赞誉也不会自己增长，只有成就了功业，名声才会到来。"

44. 墨子说："类推事物、道理是困难的，因为概念有大小的区别。"

45. 墨子说："推究，是用对方所不赞成的，与对方所赞成的等同并论，使对方陷于自相矛盾。"

剑格（春秋）

46. 子墨子曰："天之爱人也，_____于圣人之爱人也；其利人也，_____于圣人之利人也。"（《墨子·大取》）

A. 厚，薄　　　　　　　　　　B. 大，小

C. 薄，厚　　　　　　　　　　D. 博，厚

47. 子墨子曰："子不学则人将笑子，_____劝子于学。"（《墨子·公孟》）

A. 则　　　　B. 其　　　　C. 故　　　　D. 然

48. 巫马子谓子墨子曰："子之为义也，人不见而助，鬼不见而富，而子为之，有狂疾！"

子墨子曰："今使子有二臣于此，其一人者见子从事，不见子则不从事；其一人者见子亦从事，不见子亦从事，子谁贵于此二人？"

巫马子曰："我贵其见我亦从事，不见我亦从事者。"

子墨子曰："_____，是子亦贵有狂疾者。"（《墨子·耕柱》）

A. 然则　　　　B. 是故　　　　C. 是以　　　　D. 然而

49. 子墨子曰："教人学而执有命，是犹_____人葆而去亓冠也。"（《墨子·公孟》）

A. 其　　　　B. 令　　　　C. 让其　　　　D. 命

50. 子墨子曰："百门而_____一门焉，则盗何遽无从入哉？"（《墨子·公孟》）

A. 闭　　　　　B. 开　　　　　C. 关　　　　　D. 合

【答案】

46. C　47. C　48. A　49. D　50. A

【释义】

46. 墨子说："上天爱人，比圣人爱人要淡薄；上天给予人的利益，远比圣人给予人的利益要厚重。"

47. 墨子说："你若不学习，那么别人就会讥笑你，所以劝你学习。"

48. 巫马子对墨子说："您做义事，人们没有看见您做义事来帮助您，鬼神也没有看到您做义事来福佑你，但您还是这么做，您是有疯病吧！"

墨子说："现在如果你有两个家臣在这里，其中一个人见到你就做事，见不到你就不做事；另一个人见到你就做事，见不到你也做事，你在这两个人中器重谁？"

巫马子说："我器重那个见到我做事、不见到我也做事的人。"

墨子说："这样的话，你也器重有疯病的人。"

49. 墨子说："教人学习却坚持有天命的观点，这就好像叫人包起头发来却又去掉了他的帽子。"

50. 墨子说："好比有一百扇门而只关上一扇，那么盗贼怎么就会没有地方进去呢？"

51. 子墨子曰："天下之所以生者，以先王之道教也，今誉先王，是誉天下之所以生也。可誉而不誉，_____。"（《墨子·耕柱》）

A. 非仁也　　　　　　　　　　B. 仁者乎

C. 为仁乎　　　　　　　　　　D. 非仁乎

52. 子墨子曰："不足以_____而常之，是荡口也。"（《墨子·贵义》）

A. 其行　　　B. 覆实　　　C. 迁行　　　D. 履行

53. 子墨子曰："而义可以利人，故曰，义天下之_____。"（《墨子·耕柱》）

    A. 良宝也   B. 珍宝也

    C. 良宝矣   D. 珍宝矣

54. 子墨子言曰："_____其力者生，不_____其力者不生。"（《墨子·非乐上》）

    A. 赖，赖   B. 懒，懒

    C. 依，依   D 懒，依

55. 子墨子曰："故所为_____，利于人谓之巧，不利于人谓之拙。"（《墨子·鲁问》）

    A. 事   B. 功也   C. 巧   D. 事也

56. 子墨子曰："以此亏夺民衣食之财，仁者_____。"（《墨子·非乐上》）

    A. 不为也   B. 弗为也   C. 不为矣   D. 弗为矣

【答案】

51. A 52. C 53. A 54. A 55. C 56. B

【释义】

51. 墨子说："天下人之所以能生存，是因为用先王的原则来教化的结果。现在称颂先王，就是称颂天下人所赖以生存的东西。该称颂的却不称颂，这就是不仁。"

52. 墨子说："言论不能改变行动而又崇尚它，那就是说空话。"

53. 墨子说："而义能够让民众得利，所以说，义是天下值得珍视的宝物。"

54. 墨子说："人依靠自己的力量人才能生存，不依靠自己的力量人就不能生存。"

55. 墨子说："所做的事，有利于人就叫作巧，不利于人就叫作拙。"

56. 墨子说："如果因为这些而损害夺取人民的衣食之资，仁义的人是不会去做的。"

57. 子墨子曰："士虽有_____，而行为本焉。"（《墨子·修身》）

A. 识　　　　　B. 问　　　　　C. 才　　　　　D. 学

58. 子墨子言曰："_____，兼相爱，交相利，必得赏；_____，别相恶，交相贼，必得罚。"（《墨子·天志上》）

A. 顺天意者，反天意者　　　　B. 以其力者，依命运者

C. 以其力者，顺天意者　　　　D. 反天意者，顺天意者

59. 子墨子曰："举物而暗，无务_____。"（《墨子·修身》）

A. 多业　　　　B. 来远　　　　C. 博闻　　　　D. 丰末

60. 子墨子曰："命者，暴王所作，穷人所术，非仁者之_____也。"（《墨子·非命下》）

A. 词　　　　　B. 辞　　　　　C. 言　　　　　D. 所为

61. 子墨子曰："今子非_____也，岂能成学又成射哉？"（《墨子·公孟》）

A. 臣　　　　　B. 国士　　　　C. 士　　　　　D. 圣人

62. 子墨子曰："今_____之用身，不若商人之用一布之慎也。"（《墨子·贵义》）

A. 士　　　　　B. 民　　　　　C. 臣　　　　　D. 众人

【答案】

57. D　58. A　59. C　60. C　61. B　62. A

【释义】

57. 墨子说："做官虽然讲究才学，但还是以品行为本。"

58. 墨子说："顺从天意的人，相互关爱，交相得利，必定会得到奖赏。违反天意的人，互相厌恶，交相残害，必定会得到处罚。"

59. 墨子说："举一个事物尚且不明白，就不要追求见多识广。"

60. 墨子说："命中注定的说法，是残暴君王捏造的，是穷人传播的，不是仁义之士的言论。"

61. 墨子说："现在你们不是国人的勇士，怎么能既学好学业又学好射箭呢？"

62. 墨子说："现今的士人用身于世，还不如商人使用一枚钱币时谨慎。"

（三）军事名言

1. 子墨子曰："国离寇敌则伤，民见凶饥则亡，_____。"（《墨子·七患》）

A. 皆以备不具之罪矣　　　　　B. 此皆备不具之罪也

C. 是以备不具之罪也　　　　　D. 然以备不具之罪矣

2. 子墨子曰："仓无备粟，不可以待凶饥。库无备兵，虽有义，不能征无义。城郭不备完，不可以自守。心无备虑，_____。"（《墨子·七患》）

A. 不可应敌也　　　　　　　　B. 无以应卒矣

C. 不可以应卒　　　　　　　　D. 将无可应卒

3. 禽子再拜再拜曰："敢问守道？"

子墨子曰："姑亡，姑亡。古有亓术者，内不亲民，外不约治，以少闲众，以弱轻强，身死国亡，为天下笑。_____。"（《墨子·备梯》）

A. 子将慎之，恐为身姜也

B. 君将慎之，吾恐为身僵也

C. 君亓慎之，然恐为身僵矣

D. 子亓慎之，恐为身姜

4. 子墨子言曰："凡大国之所以不攻小国者，积委多，城郭修，上下调和，

是故大国不耆攻之。无积委，城郭不修，上下不调和，_____。"（《墨子·节葬下》）

A. 是故大国耆攻之　　　　　　B. 然大国耆攻之

C. 是以大国耆攻之　　　　　　D. 则大国耆攻之矣

【答案】

1. B　2. C　3. D　4. A

【释义】

1. 墨子说："国家一旦遭受到敌国入侵就会丧国，百姓一旦遇到饥荒就会流亡，这都是储备做得不好的罪过。"

2. 墨子说："粮仓里没有储备的粮食，就不能应付饥荒。武库里没有准备好的兵器，即使是正义之师也不能征伐不义的军队。城郭的防备若不完善，就无法守卫。心中没有长远的思虑，就不能应付猝然的变故。"

3. 禽滑釐又行了两次再拜礼说："请问守城的方法。"

墨子说："先不要问，先不要问。古代有懂得守城之道的人，但对内不亲厚百姓，对外不结交诸侯，以自己一个国家去反间别的众多的国家，自己力量弱小却轻视强大的国家，结果送命亡国，被天下人耻笑。你对此可要谨慎啊！恐怕你还会为此送命。"

4. 墨子说："凡是大国之所以不攻打小国的，必定是由于这个小国粮食储备充足，城郭修筑得坚固，上下和谐一心，所以大国不至于攻打它。如果粮食没有储备，城郭不修缮，上下不和谐一心，那么大国就会去攻打它。"

5. 子墨子曰："然则守者必善而君尊用之，_____。"（《墨子·备城门》）

A. 然后将可守矣　　　　　　B. 方可守也

c. 然后可以守也　　　　　　D. 则可以守也

6. 子墨子曰：“人劳我逸，_____我甲兵强。”（《墨子·非攻下》）

A. 则　　　　　　B. 然　　　　　　C. 其　　　　　　D. 故

7. 子墨子言曰：“昔越王勾践好士之勇，教驯其臣，和合之，焚舟失火，试其士曰：‘越国之宝尽在此！’越王亲自鼓其士而进之。其士闻鼓音，_____，蹈火而死者，左右百人有余。越王击金而退之。”（《墨子·兼爱中》）

A. 碎和合也　　　　　　　　　B. 破和合也

C. 和合乱行　　　　　　　　　D. 破碎乱行

8. 子墨子曰：“有谗人，有利人，有恶人，有善人，有长人，有谋士，有勇士，有巧士，有使士，有内人者，有外人者，有善人者，有善门人者，守必察其所以然者，_____。”（《墨子·杂守》）

A. 是故乃内之　　　　　　　　B. 应名乃内之

C. 则应名用之　　　　　　　　D. 然后应名用之

9. 子墨子曰：“我城池修，守器具，推粟足，_____，又得四邻诸侯之救，此所以持也。”（《墨子·备城门》）

A. 上下相亲　　　　　　　　　B. 上下一致

C. 君臣兼爱　　　　　　　　　D. 君臣一致

【答案】

5. C　6. A　7. D　8. B　9. A

【释义】

5. 墨子说：“防守者必须善于防守，而且又得到国君的尊敬与重用，这样才能长期坚守。”

6. 墨子说：“敌人疲劳而我方安逸，那么我方的兵力就会加强。”

7. 墨子说：“以前越王勾践喜欢武士的勇敢，为了教训臣子尚武，先把他们集合起来，然后放火烧船，并试探他的武士说：'越国的宝贝全在这儿！'于是，越王勾践亲自擂鼓来激励武士们前进。他的武士听到鼓声，都乱了阵脚不顾次序，冲到火中被火烧死的，大约有一百多人。这时越王勾践才鸣金收兵。"

8. 墨子说："世上有好挑拨离间的人，有好利的人，有凶恶的人，有善良的人，有具有专长的人，有谋士，有勇士，有掌握技术的人，有能够奉命出使的人，有能容人的人，有不容人的人，有善于待人的人，有善于守门的人，守城的长官一定要考察清楚这些人为什么是这样，然后根据实际情况接纳并使用他们。"

9. 墨子说："我方城墙与护城河修得好，防守器械具备，柴草粮食充足，军民上下相亲相爱，又能够得到四邻诸侯的救援，这就是可以长期守卫的条件。"

10. 子墨子曰："养勇高奋，民心百倍，多执数少，_____。"（《墨子·杂守》）

   A. 士非怠也   B. 卒非怠也

   C. 士乃不怠   D. 卒乃不殆

11. 子墨子曰："君自以为圣智，_____，自以为安强，_____，四邻谋之不知戒。"（《墨子·七患》）

   A. 而不行政，而不守备   B. 则不问事，而不守备

   C. 而不问事，而无守备   D. 而不行政，而不守备

12. 子墨子曰："故备者，国之重也；食者，国之宝也；兵者，国之爪也；城者，_____。"（《墨子·七患》）

   A. 则为自守矣   B. 然后可以守也

   C. 可以守也   D. 所以自守也

13. 鲁君谓子墨子曰："吾恐齐之攻我也，可救乎？"

子墨子曰："可。昔者，三代之圣王禹汤文武，百里之诸侯也，说忠行义，取天下。三代之暴王桀纣幽厉，雠怨行暴，失天下。吾愿主君之上者尊天事鬼，

下者爱利百姓，厚为皮币，卑辞令，亟遍礼四邻诸侯，驱国而以事齐，患可救也。_____。"（《墨子·鲁问》）

A. 非将为者不可也 　　　　　　B. 莫将为者无可也

C. 非愿无可为者 　　　　　　　D. 莫愿不可以为者也

【答案】

10. D　11. C　12. D　13. C

【释义】

10. 墨子说："培养士兵高昂的士气，民众也信心百倍，多抓俘虏就多给奖赏，这样士兵就不会懈怠。"

11. 墨子说："国君自以为神圣聪明，而不去咨询官吏，自以为国家安定强大，而不注重防守，周围的邻国图谋侵略他却不知道戒备。"

12. 墨子说："所以，储备是国家最重要的事；粮食是国家的宝物；武器是国家的利爪；城池是守卫国家的屏障。"

13. 鲁国国君对墨子说："我担心齐国来攻打我们鲁国，能解救吗？"

墨子说："可以。从前夏商周三代的圣王夏禹、商汤、周文王、周武王，不过是领土只有一百里见方的诸侯，他们喜欢忠臣、推行仁义，终于取得了天下。夏商周三代的暴君夏桀、商纣、周幽王、周厉王，把对自己有怨言的人当作仇人、施行暴政，最终失去了天下。我希望主君您对上能尊敬上天敬事鬼神，对下能爱护并造福百姓，多准备钱财，要用谦卑的言论，赶快向所有周边的诸侯表示敬意，驱使全国的民众都共同来对付齐国，忧患就可以救免了。不是说就没有办法了。"

14. 子墨子曰："所_____者不忠，所_____者不信。"（《墨子·七患》）

A. 信，忠 　　　　　　　　　　B. 忠，信

C. 谓仁，谓义   D. 谓义，谓仁

15. 公输盘为楚造云梯之械，成，将以攻宋。子墨子闻之，起于，齐行十日十夜而至于郢，见公输盘。

公输盘曰："夫子何命焉为？"

子墨子曰："北方有侮臣，愿藉子杀之。"

公输盘不悦。

子墨子曰："请献十金。"

公输盘曰："吾义固不杀人。"

子墨子起，再拜曰："请说之。_____。宋何罪之有？荆国有余于地，而不足于民，杀所不足，而争所有余，不可谓智；宋无罪而攻之，不可谓仁；知而不争，不可谓忠；争而不得，不可谓强；义不杀少而杀众，不可谓知类。"

公输盘服。

子墨子曰："然乎？不已乎？"

公输盘曰："不可。吾既已言之王矣。"

子墨子曰："胡不见我于王？"

公输盘曰："诺。"（《墨子·公输》）

A. 吾闻子为梯，用以攻宋

B. 吾从北方闻子为梯，将以攻宋

C. 吾闻子为梯，将以攻宋矣

D. 吾从北方闻子为梯，用以攻宋也

【答案】

14. A   15. B

【释义】

14. 墨子说："信任的人并不忠诚，忠诚的人却得不到信任。"

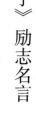

15. 公输盘为楚国制造攻城的云梯，造成后，准备用它来攻打宋国。墨子听说后，从鲁国动身，赶了十天十夜的路，到达了郢，见到公输盘。

公输盘说："先生有何见教？"

墨子说："北方有个侮辱我的人，我想拜托你把他杀掉！"

公输盘听了很不高兴。

墨子说："我奉送十镒黄金。"

公输盘说："我讲义，不随便杀人。"

墨子站起来，对公输盘拜了两次说："请听我说说义。我在北方听说你制造成了云梯，准备用来攻打宋国。宋国有什么罪过呢？楚国土地有余，而人口不足，牺牲自己本来不足的人民，去争夺本来有余的土地，不能算作有智慧；宋国没有罪却要攻打他，这不能说是仁；知道了这道理却不去诤谏，不能算作忠；诤谏了却达不到目的，不能算作强；你讲义而不愿意杀那个人，却要去杀宋国众多的人，不能算作明了事理。"

公输盘被说服了。

墨子说："你赞同吗？那为什么不停止呢？"

公输盘说："不行。我已经说给楚王了。"

墨子说："为什么不把我引荐给楚王呢？"

公输盘说："好的。"

16. 子墨子曰："故时年岁善，＿＿＿＿＿＿；时年岁凶，＿＿＿＿＿＿。"（《墨子·七患》）

A. 则民仁且良，则民吝且恶

B. 然民仁则良，然民吝则恶

C. 其民仁且良，其民仁且恶

D. 是以民仁则良，是以民吝则恶

17. 齐将伐鲁，子墨子谓项子牛曰："伐鲁，齐之大过也。昔者，吴王东伐越，栖诸会稽；西伐楚，葆昭王于随；北伐齐，取国子以归于吴。诸侯报其雠，百姓苦其劳，而弗为用，是以国为虚戾，身为刑戮也。昔者，智伯伐范氏与中行氏，兼三晋之地，诸侯报其雠，百姓苦其劳，而弗为用，是以国为虚戾，身为刑戮用是也。故大国之攻小国也，＿＿＿＿＿＿，过必反于国。"（《墨子·鲁问》）

A. 是交相贼也   B. 以交相害也

C. 是交相害矣   D. 以交相贼矣

18. 子墨子曰："守为行堞，堞高六尺而一等，施剑亓面，以机发之。＿＿＿＿＿＿，＿＿＿＿＿＿。爵穴三尺而一，蒺藜投必遂而立，以车推引之。"（《墨子·备梯》）

A. 冲至则去也，不至而施也

B. 冲之则去也，莫至而施也

C. 冲至而去之，莫至而施之

D. 冲至则去之，不至则施之

【答案】

16. A   17. A   18. D

【释义】

16. 墨子说："所以，在收成好的年头，百姓就仁义善良；遇到荒年，那么百姓也会吝啬而凶恶。"

17. 齐国将要攻打鲁国，墨子对齐国的将领项子牛说："攻打鲁国，是齐国的大错。从前，吴王夫差向东攻打越国，迫使越王勾践退守会稽；向西攻打楚国，迫使楚人保护楚昭王逃到随国；向北攻打齐国，俘虏了齐国的将军国书回到吴国。结果诸侯来找他报仇，老百姓也感到劳苦，不肯为他效力，因此国家灭亡，自己也被杀死。从前，智伯瑶攻打范氏与中行氏，兼并了晋国三家的领土，结果诸侯前来报仇，老百姓也感到劳苦，不肯为他效力，因此国家灭亡，自己也被杀。所以大国攻打小国，那是互相残害，大国的错误必然反过来使其本国受害。"

18. 墨子说："防守云梯还要在城墙上加筑临时的矮墙'堞'，各处都一样建六尺高，在墙外安剑，用机器发射。敌方若有冲撞机上来便撤去，没有冲撞机就用它。矮墙下开小小的洞穴，每三尺一个，蒺藜投一定要对应敌人的阵形摆放，用车推出去再拉回来，可以反复使用。"

19. 禽子再拜顿首，愿遂问守道，曰："敢问客众而勇，烟资吾池，军卒并进，云梯既施，攻备已具，武士又多，争上吾城，为之奈何？"

子墨子曰："问云梯之守邪？云梯者，重器也，亓动移甚难。_____，以环亓中。以适广陕为度，环中藉幕，毋广亓处。行城之法，高城二十尺，上加堞，广十尺，左右出巨各二十尺，高、广如行城之法。为爵穴煇鼠，施苔亓外。机、冲、栈、城，广与队等，杂亓间以镌、剑，持冲十人，执剑五人，皆以有力者。令案目者视适，以鼓发之，夹而射之，重而射之，披机藉之，城上繁下矢、石、沙、炭以雨之，薪火、水汤以济之。审赏行罚，以静为故，_____。若此，则云梯之攻败矣。"（《墨子·备梯》）

　A. 守以行城，杂楼相间；从事之急，无使生虑

　B. 守为行城，杂楼相见；从之以急，毋使生虑

　C. 守以行城，杂楼相间；从事之急，毋使生虑

　D. 守为行城，杂楼相见；从之以急，无使生虑

20. 子墨子曰："故曰以其极役，修其城郭，则民劳而不伤；以其常正，收其租税，则民费而不病。_____，_____。"（《墨子·七患》）

　A. 民之所苦非此矣，其苦于厚作敛于百姓

　B. 民所苦矣非此也，其苦于敛于百姓之厚也

　C. 民所苦者非此也，苦于厚作敛于百姓

　D. 民所苦者非此矣，苦于敛于百姓之厚也

【答案】

19．B　20．C

【释义】

19．禽滑釐又拜两次再伏地叩头，希望能弄清守城的办法，说："请问如果攻城一方兵士众多又勇敢，填埋了我方护城池，军士一齐进攻，攻城的云梯架起来了，进攻的武器已安排好，勇敢的士兵又很多，争先恐后爬上我方城墙，该如何对付呢？"

墨子说："你问的是对云梯的防守吗？云梯是很重的攻城器械，它的移动十分困难。守城一方可在城墙上筑起行城，中间加些杂楼，把自己环围起来。其间要留有适度的宽窄，其中要拉上幕，因此不要过宽。筑行城的方法是：行城高出原城墙二十尺，上面再加筑矮墙，宽十尺，左右各伸出二十尺，高度、宽度与行城标准相同。城墙下要开凿像雀巢、鼠穴一样大小的洞孔，孔外安置铁蒺藜。供投掷的技机、抵挡冲撞的冲撞车、外出救援用的行栈、临时用行城等器械，其排列的宽度应与敌人进攻的广度相等。在这些器械之间还要夹杂拿着凿子和斫刀的人，十人掌握冲击云梯的冲车，五人手里拿着斫刀，都选用非常有力气的人。再命令能仔细瞭望的士兵观测敌情，用鼓声来发出号令，或从两边向敌人射击，或重点向一个地方射击，或借助技机向敌人投掷，城上像下雨一样把箭矢、石头、沙子和炭灰投下，再把火把和热水往下灌。同时赏罚严明，处事镇静，但又要当机立断，不要发生其他变化。如果能这样，那云梯的攻法就被打败了。"

20．墨子说："所以说，按正常的劳役，去修城郭，百姓虽然劳累却不伤民力；按正常的征税标准，去收取租税，百姓虽然破费却不至于困苦。老百姓所感到痛苦的并不是这些，而是苦于对百姓的横征暴敛。"

21．子墨子见齐大王曰："今有刀于此，试之人头，＿＿＿＿＿？"

大王曰："利。"

子墨子曰："多试人之头，倅然断之，可谓利乎？"

大王曰："利。"

子墨子曰："刀则利矣，孰将受其不祥？"

大王曰："刀受其利，试者受其不祥。"

子墨子曰："并国覆军，贼杀百姓，孰将受其不祥？"

大王俯仰而思之曰："我受其不祥。"（《墨子·鲁问》）

A. 促然断也，可谓利哉　　　　B. 促然断之，可谓利也

C. 倅然断之，可谓利乎　　　　D. 倅然断也，可谓利哉

22. 鲁阳文君将攻郑，子墨子闻而止之，谓鲁阳文君曰："今使鲁四境之内，大都攻其小都，大家伐其小家，杀其人民，取其牛马狗豕布帛米粟货财，则何若？"

鲁阳文君曰："鲁四境之内，皆寡人之臣也。今大都攻其小都，大家伐其小家，夺之货财，则寡人必将厚罚之。"

子墨子曰："_____，亦犹君之有四境之内也。今举兵将以攻郑，天诛亓不至乎？"（《墨子·鲁问》）

A. 是以天之兼有天下也

B. 然天之兼有天下

C. 夫天之兼有天下也

D. 其天之兼有天下

【答案】

21. C　22. C

【释义】

21. 墨子去见齐太王说："现在有把刀在这里，用它来试砍人头，一下子就

砍断了，可以称得上锋利吗？"

齐太王说："锋利。"

墨子说："多次试着砍人头，都是一下子就砍断了，可以称得上锋利吗？"

齐太王说："锋利。"

墨子说："刀算是试出锋利了，但谁将因此而得到不祥呢。"

齐太王说："刀展示了锋利，而试刀砍头的人将遭到不祥。"

墨子说："兼并别的国家、消灭别国的军队、残杀无辜的百姓，谁将因此而得到不祥呢？"

齐太王低下头思考后抬头说："我将遭到不祥。"

22. 鲁阳文君将要攻打郑国，墨子听说后就去制止他，并对鲁阳文君说："现在假如让鲁阳的边境之内，大的城池攻打小的城池，大的家族打小的家族，屠杀人民，夺取牛马猪狗和布帛、米食、货物和钱财，会怎么样呢？"

鲁阳文君说："鲁阳边境之内，都是我的臣民。现在如果大的城池攻打小的城池，大的家族攻打小的家族，掠夺货物和钱财，那我必定要重重地惩罚他们！"

墨子说："上天拥有天下所有的土地，也就好像您拥有鲁阳边境之内的土地一样。现在您要发兵攻打郑国，上天的惩罚难道不会降临到您的头上吗？"

23. 子墨子曰："县火，四尺一钩枳，五步一灶，灶门有炉炭。令适人尽入，辉火烧门，县火次之。出载而立，亓广终队。两载之间一火，皆立而待鼓而然火，即具发之。适人除火而复攻，县火复下，适人甚病，故引兵而去。则令我死士左右出穴门击遗师，令贲士、主将皆听城鼓之音而出，又听城鼓之音而入。因素出兵施伏，夜半城上四面鼓噪，适人必或。有此必破军杀将。以白衣为服，以号相得，若此，_____。"（《墨子·备梯》）

A. 则云梯之攻败矣　　　　B. 然云梯之攻必败

C. 其云梯之攻必败也　　　D. 故云梯之攻必败也

24. 鲁阳文君曰："先生何止我攻郑也？我攻郑，顺于天之志。郑人三世杀其父，天加诛焉，使三年不全。_____。"

子墨子曰："郑人三世杀其父，而天加诛焉，使三年不全，天诛足矣。今又举兵将以攻郑，曰：'吾攻郑也，顺于天之志。'譬有人于此，其子强梁不材，故其父笞之，其邻家之父举木而击之，曰：'吾击之也，_____。'则岂不悖哉？"（《墨子·鲁问》）

A. 吾助天诛之，顺其父之志也

B. 我将助天诛也，顺其父之志哉

C. 我将助天诛也，顺于其父之志

D. 吾助天诛之，顺其父之意也

【答案】

23. A　24. C

【释义】

23. 墨子说："城头悬挂火具，每隔四尺设置一个挂火具的有钩的木桩，五步设一口灶，灶门备有炉炭。等敌人全部进入就放火烧门，接着投掷悬火。把作战器械从车中取出立放，其排放宽度与敌人的队伍相一致。两个兵车之间设一个悬火，掌火的人都站着等待攻击的鼓声，鼓声一响就立即点火，并同时快速地把悬火投掷出去。敌人如果把悬火除去并再次进攻，就再次投掷悬火，敌人很头痛，因此就会撤兵而去。这时就可以命令我军的敢死队从左右出穴门追击遁逃的敌军。命令我方的勇士与主将都要听从城头的鼓声出城进攻，也要听从鼓声的指挥撤回城里。这时也仍然要设置埋伏，半夜的时候城头上再四面击鼓呐喊，敌人必然迷惑。能做到这些就可以打败敌军并擒杀敌军将领。当然，要统一穿白衣，要有号令来联络，如果做到这些，那么用云梯来攻城就会失败。"

24. 鲁阳文君说："先生为什么要阻止我攻打郑国呢？我攻打郑国，是顺从上天的意志啊！郑国人已经有三代把自己的国君杀了，上天对他们进行了惩罚，使他们三年年成不好，我将帮助上天惩罚他们。"

墨子说："郑国人有三代把自己的国君杀了，上天已经惩罚了他们，使他们三年年成不好，上天的惩罚已经足够了。现在您又发兵将要攻打郑国，说：'我攻打郑国，是顺从上天的意志。'就好像这里有个人，他的儿子蛮横强悍不成才，因此他的父亲鞭打他，他们的邻居家的父亲也举起木棍来打他，说：'我打他，是顺从他父亲的意志。'这岂不是很荒谬吗？"

25. 子墨子见王，曰："今有人于此，舍其文轩，邻有敝舆，而欲窃之；舍其锦绣，邻有短褐，而欲窃之；舍其粱肉，邻有糠糟，而欲窃之。此为何若人？"王曰："必为有窃疾矣。"

子墨子曰："荆之地方五千里，宋之地方五百里，此犹文轩之与敝舆也；荆有云梦，犀兕麋鹿满之，江汉之鱼鳖鼋鼍为天下富，宋所为无雉兔狐狸者也，此犹粱肉之与糠糟也；荆有长松、文梓、楩楠豫章，宋无长木犹锦绣之与短褐也。_____，_____。"

王曰："善哉！虽然，公输盘为我为云梯，必取宋。"（《墨子·公输》）

A. 臣用三事与攻宋比也，为与此同类

B. 臣用三事与攻宋比也，以此与同

C. 臣以三事与攻宋比也，以此与同

D. 臣以三事之攻宋也，为与此同类

26. 子墨子解带为城，以牒为械，公输盘九设攻城之机变，子墨子九距之。公输盘之攻械尽，墨子之守圉有余。公输盘诎，而曰："吾知所以距子矣，吾不言。"

子墨子亦曰："吾知子之所以距我，吾不言。"楚王问其故，子墨子曰："公输子之意，不过欲杀臣。杀臣，宋莫能守，可攻也。然臣之弟子禽滑釐等三百人，已持臣守圉之器，在宋城上而待楚寇矣。虽杀臣，不能绝也。"楚王曰："善哉！_____。"（《墨子·公输》）

A. 吾请无攻宋矣　　　　　　　B. 寡人无攻宋也

C. 我将无攻宋矣　　　　　　　D. 吾未攻宋也

【答案】

25. D　26. A

【释义】

25. 墨子见到楚王，说："现在有一个人在这里，舍弃自己华丽的彩车，邻居有破车，却想去偷；舍弃他锦绣的衣服，邻居有粗布衣服，却想去偷；舍弃他的精致的饭菜，邻居有糟糠，却想去偷。这是一个什么样的人呢？"楚王说："他必定得了偷窃的病。"

墨子说："楚国的土地方圆五千里，宋国的土地方圆五百里，这就像彩车与破车一样；楚国有云梦泽，犀牛麋鹿满地都是，长江汉水里出产的鼋鼍鼋鼍，可以说是天下最丰富的了，而宋国却是连野鸡、野兔和鲫鱼都没有的地方，这就像精致的饭菜与糟糠一样；楚国有高大的松树、优质的梓木和楩楠樟树，而宋国都没有像样的木材，这就像锦绣的衣服与粗布衣服一样。我用这三件事来比照攻打宋国的事，发现与此是同类的事。"

楚王说："说得好啊！即使这样，公输盘已经为我造好了云梯，我还是要攻打宋国。"

26. 墨子解下皮带做城池，用筷子做兵器，公输盘九次巧妙设置不同的器械来攻城，九次都被墨子抵挡住了。公输盘攻城的器械已经用尽了，而墨子守城的方法还绰绰有余。公输盘没有办法了，说："我知道用什么办法对付你了，我不说。"

墨子说："我知道你将用什么办法对付我，我也不说。"楚王问是什么缘故，墨子说："公输盘的意思，不过是想杀掉我。若杀掉我。宋国便没人能守城了，就可以攻打了。但是我的弟子禽滑釐等三百人，已经手持我守城的兵器，在宋国城头上等候楚兵的入侵了。即使杀死我，也无法消灭我守御的办法。"楚王说："好吧！我就不攻打宋国了。"

27. 子墨子谓鲁阳文君曰："攻其邻国，杀其民人，取其牛马、粟米、货财，则书之于竹帛，镂之于金石，以为铭于钟鼎，传遗后世子孙曰'莫若我多'。今贱人也，亦攻其邻家，杀其人民，取其狗豕食粮衣裘，亦书之竹帛，以为铭于席豆，以遗后世子孙曰'莫若我多'。亓可乎？"

鲁阳文君于："然，吾以子之言观之，_____，_____。"（《墨子·鲁问》）

A. 其天下可谓之事，未必然也

B. 其天下可谓之事，未能从也

C. 则天下之所谓可者，未必然也

D. 则天下可谓之事，未能从也

28. 子墨子曰："裾城外，去城十尺，裾厚十尺。伐裾，小大尽本断之，以十尺为传，杂而深埋之，坚筑，_____。二十步一杀，杀有一鬲，鬲厚十尺，杀有两门，门广五尺。裾门一，施浅埋，弗筑，令易拔。城希裾门而直桀。"（《墨子·备梯》）

A. 不可拔也　　　　　B. 毋使可拔

C. 莫能拔之　　　　　D. 无能拔也

29. 子墨子曰："赏赐不能喜，_____。"（《墨子·七患》）

A. 法仪莫威矣　　　　B. 诛罚不能威

C. 法度不能依　　　　D. 法仪不能威

【答案】

27. C　28. B　29. B

【释义】

27. 墨子对鲁阳文君说："诸侯攻打邻国，杀死邻国的民掠夺邻国的牛马、粮食、货物和钱财，并写在竹帛上，雕刻在金属和石头上，铸铭文在钟鼎上，留传给后世子孙说'都没有我掠夺的多'。现在那些民众，也去攻打他的邻居，杀死邻家的人，夺取人家的猪狗、粮食和衣服，也写在竹帛上，刻铭文在他家的祭器上，留传给后世子孙说'都没有我掠夺的多'。这样做可以吗？"

鲁阳文君说："是啊！我从你的话里知道，天下很多所谓可以做的事，未必都是可以做的啊！"

28. 墨子说："在城外十尺远的地方安置木篱，木篱的厚度为十尺。采伐木篱的方法是，无论大小，一律从根伐断，锯成十尺一段，间隔一段距离深埋于地中，要埋得很结实，不要让它能被拔出来。城墙上每隔二十步设置一个杀，每个杀都备一个鬲，鬲要有十尺宽，杀有两个门，门宽五尺。木篱设一个门，浅埋就可以，不用夯得太结实，要让它能容易被拔出来。城上对着木篱门的地方安置做标志的木桩。"

29. 墨子说："赏赐并不能让人欢喜，责罚也不能让人畏惧。"

30. 公输子削竹木以为鹊，成而飞之，三日不下，公输子自以为至巧。子墨子谓公输子曰："子之为鹊也，不如翟之为车辖。须臾刘三寸之木，而任五十石之重。故所为巧，_____谓之巧，_____谓之拙。"（《墨子·鲁问》）

    A. 利于人，不利于人　　　　　　B. 益人者，不益人者

    C. 利人之，害人之　　　　　　　D. 益人之，恶于人

31. 公输子自鲁南游楚，焉始为舟战之器，作为钩强之备：退者钩之，进者强之。量其钩强之长，而制为之兵。楚之兵节，越之兵不节，楚人因此若执，亚败越人。公输子善其巧，以语子墨子曰："我舟战有钩强，_____？"

子墨子曰："我义之钩强，贤于子舟战之钩强。我钩强我，钩之以爱，揣之以恭。弗钩以爱则不亲，弗揣以恭则速狎，狎而不亲则速离。故交相爱，交相恭，犹若相利也。今子钩而止人，人亦钩而止子，子强而距人，人亦强而距子。交相钩，交相强，犹若相害也。故我义之钩强，_____。"（《墨子·鲁问》）

    A. 莫知子义有钩强也，贤与子舟战之钩强也

B. 莫知子之义亦有钩强矣，贤于子舟战之钩强也

C. 不知子义有钩强也，贤与子舟战之钩强

D. 不知子之义亦有钩强乎，贤于子舟战之钩强

【答案】

30. A 31. D

【释义】

30. 公输盘用竹子削成了一只鹊，做成后便可以飞起来，三天不落下来，公输盘自以为这是最巧妙的制作了。墨子对公输盘说："你所做的鹊，还不如我造的车辖。一会儿就砍成三寸大小的木块，能承受五十石的重量。因此，要制造巧妙的器物，有利于人的才是真的巧妙，无益于人的可以称为拙。"

31. 公输盘从鲁国南游到楚国，于是开始制造用于船战的兵器，造出了钩镶这种兵器来装备：敌人后退就用钩钩住他，敌人前进就用镶顶住他。他估量了钩镶所需要的长度，制造成兵器。楚国的兵器适用，越国的兵器不适用，楚国人凭借这种兵器上的优势，多次打败越国人。公输盘很得意于他的技巧，以此对墨子说："我在船战时有钩镶，不知你的义也有钩镶吗？"

墨子说："我义的钩镶，要好于你船战时的钩镶。我的钩镶是以义为核心的，用爱来钩，用恭敬来镶。不用爱来钩就不会亲近，不用恭敬来镶就会轻慢，轻慢而不亲近就会很快离散。所以互相关爱，互相恭敬，就是互相得利。现在你用钩来使人停止，别人也用钩来使你停止；你用镶来推开别人，别人也用镶来推开你。大家互相钩，互相镶，就是互相残害啊！所以我的义钩镶，要好于你船战时的钩镶。"

（四）道德名言

1. 子墨子言曰："凡天下祸篡怨恨，其所以起者，以不相爱生也，

_____。"(《墨子·兼爱中》)

　　A．是以仁者非之　　　　　　　　B．仁者则非也

　　C．是以君子非之　　　　　　　　D．君子则非也

　　2．子墨子言曰："譬犹使人负剑，_____求其寿也。"(《墨子·节葬下》)

　　A．然　　　　　　B．则　　　　　　C．而　　　　　　D．以

　　3．子墨子曰："今小为非，_____；大为非攻国，则不知非，从而誉之，谓之义。"(《墨子·非攻上》)

　　A．而知则非之　　　　　　　　　　B．则知而非之

　　C．则知然非也　　　　　　　　　　D．而知而非也

　　4．子墨子言曰："_____，人必从而爱之；利人者，人必从而利之；恶人者，人必从而恶之；害人者，人必从而害之。"(《墨子·兼爱中》)

　　A．然爱人也　　　　　　　　　　　B．然爱人者

　　C．夫爱人者　　　　　　　　　　　D．其爱人者

　　5．子墨子言曰："古者圣王之为政也，言曰：'不义不_____，不义不_____，不义不_____，不义不_____。'"(《墨子·尚贤上》)

　　A．贵，富，亲，近　　　　　　　　B．富，贵，亲，近

　　C．贵，富，近，亲　　　　　　　　D．富，贵，近，亲

　　6．子墨子言曰："且夫义者政也，_____从下之政上，必从上之政下。"(《墨子·天志上》)

　　A．无　　　　　　B．其　　　　　　C．莫　　　　　　D．则

　　【答案】

　　1．A　2．C　3．B　4．C　5．B　6．A

　　【释义】

　　1．墨子说："凡是天下的祸患，掠夺与怨恨，之所以能出现，原因就在于

人们不相爱。因此，仁义的人认为这是不对的。"

2. 墨子说："就好像让人伏在剑刃上，而期望他能长寿一样。"

3. 墨子说："现在，对于做了很小错事的人，人们都知道他做错了并谴责他；对于犯了大的过错，以至于攻打别的国家的人，人们却不知道谴责他，反而跟着赞美这种行为，说这是义。"

4. 墨子说："关爱别人的人，别人也必定会关爱他；给别人利益的人，别人也必定会给他利益；憎恶别人的人，别人也必定憎恶他；残害别人的人，别人也必定残害他。"

5. 墨子说："古代的圣王制定政令时说，不义的人不能让他富裕，不义的人不能让他显贵，不义的人不能给他信任，不义的人不使他接近。"

6. 墨子说："再说，义就是匡正的意思，不能以下正上，必须是以上正下。"

7. 子墨子言曰："今若使天下之人_____信鬼神之能赏贤而罚暴也，则夫天下岂乱哉。"（《墨子·明鬼下》）

A. 偕若   B. 皆其

C. 皆若   D. 偕其

8. 子墨子曰："义者正也。_____？天下有义则治，无义则乱，我以此知义之为正也。"（《墨子·天志下》）

A. 何以知义之为正也   B. 以何知义之为正乎

C. 然则知义之为正也   D. 然知义之为正乎

9. 子墨子言曰："皆曰：吾上祖述尧舜禹汤文武之道者也。_____，行即相反。"（《墨子·节葬下》）

A. 然言即相非也   B. 则言为相非

C. 而言即相非   D. 其言相非

10. 子墨子曰："见淫辟_____，其罪亦犹淫辟者也。"（《墨子·尚同下》）

A. 而不以言也　　　　　　　B. 而不以告之

C. 然不言也　　　　　　　　D. 不以告者

11. 子墨子曰："故古之知者之为天下度也，必顺虑其_____而后为之行。_____。"（《墨子·非攻下》）

A. 义，是以动则不疑，速通成

B. 意，是以动则不疑，速通成

C. 义，则不疑速通

D. 意，则不疑速通

【答案】

7. A　8. A　9. C　10. D　11. A

【释义】

7. 墨子说："现在如果天下的人都相信鬼神能赏贤罚暴，那么天下怎么还会混乱！"

8. 墨子说："义就是公正。怎么知道义就是公正呢？天下实行仁义则得以治理，不行仁义则陷入混乱，因此我认为义就是公正。"

9. 墨子说："一个个都说：我是向上效法了尧、舜、夏禹、商汤、周文王、周武王的大道。但所说的话却是互相攻击的，所行的事是截然相反的。"

10. 墨子说："见到淫暴邪僻之事不报告的人，他的罪过也和淫暴邪僻者一样。"

11. 墨子说："古代的智者为天下出谋划策，一定要先考虑是否合乎道义，然后再实施。依此而行动，那就不会有任何疑虑，而政令能够迅速通达。"

12. 子墨子言曰："_____有义则生，无义则死；有义则富，无义则贫；有义则治，无义则乱。"（《墨子·天志上》）

A. 天下　　　　　　　　　　B. 皆若天下

C. 然天下 D. 偕若天下

13. 子墨子曰：“_____，天下之大器也，何以视人必强为之？”（《墨子·公孟》）

A. 然义 B. 为义

C. 夫义 D. 其义

14. 子墨子谓二三子曰：“_____，必无排其道。譬若匠人之斫而不能，无排其绳。”（《墨子·贵义》）

A. 然义而不能也 B. 其义则不能

C. 然义不能也 D. 为义而不能

15. 子墨子曰：“_____之道也，贫则见廉，富则见义，生则见爱，死则见哀，四行者不可虚假，反之身者也。”（《墨子·修身》）

A. 君子 B. 圣人 C. 众人 D. 圣王

16. 子墨子曰：“天必欲人之相爱相利，而不欲人之相恶相贼也。_____以知天之欲人之相爱相利，而不欲人之相恶相贼也？以其兼而爱之，兼而利之也。_____以知天兼而爱之、兼而利之也？以其兼而有之，兼而食之也。”（《墨子·法仪》）

A. 奚，奚 B. 然，则

C. 然，然 D. 奚，则

【答案】

12. A 13. C 14. D 15. A 16. A

【释义】

12. 墨子说：“天下有义的人生存，无义的人死亡；有义者富贵，无义者贫贱；有义就安定，无义就混乱。”

13. 墨子说：“义是天下最重要的法宝，为什么要看别人的态度如何呢？一定要按照仁义的要求努力去做。"

14. 墨子对他的几个弟子说："实行仁义而不能获得成功时，一定不要归罪于道义本身。这好像木匠不能把木材砍削成器物，不应归罪于墨线一样。"

15. 墨子说："君子的处世原则是，贫穷时要廉洁，富贵时要义气，爱护活着的人，哀悼死去的人。这四种行为一定不要虚伪做假，因为这是反求于自身的表现。"

双龙玉佩（春秋）

16. 墨子说："上天肯定是要人们相爱相利，而不要人们相恨相害的。根据什么知道上天要人们相爱相利，而不要人们相恨相害呢？因为上天对人们是兼而爱之，兼而利之的。根据什么知道上天对人们是兼而爱之，兼而利之呢？因为上天兼有全人类，上天享食整个人类的祭品。"

17. 子墨子曰："万事＿＿＿＿＿＿＿＿贵于义。"（《墨子·贵义》）

A. 皆　　　　　　B. 其　　　　　　C. 无　　　　　　D. 莫

18. 子墨子曰："＿＿＿＿＿＿＿＿天下兼相爱，国与国不相攻，家与家不相乱，盗贼无有，君臣父子皆能孝慈，若此则天下治。"（《墨子·兼爱上》）

A. 偕若　　　　　　B. 若使　　　　　　C. 然而　　　　　　D. 若

19. 巫马子谓子墨子曰："子兼爱天下，未云利也；我不爱天下，未云贼也。功皆未至，＿＿＿＿＿＿＿＿？"

子墨子曰："今有燎者于此，一人奉水将灌之，一人掺火将益之，功皆未至，子何贵于二人？"

巫马子曰："我是彼奉水者之意，而非夫掺火者之意。"

子墨子曰："吾亦是吾意，而非子之意也。"（《墨子·耕柱》）

A. 子何独自是而非我哉

B. 子何独自然而非我乎

C. 君何独自是而非我也

D. 君何独自然而非我哉

20. 子墨子曰："_____知者，必尊天事鬼，爱人节用，合焉为知矣。"（《墨子·公孟》）

　　A. 然　　　　　B. 为　　　　　C. 夫　　　　　D. 若

21. 子墨子曰："爱人之亲，_____爱其亲，其类在官苟。"（《墨子·大取》）

　　A. 如　　　　　B. 类　　　　　C. 若　　　　　D. 似

【答案】

　　17. D　18. B　19. A　20. C　21. C

【释义】

17. 墨子说："世间万事没有比义更贵重的了。"

18. 墨子说："如果使天下人相亲相爱，国与国之间互不攻伐，家与家之间不互相争，夺盗贼没有了，君臣父子之间都能做到孝敬与慈爱，这样天下就治理好了。"

19. 巫马子对墨子说："您兼爱天下，却没有什么利益；我不爱天下，也没有什么害处。我们都没什么结果，您为什么只认为自己正确而认为我不正确呢？"

墨子说："假如现在有人在这里放火，有一个人捧水准备来灭火，有一个人又拿了火来准备助长火势，都还没有成功，你认为这两个人谁是对的呢？"

巫马子说："我认为那个捧水人的用意是对的，而操火人的用意是不对的。"

墨子说："我也认为我的用意是对的，而认为你的用意是不对的。"

20. 墨子说："智者，一定尊崇上天，侍奉鬼神，爱护人民，节约财用，合乎这些要求才是智者。"

21. 墨子说："每个人爱别人的双亲，像爱自己的双亲一样，那么自己的双亲也在大家敬爱之中。"

22. 子墨子曰："君子战虽有陈，_____；丧虽有礼，而哀为本焉；士虽有学，而行为本焉。"（《墨子·修身》）

  A. 然勇则为本也   B. 其勇为本焉

  C. 而勇为本焉   D. 则勇以为本也

23. 子墨子曰："_____，必务求兴天下之利，除天下之害，将以为法乎天下，利人乎即为，不利人乎即止。"（《墨子·非乐上》）

  A. 仁之事者   B. 仁人之事者

  C. 仁者之事   D. 仁人之事

24. 子墨子曰："名不可简而成也，誉不可巧而立也，_____。"（《墨子·修身》）

  A. 圣人以身戴行者也   B. 圣人以身戴行也

  C. 君子以身戴行者也   D. 君子以身戴行也

25. 子墨子曰："言必信，行必果，使言行之合，犹合符节也，_____。"（《墨子·兼爱下》）

  A. 无言而不行也   B. 若言而行也

  C. 莫言而不行也   D. 言则行也

26. 子墨子言曰："为高士于天下者，_____，若为其身；为其友之亲，若为其亲。然后可以为高士于天下。"（《墨子·兼爱中》）

  A. 其友为其身   B. 为其友以其身

  C. 必为其友之身   D. 必以其友为其身

【答案】

22. C 23. A 24. C 25. A 26. C

【释义】

22. 墨子说："君子作战虽然布阵，但还是以勇敢为本；办丧事虽有一定的礼仪，但还是以哀痛为本；做官虽讲究才学，但还是以品行为本。"

23. 墨子说："志士仁人的事业，在于力求兴办有利于天下的事业，革除有害于天下的事情，并以此作为天下的准则，有利于人的事情就做，不利于人的事情就废止。"

24. 墨子说："名声不会因简略而获得，荣誉也不会因机巧的办法建立。君子是以身体力行来达到的。"

25. 墨子说："说话一定守信，行动一定坚决，言行一致，就像朝廷用作凭证的信物符节那样，两片相合，没有说了不做的。"

26. 墨子说："作为天下的品德高尚之士，对待朋友，就像对待自己；对待朋友的双亲，就像对待自己的双亲。做到这些才可以算得上是天下的品德高尚之士。"

27. 子墨子曰："行不在_____。"（《墨子·公孟》）

A. 言　　　B. 服　　　C. 快　　　D. 辞

28. 子墨子曰："天下无道，_____不处厚焉。"（《墨子·耕柱》）

A. 君子　　　B. 圣人　　　C. 仁者　　　D. 仁士

29. 子墨子曰："_____之为天下度也，非为其目之所美，耳之所乐，口之所甘，身体之所安。以此亏夺民衣食之财，仁者弗为也。"（《墨子·非乐上》）

A. 君子　　　B. 仁者　　　C. 圣人　　　D. 知者

30. 子墨子曰："君子察迩修身也，修身见毁而反之身者也。_____。"（《墨子·修身》）

A. 此怨省则行修也　　　B. 然以怨省而行修矣

C. 然怨省则行修也　　　D. 此以怨省而行修矣

31. 子墨子言曰："古者民始生未有刑政之时，盖其语，人异义。是以一人则一义，二人则二义，十人则十义，其人兹众，其所谓义者亦兹众。是以人是其义，以非人之义，故交相非是也。以内者父子兄弟作怨恶离散不能相和合。天下之百姓，皆以水火毒药相亏害。至有余力，不能以相劳；_____，不以相分；隐匿良道，不以相教。天下之乱，若禽兽然。"（《墨子·尚同上》）

A. 腐朽余财　　　　　　　　B. 腐朽余财

C. 余财腐朽　　　　　　　　D. 余财腐朽

【答案】

27. B　28. D　29. B　30. D　31. A

【释义】

27. 墨子说："有所作为不在于服饰。"

28. 墨子说："天下没有道义，仁人义士就不应该处在俸禄优厚的位置上。"

29. 墨子说："志士仁人为天下谋虑，并不是为了自己看到好看的，听到好听的，吃到好吃的，住得舒适。为了享受而掠夺民众的衣食财物，志士仁人不做这样的事情。"

30. 墨子说："君子明察左右来提高自己的修养，修养后还遭到别人的诋毁时，会再反省自己。这样就能少些怨言，而自己的品行也得到提高。"

31. 墨子说："古代人类刚刚产生还没有刑法与政治的时候，人们所说的话，每个人都有不同的意义。因此，一个人就有一种意义，两个人就有两种意义，十个人就有十种意义，人越多，这些所谓的意义也就越多。而且每个人都认为自己的意义是对的，并以此来批评别人所认为的意义，因此就互相指责。继而在家里父子兄弟之间开始互相怨恨分离而不能互相团结和睦。天下的百姓都用水火毒药互相损害。即使有余力也不能互相帮助；多余的钱财腐朽了也不能分施；隐藏起好的知识不能互相教育。天下的混乱，就像禽兽一样。"

32. 子墨子曰："任，为身之所恶，_____。"（《墨子·经说上》）

A. 以成人之所急　　　　　B. 然成人所急也

C. 以乘人之所急　　　　　D. 然乘人所急也

33. 子墨子曰："爱人_____己，己在所爱之中。己在所爱，爱加于己。伦列之爱己，爱人也。"（《墨子·大取》）

A. 不外　　　B. 莫　　　C. 无　　　D. 若爱

34. 子墨子曰："慧者心辩而不繁说，多力而不伐功，_____。"（《墨子·修身》）

A. 则名誉以扬天下也　　　B. 此以名誉扬天下

C. 其名誉以扬天下也　　　D. 此以名誉扬天下也

35. 子墨子曰："譖慝之言，_____；批扞之声，_____；杀伤人之孩，无存之心。虽有诋讦之民，无所依矣。"（《墨子·修身》）

A. 莫出之口，莫入之耳　　B. 莫入之耳，莫出之口

C. 无入之耳，无出之口　　D. 无出之口，无入之耳

36. 子墨子曰："世之君子_____，而助之修其身则愠。是犹欲其墙之成，而人助之筑则愠也，岂不悖哉！"（《墨子·贵义》）

A. 欲其义之成　　　　　　B. 望其义而成也

C. 欲行义则成也　　　　　D. 望行义而成也

【答案】

32. A　33. A　34. B　35. C　36. A

【释义】

32. 墨子说："任侠，就是做自身感觉艰难困苦的事情，以解救别人的危难。"

33. 墨子说："爱别人并不是不爱自己，自己也在所爱当中；自己既在所爱

墨子诠解

《墨子》励志名言

当中，所以爱也加于自己。那么爱己、爱人无等差了。"

34. 墨子说："有智慧的人心里明辨却不多说，做得多却不夸耀功劳，所以，他的名声与荣誉才会传扬于天下。"

35. 墨子说："对于诬陷与恶毒的话，不要听它；诽谤攻击别人的话，不要说它；伤害别人的刻薄想法，不要放在心里。这样，虽然有专门搬弄是非的人，也就无处可依了。"

36. 墨子说："世上的君子都希望自己行义能够成功，但如果有人帮助他修身他就很恼怒。这就好像他希望自己把墙筑好，别人来帮助他筑墙他就恼怒一样，这岂不是很荒谬嘛！"

37. 子墨子曰："孝，以亲为_____，而能能利亲，不必得。"（《墨子·经说上》）

  A. 分   B. 芬   C. 本   D. 孝

38. 子墨子曰："夫知者必量其力所能_____而从事焉。"（《墨子·公孟》）

  A. 至   B. 故   C. 然   D. 既

39. 子墨子曰："_____浊者流不清，行不信者名必_____。"（《墨子·修身》）

  A. 源，耗 B. 原，耗 C. 源，耗 D. 原，耗

40. 子墨子曰："本不固者_____，雄而不修者，其后必_____。"（《墨子·修身》）

  A. 其必危，堕   B. 未必几，堕

  C. 其必危，惰   D. 未必几，惰

41. 子墨子曰："今王公大人欲王天下、正诸侯，夫无德义，_____？其说将必挟震威强。今王公大人将焉取挟震威强哉？倾者民之死也！"（《墨子·尚贤中》）

  A. 然以何乎   B. 将何以哉

C. 其何以哉　　　　　　　D. 则以何乎

42. 子墨子曰："苟亏人愈多，_____，罪益厚。"（《墨子·非攻上》）

A. 然不仁甚兹　　　　　　B. 则不仁兹甚也

C. 其不仁兹甚　　　　　　D. 然不仁兹甚也

【答案】

37. B　38. A　39. D　40. D　41. B　42. C

【释义】

37. 墨子说："孝顺，就是以孝敬双亲为本分，而能很好地做有利于双亲的事情，并不一定要得到什么。"

38. 墨子说："智者做事，量力而行。"

39. 墨子说："源头浑浊的水流不会清澈，行为不守信用的人名声必然会败坏。"

40. 墨子说："根不牢固的枝叶必然会很危险，开始不修身的人，后来肯定会堕落。"

41. 墨子说："现在王公大人想要统一天下、匡正诸侯，不靠德行道义，那靠什么呢？他们说一定要用武力和强权。现在的王公大人将从武力和强权中得到什么呢？得到的只不过是把民众置于死地而已！"

42. 墨子说："如果损害别人更多，他的不仁也就更大，他的罪责也就更重。"

43. 子墨子言曰："以德就列，_____，以劳殿赏，量功而分禄。故官无常贵，而民无终贱。"（《墨子·尚贤上》）

A. 以官服事　　　　　　B. 以权服事

C. 以官行事　　　　　　D. 以权行事

44. 子墨子曰："为欲厚所至私，_____，岂非大奸也哉！"（《墨子·非

A. 然轻而致重　　　　　　　B. 然重而轻也

C. 轻所至重　　　　　　　　D. 则重而轻也

45. 子墨子曰："今夫世乱，求美女者众，_____，人多求之；今求善者寡，不强说人，_____。"（《墨子·公孟》）

A. 美女虽不出，人莫之知也

B. 然美女不出，人莫之知也

C. 美女虽不出，人无之知也

D. 然美女不出，人无之知也

46. 子墨子曰："仁义钧。行说人者，其功善亦多。_____！"（《墨子·公孟》）

A. 何以不行说人乎　　　　　B. 何故不行说人也

C. 其故不行说人乎　　　　　D. 然则不行说人也

47. 子墨子曰："为人君必惠，为人臣必忠；为人父必_____，为人子必孝；为人兄必_____，为人弟必_____。"（《墨子·兼爱下》）

A. 爱，友，悌　　　　　　　B. 慈，爱，悌

C. 慈，友，悌　　　　　　　D. 慈，友，爱

【答案】

43. A　44. C　45. A　46. B　47. C

【释义】

43. 墨子说："以德行来排列位次，按官职来处理政事，按照劳绩来决定赏赐，衡量功勋而分给俸禄。因此，官员并不永远富贵，人民也并不一直贫贱。"

44. 墨子说："想要厚爱自己所喜爱的人，又轻视自己应当尊重的人，这难道不是非常奸邪的事情吗?"

45. 墨子说："现在社会动乱，求娶美女的人很多，美女即使不出来，也会有很多人求娶她；而现在求善的人少，如果不努力去游说人们，人们就不会知道。"

46. 墨子说："同样是主张仁义，出外向人游说仁义的人，他的功意善行也就多。我为什么不出外游说别人呢？"

47. 墨子说："作为君主一定要施恩，作为大臣一定要效忠；作为父亲一定要慈爱，作为儿子一定要孝顺；作为兄长一定要友爱，作为弟弟一定要恭敬。"

第八章　《墨子》智慧通解

一、兼爱的智慧

冲破尊卑贵贱的封锁线

"兼爱"看似相互关爱，实质是反映贫弱者的心声，为他们说话，替他们呐喊。

不弄清"兼相爱"前后因果的关系，就不能理解墨子兼爱之道的真实想法和价值所在。

墨子为什么?

理解墨子思想，学习墨家智慧，得从"兼爱"做起。"兼爱"是墨子思想体系的核心，他对社会人生的种种观点和态度，他的言论和行动都是由此生发出来的。

墨子为什么敢站出来，公然与孔子唱对台戏?

墨子为什么敢冒天下之大不韪，痛批"厚葬久丧"的制度?

墨子组织的部队（我们不妨称之为"墨家军"吧）为何明知毫无胜算，却仍是只为弱者守城?

墨子为何抛弃荣华富贵，自愿过清教徒式的生活?

墨子为何拒绝越王五百里地的巨额封赏?

"墨侠"为什么成为中国民间侠义精神的源头？

《墨经》为什么深奥难懂？

墨家为何长期被打入冷宫？

……

几乎与墨子有关的所有问题，都能从"兼爱"处找到解答的途径。

表面看来，兼爱似乎没有什么特异之处，无非是劝导人人相爱的道德说教，传达出一种友爱和善的美好愿望而已，充其量是一种不可能实现的社会理想。在有些人看来，这是苍白而无力的。

是的，墨子的确喋喋不休地说过许多人与人要彼此相爱的话，颇似一个道德家。他在《兼爱》上中下三篇里，反复说明"兼爱"是根治乱世之道，是促进和谐之理：

察乱何自起？起不相爱。

子自爱不爱父，故亏父而自利；弟自爱不爱兄，故亏兄而自利；臣自爱不爱君，故亏君而自利，此所谓乱也。虽父之不慈子，兄之不慈弟，君之不慈臣，此亦天下之所谓乱也。

故天下兼相爱则治，交相恶则乱。

夫爱人者，人必从而爱之；利人者，人必从而利之。

大夫各爱其家，不爱异家，故乱异家以得其家；诸侯各爱其国，不爱异国，故攻异国以利其国。

诸侯不相爱，则必野战。家主不相爱，则必相篡。人与人不相爱，则必相贼。君臣不相爱，则不惠忠。父子不相爱，则不慈孝。兄弟不相爱，则不和调。天下之人皆不相爱，强必执弱，富必侮贫，贵必敖贱，诈必欺愚。凡天下祸篡怨恨，其所以起者，以不相爱生也。

不可以不劝爱人者，此也。

……

墨子的有些学说尤其是研究自然之理的学问，即我们常说的《墨经》，显得异常精深简约，一般读者难以详解。可他关于兼爱的学说则显得特别浅显易懂，上面诸条，不用白话文翻译，也可一目了然。

若以为墨子仅是以道德家的面孔泛泛地说了一些劝世的话，试图单纯以人的道德力量来扭转社会的弊病，求得内心的祥和，那这种理解是粗浅片面的。如果真是那样，墨学断不至于在战国时代成为与儒学并驾齐驱的显学，墨家也不会成为屡遭围攻打压的对象。

从"兼"字说起

理解兼爱背后的深意，不妨从字义上说起。

"兼"字在墨子的著作里多次出现，他将具有兼爱思想的人称为"兼士"，将反对兼爱思想的人称为"别士"。为什么墨子不像其他诸子单纯谈爱，或者仁爱，而是要加一个"兼"字，再加一个"交"字？

"兼"字除了有"广"和"全"的意思，还有一个一方对另一方的意思，尤其是将"兼相爱"与"交相利"联系起来品读，就更加明显。在墨子看来，兼爱，一定是一方对另一方的付出。

那么，兼爱的双方是谁呢？墨子在不同的场合，有过各种不同的说法，涉及各类人群，但其最想表达的想法是什么，我们必须结合当时的时代背景，才能了解清楚。

战国时，周代传承下来的社会等级制度依然是壁垒森严，左右着人们的思想和行为，像烙铁般印在人们的心灵深处。人还没从娘胎出来，就被分成了三六九等。

《左传·昭公七年》有详细记录："天有十日，人有十等。下所以事上，上所以事神也。故王臣公，公臣大夫，大夫臣士，士臣皂，皂臣舆，舆臣隶，隶臣僚，僚臣仆，仆臣台。"在这样严格的等级规范下，人的社会地位、政治经济待遇泾渭分明，即所谓"礼不下庶人，刑不上大夫"（《礼记·曲礼上》），财富分配极其不公正不合理。由是造成"尊与卑、贵与贱、强与弱、诈与愚、富与贫"之间严重的对立与冲突：一方面，是黎民百姓生活愈加艰难，困苦不堪；另一方面是王公大臣更加肆无忌惮地横征暴敛，穷奢极欲。一方面是弱小的诸侯国家随时面临被吞并被瓦解的危险，朝不保夕；另一方面，是强大的诸侯国大搞强权政治，四处征战兼并。

所以，墨子兼爱的双方，核心就是指的这不平等且对立的双方。

一方是：尊（尊贵）、贵（高贵）、强（强大）、诈（智慧）、富（富裕）。

另一方是：卑（卑下）、贱（低贱）、弱（弱小）、愚（愚笨）、贫（贫穷）。

社会用一条封锁线将对立的双方隔离开来，人为地挖出一条深不可测的鸿沟，让双方在思想上、意识上、情感上永远无法跨越，以使尊贵的永世尊贵，卑贱的永世卑贱；强大的永世强大，弱小的永世弱小。有了这条封锁线，社会的等级秩序就将永远持续下去。

兼爱，就是跨越封锁线的开始，就是平等意识的萌芽。若兼爱得以盛行，则尊卑贵贱的等级秩序就有可能被打破。正因为此，墨学被冷淡、被歪曲、被诋毁，其实都是情理之中的。

兼爱的主体、先后与目标

不平等且对立的各方能做到对等的彼此相爱吗？显然是不可能的。

要让不平等双方彼此产生爱，必定是高贵的、聪明的、富裕的、强盛的一方，将理解、宽容、帮扶、援助更多地给予卑贱的、愚笨的、贫困的、弱小的一方，让贫弱的一方生活处境得到改善，享有更多的生存权益，为以后达到交相关爱的境界创造条件。

所以，兼爱的目的很明确，就是要努力做到强大的爱护弱小的，富有的爱护贫穷的，聪明的爱护迟钝的，出身高贵的爱护出身低贱的。这是兼爱的前提。

墨子说得明白："有力者疾以助人，有财者勉以分人，有道者劝以教人"，（《尚贤下》）翻译成现在的话，就是"有力量的人，赶紧去帮助别人；有资财的人，尽力去分给别人；有道术的人，努力去劝导别人"。他不仅是对强权者发出呼吁，还言辞诚恳地对他们提出要求，要他们做到"强不压弱，众不暴寡，诈不谋愚，贵不傲贱"。

对贫弱者而言，要实现"饥者得食，寒者得衣，劳者得息"；（《非命》）对弱小国家而言，要做到"小国城郭之不全也，必使修之；布粟乏绝也则委之；币帛不足则供之"。（《非攻》）因为，只有富裕的人才能帮助贫困的人"得食、得衣、得息"；只有强盛富裕的国家才有力量帮助"布粟乏绝""币帛不足"的国家。这样，强势群体与弱势群体双方达到相对平衡，人与人就能平等相处，社会就能和谐共荣。

可见，"兼爱"作为墨子思想体系的核心，不是简单的、空泛的喊喊相互关爱的口号。它有主体，有先后，有目标，内涵完整而统一。

"兼爱"的主体：社会的弱势群体——无权无势的劳苦大众和弱势小国，即"卑、贱、弱、愚、贫"的一方。主体性就是倾向性，看不到这一点，就彻底曲解了兼爱的内涵。

"兼爱"的先后：首先，要让"尊、贵、强、诈、富"的一方施爱于"卑、贱、弱、愚、贫"的一方；然后才可能倒过来，由后者回爱于前者。不弄清"兼相爱"前后因果的关系，就没有理解墨子兼爱之道的真实想法和价值所在。

"兼爱"的目标：不是将矛盾对立的双方拉扯到一起，想当然地让他们互相关爱就完事，而是试图打破壁垒森严的尊、卑、贵、贱等级封锁线，使下等人不要永远生活在天生"卑贱"的阴影之下，让他们终有出头之日。

所以，"兼爱"实质是反映贫弱者的心声，为他们说话，替他们呐喊。

《汉书·叙录》谈到兼爱时写道："推兼爱之意，而不知别亲疏。"意思是说，推究兼爱的含义，不知道人是有亲疏的分别的。其实不是墨子不知道"别亲疏"，他深知亲疏远近、上下左右离间了人与人的关系，将社会成员人为地划分为三六九等、尊卑贵贱。他倡导兼爱，正是要打破这个人为的界线，实现人与人、国与国平等相待，和平共处。这与墨子"官无常贵，民无终贱""人无幼长贵贱，皆天之臣也"等民本思想是一脉相承的。

孟子为何仇恨兼爱

孟子以儒家亚圣之尊，应是很讲究风度气质的，他从墨子那里也汲取过不少有益的东西，以孟子的学识水平，他不可能不知道墨子的价值。可他在提及墨子兼爱时，一点圣人的雅量都没有，张口就骂人。《孟子·滕文公下》说："墨氏兼爱，是无父也。无父无君，是禽兽也。"

孟子骂"兼爱"是"禽兽"，是因为兼爱从根本上触动了"爱有差等""爱有亲疏"的要害。孟子敏锐地察觉出兼爱之道对社会等级秩序可能的冲击力。

在儒家"君君臣臣父父子子"的社会伦理架构中，在以恢复周礼为人生理想的孔儒心中，父与君是统治的一方、领导的一方；子与臣是被统治、被领导的一方。这种尊卑贵贱的界限是泾渭分明的，不可逾越。二者之间不能够、不容许、不可能平等相爱。如果这个不平等的双方实行"兼相爱"，就会打破儒家极力维护的社会等级界限，君王与贵族的权威将受到挑战，导致最让他害怕的"无父无君"的结果出现。

孟子情急之下张口骂人，正说明兼爱学说真正戳到了等级界限的痛处。

在儒家一统天下后，孟子的话几乎成为定评，得到历代正统文人的维护，清代学人张惠言就说孟子骂兼爱骂得对，骂得好："孟子不攻其流而攻其本，不诛其说而诛其心，断然被之以无父之罪，而其说始无以自立。"并认为《墨子》一书没有亡佚，有一个作用，就是充任"反面教员"，证明墨子的罪过和孟子的高明，"藉使墨子之书尽亡，至于今，何以见孟子之辩严而审简而有要如是哉？"（《书墨子经说解后》）其卫道士形象展露无遗。

"兼爱" VS "泛爱"

由于兼爱具有明确的主体、先后和目标，所以兼爱不是无原则的泛泛之爱，它对一切欺压民众、巧取豪夺、荒淫腐朽的行径都持揭露、谴责和批判的态度，这就将它与所谓"泛爱众"的抽象说教彻底区别开来。

对那些恃强凌弱的人，非但不能讲"兼爱"，而且要揭示其本来面目，指为罪人。要么以说服使其弃恶从善，说服不从则须以强力相对抗。如此，你就能理解为什么大力倡导兼爱天下的学派领袖，同时是一个军事专家；为什么有那么高的军事才能、领导着一支作战队伍的首领，不去欺侮弱小，专爱打防御战，只替弱者守城；为什么他要放弃上等人锦衣玉食的生活，心甘情愿地过苦日子。

所以"兼爱"不是"泛爱"，更不是"乱爱"，而是有原则、有目的的爱。即使在贫弱的一方，为了整体的利益，为了使更多的人免遭灾难，牺牲局部利益也是应该的。在墨子看来，邪恶得不到惩处，"兼爱"的理想便最终难以实现。

这是一个深深打动人心的思想，这是一个在当今社会依然具有极强针对性的思想。

一个社会，总会有不同的层次、不同的富裕程度和不同的价值取向。问题是，这种贫富的差距和贵贱的划分是如何得来的？若是因为劳动付出和智力水平的高下而产生的差距，那就是正常的、可以接受的，这种差距不仅不会造成社会的矛盾，反而会促使社会的和谐。而如果这种差距是因为少数人垄断性占有大量社会资源、依靠权力出租，以巧取豪夺和欺上瞒下的手段造成的，那就是极不正常的，是不可接受的。

在这种情况下，贫困，不是贫困者自己的过错，不是他们不努力，不上进，不是他们智商低下，而是社会的不公。他们没有公正的受教育的权利，没有基本的生存保障，没有共享社会资源的机会，贫困者能不贫困吗？

当社会财富过度地集中到少数人手中时，绝大多数普通民众就只能拥有贫穷困顿的生活，这是一个真理。

心系天下的胸怀

"爱利万民"，就是要让全体国民同享改革开放、社会发展的成果。

外在环境的改变只是提供了改变人心的可能，但若放弃了主观努力，即使在加入 WTO 之后，在互联网经济的环境下，我们仍可能是井底之蛙。

爱利万民

如何来描述我们所处的当今社会？

一方面，现代化全球化信息化的浪潮如排山倒海，滚滚而来，科技进步彻底改变了我们的生活形态，航天飞机、高速列车拉近了地球与宇宙、人与人的距离，互联网和移动通信的出现，真正实现了"天涯若比邻"，我们生活的星球变成了一个鸡犬相闻的村落。社会分工的精细，物质的极大丰富，使我们能比前人更多的享受生活，使我们比以往任何时候都更强烈地感受到人与人之间的相互依存、相互扶持，相互需要。

另一方面，世界仍不太平，人们心理的重负、精神上的压力和对未来的忧虑却在加重，在我们这个星球上充斥着矛盾和纷争，强权政治、贫富差距、生存环境恶劣，使人类社会危机重重。

事实上，现代社会没有因科技的进步和物质的丰富而自然带来精神的富有；相反，墨子早已指出的强凌弱、众暴寡、诈欺愚、贵傲贱等现象比比皆是，导致人们精神紧张不安，感觉心灵无以依归。医学报告说，近年来患精神障碍的人数急剧增多，心理门诊人满为患。

当人们无力改变现实时，人们已习惯用冷嘲热讽的方式来谈论自身的精神生活和情感的表达方式，以享乐主义的方式来麻痹自己的神经。在互联网上，在茶余饭后，充斥我们眼球和耳边的是对爱的轻慢和亵渎，是及时行乐的感官刺激……

墨子兼爱之道的内涵除了冲破尊卑贵贱的界限、反映贫弱者的心声外，另一个核心内容就是"利万民"。他一再说"兼相爱，交相利"。没有"利"，就无所谓"爱"，"爱"与"利"密不可分。将"爱"与"利"进行捆绑销售，是墨子在中国思想史上的一大发明。

墨子旁征博引地说明"彼此相爱，互相得利"的道理，以使爱利万民的思想能为大家所接受。他引证说：

古时候，大禹治理天下，西南开掘西河和渔窦，用来排泄渠河、孙河、皇河的水；北面为筑堤防使原水和派水注入召之邸和滹沱河，分流底柱山，开通龙门山，给燕、代、胡、与西河的人民带来了便利；东面疏导大陆的积水，修筑孟储之泽围堤，亲分为九条河水，来限制东土之水，给冀州的人民带来利益；南面修治长江、汉水、淮河和汝水，使东流注入五湖区域，给荆、楚、干、越与南夷的人民带来实利。大禹的这些利万民的事业，就是我们现在所要奉行的兼相爱啊！

墨子在这里清楚不过的说明：第一，古时候的圣贤实行的就是兼爱，故现在推行兼爱不是空想，是完全能做到的。第二，兼爱就是要使天下苍生、万民百姓得到实利，得到实实在在的好处。不能让大多数人得利的爱，不能算是兼爱；只有少数人得利的爱，更不是兼爱。

有人认为，爱与利联系起来后，就不那么纯粹了，就打上了明显的功利色彩，似乎损害了爱的纯洁。我以为，一种思想学说，若它是在试图站在人民的立场，试图为人民谋利益，无论其实现的程度如何，那它都是有生命力的；无论反对派怎么打压，也掩饰不住其思想的光辉。以兼爱为主要特征的墨子思想体系，在被冷落二千年后，于清末民初开始，重新受到强烈关注，政治领袖如孙中山、毛泽东，学术大师如梁启超、胡适、鲁迅等，都给予墨子极高的评价，便是活生生的例证。

爱利万民，用现在的话说，就是要让全体国民同享改革开放、社会发展的成果。让大众不仅在物质上获得更大的自由，更能拥有和谐的社会氛围，对未来拥有更多期待与美好的憧憬。

胸怀，还是胸怀

墨子"兼爱"为何历经二千多年的风雨洗礼而依然光鲜如新呢？其秘密何在？

我们知道，兼爱思想是为全天下人着想的，是为了建立一个大与小、强与弱、贫与富、聪与愚平等相待、和平共处的和谐社会，而不是为了极少数贵族的利益，所以墨子在《兼爱下》中自信地指出，"兼爱"符合"广大人民最大的利益"，能够得到黎民百姓的拥护。他说：

人们趋向兼相爱，交相利，就好比火焰向上升腾，水奔流向下，势不可挡于天下。

有一句话说"心有多大，人生的舞台就有多大"。墨家学派之所以能崛起于草莽之间，并列于儒道诸家，根本就在于他心怀天下，从最广大人民群众的生存需要出发，这就使他能够顺应时代的潮流，以"兼爱天下""爱利万民"为其人生的抱负和毕生奋斗的理想。

胸怀，还是胸怀。一个人胸怀的大小与事业成就的大小是紧密相关的。胸怀天下之人方能做出闻名天下的事业。不可想象一个心胸狭隘、小肚鸡肠、目光短浅的人能提出"兼爱""非攻"的学说。

同是中国文化圣人的孔子，至少在"仁爱"这一命题上，其胸襟大小是与墨子有差距的。孔子更多的是从贵族统治集团的利益出发，强调"爱有差等"，他的爱受社会地位的限制，不能超出一定的范围。尽管二千年来，中国历史一直是"独尊儒术"，但历朝历代都有人指出儒学的"伪善"性，也确是事出有因。这就使孔子的仁爱学说远不及墨子兼爱思想具有时代性和人民性。

时代更迭，日月变幻。21世纪，历史已发生了天翻地覆的变化。可时代的进步并不能同步地带来人们胸怀和视野的扩大。身处"地球村"的人们，更需要具备全球化的视野和胸怀；可身处"地球村"的人们，未必就必然有时代所

需要的全球眼光和宽广胸怀。因为外在环境的改变只是提供了改变人心的可能，但若放弃了主观努力，即使在加入 WTO 之后，在互联网经济的环境下，我们仍可能是井底之蛙。

因此，从墨子"兼相爱，交相利"的思想中感受什么叫宽广与博大，体会他心系万民忧乐、情牵苍生疾苦的情怀，有助于我们在现今世俗的生活中超越凡俗的是非纠缠和蝇营狗苟的名利算计，拿出"平天下"的气魄，开创出无愧于这个飞速发展的时代，无愧于我们有限人生的功业！

温暖人心的力量

《墨子·耕柱》里说，有一个叫巫马子的儒生，曾对墨子的"兼爱"学说提出质疑。他说："你倡导兼爱天下，没得到什么益处；我不爱天下，也没什么害处。功效都没达到，先生为什么只认为自己正确，而认为我不正确呢？"

不仅仅这位叫巫马子的人不理解墨子的兼爱思想，认为空洞不切实际；反对他的兼爱思想，认为是洪水猛兽的也大有人在。但墨子却不这样认为。他设喻说："假如有三个人，一个人放火，另两个人一个人捧水要浇灭它，一个人拿火苗将要助燃，都没做成，这二人你看中哪一个？"

巫马子不知是计，回答道："我以为捧水的人意图是正确的，那拿火苗的人用意不对。"

墨子说："现在你该明白了，我兼爱天下的主张是正确的，你不爱天下的用意是错误的。"

巫马子无言以对。

好心办一件事，办成了，自然是大好事；没有办成，用心也值得称赞。而存心将事情办坏，尽管也没办成，但用心何其毒也。若保持邪恶的用心不改，那么，迟早要把事情办坏。

有一则故事说：两个人在小河上架桥，一个想把桥架设得牢固耐用，让过桥的人平稳安全；另一个表面好好架，私下却设了机关，想让桥不久后垮掉，好让人过些时日又来请他架桥。从此一刻看，两人都在架桥，都在做好事，但用心却不同，一个坦荡正派，一个心怀鬼胎。一个有兼爱之心，一个无爱人之德。

有兼爱天下、关怀他人之心，也许并不能时时处处让人感受到你这份美好的心意，也许并没有人说你的好话，也许还会有人误会你、责怪你，其实这都不必计较。说到底，墨子倡导兼爱，是他内心的呼唤，是他的心灵在牵引着他往兼爱的方向走，他不可能停下自己的脚步。

在我们这个需要矫正的社会，也许绝大多数人并没有读过墨子的著作，不了解兼爱学说的具体内容，但兼爱的思想其实传播很广，兼爱的意识已深入人心。最典型的就是扶贫与慈善。

扶贫：长期以来，国家对中西部的贫穷地区实施了大规模的扶贫开发计划，每年投入巨资，从金融、科技、交通、通讯、教育、卫生、文化等各个领域入手，以政府行政手段扶持贫困地区脱贫致富。可以说，扶贫，这项爱利万民的政策，这项实现共同富裕理想的巨大工程，就继承了兼爱的思想和主张。

慈善：在民间，兼爱的表现方式最典型的就是慈善。比尔·盖茨、李嘉诚这些世界级的富豪，当他们事业有成后，克服了富人身上容易产生的傲慢、奢侈、享乐、奸诈的坏毛病。将个人的财富投入到慈善事业，并以成为一个慈善家为终生的乐事和最后的事业归宿。演艺界也有一些有识之士，如华人巨星成龙、李连杰等，靠自己的辛苦打拼出一番天地，积累了可观的财富后，他们不是躺在自己的钱财上醉生梦死，而是奔走世界各地，开展各种慈善活动，帮助救济那些生活困难的人，发展教育文化事业。

但兼爱不仅仅是政府和富人的事，只要我们用心去爱，做到"看待别人的家就像自己的家一样，看待别人的身体就像自己的身体一样"，我们每一个平凡的人都是兼爱的一分子。

一个人，以兼爱之心参与社会，以兼爱之心对待他人，无论贡献大小，哪怕只是公共汽车上让个座，马路上拾起一张废纸屑，甚至只是送给陌生人一个微笑，都会传达给我们这个社会一种温暖人心的力量。

"爱是心灵的呼唤，爱是无私的奉献。死神也望而却步，幸福之花处处开遍……只要人人都献出一点爱，世界将变成美好的人间。"一首十多年前的流行歌曲，与两千多年前的先哲同样传达了兼爱天下的意蕴。

坚守自己的立场

愈是社会潮流所忽略、所疏漏、所轻视的事情，只要它是善良的，友爱的，愈该努力去做，彼弃我取，这才是聪明人明智的选择。

舍爵位而求道义

墨子能够在非议、责难或者谩骂的氛围里，坚守兼爱的立场，这是他获得人生成功的主要原因。

墨子不仅自己这样做，还要求弟子们也这样做。管黔敖和高石子都是墨子的得意弟子。《耕柱》记载，墨子让管黔敖到卫国去推荐高石子，好让他到卫国当官。卫国国君给他很优厚的俸禄，安排他在卿的爵位上。高石子是知恩图报的人，一心想要将墨家兼爱思想介绍给卫君，为卫国多出力。

高石子一连三次朝见卫君，每次都竭力进言，可卫君一次也没采纳他的主张。

高石子于是毫不迟疑地离开了卫国，到齐国去向墨子说明情况。高石子说："我因是先生您推荐去的缘故，卫君才给了我很优厚的待遇，把我列为卿。我三次朝见卫君，每次都竭力进言，可他就是听不进去，所以我便离开了卫国，你说卫君不会认为我狂妄吧？"

墨子很赞赏高石子的举动，对他说："只要离开是合乎正道的，那么，即使背负狂妄的名声又有什么妨碍呢。"

高石子接着说："从前老师您说过，天下不行道义，君子不处厚禄之位。现在卫君不行道义，而我要是贪图他赏赐的爵位和俸禄，那我不成了只图人家财物的人了吗？"

为了践行道义（即墨家兼爱等思想主张）而放弃财物，高石子是一个有立场的人。墨子见弟子如此深明大义，特别高兴。他把大弟子禽滑厘召来，对他说："且听听高石子这些话吧！背弃道义而追求爵位的事，我常听说；但舍弃爵位而追求道义，今天我在高石子身上见到了！"

白玉玦（春秋）

解析从众

在我们今天宽松的环境里，无论是谈孔墨老庄这样的思想史问题，还是谈购房买车、中考高考、晋职加薪、住院看病这样的生计问题，最难做到的是不跟风、不流俗、不为时尚和舆论所左右，始终如一地坚守自己的立场。

曾有这样一个故事：有一个在证券公司门前卖报的老太太，每天有许多人从她手里买走报纸，按报纸上股评家的分析和推荐买卖股票，时间长了，老太太也看出了点门道，动了心思，市面上热什么，股评家推荐什么，她就偏不买什么，专捡大家冷落的股买进，几年下来，赶浪潮的人大都要死不活，老太太却发了股财。

这或许只是股市上的一个笑话，真实性待查。不过，这则笑话却说明，凡事坚守自己的立场，不做随风摇摆的墙头芦苇，说起来容易做起来难啊！

从众，是人的普遍心理。看大多数人怎么做，等大多数人先决定后再做出选择，这都是从众心理在作怪。其心理动因是对事态的进展和走势没有掌控能力，将自己的独立思考能力托付给旁人，总觉得大家做出这种决定一定是有道

理的，尽管自己不知道这个道理是什么，但他们这样做，想必错不了。于是，从众，也就成了普通人之所以为普通人的因素之一，它是一个人独立思考、判断是非、敢于决断等素质的表现。一个无论在哪一方面都有所贡献的人，一个胸怀大目标的人，显然不会是一个随波逐流的人。

在一个浮躁媚俗的时代，人们的思想倾向和行为准则常常被时代卷起的浪潮所左右，失掉对高尚目标的向往和健全人格的追求。

20 世纪六七十年代"文化浩劫"时，人与人之间没有信任和友谊，只有猜疑和争斗，儿子揭发老子，妻子与丈夫"划清界限"成为一种时尚。如今我们又出现了一个重物质轻精神的倾向，"有钱就有一切""笑贫不笑娼"、斗富炫富等等思潮在部分地方泛滥。金钱，在有些人眼里，已成为衡量一切的最高标准；追逐金钱，成了人生的最高目标。

时代总是有缺陷的，总是将某一点推向极端的同时而将其他的方面抛到脑后。那么，我们该怎样才能顺应时代而又不随波逐流呢？

墨子认为要做到不随波逐流，坚守自己的立场，那么愈是社会潮流所忽略、所疏漏、所轻视的事情，只要它是善良的，友爱的，符合道义的，愈就该努力去做，彼弃我取，这才是聪明人明智的选择。

自己的立场或许不是社会的主流，但如果自信是正确的，就不能一味地消极退守，孤芳自赏，而是应该向外界宣传自己的立场，得到更多人的理解和支持，这样才能将自己的立场长期坚持下去。否则，一味退守，最终会失掉自己的立场。以进为守，这是墨子教给我们的一个好方法。

当旁人都去"造反游行"，去搞打砸抢，你能超然物外，躲在家里静心读书吗？当少男少女为追星发狂，以当上某"粉丝"为荣时，你能冷静理性地看待这些举动吗？当旁人大都追捧某只股市"黑马"，你能仍按自己想法操作，不受干扰吗？当旁人唯利是图、见钱眼开，你能始终将端正的品性放在首位，不为眼前利益所动吗？当旁人为个人利益损害他人时，你能坚持兼爱的主张，宁愿个人蒙屈而不当帮凶吗？

如果你真想做到立场坚定，卓尔不群，则须悟透兼爱之道的真谛：

其一，要比旁人站得更高，想得更远。博大其胸怀，长远其目光，这样方能超凡脱俗，开创出人生的大境界。

其二，对待任何一件事物，要看对大多数普通人是有利还是无利，这是兼爱与否的试金石。

其三，遭冷遇时耐得住寂寞，逢热闹时明了自己的分量；失意时不攀高枝，得意时不忘根本。

其四，遇到困难时，哪怕再苦再难，一定要扛得住，千万别泄气。

其五，永远要记住：行胜于言。

像爱自己一样去爱别人

假若天下都能相亲相爱，爱别人就像爱自己，还能有不孝的吗？

墨子指出，像爱自己一样去爱别人，这世界还会有战争，仇怨吗？爱人，并不是不爱自己，当然你更该的是去爱别人。光爱自己是远远不够的，也不是真正的有爱心，做人有爱心，最主要的还是要能爱别人，要有博爱之心，那怎样去爱人呢？这就要求我们要平等，己所不欲、勿施于人，像爱自己那样去爱别人。

战国时梁国与楚国相邻。两国颇有敌意，在边境上各设界亭（哨所）。两边的亭卒在各自的地界里都种西瓜。梁国的亭卒勤劳，锄草浇水，瓜秧长势良好；楚国的亭卒懒惰，不锄不浇，瓜秧又瘦又弱，目不忍睹。

人比人，气死人。楚亭的人觉得失了面子，在一天晚上，乘月黑风高，偷跑过去把梁亭的瓜秧全都拉断。梁亭的人第二天发现后，非常气愤，报告县令宋就，说我们要以牙还牙地过去把他们的瓜秧扯断！

宋就却说道："楚亭的人这种行为当然不对。别人不对，我们再跟着学就更不对，那样未免太狭隘、太小气了。你们照我的吩咐去做，从今开始，每晚去给他们的瓜秧浇水，让他们的瓜秧也长得好。而且，这样做一定不要让他们知道。"

梁亭的人听后觉得有道理，就照办了。

楚亭的人发现自己的瓜秧长势一天比一天好起来，仔细观察，发现每天早上地都被人浇过，而且是梁亭的人在夜里悄悄为他们浇的。

楚国的县令听到亭卒的报告后，感到十分惭愧又十分敬佩，于是上报楚王。楚王深感梁国人修睦边邻的诚心，特备重礼送梁王以示歉意。结果这一对敌国成了友好邻邦。在矛盾面前，应该大事化小，小事化了，不要冤冤相报，没完没了，古人尚且知道这样的道理，今天的你应该如何面对呢？不要抱怨别人对你不好，因为你用什么样的心态对待别人，别人就用什么样的心态对待你。不能友好示人的人，也终究只有敌人，而你的错也已经无可挽回了。

中国古代哲人有"以德报怨"这种做人方式，对于这一点我们当然不可能要求每一个人都做到，在当今这样一个物欲横流的时代，这种处世方式对年轻人来说是一种苛求了。但是，我们的老祖宗毕竟是高瞻远瞩的。

做人也一样，如果凡事都像对待自己一样去对待别人，把敌人当成朋友，那么还有什么不可以平心静气的解决呢！

爱，是一个你中有我，我中有你的爱心圆。

学会爱你的敌人

墨子的兼爱是一种无差别的爱，即使是你的敌人，也要学会去爱他。《圣经》中说："要爱你们的仇敌，为那逼迫你们的人祷告。"当耶稣被钉在十字架上时，他还在为把他钉在十字架上的人祷告。这是怎样一种爱！但在生活中，我们常常以自己的喜好决定自己对他人的态度，对喜欢的人热情，对不喜欢的人冷淡，更别提去爱自己的敌人。

在现代社会中，竞争越来越激烈，我们总要面对各种各样的对手，只有那些善于理解和容忍别人缺点的人才能广结善缘，从而创造更加美好的明天。不可否认，心胸宽阔是一种心态，一种不苛求、不极端、不任性的健康心理，它需要我们去学习、去体会、去感悟，更需要我们拿出勇气与智慧，在短暂的生命里程中去想、去做、去生活！

乔治·华盛顿便是一位心胸宽宏的人，他凭借着一颗宽宏大量的心赢得了人们的尊重，并最终坐上了美国总统的宝座。

1754 年，美国独立以前，弗吉尼亚殖民地议会选举都是在亚历山大里亚举行，而作为当地驻军长官的乔治·华盛顿，自然也参加了选举的活动。

选举步步筛选，到最后时，候选人名单上只剩下两个人了。由于地利、人和的因素，大多数人都支持华盛顿推荐的那名候选人，只有一名叫威廉·宾的人坚决反对。大家情绪高昂，争论相当激烈，而威廉·宾与华盛顿之间的激烈争吵也在所难免，争吵之中，华盛顿一时失言，说了一句冒犯对方的话，这使得本来脾气暴躁的威廉·宾怒不可遏，一拳便将华盛顿打倒在地。

华盛顿的朋友们一看这阵势，立刻围了上来，纷纷高声叫喊着要揍威廉·宾。而在另一边，当驻守在亚历山大里亚的华盛顿部下，听说自己的司令官被殴打时，便马上带着枪冲了过来，一时间，气氛十分紧张。在这种情况下，只要华盛顿一声令下，威廉·宾就会被打成肉泥。然而，华盛顿并没有这样做，只是冷静地说了一句："这不关你们的事。"就这样，事态并没有扩大。

第二天早上，威廉·宾收到了华盛顿派人送来的便条，便条上要他立即到当地的一家小酒店去。这时，威廉·宾马上意识到，这一定是华盛顿约他决斗。他料想自己这一去势必会有危险，但是，如果不去就太没面子了。

思来想去以后，威廉·宾内心富有的骑士精神鼓励着自己一定要去，他携带了一把手枪，只身前往。

一路上，威廉·宾心事重重，他一直都在琢磨如何才能打倒身为上校的华盛顿。当他到达那家小酒店以时，却大出意料，他看见华盛顿一张真诚的笑脸和一桌丰盛的酒菜。正当威廉·宾发愣之时，耳边已经响起了华盛顿的声音。"威廉·宾先生，"华盛顿热诚地说，"犯错误乃是人所难免的事，纠正错误则是件光荣的事。我知道昨天我做的确实不对。不过，在某种程度上，你也已经得到满足了，如果你认为到此可以和解的话，请现在握住我的手，让我们交个朋友吧!"

威廉宾被华盛顿的行为感动了，忙把手伸给华盛顿："华盛顿先生，也请你原谅我昨天的鲁莽和无礼。"

从此以后，威廉·宾成为华盛顿坚定的拥护者!

人人都是血肉之躯，必然会有着自己的喜怒哀乐。当某事或某人侵犯了自己的尊严或者使自己蒙受损失之时，产生怨恨，这是难以避免的。然而，生活的智者能够以一颗包容万物的胸襟来容人、容言、容事。古往今来，每一位快乐的传播者，都拥有博大的胸怀与坦荡的气魄。要做到容忍仇人，最重要的是要拥有一颗爱心!

有句名言说："无论被虐待也好，被抢掠也好，只要忘掉就行了。"在我们对我们的仇人心怀仇恨时，就等于给了他们制胜的力量，给他们机会控制我们的心情、睡眠、胃口、血压，直至我们的健康。可以试想一下，如果我们的仇人知道他带给我们这么多的烦恼，他一定高兴得手舞足蹈了吧!虽说要我们去爱自己的敌人有点强人所难，但跨出原谅他们的第一步，你会发现自己会更加快乐，因为原谅意味着你对于不好的事情已经释怀，这样你的身心会备感轻松。既然如此，为什么不轻松地过好自己的生活，何必让不必要的烦恼扰乱了自己呢?

相互关爱，世界和谐

在《兼爱上》中，墨子提出如果大夫贵族看待别人的家族就像自己的家族一样，就不会有家族侵犯;如果诸侯看待别人的疆土就像自己的封国一样，就不会有攻伐。那么，世界上将是一片和谐，没有人与人之间的侵扰，没有国与国之间的攻伐。而这样的和谐景象来自人与人之间的相爱和彼此宽容。

孔子的学生子贡问孔子："老师，有没有一个字，可以作为终身奉行的原则呢?"

孔子回答说："那大概就是'恕'吧！"

恕，即今天所说的宽容。宽容待人是一种美德，也是一种思想修养，它包含着人生的真谛；宽容是一种福气，是一粒种子，它不仅能够在我们的心里开花结果，而且具有吸引力，让别人因为我们的宽容而围绕在我们身边；宽容也是一种启迪，它能催人弃恶从善，使歧路人走入正途。

鸡足山是佛教名山，在鸡足山的第一道关隘前，有一座小桥，名叫洗心桥。据说，鸡足山的金华长老曾在此桥前以一颗宽容的佛心，点化了八个大盗，使他们彻底地洗心革面，皈依佛门。

世传金华长老曾有偈语："大慈大悲度众生，洗心桥上洗邪心。是非恩怨从此了，净水一滴悟道真。"八个大盗的邪心分别是：黑心如墨，残忍狠毒；白心似冰，六亲不认；黄心如橙，阴险狡诈；绿心狭隘，嫉贤妒能；五花之心，暮楚朝秦；紫心贪婪，欲壑难填；褐色之心，薄德鲜能；桃花之心，嗜色好淫。

这八个大盗杀人越货，无恶不作，后在鸡足山抢劫财物时，幸而被官府捉拿归案。为了杀一儆百，官府决定在鸡足山下将他们凌迟处死。金华长老得到消息后，亲自出面恳求官府放他们一条生路，让自己来点化他们。官府敬重金华长老的盛德，便答应了他的请求。于是，金华长老将他们带到洗心桥边，用洗心桥下的净水，帮他们逐一洗去了八颗邪心的颜色，使其全部变为红色的良心。

八个大盗幡然悔悟，在鸡足山出家，成为守山护寺的和尚，并且最终修得正果。

金华长老用自己一颗"宽容"的佛心，净化了八个大盗的邪恶灵魂，使其皈依正途。这虽然是个传说，但向我们喻示了这样一个道理：宽容无敌，宽恕别人才能拯救别人。

而发生在非洲的一个故事说明了同样的道理。

一年，非洲某国闹饥荒，商店里的食品非常紧张。即使拿着钱，人们也不容易买到粮食。一天，国际红十字会从外地调来一车玉米，指定这车玉米是用来拯救那些老弱病残的人们的，并把分配玉米的工作交给了当地的酋长。一大早酋长便背着玉米，挨家挨户地向人们分发。当酋长来到一个叫山姆纳的年轻人家里时，生病很久的山姆纳正躺在床上呻吟。酋长从口袋里捧出一些玉米粒，山姆纳见了，感激地说："酋长，谢谢你，可我现在是又渴又饿，你能不能帮我找点水来？"酋长答应了。他把口袋放在山姆纳家的凳子上，拿起水桶，便去打水。酋长走了很远的路，才找到水源。当酋长提着满满一桶水回到山姆纳家时，山姆纳已睡着了，而放在他家的那袋玉米却不见了。酋长万分着急，因为还有许多家庭正等着这袋玉米救命呢。

"山姆纳，山姆纳，你快醒醒。"酋长急忙去摇山姆纳的肩膀，想把他叫醒，询问那袋玉米的下落。

"吵什么吵！谁把我吵醒的？"山姆纳睁开眼，看了一下酋长，"您怎么来了？"山姆纳好像完全忘了刚才的事。

"山姆纳，你清醒一下，刚才我放到你家的那袋玉米到哪儿去了？"

"什么玉米？我连鬼影子都没有见过。要是有玉米，我怎么会饿得四肢无力呢？"山姆纳说完，故意拍了拍干瘪的肚皮。

"山姆纳，我知道你生活困难，因为腿伤而不能外出寻找食物，但你想过没有，其他人也是一样啊！现在弄一点儿吃的不容易，好多人每天只靠嚼树叶，喝凉水充饥，大家都快撑不住了……"

"我……我真的不知道那袋玉米被谁拿走了，我一直在睡觉。"说这话时，山姆纳的眼神很不自在，他低下了头，躲开酋长的目光。

"山姆纳老弟，我很同情你的处境，但你能不能好好想想，我走后有谁来过你家没有？无论你做了什么，我都不会责怪你，现在是非常时期，大家都不容易。"酋长劝说道。

山姆纳沉默了一会儿，终于开口说："是我，是我趁你去提水时，把那袋玉米拖到了床底下，实在对不起。"说完，他揭开床罩，交出了那袋玉米。

其实，当酋长进门放下水桶时，就发现从凳子到床之间撒了几粒玉米，而玉米袋又不见了，他心里就明白是怎么回事了。但他知道在这困难时期，山姆纳这样做也是不得已。所以，他一直没有揭穿山姆纳的谎言，以照顾他的自尊，而是用真诚地劝诫，让山姆纳承认错误，并主动交出玉米。

可见，宽恕远胜于责罚，它能让人真正意识到自己的错误，并能主动承认错误，使人的心灵得以净化。

人非圣贤，孰能无过。一生中，每个人都会受到他人有意或无意的侵害。当我们想要发怒时，想要向别人报复时，应该学会管住自己的大脑，控制报复的冲动，在心里慢慢地把仇恨化解。因为，仇恨在伤害别人的同时也会伤害你自己，而宽容和忍让，是保自己一生平安的"护身符"。试着宽容他人吧！当你开始宽容他人时，你会发现生活比你想象中的更加美好。

"爱"别人不责求别人

知道这个世界上有强盗，仍然爱这个世界上所有的人。知道这座房子里有强盗，却不应认为这座房子里的人都是强盗。知道其中一个人是强盗，不能讨厌屋里所有的人。

墨子有个学生叫巫马子，巫马子真诚好学，常向墨子提问题。

巫马子问他的老师说："你倡导兼爱天下，没得到什么益处；我不爱天下，也没什么害处。功效都没达到，先生为什么只认为自己正确，而认为我不正确呢？"

墨子反驳道："假如有三个人，一个人放火，一个人捧水要浇灭它，一个人拿火苗将要助燃，都没做成，这三人你看中哪一个？"

巫马子不知是计，说："我以为捧水的人意图是正确的，那拿火苗的人用意不对。"

墨子说："现在你该明白了，我兼爱天下的主张是正确的，你不爱天下的用意是错误的。"

巫马子无言以对。

有好的想法办一件事，办成了，自然是大好事；没有办成，其用意也值得称赞。而有心将事情办坏，尽管也没办成，但用心何其毒也。若保持邪恶的用心不改，那么，迟早要把事情办坏。

两个人在小河上架桥，一个想把桥架设得牢固耐用，让过桥的人平稳安全；另一个表面好好架，私下却设了机关，想让桥不久后垮掉，好让人过些时又来请他架桥。两人都在架桥，都在做事，但目的却不同，一个坦荡正派，一个心怀鬼胎。心术不正的人迟早会被人看破，这种人睡觉就会做噩梦。

心眼坏的人总是怀着侥幸心理，总想蒙骗过关。然而时间是最公正的法官，无论是善良与邪恶、崇高与卑劣，它都看得清清楚楚。

有兼爱天下、关怀他人之心，也许并不能时时处处让人感受到你这份美好的心意，也许并没有人说你的好话，也许还会有人误会你、责怪你，这都不必计较。因为，爱，是自己心里的事，是对自己的一种要求。

大爱无疆：兼爱的层次

看待别人国家就像自己的国家，看待别人的家族就像自己的家族，看待别人之身就像自己之身。所以诸侯之间相爱，就不会发生野战；家族宗主之间相爱，就不会发生掠夺；人与人之间相爱就不会相互残害；君臣之间相爱，就会相互施惠、效忠；父子之间相爱，就会相互慈爱、孝敬；兄弟之间相爱，就会相互融洽、协调。天下的人都相爱，强大者就不会控制弱小者，人多者就不会强迫人少者，富足者就不会欺侮贫困者，尊贵者就不会傲视卑贱者，狡诈者就不会欺骗愚笨者。举凡天下的祸患、掠夺、埋怨、愤恨可以不使它产生的原因，是因为相爱而生产的。所以仁者称赞它。

墨子提倡的兼爱表现的是他人的平等之爱，是一种抛开血缘和背景平等的博爱，对任何人一律平等。从此等意义来说，兼爱是无层次之分。我这里所说的层次只是从爱的范围上来区别，从而提炼出更深层次更深刻的兼爱内涵。

对自己生活周围的人富有爱心，如亲戚朋友，邻居街坊，单位同事，他们与自己都有着千丝万缕的联系，对他们怀有同情和关切之心，爱邻如己能够使自己的生活环境融洽、祥和、温馨。这是兼爱的第一个层次。

能够对与自己不相关的人和事产生兴趣，并乐意尽力相助，这是他爱的第二个层次。有人落水了，赶快下去抢救；有房子失火了，赶快冲进去抱出啼哭的婴儿；遇到流氓闹事，能够见义勇为，主持正义；很遥远的地方受到灾乱了，捐献一点财物表示心意，等等。在这里，他爱就是一种社会公德之心。

更有境界的人，对自己所属的民族、国家，对共生于这个地球的各个种族、各个国家满怀着热情，关心国际国内发生的大事，就像关心邻居发生的事一样。中国女排得了世界冠军，你能不兴高采烈吗？中国足球输了球，你能不焦急不安吗？这是他爱的第三个层次。

大智大意之人，不仅具有上述的三个层次，而且能够超越对具体事物的爱心而上升到对人类命运的终极关怀，能够对漫漫历史之河给予沉静的思索和持久的注视。尽管人的生命有限，但这种大爱者将其爱心融入进绵绵不断的生命长河，因而使有限的生命获得了一种永恒的辉煌。

这是真正的生命之爱。大爱者无时无刻不可以体验到一种难以言喻的热流涌遍全身，体验到自己与自然、与人类的互亲和互爱。

在人类大家庭里，每个人都是其中一分子，爱与被爱、自爱与他爱都是互相的，没有天生的高低贵贱之分。聪明人懂得，爱心是自己的事，是自己生命充实而有光彩的需要。无论是显贵一时还是默默无闻，无论是穷人还是富人，对爱心来说，那又有什么关系呢？

爱心使人善良、明智、聪慧。富有爱心，是人生的一大幸福。

其实，在现实生活中人们的身边，有许多充满爱心，并且不分彼此地给予别人的人，他们有的是我们的老师，对待每一个同学就像对待自己的孩子一样，总是充满爱心；有的是我们的朋友，他们对待我们就像对待自己的兄弟姐妹一样，总是关怀不断；有的还是一些匆匆而过的陌生人，他们都在不知不觉中给予了我们爱的关注……所以，当我们留心身边的一切时，我们就会发现，我们的生活到处都有爱心的足迹，爱心是没有界限的。

大爱无声

看待父亲、兄弟和国君像自己一样，怎么会做出不孝的事呢？还会有不慈爱的吗？

孟子说：看待父亲、兄弟和国君像自己一样，怎么会做出不孝的事呢？的确，如果一个人爱别人如同爱自己一样，那么他才能真正地善待别人。

古希腊有句谚语："恩情，不一定会用世俗的形式呈现在你我面前，它有时会变换不同的容颜来帮助你。不要用决裂的方式对待所有的关系，因为有时是你错解了它；不要让遗憾发生，用感恩的心情看待世界，可防止一切不幸发生。"

有一位老人，因为衰老逐渐丧失了工作能力。她的儿子就千方百计想遗弃她，于是狠心地背着她往深山里走。途中，这个儿子一路上都听到他母亲折断树枝的声音，心想：一定是她怕被遗弃之后，无法自己识路下山，因此在沿路做上记号。他不以为意地继续往深山里面走，好不容易到达目的地之后，他放下背上的老母亲，毫无感情、狠心地对她说："我们就在这里分别吧！"这时候，他母亲慈祥地说着："上山的时候，沿途都有折断树枝的记号，你只要顺着记号下山，就可以安然回家了。"这位老母亲并不在意儿子的大逆不道，反而沿途帮他做了记号，使其在返家的路途中不会迷路，这种伟大的母爱，终于唤醒了儿子的良知。他赶紧向母亲赔罪，又将她背回家，从此对母亲百依百顺，善尽人子孝养之道。

爱是生命中最好的养料，只要有爱就有彩虹，生命就有希望。

在新疆的阿瓦提县，有一个维汉民族组成的特殊家庭。十多年前，两个被遗弃的汉族婴儿先后被该县鲁丰公司职工肉孜卡地尔和妻子尼亚孜汗阿吾提收养，如今已经长大成人。14岁的左然木考入内初班，7岁的艾则孜在公司小学读书，一家人风雨同舟、互敬互爱、其乐融融。

改制前的鲁丰公司叫丰收三场。肉孜卡地尔以放羊为生。十多年前的一天，他像往常一样起了个大早，天蒙蒙亮，东方泛起了鱼肚白，周围还没有人下地干活。突然，传来一声清脆的婴儿哭啼声。他顺着声音走近一看，原来，不远处有一个纸箱子。他用手把纸箱子上面的纸板拨开，看到箱子里面放着一个婴儿，眼睛紧闭着，两只小手在嘴巴前不停地乱动，看来孩子是饿了……

这肯定是个遗弃的孩子，怎么办呢？谁来养这个孩子？肉孜卡地尔看着这个可爱的婴儿在想。

孩子！每当想起孩子的事，肉孜卡地尔总有一种难以言表的苦衷，他与妻子结婚后，俩人的感情一直很好，生下一个有智障的女儿后，妻子就再也没有怀孕……

回到家里，他总觉得空荡荡的。没有孩子的家，缺少许多家庭欢乐。要不，把这个孩子收养下来吧！他正在琢磨这件事，几声狗叫打破了他的思索，抬起头一看，原来是妻子尼亚孜汗给自己送饭来了。

肉孜卡地尔把捡到弃婴的事给妻子说了一遍，然后，让尼亚孜汗给孩子喂点吃的……

孩子实在是太小了，不好喂！费了好大的劲，总算吃饱了饭。

孩子重新睡了。尼亚孜汗看着这个可爱的小生命，她心头一热，紧紧地把孩子搂在怀里抱回了家。

肉孜卡地尔和妻子尼亚孜汗给孩子取名为左然木肉孜。

左然木非常懂事，从咿呀学语到开始上学，她给肉孜卡地尔一家带来了许多欢乐！在学校她是位品学兼优的好学生，学习成绩一直名列全年级前茅。回到家里，她总是帮着父母做一些力所能及的家务，帮着母亲尼亚孜汗洗衣服、扫地、做饭……

每当父亲肉孜卡地尔放羊回来，她总是跑前跑后，要么拍打一下父亲身上的土，要么拿来毛巾让父亲擦一擦脸上的汗，要么给父亲递上一杯水……

光阴似箭，转眼之间，14 岁的左然木读完了小学六年级，2009 年 8 月 15

日，一张鲜红的录取通知书送到了他们家，左然木被新疆区内初中班录取了。

后来，这个并不富裕的家庭又收留了背部患有先天性肿瘤汉族小孩，并取名为艾则孜。

那是一个巴扎天，一位内地进疆打工的妇女抱着一个孩子，说自己要方便一下，让尼亚孜汗替她抱一抱孩子。

尼亚孜汗抱着这个孩子左等右等，足足等了大半天功夫，也不见那位妇女来抱走孩子，无奈之下，她只好把孩子抱回了家。

本来贫困的家，一下子又多了一个让人照顾的婴儿，无形之中，给这个家庭又增加了许多负担。

婴儿还没有断奶，要靠奶粉养活。况且，这个孩子背上有个先天性的肿瘤，必须做手术。

辛苦一点没有问题，做手术医药费怎么办？

由于背上的肿瘤，孩子不能躺着睡，只能侧着身子睡。有时，不小心翻个身，肿瘤压破后浓血直流，常常把衣服和床铺都染红了……

孩子的哭声，每次都让尼亚孜汗感到揪心的痛。

她与丈夫肉孜卡地尔商量，一定要凑钱给孩子治病。经过几天的奔波，东凑西借，终于凑到近 1 万元钱，他们把孩子送进了兵团农一师医院治疗。

手术很成功，孩子的病得到了很好的根治。可那次手术，把家里仅有的一点积蓄全部花光了，而且还欠下了许多外债。

生活怎么过呀？！

孩子小要喂奶粉。无奈之下，他们来到鲁丰公司，当公司领导了解实情后。公司党委书记、总经理李景泉当即带头捐款 2000 元，公司其他干部职工也纷纷伸出援助之手，民政部门又解决了 500 元。这样，才解决了肉孜卡地尔一家的燃眉之急。

为彻底解决他们的生活困难，公司专门把他们一家 4 口人纳入到了低保对象，按月享受低保政策。

生活有了着落后，艾则孜幸福的成长着，他享受到了与同龄孩子一样的快乐童年。幼儿园里他与别的小朋友无忧无虑做着各种游戏，学校里他得到老师和同学们的呵护，现在他已经是小学二年级学生了。

从上幼儿园开始，妈妈尼亚孜汗就每天接送艾则孜上学，风雨无阻。

"儿子还小，放心不下，巴扎上的车特别多"，提起接送艾则孜上学的事时，尼亚孜汗总是这么说。

真情实感，大爱无边——肉孜卡地尔当上民族团结典范。

爱是生命中最好的养料，哪怕只是一勺清水，它都能使生命之树茁壮成长。也许树是那样的平凡，不显眼；也许树是如此的瘦小，甚至还有点枯萎，但只要有这养料的浇灌，它就能长得枝繁叶茂，甚至长成参天大树。

左然木和艾则孜都是幸运的，是热心、善良的维吾尔族爸爸妈妈养育了他（她）们，也正是维吾尔族爸爸妈妈的辛勤哺育和涓涓的爱的心泉的滋润，才使"小树"得以重生，得以茁壮成长。

爱是生命中最好的养料，只要有爱就有彩虹，生命就有希望。

世界因我而更加美好

每个人心中都有爱，但是对"爱"的理解，可以说是见仁见智。墨子一直在提倡"兼爱"，在他的心中，对人有利就应该去做，这是爱；对人不利就立即停止，这也是爱。爱是一种无私的付出。歌中唱道："只要人人都献出一点爱，世界将变成美好的人间。"只要我们每个人都努力去爱，去奉献，与人分享爱，那么世界会因为你我而变得更加美好。

所谓"赠人玫瑰，手留余香"，奉献出自己的爱心，收获的是人格魅力、诚信、尊敬等宝贵的"无形资产"，它们使得人生变得壮美起来，所以说，人生的状态来自"奉献之乐"。它能够使人的心灵得到纯洁和净化，带给人们感动，使人的信心高涨，给人以鼓舞，从而获得快乐和希望。

有一对夫妇由于受不了生活的贫穷而大吵起来，那天正好是感恩节。两个大人的大吵大闹让站在一旁的儿子感到孤独无助。就在这时，他们家的门铃响了，一位满面笑容的男人站在门外，手里提着一个大篮子，里头装满了各种各样的过节食物，对他们说："这份东西是别人让我送来的，他希望你们知道还有人在关怀和爱着你们。"这一幕让男孩深受感动，男孩暗自发誓，等自己长大后要以同样的方法去帮助需要帮助的人。

18年的时间过去了，男孩已经成为一个成年人了，终于可以养活自己了。虽然赚的钱不多，但是在这年的感恩节里，他还是用自己的钱买了不少的食物，化装为一个送货员，准备把这些食物送给一个很穷的家庭。他来到一栋破落的房子前，敲响了这户人家的门，前来开门的主人警惕地盯着他。他对那位主人说："我是受人之托来送货的，请你收下这些东西吧！"这家的主人惊呆了，不知道说什么好："你是上帝派来的使者？"男孩忙说："不，不，只是一个朋友托我送的，祝你们快乐！"说完，他把一张字条交给了这家的主人，字条上写着："我是你们的一个朋友，愿你们能过个快乐的节日，也希望你们有能力时，请同样把这样的礼物送给其他需要帮助的人。"

这个年轻人一直怀着这个美好的心愿生活着、奋斗着，终于他成功了，成为影响了许多美国人心灵的大师。他的名字叫罗宾。

罗宾用这种独特的方式把自己的爱心送给了需要帮助的人，他的善良感动了一个又一个穷困的家庭，也深深打动了处于无助境地的人们。正是因为这一点，他才成为影响美国人心灵的大师。

巴金在他的著名散文《灯》中讲过，一个出门求死的朋友因为陌生人一句"人不能光靠吃米活着"而勇敢地活了下来；美国的布里居丝到处散发自己制作的蓝色绸带，呼吁人们关爱他人，一位父亲将这代表关爱的绸带送给了自己的儿子，恰好挽救了因自卑而想要自杀的儿子。一句普通的话语，给了人活下去的信心；一条简单的绸带，重新燃起一个求死青年的希望之火。由此可见，关爱其实很简单，每个人都可以做到，只要你热爱生活，珍惜生命，愿意奉献，你就可以发现爱是世界上最神奇的东西，它可以奇迹般地延伸生命的宽度，拓宽快乐与希望的面积。

如今，我们生活在一个多元的社会中，每个人都需要别人的关爱和帮助。我们关心他人、爱护他人、支持他人、理解他人，同样我们自己也会得到别人的关爱和帮助。把爱作为人与人之间交流的纽带，世间就会少一份猜忌，多一份温馨；少一份欺骗，多一份诚实……还记得吗？"如果人人都献出一点爱，世界将变成美好的人间"。

相亲相爱，相交相利

墨家倡导博爱主义，主张爱没有等级和差别，要像爱自己一样爱别人，像爱自己的父母一样爱别人的父母，像爱自己的国家一样爱别人的国家，只有这样，才会建立社会需要的理想伦理，并以此达到天下大同。但是在阶级社会里，阶级利益的不一致性导致了阶级之间的敌对和斗争，这是不同阶级不可能相爱的社会根源，但是墨子尚未意识到这一点。因此墨子所提倡的不分阶级的"天下兼相爱"的社会理想和伦理理想，在当时特定的社会环境下是不现实的，因而也不可能实现。

然而墨子所倡导的这种博爱精神是值得肯定和发扬的，无论处在什么时代，有着怎样的社会环境，这种人与人之间的相互关爱是对人性美好的肯定。

爱是一种循环，把爱给予了别人也就是给予了自己。虽然，它并不是以一种直接而简单的方式直接回馈给自己，但是它始终以不同的方式在传递着，最终总是会转回到自己的身上。

从前，有个人在沙漠中行走时遇到暴风沙，狂沙吹过后，他已辨不清方向。他带的粮食和水已经不多，但还没有找到方向，也没有发现到人家。他饥渴难忍，但仍拖着沉重的脚步，一步一步地向前走，就在他快要撑不住的时候，突然，看见了一间废弃的小屋。这间屋子已久无人住，风吹日晒，摇摇欲坠。他拖着疲惫的身子走进了屋内。这是一间不通风的小屋子，里面堆着一些枯烂的木材。他几近绝望地走到屋角，却惊喜地发现了一个汲水器，于是使尽全力抽

水，可滴水全无。他的心瞬间凉透，他气恼至极。忽又发现旁边有一个用软木塞堵住口的水壶，壶上贴了一张泛黄的纸条，纸条上写着："你要先把这壶水灌到汲水器中，然后才能打水。但是，不要忘了，在你离开前，请一定要把这壶水装满。"他小心翼翼地打开壶塞，果然里面有一壶水。

这个人面临着艰难的抉择，是不是按纸条上所说的，把这壶水倒进汲水器里？但如果倒进去之后，汲水器抽不上来水，岂不是白白浪费了这救命之水？相反，要是把这壶水喝下去，就能暂保自己的性命。他权衡再三，最后决定照纸条上说的做，把壶里的水全部灌入看起来破旧不堪的汲水器里，果然大量的水从中涌了出来。他颤抖着手，捧着水，痛痛快快地喝了个够！休息了一会儿，他把水壶装满，并用软木塞封好，然后在原来那张纸条下面，又写了几句话："请相信我，纸条上的话是真的，你只有把生死置之度外，才能尝到甘美的泉水。"

爱是人与人之间温暖的传递，正如"赠人玫瑰，手留余香"，把爱献出，既可以温暖别人，也可以让自己获得意外的收获。爱需要鼓励，收到别人的关爱要记得感恩，这样才能让爱继续传递。

把爱传递出去，即是播下了一颗爱的种子，既可以温暖他人，或许，有一天它又传回到你的手中，传给你爱的温暖。

世界因爱而美丽

墨子对于战争的危害深恶痛绝。在《非攻》篇中，他用大量的篇幅描写战争给国家和人民带来严重的危害。墨子进一步指出，发动战争的目的在于名与利，这是由"不正"的思想驱使的结果。在墨子看来，要想杜绝战争，任何一个国家都应该树立起正义之感，维护和平，反对战争。而最根本的方法是要建立人与人之间的相互友爱的关系，这样天下就会太平。墨子反战尚和的思想主张以及高呼的"兼相爱"的和平口号，迄今仍然符合世界"和平"与"发展"的时代主旋律。

虽然自人类出现以来，战争持续不断，但墨子"爱"的主张有其现实的基础，并在战乱纷争的战国时期，在梁国和楚国的边境开出了绚烂的花朵。

战国时梁国与楚国相邻，一直以来，两国颇有敌意，并在边境上各设界亭用以观察对方。

一年，两边的亭卒在各自的地界里都种了西瓜。梁国的亭卒勤劳，经常在地里锄草浇水，瓜秧长势良好；而楚国的亭卒较为懒惰，对瓜秧不管不顾，因此瓜秧又瘦又弱。

俗话说：人比人，气死人。楚国的亭卒看到这样的情况，顿觉面子全失，不思悔改不说，反而动起了歪脑筋。一天晚上，月黑风高，楚国的亭卒偷偷越过边界，跑到梁亭的地里，把梁亭的瓜秧全部拔断。第二天，梁亭的人发现后，非常气愤，报告县令宋就，准备以牙还牙，把楚国的瓜秧也扯断。众人义愤填膺，准备大干一场。

但是，宋就却说道："楚亭人的这种行为当然不对。但别人不对，如果我们再跟着学，未免太狭隘、太小气了。你们照我的吩咐去做，从今天开始，每晚去给他们的瓜秧浇水，让他们的瓜秧也长得好。而且，这样做一定不要让他们知道。"梁亭的人听后，虽然心中仍有些生气，但觉得确实有理，就照办了。

楚亭的人一直很得意于自己的做法，又为梁亭的人没有采取任何行动而感到惊讶，一开始他们并没有把这件事放在心上。一段时间后，楚亭的人惊奇地发现自己的瓜秧长势一天比一天好，仔细观察后，他们发现每天早上自己的地都被人浇过，而这些都是梁亭的人在夜里悄悄为他们做的。

楚国的县令听到亭卒的报告后，感到又惭愧又敬佩，于是上报楚王。楚王深感梁国人修睦边邻的诚心，于是特备重礼，送给梁王以示歉意。结果这一对敌国化干戈为玉帛，成了友好邻邦。

在矛盾面前，人与人之间应相互宽容，秉持着大事化小，小事化了的原则。不要抱怨别人对你不好，因为你对别人的态度决定了别人对你的态度。宽容是一种于人于己都大有益处的美德，原谅他人的过失，把眼光放长远些，你会收到意想不到的效果。

在"和平与发展为时代主题"的今天，国际形势正发生极其深刻的变化，国与国之间的竞争日趋激烈，有些潜在因素会导致一些冲突，因此各个国家更应该努力维护和平，加强合作，相互包容，实现共赢。

我们常说"忍一时风平浪静，退一步海阔天空"，学会包容，让世界充满爱。

爱别人就是爱自己

墨子指出，如果天下的人能够相亲相爱，像爱自己一样去爱别人，那么这个世界就不会有仇恨和纷争了。爱别人，并不是不爱自己。恰恰相反，一个人如果只爱自己，这样的爱并不是真正的爱。真正的爱应该是既爱自己，又爱别人，我们称之为博爱。关于爱，我们常说爱是人类共同的语言，是人类最善良的表达。它建立在平等的基础之上，人们彼此之间相互关爱，平等相待，把爱别人当作自己的本能，才能称得上爱。

给予他人爱，不仅能够带给他人帮助，使他人感到温暖，同时爱也能够将这份温暖传递给自己，带给自己快乐。同时，自己的一份小小善举很有可能在将来的某一天带给自己意想不到的结果。

苏格兰有一位名叫弗莱明的农夫，他生活贫苦，心地善良，非常乐于向他人伸出援助之手。一天，在田里劳作时，他忽然听到有孩子的哭喊求救声，他停下来认真地听了听，确实有人在求救，声音大概是从附近的沼泽地里传来。他来不及扔下手中的农具，立刻飞奔着跑了过去。原来是一个小男孩在附近玩耍时不小心陷入了泥沼中，孩子奋力挣扎着，想要摆脱出来，不料竟越陷越深，孩子惊慌失措地大声呼救。弗莱明赶紧将锄头柄伸了过去，将男孩拖出了死亡之地。

弗莱明并没有把这件事放在心上，在他看来，这只不过是举手之劳。

然而，几天后，一位彬彬有礼的绅士乘着一辆华丽的马车来到了他的家里。

他走到弗莱明的面前，郑重地向他表示感谢，原来他是那个被救小男孩的父亲。

绅士看到弗莱明家境贫困，打算给他一大笔钱，以示感激之情。但是，善良的弗莱明坚定地拒绝了，他说："先生，感谢您的好意，但是我不能接受这笔钱，我不是为了要你的钱才救你孩子的。"

两人互相推让之时，一个小男孩从外面走了进来，绅士问道："这是您的儿子吗？"

弗莱明点点头说："是的，这是我的小儿子。"

绅士想了想说："既然您不愿意收钱，我也就不勉强了。但是，您毕竟救了我儿子，不如这样，让我为您的儿子尽点力。如果您愿意，我打算资助您儿子接受良好的教育。假如这个孩子像您一样善良，那么，他将来一定会成为一位令您感到骄傲的人。"

弗莱明定定地看着自己的孩子，想了想自己家徒四壁的环境，看到绅士如此的有诚意，为了孩子的未来，他答应了绅士的提议。绅士说到做到，一直供这个孩子从小学读到了大学，直到这个孩子从医学院毕业。正如绅士所预料的，这个孩子确实争气，他凭着自己的勤奋和努力，于1928年首次发现了举世闻名的青霉素，成为英国著名的细菌学家，成了一个令他父亲感到骄傲的人，他就是亚历山大·弗莱明。

无巧不成书。半个世纪过后，被农夫弗莱明救起的那个小男孩不幸染上了肺炎，苦于当时医疗卫生条件有限，面对绅士儿子不断恶化的病情，医生们束手无策。正当生命攸关之时，弗莱明教授听说了这件事，他急忙带着青霉素来到了绅士儿子的身旁。在弗莱明教授精湛医术的治疗下，绅士儿子的疾病奇迹般地痊愈了。

这位被农夫弗莱明救起的不是别人，正是鼎鼎大名的英国政治家，"二战"时期的英国首相丘吉尔。时隔不久，为了向弗莱明教授答谢，丘吉尔亲自登门拜访，真挚地说道："你们一家人救了我两次，给了我两次生命啊！"

弗莱明教授微笑着摇了摇头，回答道："不，第一次救您的是我父亲，这一次救您的不是我，是您的父亲！"

谁也不曾料到，他们一次救人之举不仅给彼此带来了好处，更为重要的是成就了日后两位名人。亚历山大·弗莱明因为获得了接受高等教育的机会，而成为著名的细菌学家，发现了举世闻名的、对后世影响深远的青霉素，挽救了无数条鲜活的生命；而丘吉尔则成为著名的政治家，在"二战"时期功勋卓著。他们都为人类做出了重大贡献。

如果没有农夫弗莱明的善举，是不可能有后来两位年轻人的辉煌成就的，甚至历史也会被改写。可能有人会想，虽然这是一个真实的故事，却带有大量的偶然性。其实，通过分析故事的因果关系，会发现一切的发生又是如此合理，偶然之中存在着必然。

做好事只是良心使然，做自己应该做的事，并没有刻意为之。天长日久之中，善良终将会得到回报。人人心存良善，互相帮助，社会怎会不和谐美好？正如歌中所唱："只要人人献出一点爱，世界将变成美好的明天。"

以爱人之心感化人

看待别人就像自己一样，谁会害人？所以盗贼没有了。

墨子对于人性的观点与孟子是趋于相同的，虽然墨子没有明确提出性善论的观点，但我们从其言论中也可以发现。爱人别人也爱你，这就是基于人性善的基础之上的，以爱人之心去感化他，视人身若己身，没有人是不会被感动的。

其实，在现实生活中以善良的心去看人、去做事，别人也会以善良回报你。

其实，大多数人都是心地善良的！只要自己心存善良之心，相信能感化他人的，同时他人也会善良的对待自己。

不苛求别人的感恩

没有什么话不答应，没有什么恩德不报答，你投我桃子，我用李子回报你。

从墨子的话中我们可以感受到墨子知恩图报的高尚情操。而在现实社会中，有些人总是记得别人的回报，总是希望得到别人的感激，而他却没有真正牢记自己。

我们天天埋怨别人不知回报，不知我们有没有反思过自己的行为，到底该怪谁？是我们太了解人性，还是我们忽略了人性？帮助别人的目的不是为获得回报。如果我们偶尔得到别人的感激。的确是一件令人惊喜的事。如果没有，也不要为此伤感、抱怨不休。

假如你救了一个人的生命，你会期望他感激吗？你也许会。可是乔治在他当法官前曾是位有名的刑事律师，曾使78个罪犯免除了牢狱之灾。你猜猜看其中有多少人曾当面致谢，或至少寄张贺卡来？你可能猜对了：一个也没有。

耶稣在一个下午使十个瘫痪的人起立行走，可有几个人回来感谢他呢？只有一位。耶稣环顾门徒问道："其他九位呢？""他们都跑了，谢也不谢就跑得无影无踪！"那么，像你我这样的普通人，给了人一点小恩惠，凭什么就希望得到比耶稣还多的感恩呢？

如果这里面涉及金钱，那可就更难说了！查尔斯曾说，当一位银行职员挪用银行基金去炒股票而造成亏损，面临指控时，查尔斯帮他补足金额以免他吃上官司，这位银行职员是否感谢他呢？是感谢他，但只是那一阵子，后来这个人还跟曾经救他脱离牢狱之灾的人作对呢！

真正的快乐是你付出多少，别人得到了多少帮助，而不是你该得多少回报，否则你陷入了为索取回报而与别人斤斤计较的争论当中，又何谈快乐呢？

为人父母者一向抱怨子女不知感恩。甚至莎剧主人翁李尔王也不禁吼道："不知感恩的子女比毒蛇的利齿更吞噬人心。"可是如果我们不教育他们，为人子女者怎么会知道感恩呢？忘恩原是人的天性，它像随意生长的稗草。感恩有如花草，需要细心栽培及爱心的滋润，才能开出美丽的花作为回报。

要是子女们不知感恩，应该怪谁？也许该怪的就是为人父母的我们。如果我们从来不教导他们向别人表示感谢，怎么能希望他们来感谢我们？

让我们记住，孩子是我们造就的。

要想有知恩善报的子女，只有自己先成为感恩的人。让我们把这句话永远铭记于心。我们的言行非常重要。在孩子面前，千万不要诋毁别人的善意。也千万别说："看看表妹送的圣诞礼物，都是她自己做的，连一分钱也舍不得花！"这样对我们可能是随便说说而已，但是孩子们却听进心里去了。因此，我们最好这么说："表妹准备这份圣诞礼物，一定花费了不少时间和精力！她的心真好！我们得写信感谢她。"这样，我们的子女在无意中也学会了养成赞赏感激的好习惯。

请牢记，感恩是一种需要培养的品德。希望儿女们感恩，就必须训练他们成为感恩的人。

教师节那天，一大群孩子争着给他送来了鲜花、卡片、千纸鹤……一张张小脸蛋洋溢着快乐，好像过节的不是老师倒是他们。

一张用硬纸做成的礼物很特别，硬纸板上画着一双鞋。看得出纸是自己剪的——周边很粗糙，图是自己画的——图形很不规则，颜色是自己涂的——花花绿绿的，老师能穿这么花的鞋吗？

上面歪歪扭扭地写着："老师，这双皮鞋送给你穿。"看着署名像一个女孩——这个班级他刚接手，一切都还不是很熟，从开学到教师节，也就是十天。

他把"鞋"认真地收起来，"礼轻情义重"啊！

节日很快就过去了，一天他在批改作文的时候，看到了这个女同学送给他的这双"鞋"的理由。

"别人都穿着皮鞋，老师穿的是布鞋，老师肯定很穷，我做了一双很漂亮的鞋子给他，不过那鞋不能穿，是画在纸上的，我希望将来老师能穿上真正的皮鞋。我没有钱，我有钱一定会买一双真皮鞋给老师穿的。"

这是一个不足十岁的小姑娘的心愿，他的心为之一动。但是，她怎么知道穿布鞋是穷人的标志？

他想问问她。

这是一个很明净的女孩子，一双眼睛清澈得没有任何杂质。当她站到他面前的时候，他似乎找到了答案。

他看见了她正穿着一双方口布鞋，鞋的周边开了花，这双布鞋显然与他脚上的这双布鞋不一样。

于是有了下面的问话。

爸爸在哪里上班？

爸爸在家，下岗了。

妈妈呢？

不知道……走了。

他再一次看了她脚上的布鞋，那一双开了花的布鞋。

他从抽屉里拿出那双"鞋"来。这时他感受出这双鞋的分量。

她问，老师你家里也穷吗？他说，老师家里不穷。你家里也不穷。

同学都说我家里穷。她说。

他说，你家里不穷，你很富有，你知道关心别人，送了那么好的礼物给老师。老师很高兴，你高兴吗？

她笑了。

和老师穿一样的鞋子，高兴吗？

她用力地点点头。

他带着她来到教室，他问大家，老师为什么穿布鞋呢？有的同学说，好看。有的说，透气，因为自己的奶奶也穿布鞋。有的同学说健身，因为自己的爷爷打拳的时候都穿布鞋。很奇怪没有人说他穷。他说穿布鞋是一种风格，透气，舒适，有益健康。

后来这位老师告诉同学们，脚上穿着布鞋心里却装着别人，是最让老师感到幸福的！只有富有的人才能给予别人幸福，能给予就不贫穷。

在同学的眼光中，小女孩意识到自己是贫穷的，在强烈的物质对比下，她那颗敏感的心敏锐地得出一个结论：穿布鞋是穷人的标志。在她注意到老师也和自己一样穿布鞋后，她便在教师节时画了一双皮鞋送给老师。这个"脚上穿着布鞋心里却装着别人"的小女孩让我们很感动，她是物质上的穷人，却是爱心上的真正富人，她小小年纪就懂得去关心他人，并把爱心给予他人。然而日常生活中，有的人凭着父母物质上的富有到处炫耀，一切以自我为中心，看不起比他穷的人，甚至嘲笑别人，这种人实际上是爱心的乞丐，是灵魂的穷人。

没有人能选择自己的出生，但是人人都有选择做爱心富人的权利，如果我们从现在起就选择做爱心富人，爱心的大门将随时为我们敞开，那么，我们所收获的，将不仅仅是别人的感激，而是更加富有的灵魂！

爱是无私的

一个人要求名求利，立功立德，首先要从不求名利做起，不能自恃有德。假如处处表现自己的"德"，唯恐失去自己的"善"名，那实际上就已失去了"德"名。

墨子认为，有爱心是一种自然而然的生活观，它没有具体的形状。人奉献爱心并不是为了获取别人的感激或者别的东西，虽然有时这些东西在你付出爱心后会随之而来，但我们不能以此来衡量爱心。做善事应是发自内心的，不要为了名声而刻意去做好事。世界上每个人都需要帮助，真诚地向别人伸出援助之手，你会感到安心。

汉朝大将军韩信小时候是个市井流浪儿，他既无法当官，又没有本钱做买卖谋生，因此，他经常到别人家吃白食，人们都非常厌烦他。

一次，韩信在城外河边钓鱼时，很多老婆婆在那里漂洗衣服。有一个老婆婆看见韩信没饭吃，就把自己的午饭分给他一些。就这样，数十天来，韩信都跟着那位好心的老婆婆吃饭。韩信非常感激，说以后一定重重报答她。老婆婆生气地说："男子汉大丈夫应该自己挣饭吃，我可怜你才给你饭吃，哪里希望你回报啊！"

这位老婆婆不求回报，真诚为善，真是上德、上善！

与孙武齐名的吴起最善用兵。他足智多谋，士卒也愿为他卖命，故他带兵作战能百战百胜。《史记·孙子吴起列传》上记载：吴起作为一个将领，他的饮食与衣着，与最下级的士卒相同。睡觉的地方，不加铺盖；行军的时候，不骑马乘车。他亲自背粮食，与士卒同甘共苦。士卒中有位士兵皮肤生肿烂病，吴起亲自为他吸出脓汁。这个士兵的母亲听了这个消息，不禁失声痛哭起来。旁人不解地问："你的儿子只是一个兵卒，而贵为上将的吴起亲自为他吸出溃疮的脓汁，你为何哭起来了呢？"那名士兵的母亲解释说："这个你们就有所不

韩信塑像

知了，之前吴公也曾为我孩子的父亲吸过脓疮，孩子的父亲为报答他的恩德，在战场上格外卖力杀敌，结果就战死在沙场上了。而今，吴公又为我的儿子吸吮脓疮，我不知道这孩子又会为他卖命战死在哪里了。想到这点，我禁不住要哭出来了。"

看来，吴起对士卒好，亲自为士卒吮吸疮疽的脓血，并非真心行好，而是为了让士卒感恩图报，战场上为他卖命，这便是"下德"。

不要刻意行善，更不要为名或利行善；大错莫犯，小错要慎。小的迷惑，容易使人迷失方向，大的迷惑会让人失去天然性情。真正的聪明是安于自然常态。顺着自然规律去做，就可以养护精神，保护自己不受伤害，从而善始善终，安享天年。

在一个两层楼二楼的一间卧室里，住着相依为命的爷孙两人。一天夜里，房子起火了，爷爷在抢救孙子时，被火烧死了。大火迅速蔓延，一楼已是一片火海。

邻居已呼叫过火警，但消防队员正在扑救另一场火灾，要晚几分钟才能赶

来。人们只能无可奈何地站在外面观望，火焰已经封住了所有的进出口。小男孩出现在楼上的一扇窗口处，哭叫着救命，形势十分危急。

突然，一个男人扛着梯子出现了，只见他将梯子架到墙上，奋不顾身地钻进火海之中。当他再次出现时衣服和头发都已被烧焦，怀里抱着小男孩安然无恙。男人把孩子交给下面迎接的人群后，消失在夜色之中。

经过调查发现，这个小男孩已经没有亲人了。经过慎重考虑，镇政府决定召开群众集会，找人收养这个小男孩。火灾发生几周后，集会开始。

一位教师表示愿意收养孩子，保证孩子能受到良好的教育。一个农夫也想收养这孩子，如果孩子由他收养，那么他会让孩子在农场生活得更加健康惬意。

其他人也纷纷发言，阐述了把孩子交给自己抚养的种种好处。

最后，本镇最富有的居民站起来说话了："你们提到的所有好处，我都能给他。"

从始至终，小男孩都望着地板沉默不语。

"还有人要发言吗"？会议主持人问道。

这时，一个男人从大厅的后面走上前来。他步伐缓慢，似乎在忍受着痛苦。

他径直来到小男孩的面前，朝他张开了双臂，人群一片哗然。他的手上和胳膊上布满了可怕的伤疤。

孩子叫出声来："这就是救我的那个人！"

孩子一下子蹦了起来，双手死命地抱住男人的脖子，就像他被救的那天夜里一样。他把脸埋进男人的怀里，抽泣着哭了一会儿。然后，他抬起头，朝男人笑了。

"现在休会。"会议主持人宣布道……

我们的生活处处充满了爱的阳光，将你感受到的爱讲给大家听，会在人们的心上增添一份爱。这份爱可以是亲情之爱也可以是慷慨之爱、社会之爱、诚挚之爱……

爱是一种付出，有付出自然有回报，这种回报可以有形可以无形，但是我们需要谨记，回报不是爱的目的，我们不能抱着这个目的去爱或者不爱。

投我以桃，报之以李

"投我以桃，报之以李。"源自《诗经·大雅》，墨子引用这句诗是想借此指出，人与人之间的关系应该是"投我以桃，报之以李"这种和谐的良性互动关系，而非算计和伤害。否则，只会两败俱伤。

与之相应的，古诗中有名句"投我以木瓜，报之以琼琚"。可见，在日常生活中，有许多偶然事件，有时我们无意中的付出，会收到意想不到的结果。这也许是因为你的真诚和善良令人感动，总有一天好运会来临。

20 多年前，美国掀起了新一轮的移民浪潮，风起云涌。一个叫迈克的年轻律师颇具慧眼，看准了这个商机，便在一个移民较为集中的小镇开办了一家律师事务所，依据自己的专业知识，专门帮助移民处理各种事务和案件，使他们能够尽快地融入这个新的社会。创业之初，生活仍然贫穷的迈克非常勤奋，甚至一台复印机都买不起。为了帮助更多人，他每天开着一辆破车，奔波于移民之间，尽自己的所能，真诚地帮助他们。不久之后，迈克的律师事务所已经在当地小有名气，财富也接踵而来，他换了个更大的办公室，并有了自己的雇员和秘书。他继续努力，事业如日中天。

一直以来，迈克都从事着小额的股票活动。看到事业蒸蒸日上，不用再为生计而发愁，他不由地想玩把大的，于是一念之差，他将所有的资产都投资于股票，没想到几乎全部亏尽。更不巧的是，这时美国修改了移民法，职业移民数量削减，他的律师事务所门庭冷落，不得不宣布破产。

从高空迅速坠落到低谷的落差，以及不知如何面对的未来，让迈克感到不知所措。就在迈克快要心灰意懒的时候，一封来信如同天上掉下来的馅饼让他看到了希望。这封信是由一位公司总裁寄来的，信中这位总裁说愿意把公司30%的股份无偿地赠送给迈克，并且，随时都欢迎迈克做他旗下两家公司的终身法律顾问。

迈克简直不敢相信自己的眼睛，很好奇到底是谁在自己最危难的时候伸出援助之手。于是，为了表达自己的谢意，迈克决定亲自去拜访这位总裁。

这位总裁是一位45岁上下的波兰裔中年人。

对于迈克的到来，总裁并没有感到意外，微笑着向迈克问道："还认识我吗？"迈克仔细地看着这位总裁，摇了摇头。

总裁从硕大的办公抽屉中拿出一张皱巴的但保存完好的5美元汇票和一张写有迈克名字和地址的名片，说："20年前，我刚到美国不久，准备用身上仅有的5美元去办理工卡，但当时我不知道办理工卡的费用已经涨到了10美元。那天，我等了好久，当排到我的时候，办事处已经快下班了。如果我当天没办上工卡，那么我在公司的位置将会被别人取代。正当我不知如何是好的时候，是你从身后递过来5美元，帮我解了燃眉之急。当时我让你留下姓名、地址，以便日后把钱奉还……"

迈克渐渐地想起了这事，便问："后来呢？"

"不久，我在这家公司得到了上司的赏识，之后连续申请了两个专利，事业逐渐发达起来。是这5美元改变了我的人生态度和方向。"

一个善良的人，总是随手播撒善的种子，在他看来，这一切不过是举手之劳，但有一天他会发现这些种子会萌发嫩芽，长成粗壮的大树，或开出美丽的花朵，用它们的方式来装点善良之人的生活。有人说，这是上帝的赐予。其实这是自己种下的善因，在很多人认为的偶然之中，蕴含着一种必然。

在现代社会中，很多人为了自己的私利，不仅不愿意向他人给予善意，甚至不惜损害别人的利益。我们应该明白，世事难料，每个人都有需要帮助的时候，与人方便，也是与己方便。既然如此，何乐而不为呢？

人与人之间的关系是相互的，你为别人着想，别人也为你着想，很多时候，人与人之间的交往是一件简单而快乐的相互回报——你帮我，我帮你。心存一份善意，在他人需要帮助的时候，伸出援助之手，陶冶心灵的同时你总会有所收获。

爱是相互的

在墨子看来，人与人之间的关系是相互的，好像人对着一面镜子，你笑他就笑，你哭他就哭。而你对别人如何，别人就对你如何。所以，别人对你的态度，是由你对别人的态度决定的。

墨子在推行自己兼爱主张的时候，把爱和利联系在一起，认为爱是相互的，我们给别人以关爱，就会得到别人的关爱；我们给别人带来利益的同时，自己也会得到好处。相反，如果我们伤害了别人，自身也会受到他人的伤害。这个道理无论是在古代还是在当代，都是颠扑不灭的真理。

有这样一个真实的故事。

一天晚上，一个小姑娘遇见一位盲人提着灯笼在街道上走。对于盲人的行为，姑娘感到很奇怪。因为盲人白天都看不见，为何晚上要提着灯笼上路，这不是多此一举吗？出于好奇，小姑娘忍不住向盲人询问。盲人缓缓地回答："这个问题不止一个人问过我，其实道理很简单，我提着灯笼并不是为自己照路，而是让别人容易看到我，不会误撞到我，这样就可保护自己的安全。而且，这么多年来，由于我的灯笼可以为别人带来光亮，为别人引路，所以人们也常常热情地挽扶我走过一个又一个沟坎，使我免受许多危险。你看，我这不是既帮助了别人，也帮助了自己吗？所以，每到晚上出门，我总提着一盏灯笼。"

诸如此类的故事，我们还可以列举出许多。它们说明了一个简单而深刻的道理：帮助别人，其实就是帮助自己。一个人如果参透了这个道理，就会把帮助别人视为理所当然、天经地义。正因为这种帮助动机单纯，不带功利色彩，使得他在帮助别人的同时，自己的灵魂在无形中得到净化，自己的思想境界也随之提升。

在这个世界上，个人的力量总是单薄的，一个人无力解决生活中的所有问题，这就需要人与人之间的相互协作。在工作上，同事之间共同努力，完成任务；生活中，朋友之间要相互扶持，走过人生的坎坷。在漫长的人生之路上，任何人都离不开别人的帮助。常言说："一个篱笆三个桩，一个好汉三个帮。"正是因为大家的相互帮助和关怀，我们的世界才会变得温暖而美好。

有一个流传很久的寓言可以透彻地诠释"帮助别人就是帮助自己"这个道理。

有一个人死后，上帝问他想上天堂还是下地狱，他说想知道天堂和地狱的区别。于是上帝带他去参观。

上帝推开一间房门，他看到里面有许多鬼在用一个比他们的手臂还要长的勺子舀放在他们面前的食物，可是因为勺子太长，总也放不到口中。他们一个个面黄肌瘦，痛苦不堪。上帝说："这就是地狱。"

上帝打开另一间房门，他看到同样的场景，这些人也用长长的勺子舀食物，但与地狱不同的是，这里的人都用自己的勺子去喂别的人，因此他们各个面色红润，幸福、和谐地生活在一起。上帝说："这就是天堂。"

天堂和地狱的区别其实很简单，两者之间的差别就在于对问题的认识。一念天堂、一念地狱，因为我们对待问题的态度不同，所以我们生存的环境就有了天堂和地狱的天壤之别，而从地狱到天堂，只是把自己勺子中的食物喂到别人嘴里这么简单。

"助人就是助己，生存就是共存。"所以，不要吝啬伸出自己的手，在帮助别人时，我们自己收获的不仅是感激，还有人与人之间的情谊。让"各人自扫门前雪"的古话永远沉睡在历史的书籍中，如果人人都树立"助人就是助己"的理念，人人都以帮助别人为乐，那么我们的社会就可以变成天堂。我们在带给别人一份快乐时，自己就拥有了两份快乐，当我们伸出双手为别人取暖时，也温暖了我们自己！

助人者，天助之

在墨子看来，世间存在天命，它对每个人都是公平的。关爱、帮助别人的人，上天会赐福给他。相反，憎恶、残害他人的人，上天也会降祸给他。人与人之间的交往是平等互惠的，我们对别人怎么样，别人就会以相同的态度对待我们。是福是祸，这都是自己亲手埋下的根源。

有这样一个故事。

有一位叫冯会军的采煤工，他平时憨厚寡言，生活拮据。在许多人眼里，他有些奇怪，因为他见不得别人有难处，无论是矿工工友、邻居还是陌生路人，只要他看见谁有难处，都要帮一把。好在妻子包容他这一点，从 1995 年结婚开始，家里能卖的东西全让他卖光了。2000 年春，一天，他遇到一个病倒的矿工家属，于是跑回家问妻子："能帮我借点钱吗？"妻子笑说："把我卖了吧！"这次他终于没帮成，因为没有人愿意借钱给他们，并且人们都劝他别再傻了。为此，他大病了一场。妻子问了一句一直想问的话："你难道不帮别人就活不下去了？"他想了好久，憨笑说："我不知道……"

那年，一个矿工受伤，因失血过多需要在医院输血。他知道后，非常着急，矿工有难，他不帮绝对不行！妻子看他着急的样子，想了个办法，劝他说："不如你去给他输点血吧！"

他的心被妻子一句话点亮了，马上跑去医院。当针管扎进他的血管时，他笑了，无比幸福的憨笑！

从那以后，人们很少看见他再帮什么人，但却高兴起来了。挖煤时生龙活虎，平日喜笑颜开，像是天下最幸福的人了！所有人都纳闷了——冯会军不帮人也能快乐，这怎么可能！

终于，一位工友发现了问题：冯会军的两只胳膊上扎满了蜂窝似的针眼，非常吓人。于是，工友们猜测他可能吸毒了，但没人直接问他，而是经常去他家里，想探查出些蛛丝马迹。最后，这个工友发现了几把印有"无偿献血，奉献社会"字样的雨伞，大吃一惊，没有声张。一次，只有他妻子在家，于是这位工友便向他妻子询问。没料到，他妻子放声大哭起来，拿出一大摞红色证书让工友看，说："我男人是最好的好人！你为啥要怀疑他吸毒？"

工友被震撼了，这一大摞都是他无偿献血的证书！而他已经献了 69800 毫升血！

工友找到他，吼叫："你还要命不要！你有多少血？……"

他赶紧笑着苦求，求工友不要对别人说，因为献血是他最幸福的一件事，他不想被人们的疑惑和劝说而中断自己的幸福。他还说，国内一些城市血液中心的血液供应频频告急，社会上少量人的献血远远满足不了医院用血的需要，他献血就是想帮更多人。一想起能帮那么多人，他就觉得自己没有在这个世上白活！

工友没劝动他，反倒被他感化了，自愿和他一起进城献血。但工友并没有为他保密，而是用他的话在矿区做宣传。他的事迹传开了，许多人被他所感动，于是整个矿区沸腾了，短短两天时间，就有三百多人自愿加入献血的行列。冯会军的名字也传开了，比矿领导和城里那些亿万富翁们的名字还响亮！有老人看见他，会拉住他的手，摸摸他的脸，说他是个"好孩子"，31岁的好孩子！

他没想到，只是献了点血，竟能感动那么多人，原来每个人都有爱心，就像火，一点就燃！而他终于可以"光明正大"地献血了，每月定期到红十字会献血。为了保证血液质量，他早已戒烟戒酒，从不喝不干净的水，不在外面吃饭，对自己负责，对社会负责。他已献血329次！同时，他又加入了干细胞志愿者捐献的行列，并与河南省眼库签订了捐献眼角膜的合同。

他的事迹经过报道，为更多的人所熟知，人们被他感动了。有记者来采访他，他什么"道理"也说不出来，只有憨笑，问急了，他说出一句："活着就得帮人，我没钱，但我有血！"

冯会军把助人当作一种快乐，真诚地奉献自己的爱心。不知不觉中，他的行为得到了人们的认可和钦佩，他的精神感动了更多人投入到奉献爱心的行列中来，而他的名字被人们广为传颂。

每个人心中都存着一份善意，或许有时我们会因为施与善意而被误解或者蒙受损失，从此关上善意的大门，放弃伸出援手。社会固然有一些不良现象的存在，我们更应该坚信自己是对的，正因为自己会受伤害，所以更应该向别人提供帮助，从而引导更多的人走上善的道路。

二、创造的智慧

节俭与奢侈：两种生死观

少数人挥霍无度地享受人生，必然导致多数人不能正当地享受人生，这就是社会不公正、不合理、不平等现象的根源。

大力戒奢

如果说以大欺小、以强凌弱是墨子一贯反对的，那么，奢侈靡乱、炫耀财富则是他所深恶痛绝的。墨子大力反对铺张浪费，力倡"节俭""节用""节葬"，而且他和所有墨者终生都过着艰苦朴素、勤俭节约的生活，身体力行地实践着他节用富民的主张。他在《节用》中开篇就说：

其倍之，非外取地也，因其国家去其无用之费，足以倍之。圣王为政，其发令兴事使民用财也，无不加用而为者。是故用财不费，民德不劳，其兴利多矣。

也就是说，一个国家财力的成倍增长，不是靠掠夺他人土地得来的，而是靠立足国内，省去无效的花费。使用资财不浪费，民众不觉得劳苦，这样，民众的利益就会增多了。在衣食住行方面，墨子借前世圣人之口，提出了系统的主张，总的思想就是能吃饱、能穿暖、房够住、车能乘就可以了，一切非实用的过度的享受都皆废止。所以有学者指出："墨子是中国古代史上最早系统提出反对统治者奢侈性消费的思想家。"（《平民理想——墨子与中国文化》）

针对当时就已盛行的比阔赛富、骄奢淫逸之风，墨子在《辞过》里说："圣王缝制衣服，只是为了让身体舒适，肌肤暖和，而不是为了显示华贵，向人们炫耀。"而有的人不是这样，他们在做衣服时，"用黄金铸带钩，用珠玉做环佩"，这些并不是增加衣服的温暖之实，但却"耗费资财，耗尽民力"，为民众增添了无尽的负担。

奢华与简朴、炫富与节用、贪图享乐与艰苦朴素、铺张浪费与省吃俭用，与拥有物质财富的多少并没有直接的关系，表面看是两种不同的生活态度，实质上是两种对立的生死观：一种是生命在于享乐，另一种是生命在于奋斗；一种是过奢华的生活生命才有意义，另一种是过勤俭的生活生命更有意义；一种是只管自己享受，不管他人死活，另一种要让大家都有好的生活；一种是死后要带走全部珍宝，另一种是死后不必浪费财物；一种是在漫长的服丧中虚度光阴，另一种是缩短丧期，抓紧时间多做事情。

享乐，或许是人的本性，墨子为什么要反对呢？墨子自己可以清苦自律，为什么非要别人也过苦行僧般的生活呢？这也正是墨子和墨家遭到诟病的原因之一。

和人的生命一样，人类社会的物质财富总是有限的。如果把奢靡的享乐当作人生的目标的话，那么，无论多么丰富的物质财富都是无法满足人的欲望的，所谓欲壑难填是也。这样，人将不可避免地陷入人生的迷茫之中，陷入醉生梦死之中而不能自拔。

我曾看过一个材料，有人对空虚无聊、悲观厌世的人群做了一个统计，看看多少是生活富裕奢侈无度之人，多少是生活贫困勤俭节约之人。结论或许让你惊讶和意外，百分之九十几的都是前者。所以，提倡节用有度，将大大有利于人们的身心健康，有利于丰富人们的精神世界。

这还不是墨子"节用"生命观最重要的意义。无论是历史上还是今天，墨子给予我们的启示是：奢侈，永远只能是少数人的事，即使我们的物质财富比现在实际拥有的再丰富一百倍一千倍，那也只能是使少数人更加穷奢极欲，更加肆无忌惮。对大多数人来说，得到的必然是贫困和灾难。

奢侈主义风行的结果，将导致社会财富更加集中到少数富人手里，无限度拉大贫富之间的差距。少数人挥霍无度地享受人生，必定导致多数人不能正当地享受人生，这就是社会不公正、不合理、不平等现象的根源。所以，墨子关于"节用""节葬"的一系列主张，不单单是实用功能的用意，其中蕴涵着深刻的人生哲理。

节约生命之道

只有锦衣玉食、养尊处优的王公贵族、朝廷高官才拥有万贯家财，吃喝不尽。也只有这些人才有大把的时间没法消磨，以厚葬久丧来装扮孝子形象。

古时权贵的三大怪癖

中国文化传统中关于生命有许多自相矛盾的说法。我们小时候都会背一些教导人要珍惜生命的格言警句，如"一寸光阴一寸金，寸金难买寸光阴"，生命中的一分一秒都是要好好珍惜，不能虚度的。

但同时，我们又非常慷慨地大把大把地浪费时间，墨子介绍当时的服丧制度时说，"按照丧礼，国君、父母、妻子、长子死了，要服丧三年；伯父、叔父、兄弟死了，要服丧一年；族人死了，要服丧五个月；姑、姊、舅、甥死了，都有几个月的丧期。"（《公孟》）

我们不妨做一个简单的数学题，按照这个丧礼的要求，一个人除"国君、父母、妻子"外，就算没什么亲戚，一生中也至少有十五年要用来服丧，而不能干正事。这种浪费究竟有多大，没有人能够用数字来统计。在短暂的生命旅程中，一个人办完这些丧事后，还有多少时间和精力去从事有意义的创造性劳动，去享受轻松愉悦的生活？

当排除正统思想的干扰而发自本性地面对生与死等自然之理时，传统文化的认识是清醒理性且富有智慧的，所以我们的祖先们发明了许多生死有道的至理名言；可一旦这种清醒而智慧的认识与儒家的正统文化相交集、相冲突时，立马就被打压了下去，儒家的伦理道德不费吹灰之力就占了上风。于是，关于生死，就生出许多奇奇怪怪的事来。

人难免有一死。人来自自然，又回归自然，这是自然之理。

但古时候的权贵阶层却不信这个，偏偏要与自然规律较劲儿，总想长生不老、永生不死，好永久地享受荣华富贵，所以中国古代炼丹术特别发达，寻求长生不老的人也特别多。实在抗不过生老病死的自然规律，便生出三大怪癖：

一是搞厚葬，活着用不尽，死了带着走。

墨子在《节葬》里，曾详细记录过厚葬的情形：

在诸侯豪族家中，死人身上装饰着金玉珠宝，裹束着丝绸缓带。并把车子、马匹埋葬在墓穴里，还要多多制造帷幕帐幔、钟鼎鼓案、酒壶镜鉴、戈矛宝剑、羽旄旗帜、象牙皮革，将这些东西放到死者寝宫一起埋掉，内心才满足。

王公大人办理丧葬，必定是大棺套中棺，皮革裹二层，随葬的璧玉准备好，加上戈剑鼎鼓壶大盆，刺绣衣服和白练，车马的璎珞上万件，车马女乐也都准备齐全，此外，还要除清墓道，修建的陵墓比山陵还高。

如此巨额的财富是从哪里来的？显然是榨取民脂民膏，是用广大黎民百姓的血汗换来的。这些财富不能得到合理的分配，而是轻易地埋到地下，加剧了百姓生活的贫困。

仔细想来，这些人在世时并没好好地生活过，一心想的是死后怎么办，该住怎样堂皇的房子，穿怎样华丽的衣服，睡怎样厚实的棺材，如何使那一堆死肉百年千年不烂，等等。于是，年纪轻轻就为自己修墓穴，就把金银财宝大批大批地往地底下埋。

二是活人陪葬——这也是最可恨的。

在春秋战国时代，这种人类荒唐事仍在流行，并形成了完整的仪制规定：生者陪死者而葬，天子、诸侯死了杀掉的殉葬者，多的几百，少的几十；将军、大夫死了杀掉的殉葬者，多的几十，少的也有好几人。

墨子对此批判说：若此风盛行，国家必定贫穷，人民必定减少，刑法政事必定紊乱，生命将在这样血腥的习俗中变得灰暗无光。

三是久丧，用漫长的丧礼来约束、限制人的思想和意识。

漫长的丧期，会导致一种什么结果，墨子已经指出来，他在《公孟》篇里说：

> 儒家实行厚葬，居丧时间长，做几层的套棺，做很多衣服、被子，送殡像搬家一样；三年服丧期内哭哭啼啼，别人扶着才能站起来，拄了拐杖才能行走，耳朵听不见声音，眼睛看不见东西。这足以丧亡天下。

在墨子看来，如此的繁文缛节，已不单单是浪费个人的生命、损害身体健康的问题了，而是"足以丧亡天下"，他始终是将个人的生死之道与国家的兴亡联系到一起的。

厚葬久丧的恶习究竟恶在哪里？归纳起来如下：

其一，耗费巨额的社会财产，加剧生活用品的短缺，导致民生的贫困，使百姓得不到足够的营养而产生病痛和死亡。

其二，形成畸形的消费心理，使帝王将相们心理扭曲，畏惧死亡，对他们自身的身心健康没有任何益处。

其三，浪费了大量的从事生产劳动和创造发明的时间，使劳动者没有足够的体力从事生产，在生产力本来就很落后的情况下，这也是导致民生贫困的原因之一。

其四，这样畸形的生死观，形成许多人的病态人生，不仅减少了人们生命的热情，抑止了人的生命潜能，更为严重的后果是，久而久之，在民族心理性格上积淀下封闭保守、胸无大志、贪生怕死、意志薄弱、及时行乐、虚伪浅薄等劣根性。

余毒仍在扩散

事实上，奢华与简朴、炫富与节用、贪图享乐与艰苦朴素、铺张浪费与省吃俭用，在中国历史上一直并行不悖地存在着，在比照与对立中构成独特的社

历史地理学家葛剑雄主编的《千秋兴亡——沧桑分合》中，讲到两晋南北朝时期的奢靡之风，有如下描述：

在当时统治者中的许多人看来，夸耀财富远比享受财富重要得多，而且这种夸耀性的挥霍越是疯狂，疯狂得越是别出心裁，疯狂到暴殄天物，居然就越能博得"豪爽"的名声，越能成为后人追慕的对象。这种骄奢淫逸的风气在当时社会经济屡遭破坏的背景之下，更显得触目惊心。而和当时这些奢靡到疯狂程度的人表面上所标榜的自然清谈、忠孝礼教的说教，又形成了极其明显的反差。

该书讲到了疯狂的奢靡之风的具体表现：一是"病态的夸耀、挥霍自己的财富"；二是"疯狂地进行斗富比赛"；三是对下等人"残酷凶狠"。看看，这就是儒家厚葬久丧习俗恶性蔓延演化的必然结果，是病态的人生观的集中展现。

现在已不是孔儒主导社会意识形态的时代了，现代文明已冲刷了中国传统文化一百多年，原始状态的丧葬礼仪早已废止，但其余毒却未见清除。

这些年媒体上多次报道过农村某些富裕起来的地区，大兴修建豪华墓地之风的事件，有的富人为修坟墓投入巨资，不惜占用大量良田；有的官员为父母送葬时，竟然学校休课，警车开道，浩浩荡荡，招摇过市，等等不一而足。且在政府严令禁止之后，丑闻依然时有发生。可见这种恶俗对人深入骨髓的毒害是多么触目惊心！

这说明什么呀？说明生活在 21 世纪的当代人，表面看好似一个文明人了，但孔儒腐朽文化的幽灵仍在我们某些人的心里徘徊。

揭穿险恶用心

儒家为什么提倡厚葬久丧？首先要弄清楚谁才有条件做到厚葬久丧。

是劳苦大众、黎民百姓吗？显然不是。饥寒交迫的百姓整天劳累不堪，吃不饱，穿不暖，许多人上无片瓦、下无寸土，拿什么去厚葬啊！哪有时间久丧不做事啊！只有锦衣玉食、养尊处优的王公贵族、朝廷高官才拥有万贯家财，生前无论怎么荒淫奢侈，都享用不尽，才有余力生出厚葬之念。也只有这些人才有大把的时间没法消磨，以久丧来装扮孝子形象。

鼓吹厚葬的士人，要么是权欲熏天、心理变态；要么是财迷心窍，腐化堕落；要么是讨王公大人的欢心，捞几个赏钱。这最后一类比前两类更为可恶。自己并不富有，却鼓吹厚葬，很有些在富人面前摇尾巴的味道。对广大贫苦百姓来说，则又是一种麻痹和腐蚀，让穷人放松警惕，以为富人的荒唐有理，以为富人的举动值得羡慕，跟着眼馋心热。

所以说，有人批评儒家的许多学说是站在旧时代统治者的立场上说话，是在维护强权的利益，对劳苦大众有毒害作用，这是切中要害的。

墨子的伟大就在于他明知厚葬久丧的习俗已成为风尚，成为不容置疑的权威主流意识，不仅有某些知名的思想家在倡导宣扬，且已在民间产生广泛而深刻的影响，明知他提出反对意见要遭到权贵的压制和世人的诟病，但他依然我行我素，旗帜鲜明、义正词严、说理充分地提出他的反对意见。

墨子说："穿衣吃饭，是人活着时的利益，尚且应有节制；埋葬，是人死后的利益，为什么唯独在这个问题上没有节制呢？"

整天与劳苦大众为伍、一心要减轻他们身上沉重的负担的墨子是没法理解权贵们的险恶用心的。以"兼爱""节葬""节用"为旗帜的墨子反对的是过分的劳民伤财的丧葬习俗，但也主张人一定要尽孝道。针对厚葬久丧的侈靡之风，他还明确地提出了合理有度的丧葬礼仪。他说："棺木厚三寸，足以盛起朽骨；衣服三件，足以覆盖腐肉；掘地的深度，下面不挨着地下水，上面不致散发臭气。坟墓足够标志葬埋的处所，就可以了。"

墨子的说法即使在今天看来仍是多么合乎情理。但随着墨家学派被打入冷宫，这样的真知灼见老百姓就听不到了，厚葬久丧之风愈演愈烈，成为中国封建文化糟粕的一大"亮点"。直到近代"五四"运动兴起，才开始受到清算。

当我们现在为发现一座座葬品丰富的古墓而欢欣鼓舞、奔走相告时，我们何曾想过那里面掩埋了多少无辜的黎民百姓的血泪啊！

面对死者，我们如何自处

对每一个人来说，生是短暂的，死才是永恒的。

死者死了，活着的人该怎么办？

一种是更加健康、积极地生活，以绚烂多彩的人生来祭奠死者的亡灵。这样，死者的生命在生者身上得到了延续，代代相承，所谓历史和民族就是这样形成的。

祭奠死者，不仅是缅怀，而且是使生者更有生的勇气。战争年代，前面的战友倒下了，只会激起后面的战士更勇猛地冲上前去。所以说，死不仅是肉体的消亡，更是为生者铺平前进的道路。即使是非正常的死亡，如意外灾祸、自杀等，也能够带给生者以提醒和反思，知道什么是该做的，什么是要防范和警惕的。

另一种是不管情不情愿，乐不乐意，整日为死者哭哭啼啼、悲悲切切，人生道路从此蒙上阴影，从此失去许多选择的自由。死者死了，生者也因此而进入半死不活的状态。

为失去亲人、朋友而悲痛，这是人之常情，但因此而成为对人的一种要求和规范，并由此而制订出一整套礼节和仪式，则是一种罪恶。最极端的就是君王或大臣死了，用活生生的生命（有的还是儿童！）去殉葬，为公开杀人找了一个最无耻的借口。

还有就是丈夫死了，号召女人守寡，最好是跟着去死，被称为烈女，树碑立传以流芳百世。礼教到了这种杀人不用自己动手的程度，已经走向了人性的反面。除了反对它、根除它，是没有别的选择的。

《淮南子·氾论训》中说："夫弦歌鼓舞以为乐，盘旋揖让以修礼，厚葬久丧以送死，孔子之所立也，而墨子非之。"

可见墨子是最早最全面有力地反对厚葬久丧的人。当我们今天感受历史的巨大进步带来的快乐时，不要忘了有这么一位了不起的先哲。

孔子一语破天机

儒家极力主张厚葬久丧，未必全然不知这里面的害处，之所以执意为之，是以为这样便符合周朝的礼数，希望按周朝的礼数来重振当时已混乱不堪的道德规范。孔子始终在维护自己的道德家形象，但他自己是否言行一致了呢？我们来看一个小故事：

孔子被围困在陈国、蔡国时，有一阵落魄得只有野菜汤喝，非常狼狈。后来，实在憋不住了，他的弟子子路设法弄来一头小猪，蒸了给孔子吃，孔子不问从何而来便大嚼起来。子路又抢了别人的衣服，用来换酒，孔子也不问酒从何而来张口就饮。鼓吹礼教的祖师爷一点礼义廉耻的影儿都没有了。

后来孔子到了鲁国，鲁哀公久闻其大名，待为座上宾。在鲁哀公的欢迎宴上，筵席摆得不端正孔子不坐，割下的肉不方正孔子不吃。子路颇为惊诧，上前问道："先生为什么跟在陈、蔡时的态度相反呀？"

孔子招招手说："过来，让我告诉你。从前我们是苟且偷生，现在我们则是要获取道义。"

饥饿困窘之时，则不惜妄取以求活命，礼义就被抛到九霄云外了；到了饱食有余之际，礼节规矩就来了。如果礼义只在不饥不寒、生活富足的情况下才适用，那么，这种礼义就该打个问号了——要么礼义本身是虚伪的，要么鼓吹礼义的人是虚伪的。

善待农民

墨家学说有一个非同一般的特色：善待农民。替农民着想，为农民说话；尽量减轻农民身上沉重的负担，让他们能够有做人的尊严和平等的社会地位。

善待农民就是善待生命

从生与死的角度，我想起了一个最简单不过而又老被人遗忘的问题：人生存的前提是要吃饭，人类最基本的物质需要是为生命提供能量的食物。

今天，当我们多少有些为近年来社会的进步而陶醉时，切不要忘了"三农问题"仍然是当今中国最沉重的话题之一。

我们将生产粮食等农产品的人称之为农民（当然也包括牧民、渔民，这里统一以农民代之）。他们是人类的生存之本。按说，对从事这一项工作的人我们应充满了崇敬，应感恩他们的劳作。可在以儒家为正统的中国文化视野里，农民被称为"劳力者"，最没有社会地位，最让人看不起。五四新文化运动后，打破了许多传统文化的桎梏，但农民的社会地位却不见好转。

我从小在农村长大，至今仍有许多农民亲朋。在我小时候，想过一辈子当农民吗？那是做梦都没想过的。直到现今，有多少农家孩子是以出身农民世家而自豪的？我的答案是：几乎没有。有多少农民的后代奋斗拼搏的原始动因不是为了摆脱农民的身份？我的答案是：几乎全部都是。

粮食，生命之树的水土；农民，我们的衣食父母。

平民百姓和王公大臣至少在这一点上是平等的：都要吃五谷杂粮。

这个道理简单得过了头，所以常常被人遗忘。吃饱饭时忘记了灾年以凉水充饥，混成了城里人后就忘记了鸡鸭鱼肉是农民生产出来的。

为全社会提供粮食的人，却是社会最底层的人，往往又是最没有粮食吃的人，这真是对人类社会极大的讽刺。历史上，恭顺善良的中国农民屡次暴动，实在是饿极了的缘故。历代帝王，把他们推上宝座的是农民，赶他们下台的还是这些农民。

墨家学说有一个非同一般的特色：善待农民。替农民着想，为农民说话。尽量减轻农民身上沉重的负担，让他们能够有做人的尊严和平等的社会地位。

善待农民，就是善待生命。看墨子是如何替农民说话的：

劳动的人少，吃饭的人多，就没有好年岁。所以说财用不足，就要反省生产是否合农时，粮食不够，就要反省使用是否有节制。

用正常的差役，修治城廓，百姓劳累而不伤；用正常的田赋，征收租税，百姓费力而不苦。百姓所苦的不是这些，而是苦于官府大量搜刮财物。

百姓由于常年在外劳役而痛不堪言，国库由于君主奢侈而消耗殆尽，君主满足不了享乐，百姓承受不了痛苦。

所以国家遭到外敌入侵就会失败，百姓遇到凶饥之灾就活不下去。这就是只求自己享乐，不善待农民的罪过。

……

好在现在的政府能明了农民的苦处，公元2006年，开始在全国范围内取消农业税，减或免去农村孩子享受义务教育的费用。但愿这一顺天理、得民心之举能真正贯彻下去。不要出现这里免除了，那里又增加了；学费不收了，杂费却比学费要多好几倍了，诸如此类的怪事。

怎样避免挨饿

这些年人们的生活好了，在一些城市许多孩子吃成了肥胖症，对挨饿已没了什么概念，也就忘记了中华民族曾是一个经常挨饿的民族。

历史上的许多时候，要说中国人最怕什么？恐怕应该是怕饿。从祖宗先人开始，直到我们国家改革开放前，中国人对"饿"一直有着异常深刻的感受，对生与死的抽象玄思已让位于现实的饥饿体验。中国人的各种生死之道、处世方略、权谋伎俩，乃至文化习俗，都能找到与"饿"相关的痕迹。

西方人见面打招呼说："你好！"中国人见面打招呼说："吃了吗？""吃了吗"成为中国人最大众化的口头礼仪形式，表示对对方的友好、亲近和尊重，实在是饿怕了的表现。

中国人的烹饪技术享誉世界，吃的艺术无与伦比，各地有各地历史悠久的做法与吃法，成为本地民风民俗的重要景观。游览者每到一地，没有不狠狠地吃上一通的。外国人只知道中国人特别爱吃，却不知道中国人经常挨饿。因为时常挨饿，故一味紧吃慢吃、俗吃雅吃、文明的吃野蛮的吃，把玩的吃欣赏的吃，吃由是成为中国人千百年来乐此不疲的一种梦想，一种艺术享受和人生方式。

能够进入吃的境界的，差不多都是富豪官僚，经常挨饿的则尽是黎民百姓。富豪官僚猛吃，黎民百姓就猛饿，愈吃愈饿，愈饿愈吃，构成一种奇妙的景观。

为官之道，以让百姓吃饱为要。倘若饿殍遍野，为官者必自灭。

如何才能使百姓不挨饿呢？墨子认为：一是明察、了解百姓的疾苦，关心他们的生活。墨子举了一个例子：

现在有背着孩子在井边打水的人，如果孩子跌落到井中，他的母亲必定赶快去把他拉上来。如今碰到灾年而百姓挨饿，路边上遍是饥民，这种祸患比孩子跌落井中还严重，更应该仔细明察。

二是与民同甘苦。思想家替农民说好话的不只墨子一个，孟子甚至说过"民为贵，社稷次之，君为轻"这样深含哲理的话。可对思想家而言，不仅看他怎么说，更要看他怎么做。不仅要看他如何讲理论，更要看他如何提出具体要求。墨子深知，真正浪费财物的只能是为官者，君王必须带头节俭，才有实际的效应。在灾难面前，为官者不能逍遥在外，而应该共渡难关。《辞过》篇里，他说："君主应用度有节，容易满足。"在《七患》里，他对此明确提出了具体要求，希望王公大臣能身体力行，为百姓减轻负担：

饥荒之年殃及人民时，国君应该撤销鼎食的五分之三，大夫撤销高悬的乐器，士人不再入学，国君上朝的朝服不再做新的，对诸侯的宾客、邻国的使节，礼宴不应铺张，撤掉驾车的四匹马中的两匹马……婢妾不必穿丝织的衣服，以此告诉人民灾难到了。

我们不妨设想墨子在写下这些话时的心情，一定是饥民一副副哀愁的面孔浮现在他的面前，让他愤懑于胸，不吐不快。

如果墨家重视农业、善待农民的思想主张和情感倾向不是被打入历史的冷宫，如果中国农民的处境不像事实发生的那样过于悲惨，那么，中国人的生存状态或许比我们曾经历过的要好许多，我们对生存和死亡的观念也许会是另一番景象。

一分耕耘一分收获

很多人总是祈求上帝的恩惠，却从没想过自己为上帝做过些什么；一个人总是期望回报，却吝惜付出。俗话说：一分耕耘，一分收获。只有通过辛勤的劳动，才能收获丰硕的成果，那些不劳而获的想法是不可能实现的。

每个人都想成功，然而成功是需要条件的，首先，要选择一个合适的目标，这个目标应该具有长远的发展前途，更是我们自身条件能够做到的。其次，需要有坚持不懈的毅力和持之以恒的精神，没有人因为半途而废而取得成功。最后，也是最重要的一点，就是做一个"耕者"，付出自己切实的行动，只有行动才能体现目标和精神的价值，否则空中楼阁只能是幻想。

一个人只有计划和策略、只有豪情壮志是没有用的，成功源于具体的行动，人若想取得成功和收获就必须付诸行动，唯有行动才是实实在在的，才能收获希望。这正如种地，只有在播种之后付出辛勤的劳动，才能在秋天收获累累硕果。事业上的成功也是同样的道理。

从前，相邻的两座山上分别有座庙，而两座庙里又分别住着一个和尚。两山之间有一条小溪，这两个和尚每天都会在同一时间来溪边挑水，时间长了，两个人就熟识起来。

有时候天气不好，他们下山挑水时要摔跟头，他们纷纷向对方抱怨挑水的辛苦，有一次一个和尚随口说了句：要是在山上挖一眼井就好了，这样就不用再忍受下山挑水的辛苦了。另一个和尚随机应答道：真是个好主意。于是，两人决定挖井。

接下来的时间里，他们还会在同样的时间下山来溪边挑水。一开始，两人相互讲述自己挖井的进度。但没过几天，西山的和尚开始抱怨道："又要挖井又要挑水，真是累死人了。"东山的和尚安慰他说："别放弃，虽然我们现在既要挑水又要挖井，确实很累。但是想一想，如果我们把井挖好了，就不用每天这么费劲了。那不是更好吗？"西山的和尚坚持了下来。但几天之后，他又开始抱怨，说："太累了，我决定放弃挖井了，还是挑水吃吧！"这次，东山的和尚什么也没有说。

转眼三年过去了，忽然有一天，东山的和尚没有按时下山来挑水，西山的和尚不以为意。然而接下来的几天，东山的和尚一直都没有来，于是西山的和尚想：是不是出了什么事情，还是他生病了？不管怎样，我还是过去看看吧！于是他便去东山看望这个和尚。

等他来到东山和尚的庙里一看，大吃一惊。因为东山的和尚正在打拳，精神奕奕。于是他好奇地问："你这么长时间没有下山挑水，你是怎么过的啊？"东山的和尚把他带到寺庙的后院，指着一口井说："三年里，我每天挖一点，终于挖出水了，再也不用下山挑水喝了。"

从此，只剩下西山的和尚一个人去溪边挑水。

这个故事告诉我们，不管做什么事，有付出才会有回报。我们的人生也像挖井，能否取得成功，不是看我们计划了多少，而是看我们做了多少。只有目标而不付出行动，只能像西山的那个和尚一样下山挑水喝，而如果我们认准了一件事情，然后付出坚持不懈的努力，就会像东山的和尚一样，在三年的辛苦之后，就永远不用再下山挑水了。

只有耕耘才有收获。一个人的成功有多种因素，环境、机遇、学识等外部因素固然都很重要，但更重要的是依赖自身的努力与勤奋，否则一切想法都是妄想。缺少勤奋这一重要的基础，哪怕是天赋异禀的鹰也只能栖于树上，望天兴叹。而有了勤奋和努力，即便是行动迟缓的蜗牛也能雄踞山顶，观千山暮雪，望万里层云。

世界上的事，从来都是"一分耕耘，一分收获"。天空赋予大地以雨水，大地反馈给天空一片葱绿；大自然赋予人类以呼吸的氧气，人类回赠给大自然一个繁华的世界；名山大川赋予人类以自然美景，而人类给予它的则是一份无穷的眷恋。不付出就不会有收获，世上从来就没有免费的午餐。怕吃苦，图安逸，是成不了大事的。试想：哪位杰出人物不是历尽人间诸多苦难才奋斗出来的。好好努力吧！勤奋工作，努力耕耘，有一分辛劳就会有一分收获。

做人要讲信用

信用是一个人的无形标签，也是一个人道德品质的体现。早在两千多年前，孔子就说"人而无信，不知其可也"。墨子也说，一个人说话、做事要果断，并且要言行一致。一个讲信用的人能够得到别人的尊重，因为他能够对自己说过的话负责，这样的人让人觉得放心可靠。

讲信用可以赢得别人的尊重，还可以带来无形的财富。据说，尼泊尔的一个少年带动了尼泊尔旅游市场的发展。

以前尼泊尔并不受游客的青睐，如今却成为游客的向往之所，为什么呢？据说这是源于一位少年的诚信。一天，几位日本摄影师请当地一位少年代买啤酒，为了买到啤酒，这位少年跑了3个多小时。第二天，这位少年自告奋勇地要再替他们买啤酒。这次，摄影师们给了他很多钱，但直到第三天下午那位少年还没回来。于是，摄影师们纷纷猜测，这个少年应该不会再回来了。没想到，第三天夜里，这位少年敲响了摄影师的门。原来，开始时他只购得3瓶啤酒，这之后，他翻山越河才购得另外7瓶酒，但返回时不小心摔碎了两瓶。他一边哭着拿出碎玻璃片，一边将剩余的零钱交给摄影师。在场的人无不动容。这个故事传出后，更多的外国人深受感动。后来，到这儿的游客越来越多……

法国著名作家莫里哀曾说：一个人严守诺言，比守卫他的财产更重要。但是却有一个商人为了钱财而失信于人，最终导致自己失去生命。

济水之南，有个商人渡河时，没想到船竟然沉了。他进退两难，只能停留在水中的浮草上哀号求救。求救声被一个渔夫听到了。出于同情，渔夫打算摇船前去救那个商人。还没等船靠近，商人便急急忙忙地喊道："我是济水一带有名的富翁，如果你能救我，我就给你100两黄金。"

渔夫把船靠了过去，救下了商人。当两人乘船到了岸边时，商人只拿出10两黄金给渔夫。

莫里哀

渔夫向他质问道："当初你自己说给我100两的，怎么而今却只有10两呢？这不是不讲信用吗？"

那商人勃然大怒，大声嚷嚷道："你这个臭打鱼的，一天能挣多少钱？这一次就得10两黄金，已经很不错了，你还不满足吗？"说完扬长而去。渔夫也只好摇摇头，失望地离去了。

无巧不成书，不久以后，那个商人乘船顺着吕梁洪水而下，没想到船一下撞到礁石上，漏了一个大洞，很快就淹没到水里去了。刚巧，上回那个渔夫从那儿经过。这惊险的触礁一幕，渔夫看得清清楚楚。

但是这回，渔夫没有去救那个商人。有人问："你怎么不去救他呢？"渔夫说："他就是上回答应给我100两黄金，实际上却不给的那个人啊！"

最后，商人溺水而亡。

人因讲信用而立，做人要信守诺言，如果做不到就不要许空头支票。诚信是一轮万众瞩目的圆月，唯有与莽莽苍穹对视，才能沉淀出对待生命的真正态度；诚信是高山之巅的纯净水源，能够洗尽浮华，洗尽虚伪，留下启悟心灵的妙谛。

身体力行，实干才有回报

俗话说："人过留名，雁过留声"。每个人都想在世界上留下自己的足迹，但是，我们究竟如何才能获得好的名声，获得别人的称誉和赞赏呢？这个答案早在两千多年前，墨子就为我们解答了，在墨子看来，成功的秘诀就是加强自己的道德修养，做事言行一致、表里如一、身体力行，踏踏实实地做事情，只有这样才能水到渠成，功成名就。切不可夸夸其谈、沽名钓誉。显然，这与我们今天所提倡的社会主义荣辱观不谋而合。

墨子的话告诉我们，高尚的品质、令人向往的名誉都是人们所追求的，但它们不能靠虚假、巧言令色得到，而是必须要发自内心地追求并采取与言语一致的行动才能实现。

言行一致，贵在做到，只要我们坚持从我做起，从现在做起，从一点一滴做起，不说假话、不说空话、不欺上瞒下、努力改变那种"有看法，没办法；有想法，没做法；有号召，没实招"的现象，言必行，行必果，相信通过不懈的努力，我们一定可以不断提高自己的思想道德修养。

党的好干部，人民的贴心人牛玉儒，在"为人民服务"上真正做到了言行一致。

"有困难找我！"这是牛玉儒经常对老百姓说的一句话。每次外出视察，他都会留下自己的手机号，不论是企业、基层单位，还是孤残老人家庭。他说："事关老百姓的事，就是天大的事。"

2003年的一天，牛玉儒在呼和浩特市视察工作，在检查便道铺装工程时，发现刚铺好的盲道上赫然立着一根电线杆。"这不是害人吗？"一向很少发火的牛玉儒忍不住大发脾气。他严厉批评了施工单位，要求他们立即重修盲道，并要求有关部门对市区内所有的盲道进行全面细致的检查。随行人员惊呆了，在他们眼中，牛玉儒是一个温文尔雅、待人和善的领导，这是他们第一次见牛玉儒发这么大的火。

呼和浩特市委督查室主任董利群曾做过统计：从2003年4月至2004年7月，牛玉儒一共批阅各种群众来信和涉及人民群众切身利益的公文函件314件，平均不到两天就有一件。他明确要求督查室必须对这些事件进行跟踪，使问题得以解决。

"我们之所以抓经济、搞建设，最终目标就是让广大人民群众能够生活得更好，在更好的环境里过更好的日子"。牛玉儒曾多次向工作人员说过这句话，这句话高度概括了他一切工作的出发点和落脚点。

牛玉儒具有很深的小巷情结，令人感动。

2003年4月，牛玉儒在担任呼和浩特市委书记后，抱定的目标之一就是接好前任改造青城的接力棒，狠抓城市建设，将青城建设成一个美丽的城市，让老百姓满意。"非典"一过，他便顶着炎炎烈日，在呼和浩特市进行实地考察，以便切实了解呼和浩特市的道路改造情况。他不仅重视通衢大道的建设，更关注小街小巷的道路状况。他对身边的随行人员说："光大街美不行，老百姓可是生活在小巷里啊！"在视察时，他发现，有些小巷至今尚未安上路灯，很多学生在下晚自习后，要在小巷里摸黑行走。经过调查，发现市区里这样尚未安装路灯的小巷竟有46条。随后，他点名让城建部门抓紧时间治理小巷，为老百姓送光明。很快，呼和浩特市区的这46条小巷全部安装上了路灯并实现供电。

牛玉儒在担任包头市市长时，深入基层，全心全意为困难群众排忧解难，帮助下岗职工走出困境，深得老百姓的称赞。为了表达对他的感谢，老百姓到市政府门口放鞭炮。他向大家致礼，深情地说："关心困难群体是政府的责任，人民市长为人民，这是我的政治责任，也是我的职业道德。"

牛玉儒，老百姓亲切地称他为"孺子牛"，作为党员领导干部，他扑下身子为群众多办事、办实事、办好事，亮开嗓子在群众面前讲政治。他讲的政治很简明，就三个字："为人民"，他切实地践行着这三个字，赢得了老百姓的信服。就冲这三个字，群众赞许他是"好官牛玉儒"。

"为人民服务"，这五个字说起来容易，做起来难。对普通人来说，重诺守信、言出必行是衡量一个人品格的重要尺度，是一个人道德品质的最基本的要求。

要做就要做言行一致的人，言行一致是为人处世的基本要求。古人曾说："得黄金百，不如得季布一诺。"可见真正做到言行一致对于人们来说是多么的珍贵。正因如此，我们更要努力去做到言行一致，表里如一，不可姑息迁就自己。

幸福就在你的手边

墨子在《修身》篇中讲述了一个人作为君子应有的品德和行为。日常生活中，与人打交道是无法避免的事情。人与人之间的相处极为重要，在墨子看来，一个人首先与身边的人搞好关系，才能与更多的人交往；一个人首先做好手头的工作，才能包揽更多的事情。每个人都想取得成功，但成功是由一点一滴的小事累积而成的。如果不能做好身边的小事，就不必苛求取得成功。

1871 年的春天，英国蒙特瑞综合医科学校有一名学生，名叫威廉斯勒。他对人生中的许多问题感到困惑，他不明白如何处理远大理想和身边小事之间的矛盾，不知道一个人应该以怎样的态度做事才能获得成功。他一心渴望成功，但不愿做身边的小事，他认为这些事情没有意义，并且浪费时间。甚至在他看来，现在的学校生活既枯燥又乏味，没什么值得用心的，因而他的成绩每况愈下。他觉得很苦恼，于是找他的老师探讨这些困难的人生问题。听了他的困惑和苦恼，老师推荐他阅读哲学家卡莱里写的一本哲学启蒙读物。老师说："卡莱里的书里或许有答案，可以帮助你解决问题。"

威廉斯勒是一个意志坚定的青年，他既不崇拜大人物，也不相信所谓的名人名言。对许多问题，他一向有自己独到的见解。但这本书既然是老师推荐，他觉得应该读一读，或许真的有用。于是，接过书，他漫不经心地浏览起来。

突然间，书中的一句话出现在他的眼前，令他内心为之一亮："最重要的，不是去看远方模糊的，而是做好手边最具体的事情。"他恍然大悟：是啊！不论多么远大的理想，都需要一步步实现！不论多么浩大的工程，都需要一砖一瓦垒起来。

他明白了，他终于找到了人生的答案。他知道，应该先把那些远大的理想高悬在未来的天空里，而现在最紧要的是做好自己手边的每一件具体的事。

也就是从那一天开始，1871年春天的一个下午，年轻的威廉斯勒开始埋头读书，他知道把自己的成绩提上去是他目前最紧要的事情。半个学期以后，威廉斯勒一跃成为整个学校最优秀的学生。

两年以后，威廉斯勒以全校最优异的成绩毕业。毕业后，他来到一家医院做医生。每一个患者，他都认真对待；每一次出诊，他都一丝不苟。很快，他就兢兢业业的态度和精益求精的精神使他成了当地的名医。

几年以后，他声名远扬，决定创办了约翰·霍普金斯学院，他把自己认真的人生态度贯彻到每一个细节里，得到了相关学者的认可和好评。许多专家学者慕名来到他的学院工作，很快，他的学院成为英国乃至世界最知名的医学院。

威廉斯勒总是对身边的人说：最重要的是把你手边的事情做好，这就足够了。而他也正是靠着这句话，精心地做着自己的事情，不仅成为当时最著名的医学家，还成为牛津大学医学院的教授，被英国国王授予爵士爵位。

而博士毕业的阿飞才学出众。在工作的5年间，他接连跳槽十几次，但仍没找到理想的职位，依旧在京城身心疲惫地漂泊着。看着昔日的大学同窗一个个事业有成，即使那些学历和能力远远逊色于自己的同学，也有几位如今已买了豪宅和宝车，自视甚高的他不由得慨叹自己命运不佳，得不到机遇的垂青。

一天，一位老师直言不讳地批评他："你的功利心太急切了，应看得长远一些，不要计较太多，先把手头的工作做好。"

阿飞很不服气，争辩道："我具备拿高薪的才能，就应该早一点赢得相应的名和利，何必在一些小事上浪费精力。"

"可是，无论多远的路，都要从脚下开始。"老师一脸的认真。

"你说的这些道理我也明白，但是在实际生活中，我却无法做到心平气和，总是不自觉地将眼前的工作，同将来的事业成功与可观的财富紧密联系在一起。可是，这样的想法越鲜明，成功越是迟迟不来。这样的恶性循环令我异常苦恼，所以根本没心思去做眼前的工作了……"阿飞也意识到自己的问题，但不知道如何摆脱。

"不如这样，我给你介绍一位石刻家，他早已是千万富翁，或许他的成功能给你一些有益的启发。"老师对阿飞说。

走进那位著名石刻家的工作室，看到那一件件镂刻精美的艺术品，阿飞赞叹不已。他随手指着一个最小的石刻作品，问石刻家花了多长时间雕成的，石刻家轻描淡写地告诉他——10年。

"啊！10年？"阿飞张大嘴巴，露出不敢相信的表情。

石刻家没有解释，拿起一块绘好图案的花岗岩，旁若无人地镂刻起来。那块石头坚硬如钢，而石刻家却在上面运刀如笔，让人看得不由得连连咋舌，如果石刻家手上有丝毫的颤动，都会直接影响到镂刻的最终效果。

石刻家全神贯注地盯着手中的石块，一点点地挪动着刻刀，认真极了。那会儿，时间仿佛凝固了。

半个小时后，石刻家放下手中的活，开始歇息。阿飞不禁问道："这个花岗岩石刻能卖多少钱？"

"不知道，也许能卖10块钱，也许能卖10万元。"石刻家很淡然。

"那你在雕刻时，没有想它到底能卖多少钱？"阿飞追问道。

"根本没想它能卖多少钱，至于它最终的商业价值，这不是我一个人所能决定的了。我现在既然在做石刻，就必须做好它，眼睛紧紧地盯着手上的石头，把全部的心思都投在上面，这才是最重要的。"石刻家不紧不慢的话语中渗透着玄机。

"哦，我明白了！"阿飞微笑着，向石刻家深深地鞠了一躬。

道理其实很简单——每个人的心中都有许多美好的憧憬，但要想实现它们，必须首先把目光投向最真切的现实中。盯紧手上的石头，用智慧和执着精心镂刻，石刻家才能让普通的石头变成"金块"；盯紧手上的织针，让灵感和想象驰骋，绣女才能织出绚丽无比的锦缎；盯紧手上的锄头，一次次松动泥土，锄去杂草，老农才可能拥有喜悦的收获……

一个人应该有远大的理想，因为没有理想就会迷失方向。但是，想要把理想转变为现实，就必须踏踏实实地做好手边的事情，因为你所做的每一件小事正是构筑理想大厦的一砖一瓦。

目光别总是盯着朦胧的远方，只有先将激情和汗水毫不吝惜地播撒在跋涉的路上，才能赢得心中渴望的辉煌。

点滴良善汇成美好

做事需谨慎小心，要从小事做起。墨子的上述名言旨在告诫世人在明晓大是大非的前提下，应该养成从小事做起的习惯。正所谓"一屋不扫，何以扫天下""勿以恶小而为之，勿以善小而不为"。轻视平凡的小事，就很难做出伟大的创举。

"勿以恶小而为之，勿以善小而不为。"这是三国时期刘备临终时，嘱咐儿子刘禅的话，意在教育刘禅不可轻视小事情，不要因为好事影响小就不去做，也不要因为坏事影响小就去做。墨子说，如今有人在家中犯了错，还尚有别家可以逃避。但是父亲告诫儿子，兄长告诫兄弟，说："要小心、谨慎啊！身处家中，就如此不小心、不谨慎，又怎么能处身于国中呢？"的确，一个人犯错误，往往从不起眼的小事开始的。俗话说，"小时偷针，长大了偷金。"坏事虽小，但它能腐蚀一个人的灵魂，随着时间的推移，事情会慢慢地从量变发展到质变，最后使人跌进犯罪的泥坑，成为可耻的罪人。

而与之相同，如果一个人能从小开始培养自己优良的品质，从点滴小事开始帮助人，那么随着时间的推移，他也会成为一个受人欢迎的人。不要轻视一点一滴的小事，生活中的很多事情就是这样慢慢地累积而成的。没有一滴水的汇聚，哪来大海的浩瀚；没有一砖一瓦的构建，哪来高楼大厦的平地而起；没有一棵棵树的汇聚，又哪来森林的广袤。

圣诞节前夕，17岁的吉姆一直忙着扮演帮圣诞老人与小朋友合照的小精灵，以便能凑足自己的学费。随着圣诞节的来临，吉姆的工作日益繁重，然而，经理丽莎却总能适时地给予他鼓励的微笑，令他在繁重的工作中能够继续努力，从而使他的业绩保持最好。为了感谢丽莎，吉姆决定在圣诞夜送她一份礼物。

可是，当吉姆下班时，已经六点钟了，几乎所有的商店都关门了。在回家的路上，吉姆看见史脱姆百货公司还开着门，他以最快的速度冲了进去，来到了礼品区。突然，他发现自己跟这里有些格格不入，因为这个百货公司是有钱人光顾的地方，顾客们穿着漂亮，而且非常有钱。在这个店里，吉姆怎么能指望会有价钱低于 16 元的东西呢？他不知自己是否应该待在这里继续挑礼物。

就在吉姆犹豫不决时，一位女售货员向他走过来，亲切地询问他是否需要帮助，周围的人也纷纷转过头来看他。于是，吉姆尽可能地低声说："谢谢，不用了，你去帮别人吧！"女售货员看着他，笑了笑，说道："我就是想帮你。"吉姆只好告诉她自己买东西要送给谁，以及为什么买给她，最后，还羞怯地承认自己只有 16 元钱。

那位女售货员思考了一会儿，便开始动手帮吉姆选礼物。百货公司的礼物已经所剩无几了，女售货员仔细地挑选着，很快就摆成了一个礼物篮，一共花了 15 元。当一切完成后，商店即将关门，灯已经熄了。但是，吉姆站在那里迟疑不动，想问怎么能包装得更漂亮点，但又不知如何开口。女售货员似乎猜到了吉姆在想什么，便问他："需要包装吗？"

"是的。"吉姆回答道。

此时，百货公司的大门已经关了，一个声音正在询问是否还有顾客在店里，但女售货员没有丝毫的犹豫，飞快地走进后场。过了一会儿，她回来了，带来一个用金色缎带包裹得非常精美的篮子。吉姆简直不敢相信自己的眼睛，连连向女售货员道谢，女售货员笑着说："这是我应该做的！"

"圣诞快乐！"当吉姆把礼物送到丽莎的面前时，丽莎激动得哭了。当然，她更感到开心！然而，整个假期里，吉姆的脑海中不断浮现出那个女售货员微笑的面容，一想到她的善良以及带给自己和丽莎的快乐，吉姆总觉得应该为她做点什么，最后思来想去，决定给百货公司写一封感谢信。

事情就这么过去了，但一个月后，吉姆突然接到雪莉，也就是那个女售货员的电话，说要请他吃顿午餐。两人碰面时，雪莉给了吉姆一个大大的拥抱，并为他带来了一份礼物。原来，因为这封信，雪莉成了史脱姆百货的服务之星。当宣布雪莉得奖时，雪莉既兴奋又迷惑。直到她上台领奖，经理朗读了吉姆的信时，她才恍然大悟。

作为奖励，雪莉的照片被放在大厅，而且，她还得到一枚 14K 金的别针与 100 元的奖金。更为难得的是，当她把这个好消息与父亲分享时，父亲定定地看着她说："雪莉，我实在为你骄傲。"雪莉激动地握着吉姆的手，说："你知道吗？我长这么大，父亲从没对我说过这样的话，我实在是太开心了！"

一个小小的善意的举动谱写成了如此美好的故事。

一句善语、一次让座、一个微笑，都是对公众利益的贡献。小小的善举，举手之劳，并不需要付出很多，却能收获谅解、和睦和友谊。为社会做点事，为他人做点事，为自己做点事，美好的生活在点点滴滴中创造，在持之以恒中延伸。

放下攀比，适合的才是最好的

攀比是指一个人不顾自己的实际情况，做超出自己实际能力的事情，一味地与他人进行比较。攀比较多地表现在物质上。对于攀比，墨子给出了形象的说法，并对其后果做出了一针见血的评价。在墨子看来，贫穷之家仿效富贵之家的生活花销，即是攀比。这样做，会很快招致灭亡。因此，对于任何人来说，都应该放下攀比之心，努力找到适合自己的。攀比过度，很容易产生虚荣心。无论是古代，还是现代，很多人因为过度攀比，深陷虚荣的泥潭，而最终无法自拔，将自己的一生荒废其中。

事实上，世界上少不了攀比，而且从一定意义上来说，攀比还是人类进步的侧面动力。一个人要想在社会上确定自己的位置，首先要选定一个参照物，然后不断地超越自我。但是，我们提倡的是理性的比较，而不是盲目的比较。否则，我们将会失去自我和特色，到头来只剩烦恼。

星期一早晨，万方公司的销售经理李林突然向总经理提出辞职。鉴于李林业绩超群、才华出众，总经理对他多方挽留，不但主动给他增加薪水，还承诺在短期内给他晋升职务。于是，打算跳槽的李林最终打消了念头，留下来继续为公司服务。

这个消息很快传到了人事经理刘枫的耳朵里。刘枫在心中打起了小算盘：我也是个不可或缺的部门经理，如果我提出辞呈，总经理肯定也会给我升职加薪，来挽留我。

于是，他决定向李林学习。经过准备，刘枫走进了总经理办公室，提出了自己的辞职意向。不料，总经理非常爽快地答应了，对他说："那好吧！既然你去意已决，我也不好强人所难。祝您另谋高就，前程似锦！噢，对了，请尽快给我你的辞呈。"

原来，刘枫一向表现平平，业绩不佳，但好在他比较老实、听话，总经理虽对他早有意见，怎奈何找不到适当的机会。没料到，这次他竟然主动送上门来。于是，总经理正好顺水推舟。

故事中的刘枫弄巧成拙，不但没有得到升职加薪的优厚待遇，反而连原有的职位也丢掉了。之所以落得如此下场，是因为他不能正视自己，好好地掂量自己的分量，反而因他的盲目攀比之心而失去更多。所以，人必须正视自己，给自己一个恰如其分的定位。如果只是一味地与别人攀比，产生自我认知的错觉，从而做出傻事，最终搬起石头，砸了自己的脚。

每个人都有自己的人生，别人的不一定适合自己。人生很短，真正属于自己的快乐更是稀有资源，为什么要生活在别人的生活中，而忽视自己的人生呢？将攀比放下，寻找自己的生活，别人的可以拿来参考，却不能拿来复制。每个人都是不同个体，在自己有限的空间中，活出自己的样子，岂不更美好？

做事须专心

歌德曾说，"一个人不能同时骑两匹马，骑上这匹，就要丢掉那匹。聪明人会把分散精力的要求置之度外，只专心致志地去学一门。"专心致志是做事应有的态度，老话常说，"不要三天打鱼，两天晒网"。三心二意的情况古来有之，墨子就曾在书中记载，曾有学生对墨子说，他们既想跟随墨子学习，又想学习射箭。墨子对他们说：即使是一个国家中最勇敢、最优秀的人尚且不能将两件事同时做好，其他人怎么可能做到呢？

虽然两千多年前，墨子就曾指出了三心二意的弊端，但古往今来，还是有许多人不能改掉这个弊病。

春秋战国时期，有个名气很大的棋手名叫弈秋，他收有两个学生，打算把自己全部的棋艺传授给他们，让他们成为优秀的棋手。

其中一个学生学习非常用心。每次上课，他都聚精会神地听弈秋讲解各种棋局，认真记忆和理解，因此棋艺大有长进，深得弈秋的喜爱。

而另一个学生虽然天资聪颖，但是上课不专心，表面看起来他也坐在那里听讲，心却早早地飞到了窗外。他总是被各种事物干扰，有时看到有天鹅飞过，他就在心中暗想：如果把它射下来，美美地享受一顿该多好啊！因为上课时，他总是胡思乱想，所以老师讲的内容，他只听进很少一部分。

对于两个学生的学习态度，弈秋看在眼里，明在心中，但他什么也没说，只是等课讲完后，他让两个学生对下一局棋。

开局不久，两人便有了高下之分，下棋时，专心听讲的那个学生从容不迫，进退自如。而那个不用心听讲的学生则穷于应付招架，局促不安，最终大败。

此后，日子久了，两人的棋艺更显得悬殊。专心学习的那个学生棋艺高强，心不在焉的学生则根本不是他的对手。

学生不解，于是向弈秋询问。弈秋语重心长地对他说："你和他同时学习下棋，你并不比他愚笨，之所以你的棋艺大不如他，关键在于你学习时不专心，而他却专心致志啊！"

而如果一个人能够意识到三心二意对学习和做事的不良影响，从而致力于一件事情，那么他一定能够成功。法国著名作家莫泊桑用他的亲身经历验证了这条真理。

莫泊桑是 19 世纪法国最杰出的批判现实主义作家，他在很小的时候，就展现出出众的才华，因此，很多人对他赞不绝口。

一日，莫泊桑跟随舅父去拜访著名作家福楼拜。舅父想引荐好友福楼拜做莫泊桑的文学导师。可是，莫泊桑却骄傲地问福楼拜究竟会些什么。福楼拜微微一笑，反问莫泊桑会些什么。

莫泊桑得意地说："我什么都会，只要你知道的，我都会。"

福楼拜微笑着说："那好，你先跟我说说你每天是怎样安排你的学习的。"

莫泊桑自信地说："我每天的生活丰富多彩，上午和下午各有 4 个小时的活动时间，上午前两个小时读书写作，后两个小时弹钢琴，下午先用一个小时向邻居学习修理汽车，后三个小时用来踢足球，晚上，我会去烧烤店学习怎样制作烧鹅，星期天则去乡下种菜。"

言毕，莫泊桑得意地问福楼拜："请问先生，您每天的工作情况又是怎样的呢？"福楼拜笑了笑说："我每天上午用四个小时来读书写作，下午用四个小时来读书写作，晚上，我还会用四个小时来读书写作。"

莫泊桑有点纳闷，疑惑地问："难道您就不会别的了吗？这样做，您不觉得无聊吗？"福楼拜没有回答，而是接着问："你有什么特长，比如你做得特别好的是哪件事情？"

这下，莫泊桑答不上来了。

但是，有点小聪明的莫泊桑旋即就问福楼拜："那么，您的特长又是什么呢？"福楼拜说："写作。"

莫泊桑明白了，原来特长就是专心地做一件事情。莫泊桑下决心拜福楼拜为文学导师，一心一意地读书写作，最终取得了丰硕的成果，成为世界著名的作家。

专心做一件事，意味着将所有的精力用在一个地方。想要在某一方面取得成就，必须要耐下心，专注于这个方面，只有这样才能创造"水滴石穿"。这好比凿水，只有将水挖深，才能源远流长。而如果只关注沟渠的长度，水将很快干涸。只有一方面做好了，才有可能考虑其他方面，否则将一事无成。

让分歧因爱而解

墨家的社会理想是"兼爱"，他们认为"兼爱"是实现天下大治、社会太平的前提条件。墨子提倡"兼爱"，是因为这种大爱能够让人们消除彼此之间的分歧，相亲相爱，这样就可以让战争远离，天下太平。

那是一个严冬季节，北高加索山下的气温已降到了零下50度。尽管门窗封闭得非常严实，壁炉里的柴火正在熊熊燃烧，可娜塔莎依然感觉到冷，这是因为后天，也就是圣诞节那天，她的儿子阿历克赛就要走了，他要去的地方是格罗兹尼城。作为军队中最优秀的狙击手，他别无选择。

临别时，娜塔莎的眼睛湿润了。阿历克赛笑了笑，给了娜塔莎一个温暖的拥抱。他知道妈妈要说什么：到了格罗兹尼要注意安全，好好照顾自己，还有，最好能让枪口保持沉默。但他做不到，作为军人，他必须在敌人将子弹射中自己的前一秒扣动扳机。

"妈妈，请不要为我担心。我答应您一定会平安回来的。"阿历克赛安慰母亲。

阿历克赛走了，娜塔莎一直在心中祈祷："真主会保佑我的阿历克赛平安归来。"但5年前发生在格罗兹尼的那场战争，至今让她心痛不已。

每一座城市都有它的宿命。1918年建成的格罗兹尼城，在当地方言里是"可怕和残酷"的意思。在娜塔莎的心里，它就是一座嗜血之城。因为这座城市是按照作战要塞来设计的，城内堡垒密如蛛网，易守难攻。早在1994年，格罗兹尼就要了上千俄罗斯士兵的命。娜塔莎的丈夫就死在了那座城市，而现在，自己的儿子也将要踏进那座城市，娜塔莎担心极了。

自从阿历克赛离开的那一天起，娜塔莎几乎每时每刻都守在电视机前，紧盯着政府播报的战况。

2000年1月6日，政府发言人说，俄罗斯军人进入了这座迷宫一样的城市。他们勇敢的狙击手凭借熟悉的地形，在这里游刃有余地射杀目标。1月15日，战地记者现场播报，格罗兹尼巷战取得了空前胜利。

娜塔莎一眼不眨地盯着电视画面。她丝毫不关心战局，而是不停地搜寻儿子阿里克塞的身影，她非常希望能够看到儿子，但这只是徒劳。

经过两个月的激战，这场战役终于结束了。娜塔莎欣喜地奔上街头去寻找他苦苦等待的儿子。但是等待这位母亲的，却是一个噩耗，她的儿子牺牲了。

一星期后，娜塔莎去了满目残垣的格罗兹尼。在儿子战斗过的巷道里，娜塔莎将一大束白菊分成两束，插进了格罗兹尼城的废墟上。

这一幕被一个记者看到了，记者不解地问："夫人，您有两个儿子？"

"不，我只有一个儿子，他的名字叫阿历克赛。那一束，是送给阿历克赛的对手的。"娜塔莎说。

记者惊诧不已："你为什么要这样做？"

娜塔莎平静地说："因为我是个母亲。在母亲的心里，是没有战争的。我相信，我的阿历克赛和他的对手会在另一个世界成为最真诚的朋友。"

多么真诚的表白，母爱，一个与战争无关，与仇恨无关的词。在那个寒气刺骨的冬季，绽放在格罗兹尼街头的，除了漫天飞舞的雪花和一具具冰冷的血肉模糊的尸体，还有一束母亲带来的娇艳盛开的白菊。那束融会了母爱与宽恕的白菊，成为那个冬日最为耀目的风景。

是的，爱能让我们消除分歧。就像故事中的这位母亲，她希望爱能够让两个在天国的孩子消除分歧，彼此友好。

爱能消除彼此之间的隔阂，让人们相互关爱，相互理解，从而使分歧得以解开，有助于避免冲突。人们渴望安定的生活，世界的发展需要和平的环境，和平与发展已成为当今世界的主题，我们应该共同努力，创造和谐美好的世界。

节约让生活更美好

节俭是中华民族的传统美德，也是一个人品德高尚的表现。古往今来，节俭一直被人们视为持家之宝、兴业之基、治国之道。墨子对古代先王在衣食、车驾、用度方面的节俭给予了充分的肯定，主张把这种崇尚节俭的精神和传统继续发扬光大。崇尚节俭，可以减轻人民的负担，也可以把节俭下来的钱财用于改善人民的生活，加强军事防御，这样做不仅有利于国富民强，也有助于良好风气的养成，从而使社会更加和谐。

在古人的眼中，节俭，既是修身养性所必须，同时也与国家、民族的命运紧密相连。今天亦然。

季文子是春秋时代鲁国的贵族、著名的外交家。他出身显赫，家族三世为相，但他一生俭朴，以节俭作为立身的根本，并且要求家人也过俭朴的生活。他穿衣只求朴素整洁，除朝服以外，没有几件像样的衣服，每次外出，所乘坐的车马也极其简单。见他如此节俭，有个叫仲孙它的人就劝季文子说："你贵为上卿，德高望重，但听说你不准妻妾穿丝绸衣服，也不用粮食喂马。你自己也不注重容貌服饰，这样是不是显得太寒酸了？如果让别国的人看到，岂不是要笑话你吗？人家还会对我们国家议论纷纷，这样做岂不是有损于我们国家的体面。你应该改变一下这种生活方式，这于己于国都有好处，何乐而不为呢？"

季文子听后，淡然一笑，对仲孙它严肃地说："我也希望把家里布置得富丽堂皇，但是看看我们国家的百姓，有许多人穿着破旧不堪的衣服，吃着粗糙得难以下咽的食物，还有许多人正在受冻挨饿。想到这些，我怎么忍心去为自己添置家产呢？如果百姓生活贫苦，过着粗茶淡饭日子，而我却将自己的妻妾打扮得漂漂亮亮，把马喂得膘肥体壮，这岂不是丢掉了为官的良心。况且，我听说一个国家的富强和繁荣，只能通过臣民的高洁品行来表现，并不是以他们拥有美艳的妻妾和良骥骏马来评定的。既然如此，我又为什么要接受你的建议呢？"这一番话，说得仲孙它满脸羞愧，同时也使得他对季文子更加敬重。

此后，仲孙它也效仿季文子，过着简朴的生活，让妻妾只穿用普通布做成的衣服，家里的马匹也只是用谷糠、杂草来喂养。

铺张浪费则困，勤俭节约则昌，自古皆然。没有勤俭节约的精神作支撑，企业是难以持续发展的，社会是难以长治久安的，国家是难以繁荣昌盛的，民族是难以自立自强的。而人生如果没有勤俭节约的精神作为支撑，生活亦不会幸福。因而，古时贤明的君主为提倡节俭，常制定出一些具体的规定，这些是墨子认为当政的统治者应该学习的，同时也是我们今天应该学习的。

爱民才能拥民

对自己好的人，人们都乐于亲近，也愿意听从他们所说的话。这是古往今来的一条重要的信条。墨子有更为具体的概括：只有真正爱护百姓，他们才愿意听从你的役使。只有用诚信之心对待百姓，你才能获得他们的信任。这是心与心的交换。"爱"是将他们联系起来的纽带。

"以心换心"的真诚不仅适用于人们日常的交际，在现代企业中，同样具有重要的作用。聪明的商人正是基于这样的真诚，才能将一次次矛盾转变成发展的动力。

商人洛克菲勒就是这样一位聪明的商人。

20世纪80年代末，科罗拉多州煤铁公司的工人们为了争取自身的利益，强烈要求提高工资。然而，对于一家企业来说，无论它多么有钱，也不可能同时给所有的工人涨工资，更何况这家公司并不是那么有钱。提高工资的事情被搁置了，工人们很是愤怒。于是，他们粗暴地捣毁厂房、砸坏机器，罢工浪潮愈演愈烈，公司的效益受到严重影响。

在这种充满仇恨的气氛之下，作为科罗拉多州煤铁公司的所有者洛克菲勒，必须要立刻想出办法来平息工人的愤怒，并尽力说服他们接受自己的意见。于是，洛克菲勒首先花了几个星期的时间，深入工人的家中，尽管他遭到一些工人的严词拒绝，但仍然顶着巨大压力，走访了每一位工人的家属，并与他们成为朋友。这之后，他与工人代表进行了一次推心置腹的谈判。他在开始时这样说：

"今天，是我一生之中最值得纪念的日子，这是我第一次，有幸会见这家伟大公司的劳方代表、监工与职员。我们大家会聚一堂，共同商讨公司的未来发展。我想告诉各位，能来这里与大家会面，我感到非常荣幸。在我有生之年，我一定不会忘记这场聚会的。

"如果这场聚会在两星期之前举行，那么，对于今天到会的大多数人，我一定会觉得陌生，因为我只认得几张熟悉的面孔。上一周，我有机会去南区煤矿所有的工棚视察一遍，并与各位代表进行过个别谈话，除了不在场的代表，我几乎都已经见过面了。我还拜访了你们的家庭，见过各位的妻子与儿女。所以，今天我们以朋友的身份相互见面时，我们已不再是陌生人了，我们之间已经有了友善互爱的精神。因此，我非常高兴，能够有机会与各位代表，来讨论我们共同的利益问题。

"一般而言，聚会应由厂方职员与劳工代表共同参加，我能来此参加聚会，首先要感谢大家的支持，因为我既非厂方职员，也不是劳工代表。但是，我觉得我与你们的关系十分亲密，因为就某一方面来说，我代表了股东与董事们……"

洛克菲勒清楚地知道，对于那些几天前想要把自己吊在树上的工人们来说，在这种情况下，要想说服他们结束罢工，他必须态度诚恳、以理服众。因而，在接下来的时间里，他态度谦逊和蔼，言辞恳切，同时，他还使用了一些能拉近彼此关系的句子，如"今天我们以朋友的身份相互见面""我很荣幸到这里与大家会面""我拜访过你们的家属""见过各位的妻子和儿女"等等。

除此之外，洛克菲勒向工人提供了充足的事实，说明公司现在所面临的处境，随后友善地劝说工人们回去工作。最后，洛克菲勒用自己诚恳的态度、有力的事实打动了工人们，工人们接受了他的意见，暂时不再谈提高工资的事，一场愤怒就这样平息了。这次谈判取得良好的效果，不仅平息了罢工风暴，而且，洛克菲勒还赢得了不少崇拜者。

商人洛克菲勒用自己的真诚，动之以情，晓之以理，最终成功地化解了公司与工人之间的矛盾。在说服工人的过程中，他既没有以高高在上的姿态下命令，也没有与工人们发生激烈的争论，更没有用恐吓吓唬自己的工人，还没有用严密的逻辑思维来论证是工人们错了。他只是从朋友的角度，友善地叙述公司的处境，以真诚的心换来了工人们的理解，最终化解了工人的愤怒，双方化敌为友。如果洛克菲勒不用这样真诚的态度，后果可想而知。

美国总统威尔逊曾说："假如你握紧两只拳头来找我，我可以很明确地告诉你，我会把拳头握得更紧。但假如你来找我，说道：'让我们坐下来谈一番，如果我们的意见不同，看看原因何在，把主要的症结找出来。'我们会发现，其实彼此的意见，相差并不太远。并且，只要彼此有诚意，那么相处起来就不会太难。""以心换心"，才能收获彼此的真诚。当出现矛盾时，用友善去平息，而不是用对抗去激化，那么矛盾将很快得到解决。这正如墨子所说"必疾爱而使之，致信而持之"。

勤俭节约是一种美德

勤俭节约是中华民族的传统美德，在中国人的观念中，每一粒粮食都是辛苦汗水的结晶。但是在漫长的历史长河中，每个时代都不乏崇尚奢靡之人。在《墨子·辞过》中，墨子明确指出了对于国家来说，勤俭节约是国家兴盛的重要标志，而如果一个国家骄奢淫逸，那么这个国家将很快走上灭亡。

这种说法得到了历史的验证。

汉武帝时，社会上崇尚侈靡之风。老百姓背离农业，转向商业，追求近利的风尚日益浓重，这已经影响到国民经济赖以发展的基础。看到这个问题愈演愈烈，汉武帝很是着急，有一次向他的近臣东方朔发问："我想教化我的臣民多行勤劳、节俭事，你说有办法吗？"

东方朔说：

"大家都说上古时民风淳朴，社会风气良好。然而，像唐尧、虞舜、夏禹、商汤、周文王直到康王时的所谓上古之事，已经过去好几千年了，这样的事臣不敢说。臣愿讲述的是前代孝文皇帝时的情况。对于如今还活着的那些耄耋老者们来说，那时的事依旧历历在目。文帝贵为天子，富有天下，但身上穿的是麻织的衣服，脚上穿的是一般的皮靴，佩着牛皮带剑，睡在用草编的席上。他衣着简朴，身上没有任何装饰，帷帐也没有纹绣，甚至殿上的帷帐不少还是用书囊代替的。他认为最美好的是道德，行动的准则以仁义为上。这样，天下望风成俗，风气昭然化之。但是，现在陛下住在城里还嫌太小，一会儿建建章宫，一会儿建左凤阙、右神明二宫殿，还号称这是千门万户。土木建筑都大加装饰，衣服更是如此。狗马等兽类都要用毛毡穿戴，宫中的当差、宫女要用玟瑁、珠玑这类饰品装饰。宫中设有游玩的车辆，它们装饰得富丽堂皇，用以教授追逐。钟鼓规模之大，重量超过万石，声响超过雷霆，用它来演各种歌舞。

"皇上如此侈靡，却希望百姓专心农务，这实在是难事。如果陛下能用臣提出的计策，把各种帷帐公开在大道上给烧了，把那些狗马给放了，这样陛下才能像传说中的唐尧、虞舜那样，兴淳朴民风，转社会风气。《周易》上说，本源端正，万事才合理，失误往往在于毫厘之间，效果却能相差千里。这话请陛下留意观察。"

东方朔的委婉批评，使汉武帝无言以对。

汉武帝雄才大略，在位数十年间加强皇权，开边兴利，取得了一系列文治武功的成就。然而，他也是个多欲的皇帝，生活侈靡，浪费惊人。受一定欲望的驱使，他把对外战争一拖再拖，终于造成国内各类矛盾激化，农民起义爆发，差一点重蹈秦亡覆辙。可见，淫逸亡国的确非常有道理。

但在历史上，也有一些人注意勤俭节约，从而获得了人们的认可，受到了人们的尊敬和爱戴。东晋时的陶侃就是其中一位。

东晋时，陶侃曾被任命为征西大将军，都督荆、雍、湘、梁四州军事，还兼任荆州刺史。消息传来，荆州百姓无不欢欣庆贺。这是为何呢？

陶侃是一位既聪明又恭谦勤政的武将，他形象威严，终日正襟危坐，对军府中的各项工作认真细微，无一遗漏，很少有空闲时间。他常对人说："大禹，圣人啊！他都要爱惜每一寸光阴；至于我等众人，当然更要爱惜光阴了。难道说平时吃了饭就可以逸游放纵，荒淫贪杯吗？这样做是自暴自弃的行为，这样做，活着对活人不好，死了对后人更是无益。"当时，他手下有些参佐虚度光阴，百无聊赖。陶侃知道他们经常赌博取乐，便亲自带人搜查，将搜查出来的酒器、赌具悉数扔进长江，并对参与赌博的将吏给予鞭笞的惩罚。陶侃对他们说："赌博，是猪狗不如的游戏，这种浮华之物，对现实无用，也并非先前圣人所倡导的东西。作为君子，应当正威仪，哪能衣冠不整，自命不凡呢？"他不仅批评了赌博这种行为，还指出了它的根源在于消极厌世，认为这根本不是君子之道。

有一次，陶侃外出时，看到手下有人手里拿着一把还未成熟的稻穗在玩。陶侃上前便问："用这稻穗在干什么？"那人回答："这是在路上捡的。"陶侃大发脾气；"你平时不耕作，还要糟蹋人家的庄稼吗？"说完，就命人把那人抓起来，狠狠地鞭笞一顿。老百姓听到这事，心中非常愉悦，备受鼓舞，更加勤于农作，从而使荆州一带的农业搞得很好。有一次，组织工匠造船时，陶侃令工人们把所有的木屑、竹头都不要扔掉，而是好好搜集起来，人们都不解其意。果然，这些东西后来都派上了用场。原来，每年大年初一的早晨，官府都要聚会团拜，人们称之为"正会"。这年"正会"刚要举行时，天气放晴，地下的积雪开始融化，道路泥泞，不便行走。陶侃便派人撒上木屑，问题得到了圆满解决。当桓温将军伐蜀时，陶侃把储藏的竹头用作造船用的竹钉，结实牢固，在作战中立下了战功。

在陶侃的治理下，荆州的发展在这个阶段成为历史上最盛的时期，究其原因，和陶侃清廉勤政的作风关系密切。

勤俭意味着对事物有爱惜之情，对事物尚且如此，更何况对人呢？有人说，勤俭节约在当代社会已经失去其存在的价值了。这是一种错误的看法。无论在任何时代，勤俭都是我们应该提倡的美德。

三、用人的智慧

进贤事能，人尽其才

古者圣王甚尊尚贤而任使能，不党父兄，不偏富贵，不嬖颜色。贤者举而上之，富而贵之，以为官长。不肖者抑而废之，贫而贱之，以为徒役。是以民皆劝其赏，畏其罚，相率而为贤者，以贤者众而不肖者寡，此谓进贤。然后圣人听其言，迹其行，察其所能而慎予官，此谓事能。故可使治国者使治国，可使长官者使长官，可使治邑者使治邑。凡所使治国家、官府、邑里，此皆国之贤者也。

《墨子·尚贤中》

墨子说："古时候圣王甚为尊重贤人，任用能人，不讲乡党父兄，不偏向富贵者，不讲究相貌。凡是贤人，一经选拔处于高位，便给他富贵，给他官当。不称职者便被免职，使之贫贱，成为奴仆。所以百姓都劝赏而畏罚，争当贤人，因而贤人多而不称职者少，这就是进贤。然后，圣人对所进贤人进行言、行、能各方面的考察，并授以官职，这就是事能。这样，适合治国的，便让他治国；适合当官府长的，便让他当长官；适合治县邑的，便让他治县邑。凡派去治国家、主官府、掌邑里的，都是国家的贤才。"

如何发现人才、考核人才？这既是一大学问，而对为政者来说也可说是政治智谋之一。凡有头脑、有见识的政治家都懂得"金无足赤，人无完人"的道理，考核人才只有从这一点出发方可做到实事求是，吹毛求疵是发现不了人才的。本来，社会上是可以发现许多人才的，但因为求全责备、甚至苛求的原因，人才便变得如此稀少。从这一点看，墨子的人才考核观是独具慧眼的。所以，墨家队伍浩浩荡荡，各类人才应有尽有。

春秋时，卫国国君正在物色大将人选，子思向卫侯推荐了苟变，并说："他的才能足以统率 500 乘战车的甲士和步兵。"卫侯却不以为然地说："我知道他确实具有将才，可是他在做地方官时，曾经在民间收税中，吃过老百姓两个鸡蛋，所以我不想起用他。"

子思说："圣人任用人才，就如同木工驾驭木材一样，要尽可能取其长处，去其短处。即使是合抱粗的杞柳和梓树，也难免有几尺枯朽的地方，木工难道会因此把这些大树扔掉吗？现在，您正处于战争连年不断的时代，正需选拔善战并具有指挥才能的人，为何却为两只鸡蛋而抛弃能保卫国土的将军呢？这事您可千万别让邻国知道呀！"

卫侯道谢再三，说："我诚恳接受您的教诲。"

东汉章帝时，大臣们曾对各郡推荐上来的官员不以功次而议论纷纷，为此章帝专门召集公卿大臣上朝议事。

大鸿胪韦彪上表奏议说："国家要把选拔贤人当作重要工作。对贤人的识别，首先要看他是否孝顺父母，求忠臣必须从孝子之门去寻找。事实上，人的才干和德行能兼而有之，那是很少见的。比如孟公绰能轻松地当好赵、魏两个大国的谋臣，却不能当好滕、薛两个小国的大夫。凡忠孝之人，其心地厚道，而长期当官的俗吏，其心地又麻木。选拔官员要以才干和行为作首要条件，不可以单纯看其资历的长短。归根到底，最重要的是要选好郡守这一级的两千石官员。只要两千石官员是贤良，那么他所推举的人都会官得其人的。"

韦彪又对尚书一职的选拔提出了自己的意见。他说："天下政事处理的关键在于尚书，对于尚书的选拔必须加以重视。过去选拔尚书，大多从郎官中选拔，虽说这些人通晓文法，擅长于应对，但仔细观察，不过是小聪明而已，并无大的才能。应当对尖刻之人的应急答对有所警惕鉴别，对高皇帝时绛侯周勃言辞迟钝而功劳显著这一点深刻体会。"

汉章帝十分赞同这些意见，并全部加以采纳。

唐太宗李世民手下人才济济，其中有像虞世南、卢祖尚这样的全才，但更多的是具有某一方面能力的人才。他说："人不求其备，必舍其所短，取其所长。"以此为标准，他对朝官们进行点评：比如长孙无忌善避嫌疑，应对敏捷，求之古人，当无与伦比，而总兵攻战，非其所长；高士康涉猎古今，心术聪悟，临难既不改节，为官亦无朋党，而所失缺的只是骨鲠规谏；唐俭言辞俊利，善和解人，但为官之 30 年，无一言论国家得失；杨行道性行纯善，自无过错，而性格怯懦，未甚便事，缓急不可得力；岑文本性情敦厚，文章是其所长，而持论常据经远，自当不贞于物；刘洎性最坚贞，言多利益，然而重言诺，能自补阙；马周见事敏速，性甚贞正，论量人物，直行而行；褚遂良学问稍长，性亦坚正，既能忠诚，甚亲附于上，比如飞鸟依人，自加怜爱。

正因为对臣下了解得如此全面精确，对这些人才才会有合理的任用。

金朝时，好几代皇帝都对人才极为重视。金世宗时，他常对三省职能部门的官员说："你们在此任职，都不见你们向朝廷举荐人才，这是为什么呢？古代就有从普通百姓直接当上宰相的事例，听说宋朝也起用了不少流放到河南、山东一带的人，这都是用人不限于显贵的事例。我们这么大的国土，怎么没有有用的人才？我不可能都知道情况，你们又不推荐，结果那些可用之才提不上来啊！"

当尚书省向皇帝上疏，打算按一个人的资格提升官职时，金世宗说："这种做法，是对待那些庸人的办法。如果有的人才能、德行高出一般人许多，难道要受这个规定限制吗？现在国家需要人才去办许多事，你们却不能按人的才能委以一定官职，结果好多事没办好。我本来不懂用人之道，可你们只按资历，墨守成规，根本不考虑推荐人才，这又是为什么？难道说这些人一旦被任用，就会夺去你们的俸禄地位吗？如果不是这样，大概是没有识人的眼光和本事吧！"其对人才望之若渴，恨某些部门无人才意识之意跃然纸上，溢于言表。

元世祖忽必烈不仅十分注重网罗天下贤才，而且对人才也能按其特点加以恰当使用。比如刘秉忠精通天文、地理、历史，就用他负责兴建开平城及大都城；姚枢长于治道，便让他处于谋士之位；许衡系儒者，长于教授、朝仪、官制、历法，便用他为京兆提学，由他兴建学校，后兼国子祭酒，并教授蒙古贵族子弟，又用他定朝仪、官制等；窦默、郝经、李俊卿等学者，都能尽其才而用之；王文统、阿合马、卢世荣、桑哥等人有相才，有经国理财的能力，因此对他们信任有加。

有能则举

古者圣王之为政，列德而尚贤。虽在农与工肆之人，有能则举之。高予之爵，重予之禄，任之以事，断予之令。曰：爵位不高，则民弗敬；蓄禄不厚，则民不信；政令不断，则民不畏。举三者授之贤者，非为贤赐也，欲其事之成。故当是时，以德就列，以官服事，以劳殿赏，量功而分禄。故官无常贵而民无终贱。有能则举之，无能则下之。举公义，辟私怨，此若言之谓也。

《墨子·尚贤上》

墨子说："古时候圣王当政，以德为标准而尊重贤人。即使是从事农业、手工业、商业的人，只要有能力就加以提拔。给予较高爵位，给予优厚俸禄，使之承担一定的领导责任，又给他相应的职权。如果爵位不高，在百姓中就没有权威；如果俸禄不厚，百姓就不会相信他；如果权力不大，百姓就不会怕他。以这三方面给予贤人，不是对他们的赏赐，而是要做工作。因此，按品德而聘任，按官职而授权，按辛劳而奖励，按功劳而授禄。所以，为官者不会永久富贵，百姓也不会永久贫贱。有能力的，就提拔；无能力的，就罢免。所谓举公义，避私怨，就是这个意思。"

什么人是人才？是否书读得多就是人才？墨子的回答是断然否定的。在墨子眼中，是否人才，只能用一个"能"字去衡量。人才不可能是万事都通晓的，能在某一领域中有所建树，那就是了不起的人才。墨子的人才观，同样反映了他的睿智。

汉代的朱博虽说是武官出身，没有作文官的经历，但他在担任左冯翊期间，以他特有的方式不拘一格选拔有用之才，为一方治安做出了贡献。

长陵百姓中有个叫尚方禁的，年轻时强奸过别人的妻子，被人用刀砍伤了脸颊。当时，因为官府功曹受了他贿赂，没有革除他，反而调他作守尉。

朱博了解此事后，有一次找借口召见尚方禁，一看他的脸，果然有疤痕。朱博把左右随从都屏离，单独问尚方禁："这是什么伤啊?"尚方禁是个明白人，一听就知道朱博已经知道了他的事，连忙叩头，把当时事情的经过都如实作了禀报。

朱博一笑："大丈夫年轻时血气方刚，难免做那些荒唐事，我想为你洗刷耻辱，不知你能否效力?"尚方禁又喜又怕："我尚某一定万死不辞!"朱博于是命令尚方禁不准向任何人透露谈话内容，要他做的工作是充当朱博的耳目，有机会就记录一些情报。经过一段时间，尚方禁破获了不少盗窃、通奸等方面的犯罪活动案子，工作很有成效。朱博专门向上禀报，提拔尚方禁为连守县县令。

过了相当长一段时间，朱博又找到那个当年受尚方禁贿赂的功曹。朱博关上门，不仅当面痛斥他的无耻，还要他交代全部事实，不然就杀他的头。那个功曹吓得惊恐万状，老老实实写了事实经过。朱博命令他就地听候裁决，要他改过自新。然后拔出刀来把他写的罪状裁成纸屑，打发他仍然出去任原职。从此，这个功曹如履薄冰，不敢有丝毫差错。朱博最终还是重用了他。

唐德宗时，韩滉在担任三吴节度使期间，十分注重人尽其才。凡是他所征召的宾客，他都能根据他们各自的才干器识，予以恰当地使用。

有一次，韩滉有个老朋友的儿子来投靠。韩滉也照例对新来的投靠者进行观察，看他有没有什么特殊技能。一天，韩滉特地安排他参加宴会，可是这个老兄居然从开始到结束始终端坐在席上，没和对面的人、边上的人交谈一句。韩滉注意到他这一特点，便安置他在军中看守仓库大门。这人的确非常尽责，每天一早进入帷帐，一直端坐着，直到太阳落山。在他看守下，军官和士兵都不敢随便出入仓库。

五代时期，吴越王钱镠经常到王府花园去游玩。他发现这个花园的花木栽培很有特色，不仅比别处花园茂盛，品种也多得多，引起了钱镠的浓厚兴趣，而且记住了园丁陆仁章的名字。

有一次淮南兵围困苏州城时，钱镠派陆仁章到苏州城去送信。为什么派他去呢？因为他知道陆仁章做事细心，又肯动脑筋，派他去送信他一定会负责、认真、灵活地完成。果然，陆仁章很好地完成了任务。以后，钱镠就把他当作自己的孙子一样，收养在自己身边。

天下从事，不可无法度

天下从事者，不可以无法仪；无法仪而其事能成者，无有也。虽至士之为将相者，皆有法。虽至百工从事者，亦皆有法。百工为方以矩，为圆以规，直以绳，正以县。无巧工、不巧工，皆以此五者为法。巧者能中之，不巧者虽不能中，放依以从事，犹逾己。故百工从事，皆有所法度。

《墨子·法仪》

墨子说："天下做事业的人，不能没有法规；没有法规而能做好事情，这是没有的事。即使士人当了将相，也都必须有法规。即使从事于各行各业的工匠，也都有法规。工匠们以矩划成方，以规划为圆，以绳墨划为直线，以悬锤作水平面。无所谓巧匠不巧匠，都是以这五项为法。巧匠能标准地达到要求，其他工匠虽然不一定完全达到，却能按此去做，这还是超出自身能力的。所以，工匠们制作时，都会做到有法规可依。"

墨子不愧是个工匠，三句不离本行。这里，他十分形象地用木工划方圆的规、矩来说明法制的重要性。春秋时期社会已极为动荡，光靠道德来规范人的行为已远远不够。墨子看到了这一点，一再强调在强化行为规范的同时还要强化法制。从春秋时期几个大思想家比较，墨子是较早提出法制并加以探讨的，这再次反映了墨子政治谋略的超前性。

在墨子以前的年代里，由于血缘关系、亚血缘关系依然存在，人们所遵循的主要是以道德为基础的习惯法，它的形式主要是家族内部的家规。当然，从夏代以来已经有了成文法，但这种法一是范围很小，二是等级制度森严，对贵族一般不讲法。到了墨子生活的年代，战争增多，冲突加剧，如果没有繁密的成文法，光靠原始道德那是难以维系社会秩序的。如此，法度的地位、作用日益上升。然而，在那个时代，像墨子那样公开探求法度的地位作用的人，实在是凤毛麟角。

墨子从理论上开始注意和探讨法制问题时，社会上已经有了那么一点实践。到战国以后，法制问题越来越受各国统治者重视。这对冲击当时社会存在的史前社会血缘关系、亚血缘关系的遗存是具有积极作用的。

楚庄王时，亲自制定了"茅门之法"。它规定："各位王公大臣和公子入朝，如果马蹄践踏了宫中接漏雨的盛器，廷理可以斩断马车的轴，砍掉马车的缰绳。"

这天，太子入朝，一副得意扬扬的样子横冲直撞，结果使马踩到了接水的盛器上，弄得廊下到处是水。廷理一见，按楚庄王的"茅门之法"，立即施行。太子一见，大发脾气，入宫后向楚庄王告起御状来，他诉了一通委屈，最后要求："父王一定要为儿臣做主，杀了那个廷理。"

楚庄王却十分严肃地对太子说："为什么要有法？那是因为要敬宗庙，要尊社稷，为了宗庙社稷的根本利益，才制定了法。从立法的威严，可以看到宗庙社稷的威严。既然是庄严的社稷之臣，怎么能够随便诛杀呢？犯了法、废了令又不尊敬社稷的人，用臣下的一套来要求国君和上司，那么国君的威望就会丧失，上司的地位就受到威胁。威失位危，社稷不能长守，我将拿什么来传给子孙？"

太子知道自己这样做错了。他为了认错，专门在室外露宿了3天，行北面再拜礼，以请死罪的方式向社稷认错赔罪。

还有一次，楚庄王有急事要召见太子。这天，天下着雨，宫廷的院子里有积水，太子驱车到了茆门。执法的廷理立即上前阻拦："按楚法，车不能到茆门，太子这样做是违法的。"

太子却强辩起来："我这也是没办法。你看，大王紧急召见，宫廷院里又有积水，走不过去。"说完，又挥鞭驱马，准备过去。那廷理不理这个茬，举起手中的木殳就向太子的马打去，使他的马车无法行走。

太子十分委屈。他见到楚庄王后哭哭啼啼地告状："院中到处是积水，驱车到茆门，廷理却说这是违法，还用木殳打儿臣的马，又坏了马车，大王还不快把他杀了！"楚庄王却不以为然。他说："过去听说过，廷理对老主人是这样，现在对新主人还是这样，的确难能可贵，真是我朝模范执法之臣啊！"不仅没有处罚，还加爵3级。楚庄王还教育太子，下次不得再犯，并让他从后门出去，不能再走茆门了。

战国时期，各国变法使法制意识更加深入人心。当时，赵国负责收取贵族租税的是田部吏赵奢。有一次他在收税中，发现平原君家不肯出，便依法行事，一下就杀了平原君家9个管事的家臣。消息传来，平原君大怒。要知道，平原君的势力在赵国是数一数二的，连他都不放过，这不是在太岁头上动土吗？平原君觉得失了面子，说是一定要杀了赵奢。

赵奢心里却极为坦然。他对平原君说："先生贵为赵国公子，如今却纵容家臣不奉公守法。先生一定知道，法制削弱了，国家的实力也会弱；国家实力削弱了，别的诸侯就会来进攻，这样，哪里还有赵家呢？先生又哪来的荣华富贵呢？奉公守法应该是上下一样的。上下平等则国强，国家强了赵家就稳固，按

先生的尊贵地位，所得到的利益还会比天下更轻吗？"

平原君听了这番话，对赵奢由怨恨转为尊敬。他把赵奢严于执法的事报告给赵王。赵王把更重的责任——治理国家赋税之职交给赵奢，结果他做得很出色，即使百姓充实，又使国库增加，赵王很满意。

春秋战国时期，法制经历了一个从建设到逐步完善的过程，不仅人的意识有了深刻变化，而且从制度上产生了一个飞跃。

子产为郑国主持实行新的赋税制度，这在春秋时算是比较早的。不少人攻击他说："什么玩意儿？他老父亲只能死在道上，自己不过是个不值钱的东西，还下什么令治国，他治国还能治得好？"

平原君

子宽听了这些话，转告子产。子产却说："这又有何妨？假如有利于社稷江山，个人死生无所谓。我们说，只要是好的东西，就不能不坚持，这才会有效。对民间不能太迁就，对法令不能随便更改。正像一首诗中说的：'礼义是神圣的，怎会在乎人言？我不会理会这些。'"

子产主持把郑国的刑法铸在铁鼎上，让百姓都能看到，以便人人执行。晋国大夫叔向说："我们说，一个国家要灭了，那一定是制出多门。"意思是子产的权过于大了。子产却不为所动。他说："我虽然没什么才华能使恩泽施于后代，但为了当代救世，必须这么做，不然就是对百姓利益的损害。"到战国时期，各国几乎都有了自己的成文法，而且日益臻于繁密，这种环境和背景，和子产为郑国立法时相比，已经大大不同了。

察言观色辨人才

管理之道，唯在用人。人才就是效率，就是财富，就是企业成功的根本。因此，杰出的领导者应善于识别和运用人才。只有做到唯才是用，唯贤是举，才能在激烈的社会竞争中战无不胜。然而，常言道"千里马常有而伯乐难求"，这是因为每个人都有自己独特的才能，但是能够发掘出自己的才能，并将其用在合适地方的人却很少。关于识人，墨子提出了一套方法：听他的言论，观察他的行为，考察他的实际才能，从而授予他合适的官职。即通过一个人的言谈、举止，来判断其品德和才能。我们称之为"察言观色"法。

历史上，有许多善于识人的伯乐，清朝的曾国藩就是其中一位。

某日，曾国藩收到学生李鸿章的一封书信。在信里，李鸿章向恩师推荐了三个年轻人，希望他们能在老师的帐前效力。当李鸿章带着三人前来求见时，恰巧曾国藩外出散步。于是，李鸿章示意他们三人在室外等候，自己则在室内。一会儿，曾国藩回来了，他在附近悄悄地观察他们。其中一人不停地用眼睛观察着房屋内的摆设，似乎在思考着什么；另外一个年轻人则低着头规规矩矩地站在庭院里；剩下的那个年轻人虽相貌平庸，却气宇轩昂，他背负双手，仰头看着天上的浮云。

之后，曾国藩很快召见了这三人，与他们攀谈起来。在谈话中，曾国藩发现，不停打量客厅摆设的那个年轻人和自己谈话最投机，自己的喜好、习惯，他似乎都早已熟悉。相形之下，另外两个人的口才就显得相形见绌了。不过，那个抬头看云的年轻人虽然口才一般，但对事对人都有自己的看法，只是说话过直，让曾国藩有些尴尬。

结果，曾国藩派给与自己谈得最投机的年轻人一个有名无权的虚职；很少说话的那个年轻人则被派去管理钱粮马草；而那个仰头看云，偶尔顶撞曾国藩的年轻人被派去军前效力，且被叮嘱要重点培养。

李鸿章向恩师询问原因，曾国藩说："第一个年轻人在庭院里等待的时候，便用心打量大厅的摆设，刚才他与我说话的时候，可以明显看出他对很多东西都不甚精通，只是投我所好罢了，由此可见，此人善于钻营，是个技巧狡诈之辈，断断不可托付大事；第二个年轻人站在门外时，目光低垂，小心谨慎，可见是一个小心谨慎之人，只是遇事唯唯诺诺，沉稳有余，魄力不足，因此适合做后勤供应一类的工作，只需踏实肯干，无须多少开创精神和机敏的事情；最后一个年轻人始终挺拔而立，不焦不躁，竟然还有心情仰观浮云，就这一份从容淡定便是少有的大将风度。更难能可贵的是，面对显贵，他能不卑不亢地说出自己的想法而且很有见地，这是少有的人才啊！不过，他性情耿直，很可能会招来口舌是非。"

果然，在后来的一系列征战中，这位被曾国藩高度评价的年轻人迅速脱颖而出，并因为战功显赫被册封了爵位。垂暮之年，他率领台湾居民重创法国侵略军，扬名中外。他就是台湾首任巡抚刘铭传。但也正如曾国藩所说，性情耿直的刘铭传最终被小人中伤，黯然离开台湾。

曾国藩异乎寻常的识人术，实际上是他擅长于通过人的身体语言来判断的对方的性格、品质、经历、情绪等，在这些判断的基础上，对其前途做出预言，这其实就是墨子所谓的"察言观色"法。如果在公司中，作为一名人力资源工作者，也应根据应聘者的性格、品质等，综合考量其与岗位的匹配程度，最终为企业选拔合适的人才。

赏罚合理，方能服人

在治理国家方面，墨子认为要按能力的大小来安排职位，要按功劳的大小和劳动的多少进行奖赏。只有如此，才能让人心服口服，并且对制度产生尊重和敬畏。这对于我们今天讲究的"依法治国"依然有着重要的指导作用。

战国时期，商鞅在主持秦国的变法中，采用了什伍连坐制与军功爵制相结合的做法。

所谓什伍连坐制，就是一种强化户籍管理、加强户籍控制的方法。政府规定，凡是秦国境内的百姓，无论男女老少，必须登记在户籍册上，并按 5 家为"伍"，10 家为"什"的方式编制，互相监督，互相牵制。如果有一家犯法，别家却不告发，那么这 10 家同时被捕，并处以腰斩。如果有知情告发的，以杀敌一人的规格授奖，并赐爵一级。

所谓军功爵制，就是凡为国家立功的，依功劳大小授予爵位和田宅。在战争中杀敌 1 人的，就赐爵 1 级，或者授予 50 石俸禄的官位。如果杀敌军官 1 人，赏爵 1 级，田 1 顷，宅地 9 亩。秦国将军功爵分为 20 等，凡第 9 等以下的都是低爵位，第 9 等以上的都是高爵位。

实行军功爵制后，秦国的士卒打仗英勇，奋力杀敌。之所以这样，是因为奋勇杀敌能够赐爵，能得田宅，能提高社会地位；如果往后退却，不仅在战场上被杀掉，而且自己的家庭和邻居都会受到牵连，这样的后果令人不寒而栗。

通过采用这种办法，秦国的军队作战能力大大提高了，而且百姓耕作的积极性也得到了提高，这极大地增强了国家政令的权威性，犯罪行为大为减少。在当时的情况下，这一做法收效是极为明显的，它客观上为后来秦国的统一起了重要的保障作用。

东汉末年，军阀混战，社会动荡。在每次的进攻打仗中，都会缴获大量华丽的贵重的战利品，曹操将这些东西全部赏赐给作战有功的将士。对于功劳大的将士，即使千金，他也在所不惜；而对于没有功劳却妄想受赏的，即使一分一毫，他也不会给予。因此，每次作战，曹操手下的将士都英勇作战，因此他几乎每战必胜。

唐高祖李渊也十分重视论功行赏。在他打下了霍邑后，正要记功行赏时，军中一些官吏却说："奴仆是招募来的，不能和良家子弟享受相同的待遇。"李渊却问："为什么？在箭矢弹丸之中，还分什么良家子弟和奴仆吗？每个人不是都在冒死作战吗？战场上既然没有贵贱之分，为何在论功行赏时倒要搞等级差别呢？我看，应该一律按军功授勋。"

因此，李渊不仅给那些立了功的士卒封官晋爵，还在西河会见了霍邑一带的地方官和老百姓，犒劳赏赐他们。看到这些，老百姓非常信任李渊，纷纷踊跃报名参军，使军队人数得到大量的扩充，使李渊所率军队的气势和声望得到重要提升。

奖赏是反映领导者能力大小和团体是否具有长远发展潜力的重要指标，首先对于赏罚的规定是领导者能力的反映，其次，对赏罚规定的执行力度是一个领导者修养高低的重要标志，同时也是领导者赢得群众基础的重要方面。因此，作为一个领导者，一定要注意树立自己的威望，严于律己，赏罚分明，方能服人。

亲近贤臣，远离小人

"忠言逆耳利于行，良药苦口利于病"，英明的国君不宠幸溜须拍马、阿谀奉承之徒，而是重用敢于净谏劝善的耿直之人，这对统治者而言，需要超人的胆识和惊人的魄力。管理之道在于广开"善议"之途，善于倾听不同的意见和呼声，并且积极采纳正确的意见，杜绝阿谀奉承之言。这对于那些只喜欢"报喜不报忧"的不良领导作风有一定的警戒作用。

齐桓公四十一年，管仲病重将死，齐桓公亲自来探望他，坐在管仲的病床前，拉着他的手，向他问道："你死之后，群臣中谁可以担当相位？"管仲回答说："了解臣子的莫如君主了，您应该最清楚。"

齐桓公说："易牙最疼爱寡人，寡人病重，无药可医，他听郎中说这种病只能吃小孩的肉才能治得好，易牙二话不说，就把自己的儿子杀了，熬汤给寡人喝，果然寡人的病好了，易牙可以当相国！"管仲答道："他为了讨好你，竟然忍心杀死自己的儿子，煮成肉汤给你吃，一个对自己的亲生儿子都能下毒手的人，哪里谈得上爱国君？不可以。"

齐桓公又问："开方为了投奔齐国，从他的祖国卫国来到齐国，他的父亲死了，他都没有离开齐国回去奔丧，对齐国真是忠心耿耿啊！他可以当相国！"管仲答道："他为了讨你喜欢，竟然在父亲死后都不回去奔丧，这不合情理，不可以。"

齐桓公最后问道："竖刁为了寡人，把自己都阉割了，这样忠心不二的人总可以当相国吧！"

管仲摇摇头，回答说："也不行，他为了投靠你，宁愿割掉自己的生殖器来当宦官，这样不自爱的人，以后一旦有了需要，你又怎么保证他不对国君动刀子呢？这样的人更不应该当相国。"

齐桓公并没有听从管仲临终前的劝诫，在他死后，亲近和重用这三个人。结果，这三人各自粉墨登场，拉帮结派，把朝政搞得乌烟瘴气，齐桓公的几个儿子相互争权夺利，结果在齐桓公死后，他们根本不管齐桓公的丧事。死尸在床上停了67天都无人收殓，滋生的蛆虫一直爬到了宫门之外。

一代霸主齐桓公，就是由于不听忠贞贤臣的良言，被小人的阿谀奉承迷住了双眼而没有看清他们的可怕之处，结果死后都不得安生。既然小人如此可怕，我们就必须善于识别他们，及早采取预防措施。

的确，被奉承吹昏了头脑的管理者，小人的毕恭毕敬、阿谀奉承如同春日的暖阳，因此，他对这些人恩宠有加，而明智的管理者则不会这样做，他不会中这个圈套，反而会对爱好奉承、拍马屁的下属，感到厌恶和鄙视。

战国时期，楚国的左尹恶，在秦楚两国关系恶化后，逃到了秦国，并到处说楚国的坏话。秦王听了很高兴，准备任命左尹恶为大夫。陈轸对秦王说："我家乡有个已婚的妇女，再嫁了丈夫，整天在丈夫面前说前夫的坏话，还一派得意扬扬的样子。后来丈夫不喜欢她了，于是，她再次改嫁，嫁给了一个住在城南边的外地人，像以前一样，她经常在现任丈夫跟前说第二个丈夫的坏话。这个外地人便把这件事告诉了她的第二个丈夫，第二个丈夫笑着说：'她和你讲的这些话，正是她在我面前讲的她第一个丈夫的那些坏话。'现在左尹恶从楚国逃到秦国，极力说楚国的坏话。如果有一天，他得罪了你，而逃到别的国家，他就会用败坏楚国的那些话来败坏大王您呀！"秦王听了陈轸的这番话，决定不用左尹恶了。

贤臣不随意评价他人，通常要通过接触和交流，依据具体的事实，才对人物做出评价；而小人则喜欢背后说别人的坏话，为了达到某种目的，他常常不择手段地利用谗言，去获取自己的利益。

因此，作为管理者，应当保持清醒的头脑，认清哪些是阿谀奉承之词，哪些是实事求是的评价；在阿谀奉承之中，哪些是出于真心的溢美之词，哪些又是企图通过奉承而达到某种企图。诸如此类，管理者绝对不可糊涂。

举公义，避私怨

墨子在举荐人才时主张尚贤使能，应该举公义，辟私怨，做到任人唯贤，公正选拔，而不是凭借君王的个人好恶。唯有如此，才能真正掌握"尚贤"的真义。

然而，要做到"举公义、辟私怨"并不是一件容易的事，这要求统治者首先要知道什么是"公义"，更要克服在举荐人才过程中，把私人恩怨和个人感情色彩掺杂在内。

在历史长河中，祁黄羊"内举不避亲、外举不避仇"的故事成了"举公义、辟私怨"的典型代表。

春秋时，南阳缺一个县官。晋平公向祁黄羊询问道："南阳缺个县官，你看谁当合适？"祁黄羊说："我觉得解狐最合适。"晋平公感到很奇怪，问道："解狐不是你的仇人吗？你为什么还要推荐他做官？"祁黄羊回答道："您只是问我谁适合当县官，并没有问谁是我的仇人。"于是解狐被派去做了南阳的县官，他在任上时，为政清廉，为百姓做了许多好事，得到了百姓的交口称赞。

一次，晋平公问祁黄羊："朝廷里缺个掌管法制的官员，你看谁当合适？"

祁黄羊说："我觉得祁午合适。"晋平公感到奇怪，便问道："祁午不是你儿子吗，你就不怕别人说你以权谋私，为儿子走后门吗？"祁黄羊回答道："您只是问谁可以为朝廷执掌法制，并没有问谁是我的儿子。"于是祁午做了执掌法度的官员，他在任时，铁面无私，秉公执法，得到了朝臣们的一致赞扬。

祁黄羊举荐官员时不避亲仇，只看重能力和才干，得到了人们的尊重。

历史上，很多统治者在任用和封赏人才时，常常优先考虑自己的族人，以及和自己交好的人，而不是根据一个人的才能和贡献。这样的统治者往往得不到真正的人才，因而也无法使自己的国家强大富强起来。虽然如此，但在历史上，能够不以亲疏论人才的统治者也不在少数。历史上著名的明君仁主唐太宗就是"封赏不私亲"的杰出代表。

李世民称帝后，对有功之臣进行封赏，作为股肱之臣的房玄龄、杜如晦等人都受到了重用，但是他的这种做法却引起了许多旧部尤其是本族弟子的不满。

被封为淮安王的李神通是李世民的叔叔，他对李世民说："我最先拥戴高祖，在关西起兵响应。如今，作为李氏家族长辈的我，竟然居于杜如晦、房玄龄这样的文臣之下，你的这种封赏怎能让我服气？"李神通的话得到了那些不被重用的秦王府旧人的支持。对于这种情况，李世民对李神通说："叔父是至亲，我非常的尊重您。您虽然率先起兵响应义军，但您之所以起兵是为了避患，并且在与刘黑闼作战时不战而逃，并没有为国家做出大的贡献。而如果没有房玄龄等人的辅佐，我也得不到天下。我不能因为您是我的叔父，就把您和开国重臣同功论赏。"

一席话说得李神通面红耳赤，哑口无言，众将也心悦诚服，对李世民的大公无私十分钦佩，从此断了凭借关系得到封赏的非分念头，而是尽力报效国家以图官爵。

李世民为政之道的成功之处不仅在于他能够做到不以亲疏论功行赏，还在于他能够做到不计较个人恩怨，任用人才。

唐太宗时期著名的谏臣魏征，原是太子李建成的部下，曾多次劝谏李建成除掉李世民以绝后患，但因李建成不听从他的劝告，最终被李世民取而代之。李世民知道魏征是个人才，便不计前嫌，数次去拜访他，希望魏征能为国效力。最终成就了魏征忠臣的美名，也给自己带来了贤君的美誉。

只有心底无私才能让天下人心服，只有胸怀宽广才能让天下才士归附。俗话说，"泰山不拒累石方成其高、江海不择溪流方成其大"。作为一个统治者，就应该具有如此宽广的胸怀和大度的气度，唯有如此，才能得天下之才为我所用。如果在选拔人才上以关系亲疏为凭借，那么就会造成所罚非暴，所赏非贤的后果。当作恶的人得不到阻止，做贤人的得不到勉励，整个社会也就走向了混乱。因而，在举荐和任用人才时，要能够做到"举公义、辟私怨"。

这些道理，不仅适用于古代的人才选拔，同样适用于今天的人才管理，对于国家和企业，也是相似的情况。因而，在当代的企业管理中，作为一个优秀的管理者，也应该做到"举公义、辟私怨"。

盛才易毁，要懂得保护

墨子在"尚贤"的人才观中，指出"盛才易毁、贤士易伤"，越是才能出众的贤士，越容易受到攻击，因而，君王要采取有效的方式来保护人才。墨子提出的保护人才方法是"贵爵封地"，在地位和物质上给他们保障，而且还主张给贤才以实权和充分的信任，远离奸佞小人对贤士的攻击，这样才能让贤才在宽松而安定的环境里治理国家。

俗话说，"出头的椽子先烂"，圣人也有"木秀于林，风必摧之"的教训，一个人如果才能出众，很容易遭到周围人的嫉妒，成为这些人诋毁的对象，尤其是在政治斗争比较激烈的朝廷中，那些有才华的贤臣往往更容易受到同僚的排挤和暗中的攻击。这种情况在现实生活中也常常出现。

韩非子是诸子百家中法家的代表人物，他师从于荀子，与李斯是同学。他继承了荀子的学说，并在此基础上，广泛吸收其他学说，加以丰富和发展，最终形成了一套完整的君主专制理论。因不被韩王重用，韩非发愤著书，留下了《孤愤》《说难》《五蠹》等。他的书传到秦国，他宣扬的"尊主安国"深受秦王嬴政的赞赏，秦王非常欣赏韩非的才华，曾说："如果我能见到这个人，和他交往，那么我将死而无憾。"不久，韩非出使秦国，秦王正在考虑是否应该将韩非留下。李斯知道韩非远胜于自己，担心如果秦王重用韩非，将对自己的前途不利，因此多次向秦王进献谗言。韩非后来又得罪秦王的宠臣姚贾，于是李斯与姚贾串通起来，对秦王说："韩非是韩王的同族，他不忍心让秦国灭掉韩国，这是人之常情。但是，如果大王将韩非放走，这对我们非常不利，不如将他杀掉。"最终，秦王听从了他们的话，将韩非关入大牢，李斯趁机派人送毒药给韩非，令其自杀。韩非欲向秦王表白心迹，未能如愿，只好上书一封以表诚心，之后，韩非饮药而死。

对于韩非这样的人才，嬴政很是怜惜。后来，他看到韩非的上书，下令赦免韩非，可惜韩非已经死去多日了。

历史上，像这样因为嫉妒而引发的错杀忠臣的例子还有很多，这主要是因为君主不能够对自己手下的人才给予信任和保护，才落得如此下场。

而那些懂得保护人才的君主，往往能更好地治理自己的国家。"举烛爵宁戚"就是这样一个例子。

齐桓公在去卫国的路上，听到有人唱歌，歌词迂回，颇有郁闷不得志之意。于是，齐桓公循着歌声而去，发现了宁戚，在交谈之后发现宁戚是一个不可多得的贤才，于是把他留在军中，准备回国之后封官封爵。

但在当天晚上，齐桓公突然让内侍点上蜡烛，在行李中寻找封爵需要的东西。内侍问："主公这样匆忙，是给宁戚封官吗？"齐桓公回答说："是啊！我等不及回到国中再给他封爵。"内侍说："前面就是卫国，宁戚以前在这个国家生活过一段时间，您为什么不去打听一下他的为人，然后再封爵也不迟啊！"齐桓公明白内侍是担心宁戚并不一定有真才实学。于是齐桓公感慨地说道："你不知道，大凡贤士多半不拘小节，单看他的行为举止，就知道关于他的流言蜚语一定不少。但我看重的是他的才华，至于别人的评价议论，我不在乎。"于是，当晚就给宁戚封了爵位。

后来，宁戚果然辅佐齐桓公成就了一番霸业。

魏文侯用吴起，汉高祖用陈平，都是摒弃世人的偏见，看重他们的才华而加以任用和保护，进而成就自己的事业。但像齐桓公这样，任用贤才连背景都不调查，有这样保护贤才胸襟的明主，成就霸业是理所当然。

在现代企业管理中，身为上层管理者，应该向古代的这些圣明君主学习一下保护人才的方法，对那些有才干的下属好好保护，这样才能给他们发挥自己的才干提供一个良好的工作环境。

"盛才易毁、贤士易伤"，只有对人才实施了有效的保护，才能让他们最大限度地发挥自己的才智，为企业的发展做出贡献。无论是古代还是当代，无论是治理国家还是管理企业，人才都是最根本的因素，拥有了人才就拥有了成功的资本，而对人才的有效保护，是利用人才资本的首要前提。

唯有识人，才可用人

《墨子》文中记载，鲁国的国君有两个儿子，一个勤奋好学，一个乐于把自己的钱财分给别人。在立谁做太子这件事上，鲁君很为难，不知如何是好，因此请教墨子，于是墨子说出了上述一番话。墨子想要通过这个形象的比喻说明：每一种行为表面的背后，都隐藏着其本质，在具体考察人和事的时候，一定要透过现象看本质，要把动机和效果结合起来考察，不能被其表面现象所迷惑，这正是墨子一贯主张的"合其志功而观焉"的思想。

这则名言告诫我们在日常生活、学习和工作中，对一切事物和人都应该坚持"去粗取精""去伪存真""由此及彼""由表及里"的认识原则，要注重问题的实质，不要被繁杂的假象所迷惑。这条认识原则在人才选拔时也同样适用。

战国时，齐相靖郭君门下有一门客叫齐貌辨。这个人毛病很多，其他门客

都不喜欢他，但靖郭君非常赏识他，即使有人为此向他进谏，他依旧不听，于是一些人为此离开了靖郭君的门下。甚至孟尝君也曾私下为这事劝说过靖郭君，靖郭君听了以后非常生气，大声说道："只要能够让齐貌辨先生满足，即使把你们都杀死，把我家拆得四分五裂，我也在所不辞！"

时隔几年，齐宣王即位，靖郭君不为宣王赞许，于是他被迫辞官，带着家人和门客回到封地薛处。在薛地没住多久，齐貌辨便向靖郭君辞行，要去拜见宣王，靖郭君极力阻拦。但齐貌辨决心已定。靖郭君只好同意。

齐貌辨来到齐国都城拜见宣王，齐宣王不屑一顾地问道："你就是靖郭君言听计从，非常喜爱的那个人吧？"

齐貌辨郑重地回答说："喜爱是有，但却根本谈不上言听计从。有两件事想要说给大王您听，这之后，您就知道了。第一件事是，大王做太子的时候，我曾对靖郭君说：'从天子的面相来看，耳后见腮，下斜偷视，这样的人悖理行事，不如将其废掉，改立卫姬的幼子校师。'靖郭君摇着头，流着泪说：'不行，我不忍心这样做。'如果靖郭君当初听从了我的话，哪里还会有今天的祸患；第二件事是，靖郭君回到封地后，楚相昭阳请求用大于薛地几倍的地方交换薛城。我劝他说：'应该答应他。'靖郭君不同意，说：'薛地是我从先王那里继承来的，现在虽被后王所厌恶，但我对于先王的衷心依旧没有变化，我如果将薛地换给他人，怎么对得起先王呢？'这两件事就足以证明靖郭君对您的忠心。"

齐宣王听后，神情很是激动，说："靖郭君竟如此爱我，可惜我年龄幼小，不知道这些事，竟然这样对靖郭君，您愿意替我把靖郭君请回来吗？"

齐貌辨回答说："好！"

这之后，齐宣王亲自来到郊外，流着眼泪迎接靖郭君回到国都，并请他出任齐国宰相。

自己能够了解别人，即使有人非议他，也不怀疑自己的判断力，这就是齐貌辨为何可以将生死置之度外，拼命为靖郭君排危解难的原因，而靖郭君也因

中华传世藏书

墨子诠解

《墨子》智慧通解

为自己独到的眼光而免去了一场大祸。

无论是人还是物，都会将其内在隐藏在一个面具之下。而人作为复杂的动物，在社会生活中，很多人更善于伪装和隐藏，很难通过其外在看出其内在意图。因此，必须认真观察，仔细审视，切不可被其外在表现所迷惑，透过现象看本质，唯有如此，才能将面具揭下，看出其内在。做事也是如此，要通过其外在，把握住它内在的规律，从而做出正确的决策，使事情做起来更顺手。

不以贵贱论贤良

墨子在中国历史上，第一次明确提出、系统论述了要打破人才观上的等级界限和贵贱之分，要平等地、公正地对待每个人。

官无常贵，民无终贱

或许有人会认为，现在是文明社会，有民主与法制作保障，在任用人才上已没有贵贱高低之分了。但我们若仔细观察社会和企业的实际，则会发现未必尽然。

可以设想，即使现在墨子到某个公司去应聘，也是很难被委以重任的，考公务员更没有戏。这当然是在他博得名声之前，墨家学派也还没成气候之时。为什么呢？他一不是国内某名校毕业；二不是"海龟"（留学归国者）；三没大城市户口，更与任何显贵攀不上亲戚；四是长相仪表也不行，整天奔波忙碌，穿得自然不够整洁得体，脸上又被太阳晒得黝黑。如此等等，他最大的可能是被看起来堂皇的企业拒之门外。

这告诉我们一个简单的事实，在我们的人才观念里面，门第、出身、人情、外貌等等仍在发挥着明显作用，贵贱的形式变了，其意识仍根深蒂固。

我曾在公司多次面试应聘人员，扪心自问，难道不会对一个"海龟"高看几眼吗？难道不会对某局长的表弟给予更多的关注吗？

举贤用能，不是墨子的发明，大凡比较明白的政治家和思想家，莫不有此意识。墨子的贡献在于，他在中国历史上，第一次明确提出、系统论述了要打破人才观上的等级界限和贵贱之分，要平等地、公正地对待每个人。《尚贤上》里，墨子非常有远见地指出：

古者圣王之为政，列德而尚贤，虽在农与工肆之人，有能则举之……故官无常贵，而民无终贱，有能则举之，无能则下之。举公义，辟私怨，此若言之谓也。

务农、做工、经商之人，在先秦时代均属不入正统阶层法眼的"贫贱"一类，可墨子异常清晰明确地点出"农与工肆"的名称，要求统治者"只要他们有贤能，就要提拔重用"，给予爵位、俸禄和权力。他甚至说出了"官无常贵，民无终贱"这样大逆不道的话，这显然是为统治集团以及维护他们利益的思想家们所不能接受的。所以，墨子的贤能之道，有同时代其他思想学派不可比拟的平等意识，他不单是就人才谈人才，就贤能谈贤能，而是指向了人才成长背后的社会土壤。

今天，我们做到了"官无常贵，民无终贱"吗？贤能之道，还任重而道远啊！

墨子举贤"三不避"

墨子在《尚贤》里继续率性直言，大胆发表议论。他针对时政，从三个方面具体指出重用贤良之士的方式。

一是不避贫贱，以举荐平民中的能人。

或许墨子自身出身低贱的缘故，他对此的感受异常深刻，故言辞也异常犀利。他举了许多实例说明古时候的君王是如何重用贫贱之人而成就伟业的。让与他一样出身贫贱的人看到希望。

舜：古时候，舜在历山下种田，在河边做陶器，在雷泽捕鱼，尧发现了他的贤德，便将天子之位传给了他。

伊尹：伊尹原只是有莘氏女陪嫁的家奴，曾经做过厨子，汤发现他是难得人才，就让他做了自己的宰相。

傅说：傅说曾身为役人，在傅岩下修筑城墙，粗衣烂衫，绳索扎腰，武丁得到了他，推举他做三公，让他掌管天下的政务。

二是不避亲疏，以警示拉关系走后门的人。

人情，一直与贤能之道纠缠在一起，是识人用人中绕不过的一道弯。墨子《尚贤》说"不袒护父兄，不偏向富贵，不宠爱美色"，是做到不避亲疏的三要素。让想靠拉关系走后门的人，失去暗箱操作的空间。

三是不避远人，以启发远离权力中心无背景的能人。

那些边远地方的小官和兵士，四方的农民和城中的百姓，原本不敢奢望有被重用的可能，若能有举贤不避远人的政策，他们当然会欣欣鼓舞，从中受到启发，相信自己的命运有可能会改变。

墨子"三不避"似乎不是两千多年前的古人古语，仿佛是针对当今现实的明人快语。无论是国家的公务员选拔，还是企事业单位的人力资源管理，"三不避"仍是我们期待实现的目标。

贤能之道三步曲

无论怎样英明、聪慧的人，都可能在识别人上犯错误。"识人之才，察人之心，磨人之志"是墨子贤能之道的三步曲。

鲁阳文君与墨子过从甚密，两人不仅多次讨论国家兴亡、兼爱非攻的大事，也在一起讨论过亲士、尚贤等政治清明的问题。墨子的一些说法与做法，集中体现了他的贤能之道思想。可以把它归纳为"识人之才，察人之心，磨人之志"的三步曲。

识人之才："影子"与"回声"

鲁阳文君对墨子说："有人向我描述忠臣的样子：叫他俯首就俯首，叫他仰头就仰头，静静地坐着不说话，一呼唤他就立即应答。这可以算是忠臣了吧？"

墨子说："叫他俯首就俯首，叫他仰头就仰头，这就像影子一样了；静静地坐着不说话，一呼唤他就立即应答，这与回声有什么区别？你想想，您能从影子与回声那里得到什么呢？"

这实际上说到了人才的标准问题。什么样的人才是贤能的人才？是俯首帖耳、唯命是从的"影子"与"回声"，还是能提出自己的见解，敢于匡正君主过失的人？

作为一个问题提出来进行选择题式的回答，这似乎太小儿科了，没有人会选错答案，谁都知道应在"影子"与"回声"前面打"叉叉"。可是在实际生活中，这个"叉叉"并不好打，有些看起来很有智慧的人，也有打错的时候。先不用说历史上君臣之间的关系了，就是在我所经历过的企业经营中，也不乏实例。

有一个做系统集成的公司，董事长家住澳洲，每年五一、十一、春节长假，董事长度假，总经理常组织公司全体高管赴机场迎送，鲜花、列队、握手，颇有些迎送重要外宾的味道。当一个总经理将主要精力放到在董事长面前做"面子"功夫后，他很难有精力和能力对公司经营进行独立思考了，于是，传达董事长的"圣旨"就成为他主要的管理方式。这样的企业高管，表面上能说会道，可没有经营管理的方法与措施，以与董事长搞好个人关系为最高目标，实际作用无非是董事长的一个"影子"与"回声"而已。这家公司经营的后果及其个人在公司的结局应是不言自明的。

墨子对此类现象感触颇深，他具体指出了贤能之士该有的作为："上面有了过失，应选择适当的时机加以规劝；自己有好的见解，就该进献给上面。敢于匡正君主的偏邪，使其纳入正道。"

敢于表达自己的见解，才是一个人有德行、有能力的表现，只会做"影子"和"回声"，绝对不会是贤能之辈。这对企业所有者和企业员工都是一个提醒。

察人之心：钓鱼者与捕鼠人

鲁君遇到一件犯难的事，便向墨子请教：他有两个儿子，立谁做太子合适呢？两个儿子各有所长，一个乐善好施，显示出仁爱的品德；一个好学有为，显示出上进心。放弃哪一个他都不忍心啊！

墨子没有直接回答他的问题，而是先举了一个钓鱼者与捕鼠人的例子：

一个人在河边钓鱼，他向前俯过身去，就像大臣给国君行礼一样，是干吗呢？是向鱼鞠躬敬礼吗？一个正在捕鼠的人，他捉来些虫子引鼠出洞，是因为他喜爱老鼠吗？

显然都不是。他们对鱼和鼠表现出来的友好姿态，都是一种假象，他们内心的想法与所表现出来的并不一致。因此，墨子认为，"愿主君之合其志功而观焉"。也就是不能单凭好学和好施的表面现象进行判断，而要将两个儿子的行为、动机与目的结合起来进行考察，才能决断谁更适合接班做太子。

由是观之，无论是企业的人力资源管理，还是生活中的人际交往，学会察人之心是一个重大课题。

无论怎样英明、聪慧的人，都可能在识别人上犯错误。你待他恩重如山，视为己出，他却在背后打你的黑枪；你对他不仁不义，让他受了冤枉委屈，他却可能在关键时救你一命。这种事情在生活中比比皆是。此所谓"知人知面不知心"。

问题是，人的识别能力有限，以貌取人常常出错，明明是真心诚意，你却以为是虚情假意；明明是满口胡言，你却以为句句是真。有些人又特别善于伪装，本是一个卑劣无耻的小人，却装扮出道貌岸然的模样，本是一个心狠手毒的歹徒，却骗得人们的同情。就像白骨精一样，一会儿变成亭亭玉立的少女，一会儿变成白发苍苍的老头老太太，若不是孙悟空的火眼金睛，唐僧早就成了妖怪的下酒菜了。

靠使点心计、耍点手腕来获得一点小利小惠，终究会被人识破。察人之心最好的办法还是靠时间。路遥知马力，日久见人心。随着时间的推移，假的终会烟消云散，真诚和友爱将会在生命中永驻。

磨人之志：骏马与绵羊

耕柱在墨子的学生里面算是出类拔萃的，墨子曾推荐他到楚国做官，不久就给墨子送回了十镒黄金（古时候二十两为一镒），作为交给组织的费用，故他深得墨子的欣赏。

有一次，耕柱表现不是很突出，惹墨子生了气，耕柱不解，问道："我不是还胜过别人了吗？"意思是说，我比其他人还强一些，你怎么还觉得我不够好呢？

墨子见耕柱不明白他的用心，给他设喻说："我将上太行山去，可以用骏马驾车，也可用绵羊驾车，你打算赶哪种车呀？"

耕柱想都不用想，赶忙说："当然是骏马了。"

墨子便问他："为什么要赶骏马呢？"

"因为骏马足以担当重任呀！"耕柱知道上太行山路陡坡急，羊拉车是绝对上不去的，只有骏马良驹才可行。

于是墨子告诉他说："我也认为你能担当重任。"

耕柱于是明白了墨子的良苦用心，越是能担当重任的人，要求就应越高。这样，才能磨砺人的意志，以充当大任。

墨家集团有异常苛刻的自律要求，对人的艰苦磨砺，练就了他们极强的战斗力和意志力，现在虽已不知其具体的条款，但庄子说他们自苦为极，到了天下人都感到过分的程度，就足见其非同一般的严格。这在墨家弟子们的行为中能看得很清楚。

《吕氏春秋·去私》记载：墨子身后，墨家巨子腹䵍，住在秦国，他的儿子杀了人，秦惠王念其护秦有功，对他说："先生年老，只有一子，我已赦免他的死罪。"这充分反映了墨者巨子腹䵍在秦惠王心目中的地位，腹䵍若按秦王所说的办，能轻松保全儿子性命，且不用承担任何责任。

没想到腹䵍说，"墨家有定法，杀人者处死，伤人者处刑，为的是禁止杀伤他人。禁止杀伤他人，是天下的大义。大王您的好意我心领了，但我不能不行我们墨家的定法。"他不再听秦王的劝说，忍痛把儿子杀死了。

腹䵍这段话，说得言辞真切，令人动容，他为维护墨家定法，而不惜忍痛杀子，连秦王的劝说也不听，若不是经过墨家铁律的长期磨炼，是不可能做到的。

在艰难困苦的环境中磨砺人志，若客观环境本来就不好，似是难以避免的。但从墨子训导耕柱的故事里，我们看到，墨子对弟子们意志的磨砺，并非客观环境不够好，而不得不为之；并非弟子们表现不够好，而必须批评之。在许多时候，墨子是有足够的能力为弟子们创造出舒适的工作和生活环境的，弟子们的表现也不辱墨者声名。他这样做，是为了使他们得到更艰苦的意志磨炼，培养他们的超人意志，而刻意为之。巨子腹䵍或许正是在这样的氛围里成长起来的慷慨悲壮之士。这就不得不令后来者肃然起敬了。

做力所能及的事

所谓知人善任，最重要的是要知道员工不能做什么，什么地方是他的局限或者死角。将贤能之人的局限研究透了，或许才能给他更准确的职能定位，并把他的能力发挥到极致。

量力而行方为能

知道自己能力局限的人，是真正的贤能之人。

大凡有些才能的人，往往有些自负，当自己的才能得到一些施展，有掌声和鲜花相伴时，最容易自我膨胀，下意识将自己的能力夸大，高看自己的能耐和作用。以前不敢就任的职位现在不在话下了，以前不敢做的事现在也敢做了。

混淆了远大理想、雄心壮志与实事求是之间的界限，有时难免就会招惹灾祸。所以，当诱惑来临时，明白什么是力所能及，什么是自己力所不能及，知道量力而行，是最难处理的事情。

我经常与人力主管交流，什么是人力资源管理部门重要的工作呢？怎样才能做到知人善任呢？一般的回答是，要了解员工能力所在，知道他们最能做什么，在什么岗位上最适合。我觉得这还并非最重要的。所谓知人善任，最重要的是要知道员工不能做什么，什么地方是他的局限或者死角。将贤能之人能力局限研究透了，或许才能给他更准确的职能定位，并把他的能力发挥到极致。

《公孟》里说，一次，有几个正在墨子门下求学的弟子，相约来找墨子，提出想去学射箭。墨学功课里面本来就有射击等军事技艺，以后自然是一定要学的，但墨子觉得现在不是时候。他对弟子们说：

"现在还不行。聪明的人，一定要知道量力而行。自己的力量能够达到的事，才努力做。武艺出众的人，尚不能做到一手与敌交战，一手救护伤员，何况你们尚在求学阶段，又怎么能够一边完成学业，一边学好射箭的技艺呢？"

循序渐进，量力而行，这是墨子给我们的又一种智慧。

对个人来说，发现自己的特长，固然很重要；但弄清楚自己的短处，则是重中之重。决定一个人的作为大小，往往不是特长有多长，而是短处有多短。就像一个木桶，能装多少水看的是最短的一块木板，只要有一块短板，其他都是长板，也毫无意义。

寸有所长，尺有所短

即使不具备贤能条件的人，往往也会有他某一方面的长处。发现普通平凡人身上的长处和闪光点，这对我们同样重要。一个公司，一个单位，真正才能出众的人毕竟是少数，如何让大多数资质平平的人做到人尽其才，有恰当的职业岗位，对生命潜能有大的发挥，是很值得研究的。有一则寓言说：

老鼠掉进了一只木桶里，怎么也爬不出来，急得"吱吱"直叫；大象走过来，见老鼠可怜，将长鼻子伸进桶里去，轻轻一带，就把老鼠救了出来。

老鼠感恩戴德，再三表示要报答大象。

大象乐了，心想小小的老鼠能报答我什么？

不久，大象在森林里中了埋伏，被猎人预先准备好的绳索捆了个结结实实，动弹不得。大象感到末日来临，伏在地上痛哭起来。

这时，老鼠赶来了。他爬上大象的背，咬断了绳索，救出了大象。老鼠终于实现了它的诺言。

大象身高鼻长的长处，此刻却成了它的短处，无论如何也解不开身上的绳索；老鼠个小嘴尖的短处，此刻却成了它的长处，咬断绳索易如反掌。

因有某种长处，使一个人成为人才，而这一特长，往往又是短处所在。长处愈长，往往短处愈短，这虽不算规律，但却是相当普遍的现象。张飞勇猛无比，疾恶如仇，却粗心鲁莽，容易好心办坏事；关羽重情重义，为人忠诚可信，但有时却失去了界限，分不清敌我。

短处，也就是缺陷。四平八稳，没有缺陷的人，便不可能是才华出众的人。良弓难拉，却射得远；良马难驾，却跑得快。人才优点突出，则有可能缺点也突出。

会绣花写字的人，却不会带兵打仗；会经营赚钱的人，未必知道如何做学问。善于用人者，就是善于宽容、化解对方缺陷的人，此所谓扬长避短。

从某种意义上说，人才即缺陷，有长就有短。明白了这一点，求全责备的事就会减少许多。

变味的"人才"

古人说，国乱思良相。又说，疾风知劲草，板荡识忠臣。太平时期不觉得，常常让奸臣当道，到了危难关头良相的作用就显出来了，没有这些经天纬地、治国安邦的杰出人才，国家将永无宁日。

现代人比古人说得更明白：现代社会的竞争就是人才的竞争。有了人才，没有一切可以创造一切；没有人才，有了一切可能丢掉一切。

古人曾把世界历史的创造想象成个人的力量所为，于是有了黄帝、炎帝、女娲、盘古、共工、仓颉、神农、伏羲等半人半神的传说。

现代人同样创造了现代版的"半人半神"的神话。少数人因为是所谓的"人才"而不可一世，多数人因为得不到"人才"的桂冠而自认倒霉。

我想说的是，当举贤重能已然成为社会风气后，当猎头公司为觅能人不惜挖人墙脚的时候，在"贤能"的光环笼罩下，或许会有我们不愿见到的阴影显现出来。

人才往往与名利难舍难分，于是"人才"有可能成为一顶"桂冠"，随意送人。某某人一旦被认为是"人才"，要么得名，要么得利，要么兼得。因而，许多人便想方设法使自己成为"人才"。有的人抄袭剽窃，有的人冒名顶替，有的人凭空捏造。种种招摇撞骗、弄虚作假的欺骗行为，一方面使真假人才难分；另一方面，也使人应有的人格和良心日见丧失。与此相关联的是，"爱惜人才""发现人才"，也可能在某种情况下成为某些人获名获利的捷径，真正的人才却因此而受到压抑。

田饶是战国时有抱负的政治家，他曾给鲁哀公讲过一个大雁和家鸡的故事。

一天，田饶背着行李来到堂上，向哀公告辞。

鲁哀公吃惊地问："你要去哪里？"

田饶答道："我要去学鸿雁高飞。"

"这话怎讲？"

田饶说："大王经常看见鸡吧！鸡头戴冠，有文；脚长距，有武；敌在前敢斗叫作勇；夺到食物相互叫唤叫作仁；天天啼鸣从不误时叫作信。鸡虽然五德俱全，大王却一日三餐杀鸡下酒，从不把它放在心上。再说大雁吧！千里飞来，在大王御花园池塘歇脚，吃尽大王养的鱼虾，糟蹋百姓种的稻谷，可大王却那样喜欢大雁，不准人们射杀。这是什么缘故？因为大雁来得远，比较稀罕，鸡离得近，见惯不爱了。"

类似鲁哀公的所为，若是个别现象，倒也罢了。若为一种时尚，只图虚名不重实际，那就与我们讨论的贤能之道是背道而驰的。

因能授官，知人善任

春秋战国时期，"世卿世禄"的官员任用体制还是主要的行政方式，这种制度是奴隶主阶级享受的一种特权，作为平民代表的墨子，对这种体制持批判态度，因此，在选拔人才方面，墨子提出了"官无常贵，民无终贱"的平等思想，主张在选拔官员时要"唯才是举"，以"贤"为标准。墨子的人才观中，在如何给贤才安排职位这个问题上，他提出应该"因能授官"。即根据人才不同的特长加以利用，"可使治国者使治国，可使长官者使长官，可使治邑者使治邑"，根据个人的才能来加以任用，这样，他们能够发挥所长，这样自然会取得良好的效果。

不同的人才能是有差别的，所谓"术业有专攻"，即人没有全才，但每一个人都有自己的特长。一个人可能不善于人际交往，但他或许在学术方面有出众的才华。在一个团体中，一些人适合做研发的工作，而一些人适合做外交的工作，如果让一个人放弃自己的专长，而去从事自己不擅长的事情，效果不好，这是显而易见的。所以应该根据才能的不同，而委之以不同的事，授之以不同的职位，这样才能人尽其才，让他们在适合的岗位发光发热。

唐太宗曾让善于鉴别人才的王珪对朝中诸臣做一个评价，并把自己和他们做一个比较。

王珪回答说："一心为国操劳，孜孜不倦地办公，尽心尽力地做事，在这方面我比不上房玄龄。敢于向皇上直言建议，指出皇上的过失，敢于表达皇上的能力德行比不上古代圣王这种观点，这方面我比不上魏征。文武全才，在外可以带兵打仗做将军，在内可以安诸臣任宰相，在这方面，我比不上李靖。处理繁重的事务，解决难题，办事井井有条，这方面我也比不上戴胄。而在批评贪官污吏，表扬清正廉署，乐善好施，疾恶如仇这些方面，他们几个都不如我。"

唐太宗非常赞同他的话，而大臣们也认为王珪的话客观而公正，因而都赞同这些评论。

从王珪的评论中，我们可以看出唐太宗的臣子们各有所长，可以独当一面，但更应该看到他们之所以可以各展所长，是因为唐太宗的知人善任、因能授官。唐太宗具有高超的管理技巧，他能根据这些人各自的专长，授以不同的职务，运用到最适当的职位，使其能够发挥自己所长，从而实现了整个国家的繁荣强盛，也开创了"贞观之治"的伟大盛世。

试想一下，如果唐太宗让魏征去打仗，安排李靖去做戴胄的工作，他还能在政治上实现安定，在军事上取得一连串的胜利吗？得到人才，还需要善于运用，就像盖房子，我们不能让装修工人搞设计、让设计人员做建筑工人的事情。这个道理同样适用于任用人才。

"因能授官"不但是我国古代任人的一个重要的原则，对于现代企业的用人制度，也有重要的借鉴意义。

企业的发展需要团队协作才能实现，而竞争环境的变幻多端要求企业的经营管理者能够随时改变自己团队的协作方式，而不是依靠一种固定组织的形态。因而，企业的领导者应该学会组织、掌握、管理自己的团队，能够依照每个员工的专长，安排适当的位置，根据员工的优缺点，对职位做机动性调整，进而发挥团队的最大效能。

在一所大学里，发生了这样一件事，这所大学任命一个教授为后勤处长，安排他管理食堂，结果可想而知，食堂被管得一团糟。这就是不因能授官的典型例子。教授的才干应该应用于教学和科研，一位教授虽然在学术上会有突出的贡献，但他不一定是一个管理方面的人才，更难以是管食堂的人才。

因而，管理人员最大的任务就是知人善任。优秀的领导人能够发现人才的优点和专长，懂得因能授职、量才录用的原则。发现人才只是一个基础性的前提，用好人才才能创造效益。拥有人才而不懂得任用，将是企业最大的浪费。

尚贤是为政之本

墨子在自己的政治理想中，极力强调贤才在国家治理中有重要作用，他认为贤士是国家真正的"宝"，是为政的根本。有贤才帮助君王施政，国家才能昌盛，政治才能清明，民众才能富足，因而墨子主张广招贤才，把增加贤才作为治理国家的前提。

只有留住人才，人才的才智才能为我所用。在对待人才方面，墨子提出，要尊重人才，礼遇人才，只有如此，才能使人才为我所用。在对待人才方面，刘备的做法很值得我们学习。

刘备在安居新野小县时，得到了军师徐庶。曹操得知徐庶是天下难得的人才，如果为刘备所用，那么他将成为自己统一天下的过程中的一个重要阻碍，因而想把徐庶拉拢过来，增加自己的力量。

徐庶是有名的孝子，于是，曹操设下计谋，派人送来徐母的书信，要求徐庶做曹操的谋士。徐庶明知曹操用计，借他的孝心来要挟他，但他放心不下自己的母亲，于是不得不走。刘备得知后，伤心大哭，说道："百善孝为先，我不能阻拦你，你放心去吧！等救出你母亲后，有机会我再向先生请教。"

在徐庶离开时，刘备为他摆酒饯行，又亲自为他牵马，送出很远，徐庶感动得热泪盈眶，为报答知遇之恩，徐庶在临走之前，向刘备举荐了诸葛亮，并发誓终生不为曹操献一计谋。

而徐庶母亲得知他投向曹操之后，自缢而死。最后，徐庶虽然留在了曹营，却真的没有为曹操设计献谋，也就有了后世"身在曹营心在汉"的说法。

这个故事可谓耳熟能详，曹操为了得到徐庶，拿他的母亲做要挟逼他就范。作为孝子的徐庶，人虽然离开了，但心却留在了刘备这边。刘备知道徐庶是无法强留的，于是洒脱地放手，用自己的真诚、大度感动了徐庶，因而得到了徐庶"终身不为曹操施一计谋"的承诺，而曹操虽然通过强硬手段迫使徐庶归降，但得到的却是"一言不发"的徐庶，对自己的统治并没有丝毫帮助。在这场人才争夺战中，刘备才是最终的胜利者，因为曹操得到的是徐庶的人，而刘备得到的是徐庶的心。

煮酒论英雄

徐庶走后，刘备带着关羽和张飞到隆中去拜访诸葛亮。谁知诸葛亮刚好外出游玩，不知道去哪儿了，也不知道什么时候回来。刘备只好回去了。

过了几天，刘备和关羽、张飞冒着大雪再次来到诸葛亮的家。刘备看见一个青年正在读书，以为是诸葛亮，急忙过去行礼。但这个青年并不是诸葛亮，而是他的弟弟。他告诉刘备，哥哥被朋友邀走了。刘备非常失望，只好留下一封信，说渴望得到诸葛亮的帮助，平定天下。

转眼过了新年，刘备选了个好日子，又一次来到隆中。这次，诸葛亮正好在睡觉。刘备让关羽、张飞在门外等候，自己在台阶下静静地站着。过了很长时间，诸葛亮才醒来，刘备向他请教平定天下的办法。

诸葛亮向刘备分析了天下的形势，刘备一听，非常佩服，请求他相助。诸葛亮见刘备态度诚恳，便答应帮助他。那年诸葛亮才 27 岁。这就是历史上著名的"三顾茅庐"。

在漫长的历史画卷中，寻求贤才的记载数不胜数。发展到今天，如何留住人才，对于一个企业来说，仍然是至关重要的。企业可以借鉴历史上的做法，尊重人才，礼遇人才，为其提供良好的工作环境，给予优厚的待遇。这样才能让人才留在企业，为企业做出更大的贡献。

人才对于企业来说至关重要，人才已经成为一种资源和资本，因此，企业应该积极地寻求办法，留住人才。

不拘一格降人才

墨子的尚贤思想中，最具有价值的就是他主张"虽在农与工肆之人，有能则举之"，认为无论出身如何，只要有才能，即使是出身低微的农民和手工业者，也应该得以任用，授予职位和权力。这种平等思想在当时具有很大的进步意义。

在春秋战国时期，墨子生活的时代，贵族政治是主流，盛行的用人制度是任人唯"亲"、任人唯"贵"，爵位世袭。因此，在这种情况下，普通人是很难跻身于官场中的。

对这种状况，墨子认为，不少诸侯国之所以政治混乱，就是因为当权者不能做到任贤使能。作为下层民众代表的墨子，针对这种情况提出了唯才是举的用人观点，提出了"使能以治之"的用人原则，主张君主任用有才能的人，而不是将选才局限于"亲戚""富贵"的狭小范围内。应该不拘出身，即使出身低微，只要有才能，就要选用。他还主张在用人上要效法古代的圣王，要把那些德行高尚者和真正有才能的人挑选出来，给他们适当的职位和相应的物质待遇。

"任人唯亲唯贵"的选才制度，在很大程度上制约了人才的脱颖而出，因而墨子"任人唯贤唯能"的主张不但得到了下层阶级的拥护，也得到了一些统治者的认可。

为了使自己的主张更有说服力，墨子还举出了很多古代圣王得贤才而治天下的例子：尧把舜从服泽之阳拔举出来，授予政事，结果天下大治；禹把益从阴方之中拔举出来，授予政事，结果天下统一；汤把伊尹从庖厨之中拔举出来，授予政事，结果计谋得行；文王把闳夭、泰颠从狩猎者中拔举出来，授予政事，结果西土大服。

历史上的秦穆公也是这样一位"任人唯贤唯能"的开明君主。

秦穆公统治初期，秦国在政治、经济、文化各方面都很落后，为了改变这种局面，使秦国强盛起来，秦穆公开始广纳人才。在访求贤士的过程中，他打破了"非亲贵不用"这种陈腐的人才观，而是不问出身，只管才干。

他对百里奚的任用就是一个对"不拘一格降人才"很好的证明：

百里奚出身贫贱、经历坎坷，但他志存高远，有满腹的经世治国之才。于是，他四处寻求明主，但都没有遇见。他到齐国谋职，被拒绝；到周国谋职，只得了个养牛的差使；他被楚国抓去后，被当作俘虏看待。秦穆公得知百里奚的境况后，立即派人用五张羊皮将他换回来，并委以重任。

百里奚十分感激秦穆公的知遇之恩，积极为秦国献计出力，并且为秦穆公招来了大批难得的人才，在这些人的辅佐下，秦国逐渐强大起来。

百里奚既不是贵族出身，也没有显赫的背景，但他却得到了秦穆公的重用。秦国"不拘一格降人才"的用人之道让那些怀才不遇的贤士们看到了希望，因而许多才高位卑的贤士竞相前来投奔。秦穆公也因为自己独特的人才观念，而得到了众多能臣的辅佐，实现了国富民强的政治理想。

虽然有许许多多这样不拘一格降人才的前人事例，但很多人在任用人才时，仍然无法做到一视同仁，这样的情况无论是在古代还是在现代都经常出现。很多管理者在用人上常常以貌取人而忽视了人才的内在品质。然而那些外表漂亮的不一定有真才实干，而相貌丑陋的也不一定没有雄才大略。

传说，杨朱和弟子在一个小客栈投宿。店主有两个老婆，她们的长相与身份地位差别极大，杨朱感到很奇怪，于是向店主人询问原因。店主人回答说：那个长得漂亮的老婆，自以为漂亮，所以目中无人、举止傲慢，所以我不认为她漂亮，于是就让她干粗活；那个长相普通的老婆认为自己不美丽，因而谦虚恭敬，但我并不认为她丑，所以就让她管钱财。

像这位老板一样明智的人无论古今都不多见，但他的观点对我们有重要的启示作用。现代的很多管理者以貌取人，这样的用人制度，怎能调动员工的工作积极性，怎能创造出良好的业绩？因此，我们要坚决抵制这种以貌取人的用人制度。

一个人的真正魅力在于他的气质，而气质来源于一个人的学识。虽然我们无法选择自己的外表和出身，但我们可以通过不断学习，提高修养来提升自己的气质。这样的人同样具有魅力。因此，管理者不应只看重员工的外表，更应该看中一个人的真才实学，否则将错失人才。

管理阶层在任用人才上，一定要抛开偏见、打破常规，做到一视同仁、唯才是举，只有这样才能得到真正的人才，推动企业的发展。

信任人才，才能获利

在整个"尚同"思想中，墨子突出强调了下级应该与上级的意见保持一致，同时他也指出，要想取得成功，上级也一定要信任和重用下级，真心实意地相信他们，这样才能换来下属真诚的回报，这正是所谓的"疑人不用，用人不疑"。

在封建社会，用人是判断一位君主是明君还是昏君的一个重要区别。明君用人不疑，将帅战于外勇猛无畏，谋臣忠于内深谋远虑，他们尽心竭力，报效朝廷。在现代社会，老板只有相信自己的下属，才能使下属充分发挥聪明才智，这是每一位老板成就一番事业的重要保证。

在历史的长河中，有很多人因为信任人才而获得了巨大的利益，清末大亨曹财东就是其中一位商界代表，他真正做到了"用人不疑，疑人不用"。

清朝末年，山西太谷的曹家想要继续开拓市场，扩大经营。经过多方考察，曹家觉得沈阳是个很有前途的市场，打算在沈阳开设一家富生峻钱庄。随后，曹家的曹财东四处求人推荐合适的掌柜人选，并且亲自查访候选人的身世、家世，并且多方考察其道德、品行、能力。最后，在一位德高望重、家道殷实的保荐人的推荐下，正式聘用了一位掌柜，把七万两银子交给他做本钱，令其赴沈阳上任。

然而，让曹财东没有想到的是，在沈阳经营的这几年中，这位掌柜不但没有为东家赚到钱，反而还将七万两本银赔了进去。万般无奈之下，他只好回到太谷，向东家汇报这几年亏损的经过。曹财东听了掌柜的全面汇报之后，认为并不是掌柜的能力不够或者没有恪尽职守，确实是一些意想不到的问题所致，因此，他并没有责怪掌柜，反倒给他拨付了第二笔资本，在东家的鼓励下，这位掌柜携资再赴沈阳。

　　不料想，几年过后，第二笔资本再次亏得一塌糊涂。此时此刻。掌柜感到十分惭愧，决定以引咎辞职来表达自己的歉意。但是，曹财东听了掌柜的第二次赔钱报告，认真地分析，做出了一个令人震惊的举动，又拿出了第三笔本钱，并且鼓励掌柜不要灰心，放手去做。

　　掌柜见曹财东对自己如此信任，不禁感激涕零，他下定决心这一次一定要干成干好，以报答东家的知遇之恩。当他再次踏上东北这片熟悉的土地后，他重整旗鼓，整顿人事，认真总结了前两次赔本的教训，调整了经营战略。令人振奋的是，没过多久，掌柜的改革便收到了明显的效果。

　　几年后，富生峻不仅将前两次赔的钱赚了回来，而且获得了巨额的盈利。掌柜感念曹家的恩德，利用这些盈利想尽办法来扩大经营。他依据当地盛产高粱的优势，为东家在四平街开办了富盛长、富盛泉、富盛义、富盛成四家酿酒店。在掌柜的细心管理下，这些酿酒店的生意蒸蒸日上，同时，富生峻钱庄也在沈阳确立了首屈一指的稳固大户的地位。

　　曹财东这种选人谨慎、用人不疑的做法，早已传为美谈，并为众多财东所仿效。在现代企业的经营过程中，曹财东这种识人、用人的眼光以及用感情重托，使得员工心怀感恩，做事尽心尽力的领导艺术，对今天的商场经营者仍然具有较大的借鉴意义。

　　晋商运用中国人的传统智慧，创造出了一系列独具中国特色的企业经营方面的独到经验，使其能够在中国商业史上独树一帜，并且在亚洲与世界商业史上占据一定的位置。其中的"疑人不用，用人不疑"之道是其成功的重要方面，因此，"信身而从事"，既利国利家，也利人利己，值得我们每个人身体力行。

领导者要善于授权

墨子主张，执政当权者应该适当放权，充分地整合各种人才资源为其所用，而不可完全独断、享有权力，否则的话，他就会陷入事必躬亲的烦琐的事务之中，这是非常辛苦的，因为一个人的能力毕竟是有限的，所以太过专断既让自己感到疲倦，又很难把事情处理好。同样的道理，执政当权者对于财物也不可太过贪婪吝啬，应该与贤能之士共同分享，只有如此才会有更多的贤能良才归附于你，并为你所用。

显然，墨子的这一警言名句，对于那些喜欢独断专行、贪婪吝啬的统治者来讲具有重要的警示作用，值得他们深思。"分人以事"的政治观念，对于我们树立正确的权力观也具有一定的借鉴意义。在今天看来，权力具有一种公共的性质，所以执政当权者更应该"分人以事"，而不应独断专行。

《汉书》第七十四卷有关于丙吉的记载。丙吉是西汉宣帝时一位非常贤能的丞相，他从一个小狱吏开始做起，后逐步被提拔到丞相的高位。他一生兢兢业业，始终致力于诗书礼经等儒家经典的学习，深通治国之道。他辅佐汉宣帝励精图治，使得宣帝统治期间，"吏称其职，民安其业"，号称"中兴"，得到后世的大加赞赏。

一天，丙吉外出时，在路上正好碰到因皇帝外出，官吏们清除道路，驱赶行人而引发了与百姓之间的群斗，路上死伤一片。丙吉从那里经过时却不闻不问。同行官员掾史觉得很奇怪，但又不敢问他，只得继续往前走。走到另一个地方，看见有人赶着一头牛，这头牛走得气喘吁吁，不停地吐舌头。这时，丙吉却让车子停下来，派侍卫人员问赶牛的人："你赶这头牛走了几里路了？"

掾史觉得丙吉莫名其妙，刚才在路上碰到了死伤的人却不闻不问，这会儿竟对一头牛为什么喘气如此关心。于是，他忍不住讥笑着对丙吉说："丞相，您是不是搞错了，您该问的不问，不该问的却问个没完。"

丙吉意味深长地对掾史说："百姓相斗而死伤了人，这种事是京兆尹、长安令等官员的职责，因此，应该由他们派人去抓捕、审理。而丞相的职责是到年终时负责考核他们政绩的优劣，再根据考核的结果，奏明皇上对他们进行奖惩。作为一个当朝丞相，不应该越过自己的职权去管一些不该自己去管的具体琐事，所以对于刚才的群斗，我就未加过问。奇怪的是，现在正是春令时节，天气不应该太热，我担心那头牛没走多少路就喘得那么厉害，是因为太热了。如果说春令天就那么热，那意味着今年时令失调，不符合节气的征兆。气候反常不利于农作物的生长，可能会带来灾害。我身为丞相，作为朝廷百官之首，职责就是要使国家风调雨顺、国泰民安。只要是与此相关的情况，我都要认真负责、预先搞清楚状况，唯有如此，才能做到心中有数。所以，对于牛喘气吐舌的现象，我不能不亲自过问。"掾史听后，十分佩服。

这是中国历史上一个非常典型的在管理中授权的故事。作为领导，应该明确自己的职责范围，做好自己的本职工作，将已授权的事情放心地交给下属去做，这样可以极大地提高工作的效率，从而取得良好的效果。

身为领导，如果上司、下属或同事都依赖于你的话，那么别人缺乏锻炼自己的机会，永远也无法独当一面。公司主管即使每天孤军奋战，也仍是分身乏术。

诸葛亮是三国时期蜀国的丞相，深居卧龙岗的时候，因感于刘备三顾茅庐的知遇之恩，出山相助，为其打下一片江山。诸葛亮整日勤勤恳恳，将全部身心放在蜀国。他事无巨细，蜀军上上下下的事物，他都亲自过问、布置，即使是军队的钱粮支出，他也要一一审查。而蜀国的大小将领完全听从诸葛亮的调遣，如机器一般服从和执行命令。但是最后的结果是，由于长期亲力亲为，导致诸葛亮身心疲惫，最终累死在战场上，而蜀国由此走上了衰败之路。

事必躬亲、最忙最累的领导不是好领导。圣明的君主只需抓关键、要领，国家就可以治理得秩序井然；愚庸的君主事无巨细都要亲自过问，结果不但劳而无功，甚至政务荒废、越忙越乱。作为领导。有明确的目标、统一的思想、好的制度，就尽可以放权，放心地让手下的人施展其抱负、展示其才华。因此，善于授权的领导者才是好的领导者。

四、修身的智慧

人人皆可为君子

无论是高贵还是低贱，无论是农民还是匠人，都可以成为人人敬仰的君子。

孔墨对立的君子观

君子，是中国古代文化中理想人格的象征，是对一个人做人成功与否的核心价值判断。在中国人的文化心理结构中，有着特殊重要的地位和延绵恒久的影响。君子意识应是中国传统文化在当代仍有巨大生命力的主要特质之一。

历朝历代关于君子的论说可谓汗牛充栋，既有"天行健，君子以自强不息；地势坤，君子以厚德载物"这样铿锵有力的声音，也有"君子不夺人之爱，君子不掠人之美"这样的温婉之语。现代新文化运动的大师们，如鲁迅、陈独秀、蔡元培、胡适等，都对传统道德和人格模式进行了猛烈的抨击和颠覆，但君子所具有的正面性和正义感却从来未曾被怀疑过。

在现实生活中，我们对道貌岸然、装腔作势、趋炎附势、虚情假意的人不屑，会骂他是"伪君子"，也就是假装的君子，真正的小人。我们依然保持着对君子本身所蕴含的美好品格的向往和推崇。

在中国文化中，无论有多少以君子为表征的人格模式，但影响力都无法与儒家的君子观相提并论。就和它在中国历史上所拥有的至高无上的正统地位一样，儒家的君子之道潜移默化地影响甚或制约了中国人的人格形成，展现出鲜明的儒家色彩的性格特征。

孔孟关于君子之道的论述，有一些闪耀着光辉的思想，如孟子的"富贵不能淫，贫贱不能移，威武不能屈"就颇有阳刚之气，但儒家文化更多的是将中国人的人格形象塑造成温、良、恭、谦、让的模式：守旧复古，不敢冒险，恭谦多礼，述而不作，清高自傲，自以为是，轻言细语，小心翼翼，轻视体力劳动，看不起下层人民，等等。

不是吗？只要一提起"君子"一词，在你头脑里的第一反应是什么？会有哪一句关于君子的成语首先跳出你的脑海？哪些词语使用频率最高？

我想无非是"正人君子""谦谦君子""君子之交淡如水""君子动口不动手"等。

人的第一反应是最准确、最客观的，它准确而客观地说明了儒家文化视野中的君子是一个什么样的人格形态。这类君子，不仅在古时候是读书人成长、成才、成功的标准；在今天，仍是许多人潜意识里的人格形象。扪心自问，在你我身上，是不是同样打上了深刻的烙印？

孙诒让《墨学通论》说："春秋之后，道术纷歧，倡异说以名家者十余，然唯儒墨为最盛，其相非亦最甚。"儒墨相非相左之处多多，君子论就是其中一例。

首先，谁能做君子？

孔儒将人划分为三六九等，将君子限制在士大夫以上的阶层。孔子说："唯女子与小人为难养也。"在他眼里，妇人与下等人是不配做君子的。关于君子的讨论无论有多少真知灼见、锦绣华章，与那些整天面朝黄土背朝天的"劳力者"，与那些水里来泥里去的手工匠人，与纺线织布、烧火做饭、生儿育女的妇人，根本就没有关系。

而墨子完全不同意孔子的观点，他以兼爱为指导思想，将最广大的下等人群，也就是普通老百姓纳入君子的范畴，认为他们有资格有条件做君子。他在

《法仪》里说："人无幼长贵贱，皆天之臣也。"

意思是说，无论是高贵还是低贱，无论是大臣还是匠人，无论是老人还是小孩，无论是男人还是女人。都有上天赋予的平等做人的权利。自然，他们都可以修养自己的身心，能够具有高尚的灵魂和高贵的品德，成为人人敬仰的君子。

什么人说什么话

墨子为何有与孔子对立的君子观呢？

其实道理很简单，墨子自己就是一个下等人，墨家成员是由社会底层人民构成的。范文澜《中国通史》认为："墨子的学说，流行在庶民群中。墨家如跌鼻、索卢参、田系、彭轻生、苦获等人，大概也像耕柱子一样，出身下层庶民。"这些人眼中的君子，自然不会全是峨冠博带之徒，他们能够体会到下等人身上蕴涵的丰富的君子内涵。

楚国的大臣穆贺就直言墨子的话是"贱人所言"。他的弟子们跟着他也没有奢侈的日子过，生活上是"度身而衣，量腹而食"，（《吕氏春秋·高义》）余钱要上交公用，平常也不像孔子的弟子们那样以欣赏歌舞为乐。庄子在《天下》篇里，替墨子做了个广告，他介绍说，"墨子独生不歌，死不服，桐棺三寸而无椁"，就是说墨家的人在世时不享受音乐，死后不长期服丧，棺材也很简陋。

还有，墨家集团的知识结构也从一个侧面反映了他们比儒家有更全面客观的君子观。邢兆良《墨子评传》说："与孔子不同，墨子很重视被孔子鄙视为小人之学的稼圃之类的知识"，"他以农、工、生产、生活实践作为自己知识的对象，每每以耕织工匠之事做比喻，论证他的各种观点。"想想看，跟着墨子这样干的劳力者们，能将闻韶乐不知肉味的士大夫们捧为君子而作践自己吗？

墨子早就戳穿了孔子君子观的虚伪性，但却不为掌握着话语权的统治集团和士大夫阶层所接受。王公大臣、文人雅士怎么可能愿意与布衣粗食、劳苦不休、不识文墨的"泥腿子"们共同分享做君子的荣耀呢！所以，墨子的君子之道被悄无声息地淹埋了，自秦以后到清代，几乎没有人能了解真相了。

那么，墨子的君子观究竟是什么样的？

君子三大特征：威武、力行、创造

儒家塑造出的是谦谦君子，墨家塑造出的是威武君子。

身体力行是成为君子的必备条件。

今天我们已长期处在和平时代，人们容易淡忘君子的英武内涵，民族性格中渐次失去阳刚之气，这正是需要灌注英雄主义气概的时候。

英勇尚武：威武君子

如果说儒家塑造出的是谦谦君子，那么墨家塑造出的则是威武君子。

陆贾《新语·思务》中说："墨子之门多勇士。"这是知人之论，点出了墨子的君子之道或者其理想人格是崇尚勇武的。墨子对君子作了简明概括，第一句就是：

君子作战虽有阵势，但以勇敢为本。

墨子眼中的君子，首先就是要勇敢，这是英雄主义和侠士精神的象征。在《经上》里，他直接给"勇"和"任"下了一个定义：

勇，志之所以敢也……任，士损己而益所为也。

勇，就是敢于作为的原因。任，就是士人宁损伤自身，也要有益于所从事的事业。勇敢，任侠，成为中华民族所推崇的做人品格，这与墨子的倡导是不无关系的。

《淮南子·泰族训》记录了墨家集团的英勇行为："墨子服役百八十人，皆可使赴火蹈刃，死不旋踵。"虽寥寥数语，但相当有分量，是墨子英勇尚武的君子之道在其弟子们身上的生动展现。赴汤蹈火，不用解释了，一目了然，用现在的话说，就是刀山敢上，火海敢闯。何为"死不旋踵"呢？就是宁肯正面迎敌而死，也绝不掉转脚跟逃跑。我们常说做男人要有血性，就是指的这样一股英雄气。

鲁迅的评说一针见血："孔子之徒为儒，墨子之徒为侠。"并进一步分析说："'儒者，柔也'，当然不会有危险的。唯侠老实，所以墨者的末流，至于以'死'为终极的目的。"（《三闲集·流氓的变迁》）就是说墨家集团的后来者，大都力战而亡，这也是墨者消亡的原因之一。冯友兰先生独具慧眼地指出，关羽和岳飞都不足以在中国担当"武圣人"的称号，"与孔子抗衡之武圣人之称，实则唯墨子足以当之。"（冯友兰《中国哲学史·原儒墨补》）

在墨家集团里有独特的巨子制，墨家"以巨子为圣人，皆愿为之尸"。（《庄子·天下》）巨子由作战最勇敢、品德最贤良的人担任，具有号令一切、生杀予夺的大权，且得到集团成员的衷心拥戴，大概相当于我们现在部队里的司令员吧！先后担任过墨家巨子的有禽滑厘、孟胜、田襄子、腹䵍等英勇贤德之士。

墨家巨子孟胜曾在荆替阳城君守城，为信守承诺，率领 183 位勇士慷慨赴死的壮烈之举，可谓惊天地、泣鬼神，读来令人荡气回肠。此事为《吕氏春秋·上德》所载：

墨家巨子孟胜，善荆之阳城君，阳城君令守于国，毁璜以为符，约曰："符合听之。"荆王薨，群臣攻吴起，兵于丧所，阳城君与焉。荆罪之，阳城君走。荆收其国。

怎么办呢？孟胜与阳城君是约定好了的，必须两块璜相合才能听从其令，现在阳城君下落不明，不见信物，楚国派兵围困，要收回阳城君的封国，能答应吗？

孟胜说："我受阳城君委托，替他守城，和他订有盟约，可现在没有见到符节凭证，又寡不敌众，只有拼死守城一条路了。"

孟胜的副手徐弱劝道："我们的死如果有益于阳城君，死也值得。现在我们的死对阳城君没有益处，反而使墨者的事业后继无人，这是不可行的。"

徐弱乃豪侠之士，对守信而死，何足惧哉！但是他从墨家的利益着想，担心与城共存亡的决心会使墨家全军覆灭。

但孟胜考虑得不一样，他已下定了破釜沉舟的决心，誓与守城共存亡，他说："你说得不对，我与阳城君之间，不是老师也是朋友，不是朋友也算僚臣。今天我们若不战死，便是失了信义。从此以后，无论是求严师，求贤友，还是求良臣，都不会有人再相信我们墨家了。"

就徐弱关心的墨家后续事业问题，孟胜其实已有打算，他说："你放心好了。我们为义而死，自会有行奉墨者的义士继承我们的事业。我会将巨子的职位传给宋国的田襄子。田襄子你知道吗？他可是一个贤良有为的人士，何必担心我们墨家会绝世呢！"

徐弱听言甚为感动，说："就按先生您的教导办，请让我第一个去死，为大家开路吧！"说罢，在孟胜面前刎颈自尽。随后，巨子孟胜率 183 名墨家兵士全部战死在城内。

重义轻生，大义凛然，慷慨赴死，是墨家以其艰苦卓绝的努力实践着的君子理念。这与中国文化传统中的侠士精神紧密相连，所以墨家也被称为"墨侠"。一直以来，这种精神气质延绵不绝，沉潜于中国人的心灵深处，在民间有巨大的情感号召力。

在司马迁作《史记》时，因正宗墨家已濒于灭绝，司马氏对墨子事迹已不胜了然，故未能给墨子作传。但司马迁在《史记》"游侠列传"里归纳侠士的特征时说："其言必信，其行必果，已诺必诚，不爱其躯，赴士之厄困，既已存亡生死矣，而不矜其能，羞伐其德，盖亦有足多者焉。"或许司马迁并不清楚在汉朝已蔚然成风的游侠精神源自墨家，但他的精彩描述无异于是对墨者英勇行为的高度概括。

在《三国》《水浒》里面，有众多侠肝义胆的故事，毋庸多言。我们当代人熟知的抗日战争中"狼牙山五壮士"、上海保卫战中"五百壮士"的故事，与孟胜的恪尽职守、舍生取义、英勇无畏，不也是一脉相传的吗？

由是观之，源远流长的中国文化，存在着两种相异的君子，一是儒家所推崇的谦谦君子，他们流行于社会的中上阶层，更多地为读书人所向往所追求；一是墨家所推崇的威武君子，他们流行于社会的中下阶层，更多地为劳动者所向往所追求。尽管墨家作为一个学派在汉以后逐渐消亡，但英勇尚武的君子观却在民间保留了下来，并不断得到丰富发展，尤其是在民族面临危难之际，对其精神底蕴的需求就更显迫切，成为滋润、养育中国人人格意识的不可或缺的重要力量。

威武君子并不是只有在战争与困苦之中才显示其价值的。今天我们已长期处在和平时代，人们容易淡忘君子的英武内涵，民族性格中渐次失去阳刚之气，这正是需要灌注英雄主义气概的时候。

譬如说，国人对中国足球队的不满由来已久，并不是要求中国足球队场场赢球，而是多数情况下，球迷在场上看不到球员勇往直前、舍命一拼的英雄气。球迷希望的是输球不能输人，输球也要输得轰轰烈烈，输得让对手胆寒，输得像有血性的好男儿。若能做到这一点，即使输球了，依然会赢得对手的尊重和球迷的喜爱。

当今，儒风昌盛，做一个谦谦君子更是不可避免地成为社会的主导倾向。我只想说，做一个品德高尚的人，不仅意味着要培养自己的斯文儒雅，还需要培养我们的威武气概。若如此，对个人，对社会，都善莫大焉！

身体力行：力行君子

君子除了英勇威武，另一个重要特征就是身体力行。力行是墨子非常看重的个人品行修养，是成为君子的必备条件。他一再强调做人既要"志强"，又要"力事"，也就是要亲力亲为地参与生产劳动和社会实践。他在《修身》中说："君子勤奋于事"，还说："美名不能轻易形成，声誉不能取巧建立，君子是身体力行地表现自己品德的人。"

在他看来，一个人，思想、主张固然重要，但身体力行地实践自己的思想主张更重要，只说不做，或言行不一，不是君子所为。

墨子自己就是一个典型的力行君子，这也是他与先秦诸子最大的一个差别。他完全有理由有条件过安逸舒适的生活，凭他的一身本事，无论是治国之策、精妙的手工技艺，还是独一无二的守城之术，都是各诸侯国力邀的大人物。他不像孔孟老庄，开坛讲学、出谋划策还可以，自己动手干实事就不行，所以墨子的受欢迎程度应在其他诸子之上。即使只是出出主意、讲讲道理，将他的本事传授给旁人，也是能混得不错的，可他偏偏反其道而行之，力戒清谈，不仅做到了苦干实干加巧干，而且其忍苦精神，为世人所叹服，已非一般的身先士卒、艰苦朴素、吃苦耐劳等词语可以形容。庄子在《天下》里说墨家"其生也勤，其死也薄，其道大觳"。"大觳"，就是太苛刻。以庄子看来，墨子事事身体力行，做得太过分了，"墨子虽独能任，奈天下何！"是呵，你墨子能够做到，可别人能做得到吗？

以常人之心观之，庄子所言不是没有道理的。可墨子知道，要想实现兼爱天下、兼利万民的理想，自己不能身体力行的去做，是不可能服人的；自己不树立一个标杆，弟子们就没有一个遵循的标准。在"止楚攻宋"的过程中，墨子狂奔十昼夜，脚上起了泡，用粗布裹上继续走，一刻也不敢耽误，他知道不这样，就不能阻止楚国的暴行啊！

从这里我又想到了中国人的另一个特性："志强"胜于"力行"，或者说空想多于实干，务虚多于务实，空谈家多，实干家少。许多人有宏伟的抱负，有远大的理想，想起来令人振奋，说起来令人激动，但终究未能成事，究其原因，除了有时有自身不可左右的因素外，自己不能做到全力以赴，全身心投入，是最重要的内因。

尤其是传统文化环境中熏陶出来的读书人。所谓"万般皆下品，唯有读书高"，只识"之乎者也"，不分五谷杂粮，更说不上亲力亲为地去从事生产劳动和科学实验了。这已成为旧文人迂腐可笑的标志性形象。鲁迅在《阿Q正传》

中就讽刺过这样的人，每当阿 Q 犯了事，有人追着要打他时，他总是一边赶紧用双手护着头，一边连连说："君子动口不动手。"为什么君子不能动手呢？这仍是儒家君子观的体现，孟子说过："劳心者治人，劳力者治于人。"劳心者是属于君子之列的，怎么能做劳力者们才能干的苦差事呢！

力行君子的缺乏在新的世纪仍是一个社会性的忧虑。若干年前，我看过一篇报道，说中日两国青少年学生进行意志力的训练比赛，看谁更能吃苦耐劳，结果让人失望，中国孩子综合素质得分明显低于日本孩子，有的甚至在行军途中把行李扔掉，或是偷偷搭乘便车等等。

独生子女一代成长起来后，这个问题更加严峻，尤其是在城市长大的孩子，家庭条件优越，打小就成了几代长辈包围的"小皇帝"。从一出生，一举一动就在爷爷奶奶、保姆阿姨的严密监视下，长大后明显不适应社会，有许多青年人害怕进入社会，逃避现实，沉湎在网络构筑的虚拟世界里不能自拔，这或许正是这些年网络游戏火爆一时的原因之一吧！如今"网络防沉迷系统"是一个由政府出面大力推广的软件，所有的网吧都要安装，这一推广活动本身，就是我们时代的一个悲哀！所以，现在应大力提倡做力行君子：不怕吃苦，勇于做事，说到做到，敢于承担责任。

身体力行地去做事会怎么样呢？墨子告诉我们，这样的人，他的"力量日益强盛，抱负日益远大，庄敬的品行日益完善"。做到了这些，这个人的力量就会非常强大，志向更加高远，品德操守就会趋于完美。看看，这样的君子该多有魅力啊！

开拓创新：创新君子

我曾见过有些爱读书的人，博闻强记，让人叹服。我一个朋友将《全唐诗》通读了三遍，说起历朝历代的典故，如数家珍；平日说话，名言警句不离口，可问他研究文化有什么心得，有什么自己独立的见解时，他却茫然，说"君子述而不作"是他尊奉的信条。这其实是对自己创新能力低下的自我解脱，掩饰不了"书呆子"的本来面目。

战国时代,儒家"君子述而不作"之论已颇有市场,应该说,当时墨子就已深刻地意识到了这一学说所可能带来的巨大的心理惰性,将会对我们民族创新意识和创新能力的培养产生极其负面的影响,他在《耕柱》中就明确地表示对"君子述而不作"论的反对。他说:

人之其不君子者,古之善者不述,今也善者不作。其次不君子者,古之善者不遂,已有善者则作之,欲善之自己出也……吾以为古之善者则述之,今之善者则作之,欲善之益多也。

翻译成白话文就是:"最无君子之德的人,对过去好的思想文化不愿去领悟阐述,对现在的生活现状也不愿加工创作;次等没有君子品格的人,对过去好的思想文化不愿去领悟阐述,只对他经历的美好生活进行加工创作,这只不过是要表明好的东西是从他那里来的……我认为,对古代的善就应该阐述,对现在的善就应该创作,这是希望美好的东西多起来。"

墨子认为,既述且作,才是真君子。因为只有创造创新,才能破除陈规,才能打破僵化保守,才能与时俱进,有所作为。在《非儒》里,墨子对儒家的守旧思想进行了系统批判。

儒者认为,君子必须说古话穿古衣才能成仁。对此,墨子反驳道:"所谓古话古衣,在当时都是新的。而古人说它穿它,难道古人都不是君子吗?必须穿君子的衣服,说君子的话,而后才为仁吗?"

儒者又认为,君子只遵循前人做的而不创新。墨子引用大量历史事实,继续给予强有力的辩驳:"古时后羿制造了弓,季仔制造了甲,奚仲制造了车,巧垂制造了船。既然如此,那么今天的鞋工、甲工、车工、木工都是君子,难道后羿、季仔、奚仲、巧垂等却成了小人不成?"

在艰难困苦的环境中,在面对新情况新问题的时候,有的人一筹莫展,束手无策;有的人则总有新思路新方法,能打破常规,能找到出路,能打开局面,让人在艰难困苦中看到胜利的曙光。无论是在政治领域,还是在科技、人文领域，都是同理。

可惜墨子的思想被人为地扼杀了，变革创新，发明创造，不在君子之道的范畴之内，"述而不作"成为封建时代主流阶层遵从的君子标准。

在人文领域，从汉"罢黜百家，独尊儒术"后，思想文化界再也没出现战国时期那样一个"百家争鸣"的鲜活时代，再也没有出现真正根植于本土的原创性思想大师，历代文人墨客，皓首穷经，考据训诂；一代又一代的蒙童学子，一遍又一遍地抄录背诵"孔子曰"。人的冒险意识和创造天性被彻底压制，直到 20 世纪初，这种局面才开始得到改变。

在科技领域，境况更令人心痛。文人毕竟还能入仕拜相，有一个出路，科技人才则几乎没有用武之地。现在公认有极高科学价值、代表先秦时代中国科技水平的经典著作《墨经》，两千年来一直被束诸高阁，少有人问津，以致错漏之处甚多，现在读起来仍十分费力。

当年鲁班（即公输盘）与墨子同处一个时代，两人相交甚深，尽管鲁班思想认识水平有限，但在科学技艺上，两人相互唱和，相互促进，也称得上是中国科技史上的一段佳话。与同时代的古希腊、古埃及科技文明相比，墨子、公输二人所具有的水平完全不处下风。若像他们这样的创造性君子得到尊崇，中国历史上杰出的科技人才断不至于寥若晨星。

我小时候在农村长大，很喜欢看木匠师傅做家具，师傅们手里拿着一些工具，大人告诉说这是二千年前的鲁班师傅发明的，我心里对鲁班充满了崇敬。可有一个问题一直环绕在我脑海里，不得其解：为什么后来就没有出一个比鲁班更厉害的木匠呢？

现在我知道了答案。不是中国人不够聪明，而是我们从来就只把鲁班当作一个木匠，而未把他当作一个君子，没有向他学习创新精神。

在墨子的君子簿上，哪些人是没有席位的呢？那就是见义不勇为的"胆小鬼"，只说不练的"假把式"，述而不作的"迂腐人"。墨子眼中的君子是英勇无畏的战士，是身体力行的实干家，是善于创新的发明家。他们主持公道，侠肝义胆，光明磊落，正气凛然，吃苦耐劳，务实肯干，心灵手巧，创造有为。他们是社会前进的中流砥柱。

君子之道：廉、义、慈、哀

墨子说："君子在自身力量一天天加强的同时，志向也一天天日益远大，庄敬的品行也一天天日趋完善。所谓君子之道，应该是：贫穷时表现出廉洁，富足时表现出仗义，对生者要慈爱，对死者要哀痛。这四种品行必须是自然素养的流露，而不是装出来给人看的。凡存于内心的，应当有无限的慈爱；凡表现于全身的，应当是无比的谦恭；凡说于嘴上的，应当是无穷的温文尔雅。能使这四种品行始终畅达于自身，并且到花白的头发谢顶都遵循不弃的人，大概可称得上圣人。"

墨子对今人道德的修身，不仅要求有一种对道德的自我内省体验，更重要的是强调要有一种实践的精神。这段话强调的对"君子之道"的4项要求——"贫则见廉，富则见义，生则见爱，死则见哀"，可说是一个既严格、又可以做到的道德规范。墨子认为，只有做到这4点，才能达到志强智达、言信行果、笃道博物、辨察是非的真君子。对个人道德的追求，从总的特征来说，墨子的要求和儒家的要求是很接近的，但更加明确，更易于操作，不失为一个指导人们修身养性、追求完美人格行之有效的具体谋略。

墨子本人一生"摩顶放踵利天下为之"，他对自己的学说和理想矢志不渝，追求执着，以极大的奉献和牺牲精神实践着自己追求的道德境界。这种牺牲和献身精神不仅仅是一些豪言壮语，更主要的是他一生都言行一致，表里如一，不仅在关键时刻挺身而出，而且在平时的艰苦奋斗中孜孜不倦、毫不动摇。庄子曾高度评价墨子说："墨子真天下之好也。将求之不可得也，虽枯槁不舍也。"（《庄子·天下》）墨子以自身的实践为时人和后人树立了他自己倡导的"贫则见廉，富则见义，生则见爱，死则见哀"的道德追求典范，成为历代讲究"君子之道"的人们所称颂的楷模。

秦国军队围困了赵国都城邯郸。魏王派晋鄙率军援救赵国，但晋鄙畏惧秦军，兵驻荡阴而迟迟不进。同时，魏王又派说客辛垣衍从小路到邯郸，通过平原君见赵王，建议赵国派使者表示拥戴秦昭王称帝，说是秦国高兴了一定会退兵。显然，魏王救援是虚，说降是实。为此，平原君心里颇为犹豫。

刚巧这时，鲁仲连在赵国游历，他听说这件事后便去拜见平原君，说："您打算如何处理此事？"平原君说："我哪还敢谈这件事，我国军队在外已损失四十万，现在秦军又不撤，魏王的说客辛垣衍还在这里，我怎敢谈这事呢？"鲁仲连却不以为然："当初我把您当成天下的贤明公子，看来是错了。说客在哪里？让我来和他谈，让他回去。"

平原君找到辛垣衍，把鲁仲连要见他一事向他说了，辛垣衍连忙推辞："这位鲁仲连是齐国一位道德高尚而不愿做官的人，我不过是入主的一个臣子，怎么能谈到一起去？"但平原君说此事已无商量余地，辛垣衍只好同意。

两人一见面，果然是直来直去，刀光剑影。

辛：我看住在这城里的人，都是对平原君有所求的。但据我观察，先生好像对平原君却无所求。既然如此，为何待在这里而不离开呢？

鲁：听说过鲍焦这个人吗？现在不少人不理解他，以为他是心胸不开阔而死的，其实他并非为他自己。你代为说项的那个秦国是个弃礼义、尚战功的国家，用奸诈手法对待他的士兵，用对俘虏的办法对待他的百姓，秦王却肆无忌惮地自称为帝。如果让它统一了天下，那我只有跳入东海自杀了，因为我不忍心做它的百姓。所以，我会见将军的目的，就是想帮助赵国。

辛：先生想怎样帮助？

鲁：我想让梁、燕去帮助它，齐、楚已经在帮助它了。

辛：燕国可能没问题。梁国么，不好说。我就是梁国人，先生有何办法吗？

鲁：如果让梁国认识秦国威胁的后果，则它一定会帮赵。

辛：要是秦称帝，后果会如何呢？

鲁：齐威王称王时，周朝很困难，诸侯都不去朝见，只有齐威王单独去见。周烈王死时，诸侯都去吊丧，齐威王最后才去。周显王发了脾气："天子死了，你却最后一个到，真该砍头。"但齐威王却勃然大怒："呸！你娘不过是个婢奴。"显然，他不愿受周显王的窝囊气。

辛：先生没见过奴仆吗？难道奴仆的力量、智慧不如主人吗？不是，不过是惧怕罢了。

鲁：这么说，梁国是秦国的奴仆吗？

辛：是的。

鲁：那好，我要秦王油炸梁王，还要把他剁成肉酱。

辛：先生的话也太过分了！

鲁：且慢，我这是有道理的。

以前，鬼侯、鄂侯、文王三人分别是商纣王的三公，鬼侯进献了他的女儿，纣王却嫌她丑，把她剁成了肉酱；鄂侯对这事多说了几句，结果尸体做成肉干；文王为此长叹了一声，又被拘押在羑里的牢房。为什么同样称王，却会被人晒成肉干、剁成肉酱呢？……

现在，秦国拥有兵车万辆，梁国也拥有这么多，大家都可称王。可是看到他打了一次胜仗，就想服从他，并尊他为帝，这不是说三晋的大臣还不如人家的奴仆吗？

秦王要称帝，就会撤去诸侯的大臣，把他认为不贤的人免职，换上他喜欢的人，还要把自己的女儿和姬妾送去充当诸侯的嫔妃姬妾。到那时，梁国还能平安吗？您还能取得往日的恩宠吗？

辛垣衍这下服了，他对鲁仲连拜了两拜，说道："当初我把先生当平庸的人，现在才知道先生是天下贤士。我不会再为尊秦为帝而当说客了。"

秦军将领听到这个消息，出于无奈，退兵50里。刚好此时，信陵君夺得晋鄙军权率军来援赵，秦军终于撤退离开了邯郸。

平原君高兴极了，要赐给鲁仲连爵位和土地，鲁仲连却一再辞让，始终不肯接受。平原君又设宴招待他，席间平原君又拿出千金厚礼为鲁仲连祝寿。鲁仲连却笑着说："对天下的士人来说，最宝贵的莫过于为人排忧解难，而不是要什么报酬。如果要报酬的话，那就变成了商人，这种人我是不做的。"他辞别平原君后终生没有再回来。

如果说像鲁仲连这样的人都不能算君子的话，那么谁能算君子呢？

万事莫贵于义

墨子说："万事中再没有比义更珍贵的了。如果现在有人对别人说：'我给你帽子、鞋子，却要断你的手、脚，你能干这事吗？'那人必定不愿干。为什么？因为帽鞋没手脚珍贵。又有人说：'给你整个天下，但要杀了你，你愿意干吗？'那人也一定不会干。为什么？因为天下没自身珍贵。为了争一言而相杀，是因为把义看得比自身还珍贵。所以才说：万事中再没有比义更珍贵的了。"

什么是义？翻开各种辞书，解释很多。墨子是怎么解释的呢？他认为，能给公众带来利益的行为就是义。这一点，在《耕柱》篇中讲得很清楚。墨子说，像和氏璧这类稀世珍宝被称为"良宝"，但它们却无法为公众带来利益，"而义可以利人，故曰义天下之良宝也。"既然如此，义这个概念，在墨子心目中，当然成了最可宝贵的东西，所谓"万事莫贵于义"就是这个意思。

先秦时期，"义"早已成为人们日常道德规范的一个重要方面。翻开各种典籍，迎面而来诸如"温""良""恭""俭""让""仁""礼""信""义""敬""慈""善""友"等伦理道德方面的术语极为繁多，"义"也在其中。然而，墨子是把义作为为人道德的首位来选择的，原因就在于他对义的解释和别的思想家不同，他是把义建筑在为他人谋利益这个立意上的。

墨子对义的概念的重新规范界定，为中国传统文化对人的精神修养的要求注入了新的内容。在后来的中国历史发展进程中，这一道德规范确实熏陶了一大批民族精英。范仲淹说的"先天下之忧而忧，后天下之乐而乐"就是这种以义为先的信条的最好注脚。所以，我们把它作为墨子提出的为人谋略的集中体现，应该说是丝毫也不为过的。

孟尝君是著名的战国四公子之一，门下有熟悉各门学问、具有各种专长的"食客"好几千人。这天，他向"食客"们询问，有哪位熟悉会计业务，他正要找这样一位内行帮他去薛地讨债。冯谖站出来，自告奋勇说他能胜任此任。孟尝君十分高兴，令人帮他整理好行装，套好车，又装上讨债用的券契。孟尝君又亲自送他上车，临行前冯谖还问："债收完后，要买点什么东西回来吗？"孟尝君随便说了一句："你看我家还缺什么，就买什么吧！"

冯谖到了薛地，当地欠孟尝君债的老百姓都来合契据。正当这些百姓战战兢兢为还债而发愁，准备再挨一刀宰割时，意想不到的事发生了。冯谖假托孟尝君的名义，说这次他奉了孟尝君之命，准备把这些债款都赐给百姓，说完，一把火当场就把一车券契给烧了。欠债的百姓听到这些话，又看到这个场面，激动得热泪盈眶，连呼万岁，对孟尝君的感恩戴德之情溢于言表。

很快，冯谖回到了齐国。孟尝君十分惊奇："他怎么这样快就回来了？"心里还在疑惑，但礼节上还是很周到的，他穿戴整齐出来接见冯谖。

孟：债款都收完了吗？

冯：收完了。

孟：买了些什么东西回来？

冯：按您的吩咐，看家里缺些什么就买什么，我琢磨着，您家的宫殿中珍宝堆积如山，门外的马厩里肥马都快拴不下了，后宫的美女也多得比比皆是，我看您家里所缺的，就是一个"义"。所以，我自己作主张，用您的债款为您买回了"义"。

孟：怎么就叫买"义"呢？

冯：您的封地只有小小的薛地，您却不知道爱抚当地的百姓，而是一个劲地向他们图利。这次我想替您改变一下，便假托您的命令，把债款都赐给了百姓，那些债券也全部烧了。老百姓都感动得连呼万岁，那场面您要是看到了肯定也会激动万分，这就是我为您买的"义"啊！

孟尝君嘴里没说什么，心里却是老大的不高兴。

过了一年，孟尝君被齐王撤了职，让他离开国都回到自己的封地薛地去。当他的车马在离薛地还有百里时，就看到老百姓争相扶老携幼赶到路上，来迎接孟尝君。正处于落魄之中的孟尝君见到这个情景，真是激动万分。他深有感触地对冯谖说："先生为我买回的'义'，我今天总算看到了。"

在这之前，春秋时期的鲁国大夫邴成子也可算为以"义"当先的典范。他前往晋国赴任途中经过卫国，卫国的右宰谷臣请他一起喝酒。令人奇怪的是，席间陈列着丝竹管乐，却不请人演奏。酒喝到半醉时，谷臣特意去拿出一块玉璧送给邴成子。

不久，邴成子从晋地回鲁国途中又经过卫国，却未去谷臣家辞谢。他的仆人问："以前右宰谷臣设宴招待您，您也喝得很愉快，为何今天却不辞而别呢？这样做应该说是很失礼的呀！"邴成子说："他留我喝酒，是想和我共欢，设乐而不奏说明他心里的隐忧，酒醉时送我玉璧，是要我暂时替他保管。看来，卫国要生事了。这种时候，我怎么好再去呢？"

这事果真被邴成子不幸言中了。就在他离开卫国30里地时，就传来消息说，卫国发生了蜜喜驱逐国君的叛乱，内乱中右宰谷臣也被杀害。邴成子一听这消息，立即决定返回卫国。他快马加鞭地来到谷臣家里，把他们全家都接了出来，一起安置在鲁国，并且就住在自己家隔壁。从此以后，谷臣的家人一直生活在鲁国，邴成子总是从自己的俸禄中拿出一份，供给他们的生活所用。

以后，谷臣的儿子长大成人了，邴成子又把那块玉璧还给了他。孔子听说这件事后，感慨地说，要说仁义的话，要说既聪明又能托付财物的人，除了邴成子，还能有谁呢？

用人格魅力感染对方

口称仁义却不实行，是明知故犯。

墨子指出要实行仁义不能只停留在嘴，而是付诸实践，这是人的基本品格，是人格魅力的一种体现。无论高尚还是低贱，人都有人格。

人格是人区别于动物的一个标志。说一个人丧失了人格，就等于说他没有人格，与动物无异。有的人受人敬仰，为人喜爱，那是因为他有人格魅力；有的人令人讨厌，被人瞧不起，那他就毫无魅力可言。魅力与权势无缘。权势可以使人畏惧，但不能使人敬仰。

魅力与金钱无关。金钱可以使人富有，但不能使人高尚。所以，说人人都有人格，不等于说人人都有魅力。

一次，墨子听说楚王请公输盘造了攻城的云梯，准备攻打宋国，非常着急。他从齐国动身，昼夜兼程赶到楚国的郢都，先后说服了楚王和公输盘，停止攻打宋国。

楚王讲理讲不过墨子，便耍赖，说："你很会讲道理，但公输盘已为我造好了云梯，做好了准备，看来是非攻不可了。"

墨子知道不给楚王一点颜色看看，他是不会善罢甘休的。于是，他便与公输盘两人在楚王面前斗法。墨子解下腰带当城墙，用小木扎当武器，公输盘先后设计了九种攻城的武器，都被墨子一一化解。公输盘攻城的法子用尽了，墨子的守城战术还绰绰有余。

公输盘斗输了，突然叫道："我知道怎样制服你了，我不说。"

墨子却回答说："我知道你想怎样制服我，我也不说。"

楚王问道："这是为啥？"

墨子觉得该彻底打碎他们的梦想了，便朗声说道："公输盘的意图，不过想杀掉我。杀了我，就没有人替宋国守城了。但是，我已召集了300人，由我的学生禽滑厘率领，拿着我制造的武器守候在宋城上，准备给进攻的楚军迎头痛击，即使杀了我，城照样攻不下来。"

楚王理屈词穷，不得不停止攻宋。

墨子智勇双全的人格魅力感染了他的对手。楚王打消侵略的念头，包含着

以人为镜知得失

孔子曾说："三人行，必有我师焉。"意思是，几个人一起行走，其中必定有人可以做我的老师。这是因为每个人都有自己的长处，可以通过学习他人的长处来弥补自己的短处，这与墨子的观点有异曲同工之妙。在墨子看来，君子将他人作为完善自己的镜子，以他们的长处来完善自己，以他人的短处来修正自己，从而使自己得到更好的发展。

唐太宗李世民是历史上著名的一位以人为镜正得失的楷模，他的镜子就是著名的谏臣魏征。

魏征，祖籍巨鹿（今河北邢台），到他之前几代才迁居到相州内黄县（今河南安阳）。唐高祖武德末年，他担任太子洗马。在太子李建成宫中时，他亲眼看到李建成与李世民暗中互相倾轧，便多次劝李建成早下手。玄武门之变，李世民除掉了李建成，他将魏征召来质问道："你为何要离间我们兄弟？"他人都为魏征捏把汗，魏征却从容地回答说："皇太子若当初听了我的劝告，必定不会有今天的可悲下场。"李世民知道魏征是个耿直的人，不由得肃然起敬，提拔他

玄武门之变

为谏议大夫，给予他很高的礼遇，并多次向他征求治国的方略。魏征很有才能，又刚正不阿。每次与魏征谈话，李世民都很有收获。经过一段时间的接触，魏征认识到李世民是真正器重他。既遇知己之恩，魏征便全心全意为李世民出谋划策。公元629年，魏征跃升为秘书监，参与朝政。

公元632年，李世民到九成宫巡视时，设宴款待过去的亲信大臣。借此机

会，老臣长孙无忌向李世民进言："王珪和魏征过去都是李建成的人，看到他们，我就觉得看到了仇敌，哪想到今天竟在一起开宴会。"言下之意是李世民不该重用他们。李世民却说："魏征过去的确是我的仇敌，但他对主人忠心耿耿，这值得嘉奖。我能不计前嫌，重用提拔他，这样做难道有愧于古代圣君吗？魏征在我面前恳切劝谏，即使会让我非常生气，他也毫不退缩，为的是不叫我犯错误，所以我很器重他。"魏征听到李世民这番肺腑之言，跪拜说："陛下启发我说话，我这才敢说话。如果陛下不听我的意见，我又怎敢冒犯您而触动忌讳呢？"李世民很高兴，当场赐给每人15万钱。

公元638年，李世民为皇孙过生日时宴请群臣，他非常高兴地说："贞观之前，跟我一起打天下的人中论功劳，没有人能够比得上房玄龄。贞观之后，对我竭尽忠诚，屡献忠言，使国家安定，使百姓安居乐业，为天下人所称道的，只有魏征。古代的名臣，没有超过他的。"李世民亲手解下自己的佩刀赐给魏征和房玄龄二人。

后魏征因病去世。对魏征的去世，李世民非常悲痛，他曾亲自到魏征家痛哭。他曾说过："以铜作镜子，可使人知衣帽是否穿戴端正；以历史作镜子，可使人懂得国家的兴衰；以有识之人作镜子，可使人明白自己的得失。我常用这三面镜子来防止自己出现过失。现在魏征死了，我失去了一面镜子。"

正是因为坚持以人为镜，李世民才得以使唐朝的政治、经济得到恢复和发展，使人们从战乱中获得休养生息，最终创造了"贞观之治"的光景，为以后唐朝的强盛奠定了坚实的基础。

"智者千虑必有一失，愚者千虑必有一得"，善于倾听他人的意见，即使是很尖锐的不同观点，也要虚心诚恳地接受，这既体现了一个人胸怀的宽广，又体现了一个人的智慧。只有广泛吸收各方面的意见，我们才能获得更为全面的自我认知。唯有如此，才能获得真知灼见，使自己更为完善。

自重自律，才能服人

墨子评判君子与一般人是有区别的，君子能够做到自律，严于律己，宽以待人。而一般人恰恰相反，不能自律，对自己宽容，对别人严格。面对自己的缺点，很多人选择包容，为自己找出各种各样的借口，却不愿从根本上改正缺点。而君子却能够正视自己的缺点并及时改正，不为自己找借口。所以，有人说，自律是踏进成功之门必需的一张门票。西汉时期的丙吉就是握有自律门票的其中一位。

据《汉书》记载，丙吉，字少卿，鲁国人。汉宣帝出生不久，因祖父卫太子事入狱。当时丙吉任延尉监，他多方保护宣帝，使其免于难。丙吉后来担任大将军霍光的长史，在霍光决定废掉昌邑王时，他向霍光提议，迎立宣帝。后来，丙吉被封为博阳侯，任丞相之职。他虽然身居高位，但对人宽厚有礼，因此深受他人的尊敬。而且，他以顾大局见称，被称为贤相。

给丙吉驾车的驭吏喜好喝酒，有一次喝多了酒，结果，在跟随丙吉外出时，竟把脏物吐在了丙吉的车上。对此，主管的官吏非常生气，就报告给丙吉，要开除他。

听完了报告，丙吉说："他不过是酒醉后忍不住呕吐罢了，因为这样小的过错就把他开除，那他到哪里去容身呢？你还是包容一下吧！"就这样，这个驭吏没有被开除。

这个驭吏是边境地区的人，非常熟悉边境地区紧急报警这一类的事。有一次外出，他无意中看到一名士兵骑着马快速地向前奔。仔细一看，他发现这是来自边境地区的报警者，因为骑兵身上背着传送紧急公文的红白公文袋。他马上意识到边境一定发生了什么事情，于是跟随着那个骑兵，赶到军事衙门探听消息，得知有敌人入侵到云中郡与代郡。打听以后，他飞快地回到相府，向丙吉报告，并且提醒说："敌军入侵的这些边郡中，有一些郡守和边境官员已经年老多病，恐怕很难出战，应该尽快了解清楚，做好应对的准备。"丙吉认为驭吏的话很有道理，于是急忙吩咐东曹的官吏查阅这几处边境官员的档案，按照有关条文，对每个人都一一进行审核。

这件事情刚刚办完，丙吉就接到了皇帝召集丞相、御史大夫商议的诏令，于是匆匆赶往商议的地点。

商议时，汉宣帝询问了敌军入侵的情况以及边境地区官员的情形。丙吉一一进行了回答，由于事先做了充分的准备，他很详细地叙述了边境官员的情况。而御史大夫由于事出突然，毫无准备，对情况了解得不清楚，因而受到了汉宣帝的责备。相反，丙吉却被认为很有责任心，关心边境地区的安全，受到汉宣帝的赞许。

其实，这次丙吉之所以能够对答如流，完全是靠驭吏的报告与提醒。事后丙吉不由得感慨道："人都各有所长。假如我不是事先听取了驭吏的报告和建议，哪里会事先了解边境地区官员的情况呢？又哪会受到皇上的夸赞呢？"这时，丙吉的下属对丙吉的贤明就更加佩服了。

丙吉对待他人如此宽厚，对待自己却很严格。他在汉宣帝幼时，给以呵护，并且为汉宣帝的继位出力不小，但是汉宣帝即位以后，他绝口不提自己曾经带给汉宣帝的恩惠，所以朝廷中从皇帝到臣僚都不知道他的功劳。一次，一个老年宫婢让自己的丈夫向朝廷上书，陈述自己当年对皇帝有过抚育之恩。汉宣帝知道后，命令掖庭令负责查清楚情况。在调查中，宫婢提到丙吉了解这一情况，于是，掖庭令将宫婢带到了丙吉的面前，让她与丙吉对质。丙吉仔细地看了看，确实认识这个人，但是对她说："你当年的确抚育过皇曾孙，但是你对皇曾孙照顾不周，为此，我还曾责罚过你，你有什么功劳呢？只有渭城人胡组、淮阳人郭征卿对皇曾孙有恩。"掖庭令将调查后的情况详细地汇报给皇帝。汉宣帝下令，寻访胡组、郭征卿两人，得知两人都已去世，于是对他们的子孙给予了优厚的赏赐。对那位自称有功的宫婢，汉宣帝下诏赦免了她的宫婢身份，使她成为平民，回家与丈夫团聚。汉宣帝还亲自召见了她，赐给她10万钱。在与她的谈话中，汉宣帝询问了当年的情况，才知道丙吉对自己有很大恩德，而丙吉却从来没有透露过。汉宣帝非常感动，觉得丙吉确实是位贤者。

丙吉对自己要求非常严格，有功劳却从不炫耀，也不以此作为谋取官职的手段。而对待他人，却非常宽容，即使驭吏醉酒呕吐，也没有进行任何的责难。正是这种对己严对人宽的态度才使得丙吉获得下属的尊敬和汉宣帝的称赞。他的确是一位有德之贤者。

严于律己、宽以待人的处世态度是人们获得成功的关键所在。凡成功者无不自律，自律是修身、立志、成大事者必须具备的能力和条件。每一个想要获得成功的人，都不可能靠别人的施舍而开始。真正的起点是要学会高度自律。所以，想要成功，千万不能纵容自己。对自己严格一点，时间长了，自律就会成为一种习惯，一种生活方式，你也会因此一步步走向成功。

大度能容，襟怀宽广

墨子的话语很深刻，他指出做人要有大海一样的气魄，能宽容别人。屠格涅夫也曾说："不懂得宽容别人的人，不配受到别人宽容。"

宽以待人，就是在人际交往中有较强的包容度。人们往往把宽广的胸怀比作大海，能广纳百川之细流，不惧怕暴雨和冰雹。一个人如果想要在困难时得到援助，就应该待人以宽。这就是说，包容、团结更多的人，在顺利的时候共奋斗，在困难的时候共患难，进而提高成功的可能性，创造更多成功的机会。反之，斤斤计较则会遭人疏远，减少合作力量，人为地为成功增加阻力。

海格里斯是古希腊神话中的一位大英雄。一天，海格里斯走在一段崎岖不平的山路上时，发现脚边有个袋子似的东西很碍脚。于是，海格里斯便在那东西上踩了一脚，谁知那东西不但没有被踩破，反而膨胀起来，并且加倍地扩大着。海格里斯恼羞成怒，随手抄起一根碗口粗的木棒向它砸去。不料，那东西竟然又长大了，直至把路堵死。

看到这个情况，海格里斯惊呆了，但忍不住又要砸向那东西。

恰在此时，山中走出一位圣人，飞快地拦住了海格里斯，对他说："朋友，快别动它。忘了它，离它远去吧！它叫仇恨袋，你不侵犯它，它便小如当初；你若侵犯它，它就会膨胀起来，挡住你的路，与你敌对到底！"

是的，茫茫人世间，我们难免会与别人产生误会和摩擦。如果不注意，让仇恨袋悄悄成长，它最终会堵塞我们与他人的交往之路。所以我们一定要记着将仇恨淡化，就会少一分烦恼，多一分机遇。一个人对他人宽容，会得到别人的尊敬和爱戴。宽容别人，其实也就是宽容自己。发生在秦穆公身上的一件事说明了这个道理。

春秋中叶，秦国与晋国在中原地区争霸数十年。这数十年间，双方干戈不断，互有胜负。

有一年，秦晋两国发生韩原之战，激战中秦穆公的战车被晋军击坏，他身上的铠甲被打掉了 6 片，性命危在旦夕。就在这危难时刻，秦军阵中冲出一小支队伍，向晋军直冲过去。他们个个奋力拼杀，终于把晋军的包围网突破出一个缺口，把秦穆公救了出来。有了这样的鼓舞，秦军士气大振，气势如虹，而晋军军心动荡，士气低落。秦军见机不可失，于是乘胜追击，将晋军杀得溃不成军，还成功地俘虏了晋惠公。

这支队伍为何要冒死营救秦穆公呢？还要从一年前说起，一次，秦穆公的一匹好马逃脱，跑到了岐山附近。当地居民不知道这匹马的来历，将它捕获之后，便将它煮食来吃。当时分享这匹好马的，一共有三百多人。当秦穆公准备外出打猎时，才发现这匹马失踪了。于是，他立即派人四处寻找。找了 3 天，负责马政的官吏才追踪到这匹马的下落，但马已经被吃掉了。于是官吏将吃过马肉的三百多人全都抓了起来，送到朝廷，准备治罪。

秦穆公得知这件事，并没有发怒，反而说："仁人君子不可以为了牲畜的事情而杀害人的性命。我曾经听说，吃了骏马的肉，如果不喝点酒，会有伤身体。"于是，秦穆公便下令赦免他们偷吃马的罪责，并赏赐给他们美酒，这才放

心地将他们放回。

这三百多人原以为会获罪受惩，没想到秦穆公竟不加追究，不但赦免了他们，还多加体恤，赐予美酒。众人无不喜出望外，感怀秦穆公的恩德。当听说秦国要去攻打晋国的时候，他们便一同投身军旅，为国效命。后来在战场上，正逢秦穆公危急窘迫之时，三百多条好汉奋勇冲击，拼命救驾，以报其赦罪之德。结果，正是由于这三百多人的奋战，不但使秦穆公捡回一条命，而且鼓舞了秦军，使秦军大获全胜。

在生活中，我们有时也会碰见一些苛刻之人，他们容不得别人有一点过错，甚至仅仅因为自己情绪不满就恶语相加，结果导致众叛亲离。在他们需要帮助的关键时刻，没有一个人肯伸出援手。

古人云："惟宽可以容人，惟厚可以载物。"是告诉我们，做人要学会包容。一个胸襟宽广、懂得包容别人的人，能够倾听和接受不同的意见，不会被生活中的琐事打扰，也不会因环境的困顿而自怨自艾。也正是这样的人，方有机会成就一番大的事业，立于强者之巅。

平等待人活出做人滋味

"只要它是可行的就应该采纳。譬如药一样，一把草根，天子吃了它而治好自己的病，难道会说这是一把草根而不吃吗？农民缴纳租税给贵族大人，贵族大人酿美酒、做祭品，用来祭祀上帝鬼神，贵族大人难道会因为是贱人种的而不享用吗？"

这是墨子往南游历到楚国的故事，墨子去见楚惠王，楚惠王以年老推辞不见，只派了穆贺来见墨子，颇有几分傲慢之意。墨子不予计较，便向穆贺讲述治国的道理，穆贺大喜，对墨子说："你的主张，确实是好啊！但是君王，是天下的大王，恐怕他会说是下等人干的，而不加采纳吧？"

墨子做了上述回答。

人生而平等，这是从理论上讲的。但实际上，自打从娘胎里出来，人与人就很少有平等的时候。王公大人的娇子与孤儿院里的弃婴能平等吗？

富甲一方的豪绅与沿街乞讨的"叫花子"能平等吗？

因为平等太少。所以人们习惯于把不平等视为正常，把平等视为不正常。

媳妇在婆婆面前低眉顺眼，小心翼翼，一旦自己熬到了婆婆的位子，便忘了自己当媳妇时的屈辱，在媳妇面前摆出一副唯我独尊的架势，将自己多年来的不满发泄到媳妇身上。

长期的不平等环境培养出人的阶级意识，把人分成三六九等，就是没有平等意识。

因而，能以平等之心待人便显得愈发珍贵。贵不自傲，贱不自卑；得意不张狂，失意不卑微；童叟无欺，上下无别。这才是人的真性情，真品格。

平等待人，不仅能使人获得好的名声，为周围的人所敬重；而且，平等待人，才能办真事，办好事，办大事。墨子说：江河之水，非一源之水也。虚心使人进步，骄傲使人落后。骄傲就是自以为是，目中无人，傲慢无理，这种人迟早要栽跟头的。而谦虚的人，多以别人的长处对照自己的短处，乐意向比自己地位低下、年纪小的人学习求教，始终怀着平等自然之心。这种人必有所成。

君子与小人

天下没有一成不变的君子，也没有一成不变的小人。因而，我们对待人不能用老眼光看人。

无论是中国历朝历代的政治斗争，还是社会生活中的利益较量，多半是君子一败涂地，小人得胜回朝。

动态的君子与小人

在当今社会，君子与小人仍是界定人品人格的常用词。

人品与人格有常态化、稳定性的一面，也有非常态化、非稳定性的一面，它始终处于运动、变化之中。出身卑微、穷困潦倒的人可以是坦荡荡的君子；官威赫赫、富甲一方的人可能是一个无耻的小人。将人放到道德的天平上称一称，是君子是小人就清清楚楚了。在这里，官僚与百姓、将军与士兵、父亲与儿子、富人与穷人、教授与文盲、男人与女人，都是平等的。

从主观愿望上说，人人都愿做君子，不愿做小人。即使翻墙入室、鸡鸣狗盗之徒，也不愿自认为是小人。现在有些人似乎对"小人"怀有好感，对君子不以为然，但那只不过是装装样子，幽默一下罢了。

君子、小人的划分给我们帮了大忙，让我们知道什么是好，什么是坏；什么是善，什么是恶。但问题也就出在这里，君子、小人的划分往往不是那么简单，因此是非善恶的标准也就不好掌握。《非儒》中，墨子讲过一个小故事：

齐景公问晏子说："孔子为人怎么样？"

晏子不回答。景公再问，晏子还是不回答。景公说："很多人向我讲到孔子，都说他是个贤人。现在我问你，您却不回答，是什么原因呀！"

晏子回答说："我这个人无能，不懂得什么是真正的贤人。但我听说，所谓的贤人，进入人家的国境，一定要努力加强他们君臣之间的亲密关系，平息他们上下之间的怨恨。孔子到了楚国，知道白公胜的阴谋，却把石乞奉献给他，助他作乱，楚惠王因此差点被杀……我不知道孔子与白公胜相比，有什么不同，因而不能回答。"

孔子，这位倡导人们做君子的道德家，能说此种表现有君子之风吗？

君子、小人的混淆，源于人自身的弱点。君子人人爱慕，小人人人鄙夷，故有些人明明是小人却不愿承认，装扮成君子的模样招摇撞骗。"满嘴巴仁义道德，满肚子男盗女娼。"就是说的这号人。

还有一种人，今天是英雄豪杰，侠肝义胆，为人称赞，可一旦地位一变，有了点身份后，就自以为得意，顿失英雄气，变成一个市侩小人了。今天是武松，明天就是"撮合山"王婆。

所以说，天下没有一成不变的君子，也没有一成不变的小人。因而，我们对待人不能因一时英雄而认为他时时英雄，不能因一时犯错而将其一棍子打死。

君子为什么斗不过小人

君子，正气凛然，胸怀坦荡，爱憎分明；小人，两面三刀，弄虚作假，煽阴风点鬼火。可君子为何总是斗不过小人呢？

虎落平阳，龙游浅水，只是个别。但君子斗不过小人却是社会历史的家常便饭。

君子的心思全在社会人生的大问题上，想的是天下兴亡，成功立业，探索的是宇宙的变化、自然的道理。而小人的心思全在鸡毛蒜皮的小事上，自己做不了大事，见到别人做大事却心里痒痒，抓住君子的一点小辫子就大做文章，以此来证明自己的高明。

君子懂得太多人生和自然的道理。有的人擅长搞科学发明，技术攻关，他们常常是一个或几个方面技术上的能手，是出色的工艺师、农艺师、艺术家、发明家等等，粗糙的东西，经过他们的妙手，便会焕然一新，成为了不起的珍品。这令小人非常不快。小人于是想方设法、鸡蛋里头挑骨头，对君子的杰作横挑鼻子竖挑眼。譬如说陶瓷制品虽然好看，可惜没有铁制的坚硬，等等，仿佛一下击败了君子，由此获得一种心理满足和心理平衡。

君子斗不过小人，不是君子的智慧不及小人，而在于小人为人处世的法则为君子所不齿。

其一，不守规则。现代商务活动中，讲究重合同，守信誉，小人吃了亏就撕毁合同，说的话、许的愿全不算数。若在健全的法制环境下，君子可请法律帮忙，但若法制还不健全，或者有法不依、执法不严、违法不纠，君子有时束手无策，只能自认倒霉。

其二，不重然诺。常言道：君子一言，驷马难追。君子说一不二，即使自己吃亏，也绝不违背诺言。这一点小人与君子截然相反，小人说话从来是不算数的，许下诺言时信誓旦旦，但他压根儿就没有想到要去兑现，刚才说一定要怎样怎样，转身就忘得干干净净。倘若要去与他对质，他会装出莫名其妙的神情，反问道："是吗？我说过这样的话吗？我自己怎么不知道？"

其三，不讲情谊。人都是你好我好。人敬我一尺，我敬人一丈。滴水之恩，当涌泉相报。这都是世代相传地做人格言。墨子告诫世人说："诸侯之间相爱，就不会野战；家主之间相爱，就不会互相篡夺；人与人之间相爱，就不会互相残害；君臣之间相爱，就会仁惠忠诚；父子之间相爱，就会慈爱孝敬；兄弟之间相爱，就会和睦协调。"

小人就专干违背这些做人信条的事。你主动对他友好，帮他的忙，好像是你欠他的情，该给他干似的。这种人危难时只顾自己逃命，从不会顺手扶别人一把。父母养育子女，子女赡养老人本是天经地义，可生活中时不时发生儿女吃喝玩乐，老人露宿街头的悲剧；有的儿孙满堂，老人却被迫申请"五保"。这就不仅仅是不讲情谊的问题，完全是丧失人性了。

其四，以己度人。君子与小人都会以己度人。君子是以君子之心度小人之腹，因而总是以善良的眼光去看待别人；小人则是以小人之心度君子之腹，因而总是把别人想象得跟自己一样坏。这正是正大光明的人常败于阴谋诡计之徒的重要原因。堂堂男儿不屑于在背后打黑枪，也就没防备别人打自己的黑枪，这正中卑劣小人的下怀，他们面对面地干不过别人，就专门干打黑枪的勾当。

君子生活在小人的包围之中，小人的纠缠也会让君子烦恼不堪，没有坚强的意志，决绝的决心，还真难以突出重围。

君子不与小人计较，更显其智慧超众。小人与君子纠缠不休，更显其愚笨之极。

深山藏猛虎，大海出蛟龙。狗虾之类最终只能在平地、浅水处称雄。就像苍蝇适合在粪堆中生长一样，小人得志，说明人类社会有许多供他们生长的阴暗肮脏的场所和空气。

君子之所以是君子，就在于他勇于清除打扫那些肮脏的场所，换来清新宜人的空气，让小人无安身之地。

以身作则，克己奉公

俗话说，上梁不正下梁必歪。君主不公正，臣子必然不忠诚；君主若任用亲信、疏远贤能，臣子必然争权夺利、妒贤嫉能。换言之，领导者如果不能以身作则、管好自己，那么他的所作所为就无法令下属信服，也不能让下属听从他的号令。因此，领导者要以身作则，自己做到了，才可能要求别人这样去做。否则，即使别人迫于压力服从命令了，也只能是"人心不服"。领导者既是制度的制定者和推行者，也是制度的执行者和培训者。这就要求领导者在要求下属的同时，更要严格地要求自己，并且加强自身的修养。

墨子认为，一个人自身不正，就不能匡正别人的不当行为。因此，为人做事要严于律己，做出表率，进而再去约束和管理别人。这样不仅具有说服力，而且更容易成功。任何事情都要先从自己做起，只有管理好自己才有可能管理好别人，只有治理好自己也才有可能治理好国家。在这一点上，墨子的主张，与儒家修身治国的主张是一致的。

《晏子春秋》上记载了这样一个故事。

晏婴在世时，不遗余力地辅助齐景公，为他出谋划策，为他匡偏救弊，并且总是以各种方式劝谏景公，所以齐国政治清明、国泰民安。但自从晏婴死了之后，再也没有人敢于当面指责、劝谏齐景公了。为此，景公心中闷闷不乐。一天，齐景公宴请文武百官，席散后，大家一起射箭取乐。齐景公每射一支箭，都会赢得文武百官的高声喝彩。景公黯然神伤地对弦章说："我真是想念晏婴啊！晏婴死后，就再也没有人当面指出我的过失了。刚才那支箭，我明明没有射中，群臣却异口同声地喝彩，这真让我难过！"这时弦章对景公说："您也不该把全部过错都归咎于臣子。古人说：'上行而后下效'，您喜欢穿什么，群臣就跟着穿什么；您喜欢吃什么，群臣也就跟着吃什么；您喜欢听好话，群臣也

就只有阿谀奉承了！"一席话顿时让齐景公豁然开朗。这就是"上行下效"这个成语的来历。

在我国古代，圣明的治国者无不是以身作则来保障法令的贯彻实行。三国时期的曹操就是其中一位，正因为曹操能够以身作则，才使自己拥有了最强大、最具有战斗力的军队，为以后的魏国建立奠定了坚实的基础。

一次，曹操带兵出征打仗，行军途中看到田地里的庄稼已经成熟，于是下令："有擅入田地，践踏庄稼者，斩！"可是命令刚下达，一群小鸟忽然从田间惊起，从曹操马前飞过，马不由得一惊，一声长嘶，径直冲进了田里，将成熟的庄稼踩倒一大片。曹操非常心痛，马上拔出佩剑，就要自刎，众将慌忙抱住他的手臂，大呼："丞相，不可！"曹操仰面长叹："我才颁布了命令，如果自己制定的法令，自己都不能遵守，还怎么用它约束部下呢？"说完又要自刎。众将以"军中不可无帅"力劝曹操。曹操这才把剑放下，随即扯起自己的头发，用剑割下一绺，高高举起："我因误入田地，罪当斩首，只因军中不可无帅，特以发代首，如再有违者，如同此发。"于是人人自觉，小心行军，无一践踏庄稼者。

想要说服别人，首先自己要能够做到。想要管理别人，首先把自己管好。如果自己都不能做好，何谈来管教别人呢？这一点对于领导者来说，至关重要。因为领导者在团队中起先锋模范作用，对下属的行为有重要的影响。因此，领导者要以高标准严格要求自己，以身作则，养成良好的工作习惯和道德修养。

正所谓"源清则流清，源浊则流浊"。领导者一定要以身作则，只有做好自己，才能尚同控制。

放下虚荣，做应该做的事

中国古代主张厚葬久丧，人死之后，有一整套严格的繁缛复杂的礼仪，并且在死者的墓中放入大量的财物和生活用品，夏商周时期，甚至有用人殉葬的习俗。在墨子看来，这种行为奢侈而浪费，它既不能让贫苦之家变得富裕，也不能增加人口，更不能使社会安定，它只是为了满足表面的虚荣而做出的毫无意义的事情。于是，墨子高声宣扬"节葬"，这对于当时的人们来说，无疑是令人惊叹的一声叱呵。穿过两千年的历史风霜，对于现在的我们来说，这声疾呼依然有着重要的意义。

虚荣可以带给人一时的荣耀，但是很多人会因为虚荣之心而蒙蔽了双眼，从而付出比现在多十倍，甚至百倍的代价。

其实，我们能做的事情有很多，但很多人为了表面的虚荣，而牺牲大量的物力、财力去做并不合适的事情，最终导致结局悲惨。历史上，隋炀帝就是一位铺张浪费的君主。

隋炀帝即位不久，为了显示国家的强盛，他邀请突厥、西域诸国的首领到东都洛阳欢度新年。

为了向这些首领炫耀隋朝的国势，他命人将这座新建的都城装饰得极为华美。宫殿林立，道路宽敞，同时还修建了专供皇家休息游玩的西苑。在各少数民族首领到东都参观、访问期间，隋炀帝决定为大家奉献一场汇聚各种文艺活动的大型综合性的演出。这种文艺活动包括魔术、杂技、驯兽、杂耍等多种形式，因此称之为"百戏"。演出非常成功，少数民族首领们纷纷赞叹隋朝国力强大、文化昌盛，这让隋炀帝颇为满意。

大业五年，长期在西北地区称雄的吐谷浑政权最终归降隋朝。这使得当地的民族政权纷纷向隋朝归降。隋炀帝为了显示"天朝上国"的"仁慈"，并没有对这些政权加以管制，还专门为各个政权首领举行了多场宴会，以示恩宠。

大业六年（公元610年）正月十五，隋炀帝在东都洛阳举行盛大庆典，邀请诸国使节和商人参加。按照隋炀帝的要求，东都皇城外的定鼎门大街被开辟为露天大戏场，五万名乐工在此通宵达旦地表演各种节目，这项活动一直持续了半个月。而东都的市场也被整饬一新，供各国商人参观。每家店铺都重新进行了装潢，连卖菜的小商贩都要在店铺里铺上地毯。为了让整座城市显得更加绚丽多彩，隋炀帝专门命人用丝绸将路旁的树木缠起来。少数民族首领们看到后，大为不解，问陪同的隋朝官员说："你们这里有人连衣服都穿不上，树上却用丝绸包裹，为何不将这些丝绸拿下来给他们做衣服呢？"随行的官员哑口无言。无度的炫耀，使得隋朝政权一天天衰落，而人民一片怨声载道。

百姓连御寒的衣服都没有，却将树木用丝绸包裹，只为了满足一时的好看和统治者的面子。由此可见，隋朝的灭亡在所难免。

无论是一个国家，还是一个人，都要将虚荣放下，踏踏实实地做好自己应该做的事。如果隋炀帝能够关心民众，拿出钱财来改善人民的生活，而不是满足自己的穷奢极欲，那么隋朝的江山也不会两代而亡。对于个人而言，如果能做到坚定自己的内心，追寻自己的梦想，不断完善自身，而非在意表面一时的荣光，那么你会活得自由而快乐，并且能够赢得别人的尊重。拥有内在的美会让你更加令人瞩目。

放下虚荣，放下面子，踏踏实实地做自己应该做的事，你会更美。

谦虚、包容，完善自身

人非圣贤，孰能无过。有了过错，被人批评应该感到高兴。虽然被人批评会让自己觉得颜面无光，但对于别人善意、正确的批评，我们应虚心接受，并为发现自己的不足而感到高兴。在这里，墨子以长江和黄河为喻，指出为人要谦虚，要善于听取别人对自己的批评，努力加以改正，并虚怀若谷地吸收别人的优点和长处，取人之长，以补己之短，从而使自己各方面得以逐步提高。

"谦虚"这个词，人人都挂在嘴边，但是真正做到的确不易。生活中，每个人都或多或少有一些自尊心和虚荣心，很容易看重自己的优点和长处，为自己的所取得的成绩沾沾自喜，人们都爱听别人对自己赞美的话，而一旦听到指责和批评，就觉得难以接受，对于别人的优点、长处，更难以虚心借鉴吸收。因而，墨子在战国时期所提倡的这个准则，在今天依然对我们有重要的警示作用。

这里有一番墨子与其弟子耕柱的对话，即使在两千多年后的今天，仍值得我们认真思考。

耕柱是墨子的得意弟子，不过，耕柱没有享得墨子的特殊待遇，反而老是挨墨子的责骂。有一次，墨子又责备了耕柱，耕柱觉得非常委屈，因为在许多门生之中耕柱是公认的最优秀的人，但又偏偏常遭到墨子指责，让他很没面子。一天，耕柱愤愤不平地问墨子："老师，在这么多学生当中，我难道如此的差劲，以至于要时常遭您老人家责骂吗？"墨子听后不温不火："假设我现在要上太行山，依你看，我应该用良马来拉车，还是用老牛来拖车？"耕柱回答说："再笨的人也知道要用良马来拉车。"墨子又问："那么，为什么不用老牛呢？"耕柱回答说："理由非常简单，因为良马足以担负重任，值得驱遣。"墨子说："你答得一点也没有错，我之所以时常责骂你，也只因为你能够担负重任，值得我一再地教导与匡正。"

一个人在某些问题上处理不当时，如果有人向他指出他的缺陷和不足，不管这个人的态度如何，是否接受和采纳，都应该说这个人是幸运的，因为他已经有了一个改正的机会。但当一个人犯错误时，而他周围的人对他的错误不闻不问时，那么他是不幸的，因为他正陶醉在自以为是的错误里而浑然不知。

贝罗尼是19世纪法国著名的画家。有一次，贝罗尼到瑞士去度假，但是每天仍然背着画架到各地去写生。一天，他在日内瓦湖边正用心画画，旁边来了3位英国女游客，看了他的画，便在一旁指手画脚地批评起来，一个说这儿不好，一个说那儿不对，贝罗尼都一一修改过来，末了还跟她们说了声"谢谢"。第二天，贝罗尼有事到另一个地方去，在车站看到昨天那三位妇女，正交头接耳不知在议论些什么。过一会儿，那3个英国妇女看到他了，便朝他走过来，问他："先生，我们听说大画家贝罗尼正在这儿度假，所以特地来拜访他。请问你知不知道他现在在什么地方？"贝罗尼朝她们微微弯腰，回答说："不敢当，我就是贝罗尼。"3位英国妇女大吃一惊，想起昨天的不礼貌，一个劲向贝罗尼道歉。

才识、学问愈高的人，在态度上反而愈谦卑。对于他人的批评，他们虚心地接受，希望自己能精益求精，更上一层楼。正因如此，他们往往具有容人的风度和接受批评的雅量。

虚心使人进步，骄傲使人落后。我们应看到自己的优点，这样可以自信地朝前走。同时，我们也需要知道自己身上还存在着一些自己尚未察觉的缺点，如果有人能够指出我们的不足，我们都应该谦虚地面对，虚心地接受，这样就能不断地提升自我，从而实现理想。